甘肃省图书馆　天津图书馆　编

四库全书研究论文
篇目索引
(1908—2010)

郭向东 题

國家圖書館出版社

图书在版编目(CIP)数据

四库全书研究论文篇目索引(1908—2010)/甘肃省图书馆,天津图书馆编.--北京:国家图书馆出版社,2013.8(2015.12 重印)

ISBN 978-7-5013-4927-2

Ⅰ.①四… Ⅱ.①甘… ②天… Ⅲ.①《四库全书》—论文—索引 Ⅳ.①Z89 ②Z121.5

中国版本图书馆 CIP 数据核字(2013)第 026891 号

书　　名	四库全书研究论文篇目索引(1908—2010)	
著　　者	甘肃省图书馆　天津图书馆　编	
责任编辑	林　荣　于　浩	
出　　版	国家图书馆出版社(100034　北京市西城区文津街 7 号)	
	(原书目文献出版社　北京图书馆出版社)	
发　　行	010-66114536　66126153　66151313　66175620	
	66121706(传真),66126156(门市部)	
E-mail	nlcpress@nlc. cn(邮购)	
Website	www.nlcpress. com→投稿中心	
经　　销	新华书店	
印　　刷	河北三河弘翰印务有限公司	
版　　次	2013 年 8 月第 1 版　2015 年 12 月第 2 次印刷	
开　　本	787×1092(毫米)　1/16	
印　　张	23	
字　　数	400 千字	
书　　号	ISBN 978-7-5013-4927-2	
定　　价	260.00 元	

推进"四库学"研究的重要举措

黄爱平

《四库全书》是清代乾隆时期编纂的中国古代历史上最大的一部丛书。它所收录的书籍,上自先秦,下迄清代,几乎囊括了从古至今(指修书的乾隆年间)中国历史上的主要典籍,并且涵盖了中国传统学术文化的各个学科门类和各个专门领域。而与之相辅相成的《四库全书总目》等官修大型目录著作,也继承古代目录学"辨章学术,考镜源流"的优良传统,钩玄提要,提纲挈领,不仅把《四库全书》著录、存目的上万种书籍统括成一个有机的整体,而且系统总结了中国传统学术的渊源流变。可以说,《四库全书》集中保存了中国古代丰富浩瀚的文献典籍,也全面展示了中华民族灿烂辉煌的传统文化,因此,历来有"典籍总汇,文化渊薮"的美誉。在18世纪,像《四库全书》这样的文化巨著,不仅在中国,就是在当时的世界上,也是绝无仅有的。

作为中国古代规模最大的文化工程,《四库全书》与《四库全书总目》等系列书籍的编纂在当时就颇受关注,学人士子多有记载和评论。而自其纂成问世迄今的两百多年间,对它的补遗、考证、纠谬、续修、影印等各项举措始终未曾中断。但相关研究工作的真正开展,严格说来,应始于1911年清廷覆亡之后。20世纪以来,学术界有关《四库全书》的研究,曾先后出现过两次高潮。

第一次是在民国年间。民国政府成立之初,将文津阁《四库全书》由承德避暑山庄运至北京,移交京师图书馆保存并向社会开放。随后影印《四库全书》动议出现,著名学者陈垣先生受教育部委托,主持了对文津阁《四库全书》的清点工作,不仅详细统计了其架数、函数、册数和页数,而且简要梳理了《四库全书》编纂的过程,并对其中一些重要问题作了开创性的研究。自此而后,有关论著相继出现,诸如杨家骆《四库大辞典》(附《四库全书概述》,1932年)、任松如《四库全书答问》(1933年)、郭伯恭《四库全书纂修考》(1937年)、杨家骆《四库全书学典》(1946)等等,都继往开来,取得了令人瞩目的成就。特别是余嘉锡的《四库提要辨证》①、胡玉缙的《四库全书总目提要补正》②,均博采群籍,爬梳资料,对《四库全书总目》所载相关提要作了深入的考订辨正,不仅为学者阅读利用提供了便利,而且为后世树立了研究的典范。此外,《索引式的禁书总录》(陈乃乾编,1932年)、《办理四库全书档案》(王重民辑,1934年)、《(文溯阁)四库全书提要》(金毓黻编,1935年)等书目档案文献的编纂整理出版,也为《四库全书》的研究提供了重要的资料基础。特别是影印《四库全书》的举措,自1919年提出伊始,就吸引了学术界乃至全社会的极大关注。而在历经艰难曲折之后,终于由商务印书馆出版选印本《四库全书珍本初集》(1935年),不仅部分实现了中外人士多年的愿望,而且大大增强了《四库全书》的影响力,促进了学术界研究工作的开展。

　　20世纪80年代以后,对《四库全书》的研究出现了第二个高潮,迄今方兴未艾。1982年,台湾商务印书馆开始筹备影印文渊阁《四库全书》全本。时任台北故宫博物院副院长的昌彼得先生于次年特撰《影印四库全书的意义》一文,明确标举出"四库学"一词。几乎与此同时,台湾东吴大学刘兆祐教授撰《民国时期的四库学》一文,也直接提出并使用了"四库学"的概念。两位台湾学者不约而同提出的"四库学"之名,标志着20世纪以来学术界对《四库全书》及其相关问题的研究已然成为一门专学。1986年,随着台湾商务印书馆影印《文渊阁四库全书》全本的推出,海峡两岸迅即掀起了"四库热"。1987年,上海古籍出版社以台湾影印本为蓝本,再加缩印出版。自此而后,与《四库全书》相关的各部大型丛书,诸如《四库全书存目丛书》(齐鲁书社、台湾庄严文化事业有限公司,1997年)、《四库全书存目丛书补编》(齐鲁书社,2001年)、《四库禁毁书丛刊》(北京出版社,2000年)、《四库禁毁书丛刊补编》(北京出版社,2005年)、《四库未收书辑刊》(北京出版社,2000年)、《续修四库全书》(上海古籍出版社,2002年),相继问世。而对《四库全书》本身的开发利用,也有新的进展。1999年,《文渊阁四库全书电子版》研发成功(上海人民出版社、香港迪志文化出版有限公司)。2004年,线装本《文渊阁四库全书》影印出版(福建鹭江出版社、北京功德阁文化传播有限公司)。2006年,《文津阁四库

---

①按:余嘉锡对《四库全书总目》所载提要的辨证,曾先后在《国立北平图书馆馆刊》《辅仁学志》等报刊上发表过十余篇,并于1937年出版其中的史部和子部。全书则于1958年由科学出版社正式出版,其后中华书局于1980年出版标点本。

②按:胡玉缙一生致力于《四库全书总目》的研究,但其生前书稿尚未写定,亦未能发表。后由王欣夫辑录整理,于1964年由中华书局出版。

全书》影印出版(北京商务印书馆、九鼎时代公司)。伴随《四库全书》的广泛传播和各种大型丛书的陆续问世,学术界的研究也迎来了发展的高峰,先后出现了一批颇有深度和影响的著作,如黄爱平《四库全书纂修研究》(1989 年)、台湾吴哲夫《四库全书纂修之研究》(1990 年)、台湾计文德《从四库全书探究明清间输入之西学》(1991 年)、周积明《文化视野下的四库全书总目》(1991 年)、司马朝军《四库全书总目研究》(2004 年)和《四库全书总目编纂考》(2005 年)、陈晓华《"四库总目学"史研究》(2008 年)和《四库全书与十八世纪的中国知识分子》(2009 年)等。此外,对《四库全书总目》的整理点校,有整理本《钦定四库全书总目》(1997 年);对《四库全书总目》各篇提要的考订辨误,有崔富章《四库提要补正》(1990 年)、李裕民《四库提要订误》(1990 年)、杨武泉《四库全书总目辨误》(2001 年);对四库纂修官提要稿的搜集整理,有吴格整理《翁方纲纂四库提要稿》(2005 年),吴格、乐怡标校整理《四库提要分纂稿》(2006 年),张升编《四库全书提要稿辑存》(2006 年);对四库存目书籍版本目录的考订辨证,有杜泽逊《四库存目标注》(2007 年);对纂修《四库全书》档案的整理出版,则有中国第一历史档案馆编《纂修四库全书档案》(1997 年),等等。真可谓洋洋大观,成就斐然,充分显示出"四库学"的研究不仅已是一门专学,而且已然成为一门显学。

在百年"四库学"产生发展的历程中,不仅众多的学人士子为之作出了卓越的贡献,而且有关收藏单位、出版机构也为《四库全书》的保存和传播付出了艰辛的努力。在此特别应当提到的,就是甘肃省图书馆。该馆本来并非收藏单位,其所在地兰州与《四库全书》亦无直接渊源。当年,乾隆帝下令编纂《四库全书》之时,最初计划缮写四部,分别贮藏于北京宫中文渊阁、西郊圆明园文源阁、热河(今承德)避暑山庄文津阁和盛京(今沈阳)故宫文溯阁。后又下令增缮三部,颁发江浙,收藏在江苏扬州文汇阁、镇江文宗阁和浙江杭州文澜阁。一时之间,南北七阁遥相呼应,四库藏书臻于极盛。然而,历经近代以来的风雨沧桑,七阁藏书损毁过半,其中文源阁、文汇阁、文宗阁三部《四库全书》全部被毁,文澜阁《四库全书》仅存四分之一,后经多次补抄齐全。而有幸完整保存下来的文渊阁、文津阁、文溯阁三部《四库全书》,也多经变迁。文津阁本自 1914 年由承德运至北京,1915 年入藏京师图书馆之后,一直保存完好,今为中国国家图书馆的镇馆之宝。文渊阁本在抗战期间运往上海,十余年间辗转播迁于重庆、南京等地,后运至台湾,今珍藏于台北故宫博物院。文溯阁本曾于 1914 年一度运至北京,1925 年运回沈阳,仍收藏在文溯阁。1966 年,文化部决定将文溯阁全书运往兰州,移交甘肃省图书馆代管。

自此而后,甘肃省图书馆就与《四库全书》结下了不解之缘。在十年浩劫的非常岁月里,甘肃省图书馆顶着压力,冒着风险,专门在兰州市郊择地修建战备书库,将全书装箱封固,存放其中,以保无虞。新世纪以来,适应文化事业发展的需要,甘肃省图书馆在当地政府的支持下,于2005年选址黄河之滨的白塔山九州台,特别建造了"文溯阁四库全书藏书馆",运用现代化的科学技术,为全书保存提供更为完善的设施和条件。在珍藏文溯阁《四库全书》的同时,甘肃省图书馆还充分利用自身资源,致力于开展并推动有关《四库全书》的研究工作,如编纂《四库全书研究文集》,初步梳理并展示民国以来《四库全书》研究的脉络和概貌;举办"全国《四库全书》学术研讨会",从文献、史学、文化等各方面,多层次、多角度地研讨《四库全书》的有关问题;成立"《四库全书》研究会",组织全省乃至国内有关研究力量,为学者提供一个相互交流的平台,等等。可以说,20世纪以来,正是在众多学人士子、团体机构的共同努力下,《四库全书》才得到妥善保存和广泛传播,"四库学"的研究也才得以健康发展并持续升温。

迄今,《四库全书》纂成已二百三十余年,"四库学"的研究也已走过了百年的历程,如何在百年积淀的基础上取得更大的发展,确实是值得深入思考的问题。新世纪以来,已陆续有学者在这方面做了有益的探索,他们回顾历史,评论得失,分析现状,展望未来,提出了不少建设性的见解。其中,编纂"四库学"论著资料索引,建立网络数据库等构想,成为大多数学人士子的共识。实际上,自20世纪80年代以来,就有学者关注这一问题,并做了初步的工作。如台湾学者刘兆祐于1983年撰文梳理总结《民国以来的四库学》之时,曾列举"七十年来有关四库全书的著作(1911—1983)"作为附录。1995年,台湾学者林庆彰主编《乾嘉学术研究论著目录(1900—1993)》,其中专列"四库学"一编,分《四库全书》《四库全书荟要》《四库全书总目》和目录与工具书四类,分别著录1900至1993年间有关"四库学"研究的论文、著作。2001年,司马朝军纂《台湾四库学论著目录》,则在林著基础上,进一步对台湾地区的"四库学"研究成果做了梳理。当然,由于时间、地域等各种因素的限制,上述目录索引尚未能系统、全面地反映百年"四库学"研究的成果。亦因如此,广泛搜集查阅相关文献资料,编纂一部全面反映百年"四库学"研究成果的目录索引工具书,进一步打造"四库学"研究的坚实基础,推动新世纪的"四库学"研究迈上新的台阶,就显得十分必要且尤为迫切。甘肃省图书馆于2007年开始编辑《四库全书研究目录索引》,2008年着手建立"四库全书研究资源数据库",并于2009年申报了"四库全书研究资源数据库建设"国家社科基金项目。在查询资料过程中,甘肃省图书馆与天津图书馆达成了共同编辑《四库全书研究目录索引》的协议。数年以来,两馆同仁孜孜矻矻,兢兢业业,团结协作,辛勤努力,从最基本的目录工作做起,系统查阅书目、索引等文献资料,广泛利用数据库等网络资源,从中遴选出有关《四库全书》研究的文章、著作条目,进而删除重复,考证讹误,按时间先后顺序排比著录,编成《四库全书研究论文篇目索引(1908—2010)》一书。本书收录 1908 年以来发表在报纸、期刊、论集等文献中的有关文章,包括大学学位论文在内,约计五千余篇,根据国家标准 GB3793-83《检索期刊条目著录规则》逐一予以著录,并附"著者索引"暨"引用报刊文献一览表",以方便学者检索利用。

资料工作历来是学术研究的基础,而目录编纂更是有功学界的重要举措。可以肯定,甘肃省图书馆和天津图书馆各位同仁竭数年心力,精心编纂而成的这部全面展示 20 世纪以来"四库学"研究成果的目录索引工具书,必将为"四库学"研究的深入开展,起到积极的推动作用。

壬辰年初春于北京中国人民大学

序

杜泽逊

　　甘肃省图书馆来函约我为《四库全书研究论文篇目索引(1908—2010)》写篇序,该《索引》是甘肃省图书馆与天津图书馆同行合作编辑的,是四库学研究的一种总结性成果,十分可喜,因而愉快地接受了这个任务。

　　西汉刘向、刘歆父子为皇家校书二十余年,每一书校完都写一篇叙录,这些叙录附在各书之末,后来又汇为一书叫《别录》,而刘歆又进一步加工成我国第一部分类目录《七略》。《七略》把图书分为六艺、诸子、诗赋、兵书、术数、方技六大类。到了西晋,荀勖为皇家藏书编目,叫《中经新簿》,把图书分为甲、乙、丙、丁四类,改六分法为四分法,约略相当于后来的经、子、史、集。东晋李充《晋元帝书目》进一步调整甲、乙、丙、丁的顺序,相当于后来的经、史、子、集,从此以后四部分类基本定型。唐朝的官书《大唐六典》记载国家藏书分经、史、子、集四库储藏,分别置官管理,"四库"这个名称大概就产生于那个时候。清朝乾隆年间修《四库全书》,"四库"这个名称是有来的,不是清朝的发明。不过,有了《四库全书》,"四库"这个名称才真正广为人知。《四库全书》可以称得上古籍整理史上的旷世工程,称得上里程碑。《四库全书》是一部大丛书,收书三千四五百种。每一种书都经过馆臣的审校,改正了不少错误,其间形成了一百卷的《四库全书考证》,在校勘学史上也具有重要地位。每校一书,法刘向故事,撰一篇提要,冠于书前。这些提要集合起来,加上未收入《四库全书》的近七千种"存目"书的提要,共一万多篇提要,形成了二百卷的大书《四库全书总目》。这部《总目》可以说是中国目录学史上的第一大要籍。当然《总目》提要经过纪昀的进一步改订,与书前提要略有不同。由于《总目》达二百卷之多,于是乾隆皇帝又命缩为《四库全书简明目录》二十卷,除了压缩提要外,还删去了占三分之二的"存目"提要,所以篇幅大大缩小。鲁迅先生为许世英推荐的书单中就有这部《简明目录》,也是学习传统学问的重要入门书。除了提要式《简明目录》外,还有不带提要的《四库全书简明目录》,卷轴装,也有线装本,有些学者喜欢随身携带,并把知见的版本标注在各条之下，形成邵懿辰《四库简明目录标注》、莫友芝《郘亭知见传本书目》、朱学勤《四库全书简明目录批注》等版本目录，从而弥补了《四库全书总目》大都不记版本的遗憾。

在修《四库全书》之前，乾隆皇帝于乾隆三十七年、三十八年屡次下诏要求各地督抚学政采办书籍，私家如天一阁范氏、知不足斋鲍氏等也大量献书，形成了《四库进呈书目》以及《浙江采集遗书总录》《江苏采辑遗书目录》这样的提要目录。在纂修《四库全书》过程中，又有禁毁书籍，形成了《禁毁书目》多种。由于乾隆皇帝担心《四库全书》旷日持久，自己看不到最后成功，又命大臣先修《四库全书荟要》一部，抄成两份。《荟要》各书也有提要，并形成了《四库全书荟要目录》。《四库全书》的主要起因之一是安徽学政朱筠奏请从《永乐大典》中辑佚书，辑出的书如《旧五代史》《元和姓纂》《续资治通鉴长编》《直斋书录解题》等重要典籍，均收入《四库全书》。由于这些书人间难得，于是又用木活字排印了一套《武英殿聚珍版书》，每书也都撰有提要。《四库全书》刊印不起，只好抄成七份，分藏于皇宫文渊阁、盛京文溯阁、热河避暑山庄文津阁、圆明园文源阁、镇江文宗阁、扬州文汇阁、杭州文澜阁，底本则存于翰林院。至于进呈本，包括大量副本、存目书，也最终汇于翰林院，除少量发还外，大量毁于庚子事变。

围绕纂修《四库全书》，形成了一大批相关成果，学术界对于《四库全书》纂修过程的研究，关于库本、进呈本、底本、撤出本、七阁之建筑、七阁之命运，关于《四库全书总目》提要之研究、纠谬，《简明目录》之研究、纠误，各处提要之异同比较，《永乐大典》辑佚之成绩及不足，禁毁问题，以至嘉庆以来续修《四库》、民国以来影印《四库》之研究等等，均产生了大量成果，甚至有关研究被称为"四库学"，成了一个小学科。这些研究工作，毫无疑问构成了中国古典文献学研究的重要分支，丰富了古典文献学研究的内涵，对我国古籍整理研究工作提供了多方面的借鉴，具有积极的学术意义。及时对有关成果进行总结，是十分必要的，也可为今后进一步研究创造良好的条件。而编制研究成果的目录索引，是总结以往成果的重要手段，因此，甘肃省图书馆和天津图书馆合作编制的《四库全书研究论文篇目索引(1908—2010)》理应受到高度重视。相信该成果的出版，将有力推动"四库学"的进一步发展，同时也必将赢得这一成果自身的学术生命力。

2012 年 1 月 5 日

编 辑 说 明

一、《四库全书研究论文篇目索引》收录了 1908 年至 2010 年发表在报纸、期刊、图书、内部资料、大学学位论文、论文集等文献中的有关《四库全书》及相关问题研究文章的目录 5000 余条，主要采集信息为文章题名、著者姓名、刊名及刊物卷次、出版者、出版地、出版年、版次、页码等。

二、本索引的著录格式根据国家标准 GB3793－83《检索期刊条目著录规则》并结合本学科文献的特点进行著录，其格式为：

1. 期刊：①顺序号②文献题名③/责任者④//刊名⑤．－年，卷（期）⑥．－页码⑦，Z 增刊⑧，转页码。

2. 报纸：①顺序号②文献标题③/责任者④//报纸名⑤．－报纸出版年，⑥．月．日．⑦．－版次⑧，下转版次。

3. 论文集：①顺序号②文献题名③/责任者④//论文集名称⑤．－出版地⑥：出版者⑦．－出版年．月．⑧．－页码⑨，转页码。

4. 学位论文：①顺序号②论文题名③/责任者④//学校名称⑤．－发表年．月。

5. 不定期出版物：①顺序号②文献题名③/责任者④//编者（）⑤：出版地⑥出版者⑦，出版年．月．⑧．－页码⑧，转页码。

6. 专集：①顺序号②文献题名③/责任者④//论文集名称⑤．－出版地⑥：出版者⑦，出版年．月．⑧．－页码⑨，转页码。

三、本索引附著者索引（团体和个人），著者名称及团体名称按汉语拼音顺序排列。

四、本索引附"引用报刊文献一览表"，各种期刊报纸按其名称的汉语拼音顺序排列，并对港台地区的期刊、报纸做了标注。

五、本索引按照文献的出版时间编排，编排次序按照出版形式依次为期刊报纸、学位论文、专著、会议论文集。

六、目录正文的顺序号："SK"代表"四库"，所接四位序位为本年度发表顺序号。

编纂委员会

学术顾问　郭向东　李培

主　　编　李芬林

副 主 编　李国庆　陈淑霞

编　　者　丁学松　胡艳杰　景红霞　季秋华　李俊锟

　　　　　孟湘云　王小玲　王秀梅　王永华　卫春燕

　　　　　钟肃凤　朱占潇　张文琴

目　　录

四库全书研究论文篇目

1908 年

SK0001 四库全书驳义/陈安波//绍兴医药学报. —1908,(7). —11—12

SK0002 永乐大典考/缪荃孙//国粹学报. —1908(第 4 年),4(12)

1909 年

SK0001 记载一:宣统元年七月大事记:七月二十五日:学部奏筹建京师图书馆请赏给热河文津阁四库全书等奏旨依议补录……//东方杂志. —1909,6(9). —413

SK0002 钦定四库全书提要:珠玉词一卷//庄谐杂志(附刊). —1909,1(1—10). —11

1910 年

SK0001 春冰室野乘:四库全书之滥觞/春冰//国风报. —1910,1(29). —106—107

1913 年

SK0001 纪闻:中央消息:教育部提借四库全书//教育周报(杭州). —1913,6.8.(9). —13

SK0002 经说:四库全书总目提要:南轩易说三卷(内府藏本)//中国学报. —1913,(4). —1—5

1914 年

SK0001 雅言录:江浙采进遗书总目/汪康年//文艺杂志(上海). —1914,(11). —87

SK0002 雅言录:纪文达四库全书提要稿本/汪康年//文艺杂志(上海). —1914,(11). —82

SK0003 文苑:求恕居士嘱题翁覃溪学士手纂四库全书提要稿本为赋长句/药禅//中华小说界. —1914,(9). —16—17

SK0004 四库全书总目提要/国学荟编//四川存古书局. —1914,(4). —55—56

SK0005 永乐大典残本/秉衡居//文艺杂志（上海）.－1914,（10）.－36

1915 年

SK0001 杂俎：笔记：小奢摩馆脞录：宋板四库全书/汪国垣//小说海.－1915,2.1.1（2 号）

SK0002 杂俎：笔记：榛梗杂话：纪文达轶事/余生；乐水//小说海.－1915,3.1.1（3 号）

SK0003 四库全书提要子书类之疏谬/李慈铭//文艺杂志（扫叶山房）.－1915,（4）

SK0004 杂俎：笔记：小奢摩馆脞录：永乐大典/汪国垣//小说海,1915,1.1.1（1 号）

1916 年

SK0001 四库全书总目提要（续）/国学荟编//四川存古书局.－1916,4（4）

1917 年

SK0001 古欢室诗录：观西湖图书馆藏文澜阁钦定四库全书感赋四章/丽海//青年进步.－1917,（7）.－94

1918 年

SK0001 杂录一：美国人之支那书集：（支那）第九卷第六号：记永乐大典（续）//北京大学日刊.－1918,（121）.－4

1920 年

SK0001 笔记：省卢读书随笔：梅特涅之书架、四库全书之总数、借书之道德、价值七万余元之旧书//出版界（上海）.－1920,（58）.－5－6

SK0002 大总统令文二则：（二）刊印四库全书//宗圣学报.－1920,3（1）.－1

SK0003 中国大事记：派朱启钤督理印行四库全书事宜//东方杂志.－1920,17（21）.－137

SK0004 国内大事记：仿印四库全书//清华周刊.－1920,（195）.－42－43

SK0005 外人谈中国之四库全书（密勒报）//尚贤堂纪事.－1920,11（12）.－21－23

SK0006 清代汉学家的科学方法/胡适//北京大学月刊.－1920,1（1）.－49－54

1921 年

SK0001 纪事：刷印四库全书经过情形一束//宗圣学报.－1921,3（第 2 册）25 号

SK0002 Current Events：Domestic News：重印四库全书（中英文对照）/华超//英文杂志.－1921,7（4）.－315－316

SK0003 乾隆御笔用十二辰本字题四库全书//亚洲学术杂志－.1921,（1）.－6

1922 年

SK0001 时事采集:国内之部:前清之四库全书……//来复报.－1922,(196).－19

SK0002 为清室盗卖四库全书敬告国人速起交涉启//北京大学日刊.－1922,(1005).－3

SK0003 四库提要校订/孙德谦//亚洲学术杂志.－1922,(4).－1－7

1923 年

SK0001 参观四库丛书记/何永吉;朝威//清华周刊.－1923,(298).－19－21

SK0002 跋补钞文澜阁书六种/单不庵//国立北京大学国学季刊.－1923,(3).－527－531

1924 年

SK0001 时事采集:国内之部:四库全书,我国原有七部……//来复报.－1924,(286).－13

SK0002 时事采集:国内之部:我国之四库全书……//来复报.－1924,(309).－9

SK0003 四库全书纂修考跋/金梁//东方杂志.－1924,21(9).－106

SK0004 远东汇闻:杂存:商务印书馆翻印四库全书//东北文化月报.－1924,3(3).－61

SK0005 远东汇闻:杂存:四库全书停印之真像//东北文化月报.－1924,3(4).－72

SK0006 短评:四库全书与曹锟/允藏//孤军.－1924,2(3).－6－7

SK0007 琐闻:商务印书馆拟翻印四库全书//科学.－1924,9(1).－101－102

SK0008 公牍摘要:电争教育部长盗押四库全书由//浙江省教育会月刊.－1924,(1).－32－33

SK0009 杂感:对于影印四库全书的我见/李玄伯//晨报副刊.－1924,3.14.－4

SK0010 中文定期出版物中论文介绍:(四)文学:永乐大典考/袁同礼//清华周刊:书报介绍副刊.－1924,(10).－29

SK0011 述学:永乐大典考/袁同礼//学衡.－1924,(26).－1－19

1925 年

SK0001 四库全书叙/任松如//中华图书馆协会会报.－1925,1(1).－9

SK0002 永乐大典现存卷目(1)/袁同礼;刘国钧//中华图书馆协会会报.－1925,1(4).－4－10

SK0003 本校应请政府颁给四库全书(言论)/骈陆//南洋旬刊.－1925,1(2).－2－3

SK0004 孤本四库全书荟要之发

见/陈仲益//中华图书馆协会会报. —
1925,1(2). —19—21

SK0005 文渊阁四库全书缺本之发
见/陈仲益//现代评论. —1925,1(17).
—13

SK0006 文渊阁四库全书缺本发见
续记/陈仲益//现代评论. —1925,2
(27). —15

SK0006 文渊阁四库全书种数册数
表//浙江公立图书馆年报. —1925,
(10). —1

SK0007《四库全书》中的北宋人别
集/郑振铎//时事新报. —1925,10.10

SK0008 中外要闻：影印四库全书
别报，阁议决定影印百十部//天津益世
主日报. —1925,14(39). —14

SK0009 国内教育新闻：印行四库
全书之经过//中华教育界. —1925,15
(5). —2—3

SK0010 文渊阁内的四库全书（照
片）//小说月报（上海）. —1925,16(12)

SK0011 四库全书述略/王伯祥//
小说月报（上海）. —1925,16(12). —1
—20

SK0012 教育界消息：杂讯：浙教厅
派员校钞四库全书//教育杂志. —
1925,17(7). —9

SK0013 Weekly News：商务印书馆
影印四库全书（中英文对照）/顾润卿//
英语周刊. —1925,(524). —477

SK0014 时事采集：国内之部：四库

全书卷帙浩繁……/来复报//1925,
(329). —9

SK0015 时事采集：国内之部：影印
四库全书一事……/来复报//1925,
(362). —15

SK0016 政教述闻：中央法令：临时
执政令：四库全书为我国最大之典
籍……//来复报. —1925,(364). —1—2

SK0017 拟编续四库书目略说明书
(1)/黄文弼//北京大学日刊. —1925,
(1726). —1—4

SK0018 拟编续四库书目略说明书
(2)/黄文弼//北京大学日刊. —1925,
(1727). —2—3

SK0019 拟编续四库书目略说明书
(3)/黄文弼//北京大学日刊. —1925,
(1729). —3—4

SK0020 研究所国学门通告：本学
门兹购入四库简明目录标注一部//北
京大学日刊. —1925,(1746). —2

SK0021 正续宛委别藏书目提要/
观复//文献. —1925,(1). —11—12

SK0022 正续宛委别藏书目提要/
观复//文献. —1925,(2). —15—16

SK0023 国情述要：教育：印四库全
书//清华周刊. —1925,24(4). —66

SK0024 国民自立艺文馆议/吕思
勉//东方杂志. —1925,22(7). —87—89

1926 年

SK0001 文溯阁四库全书运奉记/

奋//图书馆学季刊.－1926,1(1).－138－139

SK0002 影印四库全书之经过/奋;纯//图书馆学季刊.－1926,1(1).－134－138

SK0003 清高宗文澜阁记、文源阁记、文津阁记//图书馆学季刊.－1926,1(1).－153－154

SK0004 续编四库全书/纯//图书馆学季刊.－1926,1(1).－139

SK0005 文渊阁内部中下层（照片）//图书馆学季刊.－1926,1(1).－8

SK0006 文渊阁内部上层（照片）//图书馆学季刊.－1926,1(1).－8

SK0007 清宫文渊阁正面摄影（照片）//图书馆学季刊.－1926,1(1).－6

SK0008 书目:天禄琳琅查存书目叙言/施廷镛//图书馆学季刊.－1926,1(3).－118－145

SK0009 四库分类法之研究/刘国钧//图书馆学季刊.－1926,1(3).－405－418

SK0010 纪载:国内之部:文溯阁图书集成运奉//图书馆学季刊.－1926,1(3).－169

SK0011 书评:四库全书总目索引评/刘纯//图书馆学季刊.－1926.1(4).－697－701

SK0012 四库全书述略/杜定友//南洋季刊.－1926,(创刊号).－76－90

SK0013 四库全书述略（2）/杜定友//季刊.－1926,1(2).－267－276

SK0014 文渊阁记/(清)高宗//图书馆学季刊.－1926,1(1).－161－162

SK0015 清代藏书家考(1/2)/洪有丰//图书馆学季刊.－1926,(1/4).－309－321/.－447－465

SK0016 永乐大典考/李正奋//图书馆学季刊.－1926.1(2).－215－223

SK0017 四库全书影印之中辍//图书馆学季刊－1926,1(3).－540

SK0018 书评:论上海涵芬楼影印四部丛刊/叶启勋//图书馆学季刊.－1926,1(4).－693－694

SK0019 文渊阁排架图//图书馆学季刊.－1926,1(1).－8－10

SK0020 嘉庆二年乾清宫失慎与天禄琳琅/齐念衡//图书馆学季刊.－1926,(1/4).－397－405

SK0021 清代私家藏书概略/袁同礼//图书馆学季刊.－1926,(1).－31－38

SK0022 请政府加印四库全书甲种分配各省区公立图书馆案（湖南提案）//中华基督教教育季刊.－1926,2(1).－79－80

SK0023 论影印四库全书不成事/孤桐//国闻周报.－1926,3(23).－7－8

SK0024 论影印四库全书不成事（录国闻周报第3卷33期）/孙桐//真光.－1926,25(7/8).－113－114

SK0025 学生新闻:各级:研究院:

编辑 四库全书续编//清华周刊. —1926,24(17). —26

SK0026 四库全书庋藏处（照片）//民众文学. —1926,14(2). —1

SK0027 校评:反对本校当局之贮款待购四库全书/唐锡如//沪江大学月刊. —1926,16(1). —3—4

SK0028 四库全书提要叙笺注/周云青//上海医学书局. —1926

SK0029 国内之部:摹钞四库全书之预算//图书馆学季刊. —1926. —1(4). —707—708

1927 年

SK0001 续修四库全书刍议/伦明//国学月刊(上海). —1927,1(4). —1—8

SK0002 续修四库全书刍议/伦明//中华图书馆协会会报. —1927,3(1). —3—6

SK0003 四库全书提要叙笺注/周云青//中华图书馆协会会报. —1927,3(2). —12

SK0004 文澜阁丁氏补钞夹漈遗稿校勘记——用函海本艺海珠尘本校/康爵//浙江图书馆学报. —1927,(1). —1—8

SK0005 四库目略引言/杨立诚//浙江图书馆学报. —1927,(1). —1—2

SK0006 影印《永乐大典》卷二六一○之二六一册//中华图书馆协会会报. —1927,(4). —23—24

SK0007 景印四库全书原本提要缘起/陈垣;阙铎;陶桐;尹炎武//中华图书馆协会会报. —1927,3(3). —20—21

SK0008 景印四库全书原本提要缘起/尹炎武//文字同盟. —1927,(11号). —18—20

SK0009 补抄文澜阁四库阙简记录记/张宗祥//文字同盟. —1927,(5号). —10—13

SK0010《永乐大典》现存卷数续目(2)/袁同礼;刘国钧//中华图书馆协会会报. —1927,2(4). —9—16

SK0011《永乐大典》现存卷数续目(3)/袁同礼;刘国钧//中华图书馆协会会报. —1927,3(1). —9—14

1928 年

SK0001 论四库全书总目索引与四库撰人录/鞠增钰//辅仁学志. —1928,1(1). —119—125

SK0002 四库提要辨证/余嘉锡//图书馆学季刊. —1928,2(4). —581—590

SK0003 奉天将影印四库全书//图书馆学季刊. —1928,2(4). —666

SK0004 四库全书答问/任松如//中华图书馆协会会报. —1928,4(2). —26

SK0005 徐述夔诗案附殷宝山案//掌故丛编. —1928,(第6辑)

SK0006 四库全书一瞥记（附图）/松崎鹤雄//东北文化月报. —1928,7(8). —22—33

SK0007 文津阁四库全书册数页数表/陈垣//文字同盟. —1928,(15号). —25—27

SK0008 四库全书编纂与其环境/藤塚素轩//文字同盟. —1928,(15号). —1—24

SK0009 国内之部：影印四库全书原本提要//图书馆学季刊. —1928,2(2). —317—318

SK0010 永乐大典算书（1/2）/李严//图书馆学季刊. —1928,2(2). —189—195

SK0011 四库目录略说/刘国钧//图书馆学季刊. —1928,2(2). —187—208

SK0012 近两年来出版之国学书籍简目：四库全书答问三卷/颂生//中华图书馆协会会报. —1928,(2). —12—36

SK0013 永乐大典七皆台字韵残帙跋/赵万里//国立中山大学语言历史学研究所周刊. —1928,2(23). —309

SK0014 奉天影印文溯阁四库全书//中华图书馆协会会报. —1928,4(3). —30

SK0015 四库目略/杨立诚//中华图书馆协会会报. —1928,4(3). —34

SK0016 文澜阁目索引/杨立诚//中华图书馆协会会报. —1928,4(3). —35

SK0017 奉天影印四库全书之进行//中华图书馆协会会报. —1928,4(4). —21

1929 年

SK0001 观四库全书记/毛坤//文华图书科季刊. —1929,1(4). —445—448

SK0002 永乐大典现存卷目表/袁同礼//北平北海图书馆月刊. —1929,2(3/4). —215—251

SK0003 永乐大典内辑出之佚书目/赵万里//北平北海图书馆月刊. —1929,2(3/4). —253—297

SK0004 馆藏永乐大典提要/赵万里//国立北平图书馆馆刊. —1929,2(3/4). —355—360

SK0005 刘向新序提要辨证/余嘉锡//国立北平图书馆月刊. —1929,3(4). —490—497

SK0006 国内教育新闻：辽宁印四库全书//厦大周刊. —1929,(199). —10—11

SK0007 东北校印四库全书//真光杂志. —1929,28(2). —92

SK0008 武英殿聚珍版丛书目录/陶湘//图书馆学季刊. —1929,3(1—2). —205—218

SK0009 王沅爱竹轩诗案//掌故丛编. —1929,(第10辑)

SK0010 禁书目录——江西巡抚郝硕汇解禁书目录//掌故丛编. －1929，（第10辑）

SK0011 永乐大典考/孙壮//北平北海图书馆月刊. －1929，2（3/4）. －191－214

SK0012《永乐大典》内之戏曲/赵万里//北平北海图书馆月刊. －1929，2（3/4）. －299－319

SK0013 书评：论上海涵芬楼影印四部丛刊正误一则/汪宗衍//图书馆学季刊. －1929，3（4）. －293

SK0014 论商务印书馆出版四部丛刊（1/2）/龟舟//图书馆学季刊. －1929，3（4）. －289－292

1930 年

SK0001 北平文华殿后之文渊阁（照片）//商业月报. －1930，10（10）

SK0002 选印文溯阁四库全书议/董众//东北丛刊. －1930（6）. －1－12

SK0003 元私本考（四库版本考之一）（1）/叶德辉//国立武汉大学文哲季刊. －1930，1（1）. －209－246

SK0004 元私本考（四库版本考之一）（2）/叶德辉//国立武汉大学文哲季刊. －1930，1（2）. －459－473

SK0005 元私本考（四库版本考之一）（3）/叶德辉//国立武汉大学文哲季刊. －1930，1（3）. －663－689

SK0006 元私本考（四库版本考之

一）（4）/叶德辉//国立武汉大学文哲季刊. －1930，1（4）. －859－864

SK0007 文澜阁目索引序/顾颉刚//燕大月刊. －1930，（2）. －17－19

SK008 四库总目韵编勘误/那志廉//辅仁学志. －1930，2（1）. －31－52

SK009 评四库总目史部目录类及子部杂家类/张秀民；涤瞻//文华图书科季刊. －1930，2（1）. －17－23

SK0010 宛委别藏现存书目/袁同礼//北大图书部月刊. －1930，2（1/2）. －39－51

SK0011 乾隆朝文字狱：吴文世《云氏草》案//文献丛编. －1930，（1）. －1－13

SK0012 乾隆朝文字狱：冯王孙《五经简咏》案//文献丛编. －1930，（2）. －1－7

SK0013 天一阁诲盗/中华图书馆协会会报. －1930，6（2）. －25

SK0014 乾隆朝文字狱：王仲儒《西斋集》案//文献丛编. －1930，（3）. －1－9

SK0015 乾隆朝文字狱：刘峨刷卖《圣讳实录》案//文献丛编. －1930，（4）. －1－13

SK0016 乾隆朝文字狱：沈大绶《介寿辞硕果录》案//文献丛编. －1930，（5）. －1－13

SK0017 乾隆朝文字狱：沈大章案//文献丛编. －1930，（6）. －1－10

SK0018 违碍书籍单:乾隆四十四年四月江苏巡抚杨魁续缴//文献丛编. —1930,(7). —1—12

SK0019 违碍书籍单:乾隆四十四年九月闽浙总督兼福建巡抚三宝查缴//文献丛编. —1930,(8). —1—13

SK0020 违碍书籍单:续乾隆四十二年八月湖广总督三宝查缴//文献丛编. —1930(9). —13—25

SK0021 湖南省传抄谣词案//史料旬刊. —1930,(12). —432—433

SK0022 查办戏剧违碍字句案(乾隆四十六年)//史料旬刊. —1930,(22)

SK0023 时论撮要:目录学:四库总目韵编勘误(那志廉)/宇//图书馆学季刊. —1930,4(1). —169—170

SK0024 六韬辨证(《四库提要辨证》之一)/余嘉锡//图书馆学季刊. —1930,4(2). —8—11

1931 年

SK0001 四库提要辨证:西京杂记六卷:旧题晋葛洪,小说家类一/余嘉锡//国学丛编. —1931,1(1). —10—17

SK0002 四库提要辨证:新语二卷旧题汉陆贾,总目零九十一儒家类一/余嘉锡//师大国学丛刊. —1931,1(2). —57—66

SK0003 四库提要辨证:新书十卷汉贾谊,儒类家一/余嘉锡//国学丛编. —1932,1(6). —1—13

SK0004 倭奴盗四库全书(图画)//中国杂志(南京). —1931,1(2). —1

SK0005 四库提要中关于汉书古本问题之附注/萧鸣籁//学文. —1931,1(4). —26—34

SK0006 四库著录安徽先哲书目(1)/吴保障//学风半月刊(安庆). —1931,1(6). —19—22

SK0007 四库著录安徽先哲书目(2)/吴保障//学风半月刊(安庆). —1931,1(7). —17—25

SK0008 四库著录安徽先哲书目(3):附表一:四库著录安徽著述人物之县籍统计表/吴保障//学风半月刊(安庆). —1931,1(8). —14—19

SK0009 四库著录安徽先哲书目(4):附表二:四库著录安徽先哲著述部类统计/吴保障//学风半月刊(安庆). —1931,1(8). —20

SK0010 东北浩劫中之四库全书/金荃//中国新书月报. —1931,1(10/11). —47—48

SK0011 出版界消息:预约书情报:四库大辞典//中国新书月报. —1931,1(12). —28

SK0012 永乐大典书目考四卷/郝庆柏撰//辽海丛书(铅印本). —1931

SK0013 编制四库全书总简目录索引简述/邓衍林;吴立邦;董铸仁;舒纪维//文华图书馆学专科学校季刊. —1931,3(2). —248—258

SK0014 商务印书馆对预约重印四部丛刊者通告//中国新书月报. —1931,6(7). —38

SK0015 违碍书籍单：续乾隆四十二年八月湖广总督三宝查缴//文献丛编. —1931,(第10、11辑)

SK0016 违碍书籍单：续清乾隆四十三年六月十六日江苏巡抚杨魁查缴//文献丛编. —1931,(12). —39—45

SK0017 违碍书籍单：续清乾隆四十三年六月十六日江苏巡抚杨魁查缴//文献丛编. —1931,(第13辑). —46—49

SK0018 馆藏清代禁书述略/周悫//江苏省立国学图书馆年刊. —1931/1932,(4/5). —309—376

SK0019 暴日劫去之四库全书/丙丁//国闻周报. —1931,8(48). —1

SK0020 东北浩劫中之四库全书/金荃//自求. —1931,(31). —103—104

SK0021 公文：厅令：(1)训令：(2)代令：云南省教育厅训令第七五六号：令各县区教育局、公私各级学校、省立博物馆：转令照购四库大辞典由/龚自知//云南教育周刊. —1931,1(22). —12—13

SK0022 宛委别藏现存书目及其板本/袁同礼//图书馆学季刊. —1931,(2). —265—278

SK0023 四库全书选印目录表/高步瀛；金毓黻//东北丛刊. —1931,(15). —1—17

SK0024 四库全书孤本选目/金梁//东北丛刊. —1931,(14). —1—30

SK0025 提案：请本社发起影印四库全书发扬我国固有文化案/郑贞文；周昌寿；范寿康//中华学艺社报. —1931,2(1). —21

SK0026 时论撮要：目录学：四库全书孤本选目（金梁）/丽//图书馆学季刊. —1931,5(1). —153—154

SK0027 时论撮要：目录学：四库全书选印目录表（高步瀛）/丽//图书馆学季刊. —1931,5(1). —154

SK0028 时论撮要：目录学：四库总目韵编勘误（那志廉）//图书馆学季刊. —1931,5(2). —316—317

SK0029 时论撮要：目录学：四库著录安徽先哲书目（吴保障）/冷//图书馆学季刊. —1931,5(2). —317

SK0030 四库抽毁书提要稿/王重民//中华图书馆协会会报. —1931,7(2). —23

1932 年

SK0001 四库全书/孤云//青鹤. —1932,1(1). —3—4

SK0002 丁氏补钞文澜阁四库全书阙简追记/张丰//浙江省立图书馆月刊. —1932,1(2). —16—18

SK0003 翁苏斋学士手纂四库全书提要稿本征题述略/刘承干//青鹤. —

1932,1(2). —3—4

SK0004 四库全书史表/张鉴//浙江省立图书馆月刊. —1932,1(3). —1—5

SK0005 书报提要:四库全书总目及未收书目引得///浙江省立图书馆月刊. —1932,1(5/6). —165—166

SK0006 永乐大典存目//国立北平图书馆馆刊. —1932,6(第1号). —93—135

SK0007 四库提要辨证:新书十卷汉贾谊,儒类家一/余嘉锡//国学丛编. —1932,1(6). —1—13

SK0008 馆藏清代禁书题跋记(1/2)/魏建猷//燕京大学图书馆报. —1932,(30). —1—3

SK0009 文澜阁四库全书史表/张鉴//浙江省立图书馆月刊. —1932,1(7/8). —81—93

SK0010 出版界消息:预约书情报:四库大辞典上册出版//中国新书月报. —1932,2(7). —33

SK0011 要闻:国内:四库大辞典及图书年鉴发售预约//云南教育行政周刊. —1932,2(27). —27—28

SK0012 丁氏兴复文澜阁书纪/陈训慈//浙江省立图书馆月刊. —1932.1(7/8). —37—53

SK0013 宛委别藏现存书目及其板本/袁同礼//图书馆学季刊. —1932,6(2). —265—278

SK0014 新书介绍——四库全书总目及未收书目引得/引得编辑部//中华图书馆协会会报. —1932,8(1/2). —53

SK0015 湖北省查缴违碍书籍单//文献丛编. —1932,(第14辑). —1—9

SK0016 影印四库全书之经过/郑鹤声//图书评论. —1932,2(2). —67—104

SK0017 近三年来发现之永乐大典/袁同礼//国立北平图书馆读书月刊. —1932,1(6). —40—46

SK0018 清代两个大辑佚书家评传/王重民//辅仁学志. —1932,(1). —1

SK0019 清代文字狱//中华图书馆协会会报. —1932,7(4). —28

SK0020 清代禁毁书目四种索引//中华图书馆协会会报. —1932,7(4). —28

SK0021 丁氏藏书印记漫录/征存//浙江省立图书馆月刊. —1932,(7/8). —117—119

SK0022 天一阁藏书考/陈登原//中华图书馆协会会报. —1932,8(3). —24

1933 年

SK0001 四库全书之历史/李时//女师学院期刊. —1933,1(1). —1—10

SK0002 四库全书词曲类提要校议/夏承焘//中国文学会集刊. —1933,(1). —1—9

SK0003 清代安徽禁书提要/潘季野//安徽大学月刊. —1933,1(1/2). —1—15/. —1—14

SK0004 影印四库全书之诸家意见//广州大学图书馆季刊. —1933,1(2). —373—382

SK0005 影印四库全书往来笺/张元济;袁同礼//青鹤. —1933,1(20). —1—4

SK0006 最近中外大事择要:编订四库全书珍本委员/青鹤//1933,1(20). —2

SK0007 论抽印四库全书/陈赣一//青鹤. —1933,1(21). —1—4

SK0008 四库提要辨证(1)/余嘉锡//辅仁学志. —1933,(1). —1—6

SK0009 读四部书目总录样本/袁敬恒//图书评论. —1933,(1). —69—122

SK0010 选印四库全书平议/孟森//青鹤. —1933,1(22/23). —1—6

SK0011 文澜阁四库全书浅说/张鉴//浙江省立图书馆馆刊. —1933,2(1). —39—45

SK0012 从庄氏史案说到四库全书/汤中//中央时事周报. —1933,2(38). —5—10

SK0013 选印四库全书平议(1)/钱基博//青鹤. —1933,1(22). —1—3

SK0014 选印四库全书平议(1)/钱基博//光华半月刊. —1933,2(1). —3—8

SK0015 选印四库全书平议(2)/钱基博//光华大学半月刊. —1933,2(2). —9—13

SK0016 选印四库全书平议(3)/钱基博//光华大学半月刊. —1933,2(4). —23—28

SK0017 欧阳文忠集校勘记/张鉴//浙江省立图书馆馆刊. —1933,2(3). —41—53

SK0018 新购阁本欧阳文忠集校勘表(第一至二十七)——附校后余记/张鉴//浙江省立图书馆馆刊. —1933,2(4). —1—50

SK0019 关于最近景印四库全书之文献/浙江省立图书馆编//浙江省立图书馆馆刊. —1933,2(4/5). —123—129/. —1—18

SK0020 关于影印四库全书之管见/张鉴//浙江省立图书馆馆刊. —1933,2(4). —1—4

SK0021 最近影印四库全书三种草目比较表/张鉴//浙江省立图书馆馆刊. —1933,2(5). —1—45

SK0022 图书文化消息——教部景印四库全书近讯/佚名//浙江省立图书馆馆刊. —1933,2(5). —166

SK0023 图书文化消息——关于景印四库全书问题之专号杂志/佚名//浙江省立图书馆馆刊. —1933,2(5). —166

SK0024 图书文化消息——日伪拟

印清朝实录与文溯阁四库全书/佚名//浙江省立图书馆馆刊.－1933,2(5).－166

SK0025 选印四库全书目录/浙江省立图书馆//浙江省立图书馆馆刊.－1933,2(6).－89－99

SK0026 选印四库全书平议/袁同礼;向达//国立北平图书馆读书月刊.－1933,2(12).－1－7

SK0027 选印四库全书平议(附录一):中央图书馆筹备处与商务印书馆所订合同//国立北平图书馆读书月刊－1933,2(12).－8－9

SK0028 选印四库全书平议/袁同礼;向达//国风半月刊.－1933,3(4).－9－11

SK0029 影印四库全书之经过/郑鹤声//图书评论.－1933,2(2).－67－105

SK0030 医书评论:读四库提要医家类札记/谢诵穆//神州国医学报.－1933,2(4).－19－20

SK0031 元嘉艁象室随笔:日伪印四库全书清朝实录/瓠庐//国学论衡.－1933,(2).－30

SK0032 行政:教育:社会教育:图书之设备与文献古物之保存:教育部呈请行政院转呈国府令行故宫博物院,将四库全书运交该部转发中央图书馆//中国国民党指导下之政治成绩统计.－1933,(2).－31－32

SK0033 东北选印文溯阁四库全书旧议//行健月刊.－1933,3(1/2).－221－224

SK0034 四库全书目录版本考——史部正史类/叶启勋//金陵学报.－1933,3(2).－597－624

SK0035 清四库全书平议/江都;叶仲经//金陵学报.－1933,3(2).－627－632

SK0036 论选印四库全书/叶启勋//金陵学报.－1933,3(2).－633－634

SK0037 景印四库全书罕传本拟目/赵万里;袁同礼//国风半月刊.－1933,3(2).－27－37

SK0038 茶烟歇(续):复印四库全书、长春宫之剩粉残脂⋯⋯//珊.－1933,3(3).－5－8

SK0039 摛藻堂四库荟要编目//中华图书馆协会会报.－1933,(6).－29－30

SK0040 从"满蒙文化协会"说到"日满文化协会":日人将代我重刊四库全书及清朝实录/宗孟//行健月刊.－1933,3(5).－99－103

SK0041 对于影印四库全书舆论之评议/郑鹤声//国风半月刊.－1933,3(6).－20－37

SK0042 答君羽先生"对于四库全书舆论之评议的读后感"/郑鹤声//国风半月刊.－1933,(10).－19－21

SK0043 附宛委别藏罕传本拟目//国风半月刊.—1933,3(2).—36—54

SK0044 签注景印四库全书未刊本草目//国风半月刊.—1933,3(6).—38—48

SK0045 袁同礼致时代公论记者书/袁同礼//国风半月刊.—1933,3(6).—19

SK0046 编订四库全书未刊珍本目录委员会油印四库孤本丛刊拟目（选印四库全书问题专号）/编订四库全书未刊珍本目录委员会//国风半月刊.—1933,3(6).—12—18

SK0047 致教育部函、复傅沅叔书/柳诒徵//国风半月刊.—1933,3(6).—9

SK0048 选印四库秘书拟目/柳诒徵//国风半月刊.—1933,3(6).—1—8

SK0049 序跋汇录：书于文襄论四库全书手札/陈垣//图书馆学季刊.—1933,7(4).—158—160

SK0050 杭州西湖文澜阁四库全书（封1照片）//国风半月刊.—1933,3(6)

SK0051 四库全书大典本别集补词/唐圭璋//国风半月刊.—1933,3(9).—41—44

SK0052 中央消息：教部景印四库珍本：现正积极审查草目，对善本拟另编丛刊//河南教育月刊.—1933,3(11).—187—189

SK0053 郑鹤声先生《对于影印四库全书舆论之评议》的读后感/君羽//独立评论.—1933,5(75).—18—20

SK0054 四库全书大典本别集补词/唐其璋//国风半月刊.—1933,(9).—41—44

SK0055 古物南迁中四库全书之保存问题（附表）/清茅//北辰杂志.—1933,5(2).—19—23

SK0056 教育要闻：国内外：教部筹印四库全书珍本//江西教育旬刊.—1933,5(8).—71—72

SK0057 图书之设备与文献古物之保存：四库全书之影印//中国国民党指导下之政治成绩统计.—1933,(6).—135

SK0058 教育要闻：国内：翻印四库全书//江西教育旬刊.—1933,6(3).—78—79

SK0059 教育界重要消息：四库全书将由本馆承印//同行月刊.—1933,(6)14—15

SK0060 杂俎(1)：最近教育消息：呈行政院印行四库全书珍本//中国出版月刊.—1933,(6).—69—70

SK0061 永乐大典现存目录表//北平图书馆馆刊.—1933,7(1).—112—149

SK0062 四库全书目录板本考(1)/叶启勋//图书馆学季刊.—1933,7(1).—59—96

SK0063 四库全书目录板本考（经部三)/叶启勋//图书馆学季刊.—

1933,7(2). —285—317

SK0064 四库全书目录板本考(续)
(经部四)/叶启勋//图书馆学季刊. —
1933,7(3). —507—534

SK0065 四库全书目录板本考(续)
(经部六)/叶启勋//图书馆学季刊. —
1933,7(4). —689—709

SK0066 清高宗之禁毁书籍/赵录
绰//国立北平图书馆馆刊. —1933,7(5
号). —1—34

SK0067 七阁四库成书之次第及其
异同/张崟//国立北平图书馆馆刊. —
1933,7(5 号). —35—49

SK0068 从学者作用上估计四库全
书之价值/黄云眉//国立北平图书馆馆
刊. —1933,7(5 号). —50—62

SK0069 四库全书中永乐大典辑本
之缺点/袁同礼//北平图书馆馆刊. —
1933,7(5 号). —63—70

SK0070 书于文襄论四库全书手札
后/陈垣//国立北平图书馆馆刊. —
1933,7(5). —71—75

SK0071 景印四库全书之罕传本拟
目/赵万里;袁同礼//国立北平图书馆
馆刊. —1933,7(5 号). —76—88

SK0072 景印四库全书未刊本草
目/国立中央图书馆筹备处//国立北平
图书馆馆刊. — 1933,7(5 号). — 89
—102

SK0073 四库孤本丛刊目录//国立
北平图书馆馆刊. —1933,7(5 号). —

103—110

SK0074 四库全书珍本初集目录/
商务印书馆//国立北平图书馆馆刊. —
1933,7(5 号). —111—126

SK0075 选印四库全书问题文献目
录/国立北平图书馆//国立北平图书馆
馆刊. —1933,7(5 号). —127—136

SK0076 关于《永乐大典》之文献/
袁同礼//国立北平图书馆馆刊. —
1933,7(1 号). —13—29

SK0077 馆事:本馆影印四库全书
概况//同行月刊. —1933,(7). —24—25

SK0078 教育消息:四库全书编辑
草目//同行月刊. —1933,(7). —26

SK0079 选印四库全书评议/袁同
礼;向达//北平晨报·学园. —1933,8.
14. —12

SK0080 选印四库全书评议/袁同
礼;向达//大公报文学副刊(293). —
1933,8.14. —11

SK0081 中央图书馆筹备处与商务
印书馆所定合同//大公报文学副刊
(293). —1933,8.14. —11

SK0082 关于文津阁校勘之档案二
则//大公报文学副刊(293). —1933,8.
14. —11

SK0083 北平图书馆馆长副馆长上
教育部呈//大公报文学副刊(293). —
1933,8.14. —11

SK0084 教育部长回复蔡袁二君
函//大公报文学副刊(293). —1933,8.

14. —11

SK0085 为影印四库全书事敬告当局/李益华//北平晨报·学园. —1933,8.14. —12

SK0086 对于选印四库全书之管见/谢国桢//北平晨报·学园. —1933,8.14. —12

SK0087 讨论选印四库全书专刊/冰森//北平晨报·学园. —1933,8.14. —12

SK0088 论教育部选印四库全书/王重民//大公报文学副刊 (293). —1933,8.14. —11

SK0089 关于选印四库全书之我见/胡鸣盛//北平晨报·学园. —1933,8.15. —12

SK0090 由乾隆谕旨证四库本之不尽可靠/谭其骧//北平晨报·学园. —1933,8.15. —12

SK0091 四库本之评价/刘节//北平晨报·学园. —1933,8.15. —12

SK0092 文渊、文津孰为残本/梁延炜//北平晨报·学园. —1933,8.18. —12

SK0093 四库全书中永乐大典辑本之缺点/袁同礼//北平晨报·学园. —1933,8.18. —12

SK0094 四库全书的价值和影印/王庸//北平晨报·学园. —1933,8.19. —12

SK0095 影印四库全书专号//北平晨报·学园. —1933,8.19. —12

SK0096 参考资料(1)//北平晨报·学园. —1933,8.19. —12

SK0097 参考资料(2)//北平晨报·学园. —1933,8.21. —12

SK0098 由乾隆御诗内所见文津阁本校勘之一斑/段琼林//北平晨报·学园. —1933,8.21. —12

SK0099 四库全书错讹删缺例证/萧璋//北平晨报·学园. —1933,8.21. —12

SK0100 文澜阁四库全书缺本之管见及续记(1/2)/陈仲益//北平晨报·学园. —1933,8.22. —12

SK0101 关于影印四库未刊珍本//天津益世报. —1933,8.22. —1

SK0102 论教育部选印四库全书/孙楷第//北平晨报·学园. —1933,8.22. —12

SK0103 选印四库书平议/金梁//北平晨报·学园. —1933,8.25. —12

SK0104 选印古书私议(1)/张秀民//北平晨报·学园. —1933,8.28. —12

SK0105 选印四库书平议/心史//北平晨报·学园. —1933,8.28. —12

SK0106 关于影印四库全书——读李君益华文申言/张元济//北平晨报·学园. —1933,8.29. —12

SK0107 图书之设备与文献古物之保存:一.编订四库全书未刊珍本目录

委员会之组织、二.四库全书未刊珍本影印之筹备//中国国民党指导下之政治成绩统计.－1933,(8).－125

SK0108 一月来之教育:教部筹印四库全书珍本/刘乃敬//时事月报.－1933,8(6).－264

SK0109 一月来之教育:文化史上一伟大工作:影印四库全书/刘乃敬//时事月报.－1933,9(2).－80

SK0110 一月来之教育:影印四库全书之进行/刘乃敬//时事月报.－1933,9(3).－109

SK0111 国内时事:一月来之教育:影印四库全书目录发表/刘乃敬//时事月报.－1933,9(5).－176

SK0112 国内时事:一月来之教育:影印四库全书开始工作/刘乃敬//时事月报.－1933,9(6).－213

SK0113 抽印四库全书罕传本感言/胡玉缙//北平晨报·学园.－1933,9.1.－13

SK0114 景印库书定名问题私议/刘明阳//北平晨报·学园.－1933,9.1.－13

SK0115 选印古书私议——宜选印版本史上有价值之书也/张秀民//北平晨报·学园.－1933,9.1.－13

SK0116 选印古书私议附录——北平图书馆藏四库未收古书略目/张秀民//北平晨报·学园.－1933,9.4.－12

SK0117 选印古书私议附录——北平图书馆藏四库未收古书略目/张秀民//北平晨报·学园.－1933,9.5.－12

SK0118 站在学术的立场来论影印四库全书/傅振伦//北平晨报·学园.－1933,9.4.－12

SK0119 书于文襄论四库全书手札后/陈垣//北平晨报·学园.－1933,9.4.－12

SK0120 影印四库全书罕传本私议/吴丰培//北平晨报·学园.－1933,9.12.－12

SK0121 论清代编辑四库全书/姚石子//北平晨报·学园.－1933,9.14.－12

SK0122 论抽印四库全书/陈赣一//北平晨报·学园.－1933,9.15.－12

SK0123 景印四库全书未刊本草目例言/蒋复璁//北平晨报·学园.－1933,9.5.－12

SK0124 景印四库全书未刊本草目签注稿/陈垣//北平晨报·学园.－1933,9.5.－12

SK0125 景印四库全书未刊本草目签注稿/张宗祥//北平晨报·学园.－1933,9.5.－12

SK0126 关于"景印四库全书未刊本草目例言"之意见/亦民//北平晨报·学园.－1933,9.5.－12

SK0127 四库著录河北先哲遗书辑目/冷衷//中华图书馆协会会报.－

1933,9(2).—8—22

SK0128 藏园群书题记：四库馆写本春秋会议跋//国闻周报.—1933,10(9).—302—303

SK0129 一周间国内外大事述评：国内：四库全书珍本影印/国闻周报//1933,10(26).—9—10

SK0130 关于影印四库全书之两篇文章（补白）/公//国闻周报.—1933,10(32).—1

SK0131 江瀚谈影印四库全书（补白）/公//国闻周报.—1933,10(33).—10

SK0132 董康等对筹印四库全书意见（补白）/公//国闻周报.—1933,10(33).—1

SK0133 董康函陈教部关于影印四库全书意见书（补白）/国闻周报.—1933,10(40).—1

SK0134 影印四库全书合同之修正/公//国闻周报.—1933,10(33).—8

SK0135 张元济对影印四库全书意见：张氏复袁同礼等书（补白）/公//国闻周报.—1933,10(33).—8

SK0136 时论撮要：目录学：四库全书词曲类提要校议（夏承焘）/慕紫//图书馆学季刊.—1933,7(3).—166—167

SK0137 袁同礼覆张元济书：为影印四库全书事（补白）/公//国闻周报.—1933,10(34).—10

SK0138 论评选辑：不必影印四库全书/国闻周报.—1933,10(34).—1—2

SK0139 论评选辑：对筹印四库珍本之希望/国闻周报.—1933,10(34).—2—3

SK0140 论评选辑：关于影印四库未刊珍本/国闻周报.—1933,10(34).—3—4

SK0141 四库全书未刊珍本编目委员会（补白）/公//国闻周报.—1933,10(34).—8

SK0142 拟印四库全书之管见/伦明//国闻周报.—1933,10(35).—1—7

SK0143 四库荟要目录索引/胡鸣盛//中华图书馆协会会报.—1933,8(4).—31

SK0144 选印库书平议(5)金粱//国闻周报.—1933,10(35).—4

SK0145 评中央图书馆景印四库全书未刊本草目/冷庐主人//国闻周报.—1933,10(36).—1—12

SK0146 关于《永乐大典》之文献/袁同礼//北平图书馆馆刊.—1933,7(1)

SK0147 四库全书中之法家著作/麋寿//法律评论（北京）.—1933,11(7).—16

SK0148 四库大辞典/杨家骆//中华图书馆协会会报.—1933,9(2).—42

SK0149 时事述评：名流与景印四库珍本/锦//时代公论（南京）.—1933,(75).—3—5

SK0150 教育部筹印四库全书珍

本//中华图书馆协会会报. －1933,8(5).－20

SK0151 再论名流与景印四库珍本/田炯锦//时代公论（南京）. －1933,(78).－9－13

SK0152 评"再论名流与景印四库珍本"/谢国桢//时代公论（南京）. －1933,(81).－16－18

SK0153 答"评再论名流与景印四库珍本"/田炯锦//时代公论（南京）. －1933,(81).－19－22

SK0154 天禄琳琅四库荟要排架图/北平故宫博物院图书馆//中华图书馆协会会报. －1933,9,(2).－42

SK0155 本馆影印四库全书概况//商务印书馆通信录. －1933,(387).－10－12

SK0156 选印四库全书目录//商务印书馆通信录. －1933,(392).－17－24

SK0157 四库全书的宝藏：文津阁（照片）//文华. －1933,(37).－1

SK0158 文化消息：重印四库全书/华君//中学生杂志. －1933,(36).－1－4

SK0159 清四库馆职官制及爵例/廉君//国闻周报. －1933,10(50).－1－7

SK0160 校印四库全书及其他旧书计划/高梦旦//东方杂志. －1933,30(19).－97－104

SK0161 法规章则：教育部编订四库全书未刻珍本目录委员会组织章程//中华教育界. －1933,21(4).－90

SK0162 于文襄公论四库全书手札/于敏中//国立北平图书馆影印本. －1933

SK0163 于文襄手札/（清）于敏中//中华图书馆协会会报. －1933,9(3).－43

SK0164 影印四库全书目录已定//中华图书馆协会会报. －1933,9(2).－28

SK0165 从永乐大典中辑出直斋书录解题所载之词/唐圭璋//词学季刊. －1933,(1).－147－153

SK0166 影印四库全书杂讯//中华图书馆协会会报. －1933,9(1).－16

1934 年

SK0001《四库全书》里的女作家/李用中//新中国（上海）. －1934,1(6)

SK0002 重整范氏天一阁藏书记略//国立北平图书馆馆刊,1934,(1).－103－113

SK0003 东北选印文溯阁四库全书旧议四库全书/卞宗孟//行健月刊. －1934,(1/2 合刊).－221－223

SK0004 选印四库全书事件之初步解决/郑鹤声//图书评论. －1934,2(7).－75－133

SK0005 四库全书总目提要附四角号码索引/陈鸿舜//图书评论. －1934,

2(7). —3—11

SK0006 邓刻奏缴咨禁书目补/李棪//磐石杂志. —1934,2(4/6)

SK0007 西湖文澜阁规制征故/张鉴//浙江省立图书馆馆刊. —1934,3(2). —1—8

SK0008 影印四库全书原本提要缘起/尹石公//河南图书馆馆刊. —1934,(4)

SK0009 索引的禁书总录校异/白蕉//人文月刊. —1934,5(1/2). —1—17/. —1—15

SK0010 清代安徽禁书提要（续）/潘季野//安徽大学月刊. —1934,(6). —137—208

SK0011 办理四库全书档案/王重民//北平图书馆. —1934.6

SK0012 重印四库全书所收地理书目专号书后/郑鹤声//方志月刊. —1934,7(8/9). —132—136

SK0013 重印四库全书所收地理书目专号/郑鹤声//方志月刊. —1934,7(8/9). —1—131

SK0014 四库全书目录板本考:史部正史类(2)/叶启勋//金陵学报. —1934,4(2). —313—328

SK0015 四库全书目录板本考书类一/叶启勋//图书馆学季刊. —1934,8(1). —128—151

SK0016 四库全书目录板本考（续）(经部7/8/9/10)/叶启勋//图书馆学季

刊. —1934,8(1/4). —117—140/. —257—274/. —421—450/. —697—718

SK0017 四库全书目录板本考"诗类一"/叶启勋//图书馆学季刊. —1934,8(3). —86—115

SK0018 四库全书目录板本考"诗类二"/叶启勋//图书馆学季刊. —1934,8(4). —160—181

SK0019 四库全书目录板本考"礼类"(1/2/3)/叶启勋//图书馆学季刊. —1934,8(1/4). —117—140

SK0020 杨家骆著图书年鉴/袁敬恒//图书评论. —1934,(10). —67—118

SK0021 校闻:图书馆近讯:购买四库全书珍本//厦大周刊. —1934,13(14). —10—11

SK0022 四库全书的编纂及其内容（附表）/费自圻//秀州钟. —1934,(13). —52—70

SK0023 从天一阁说到东方图书馆/赵万里//国立北平图书馆馆刊. —1934,(1). —109—113

SK0024 洋装四部备要//人文月刊. —1934,(9). —16—80

SK0025 杂讯一束:影印四库全书//国讯. —1934,(66). —95

SK0026 馆事纪要:四库全书珍本初集分装约二千册……//商务印书馆通信录. —1934,(394). —1—4

SK0027 影印四库全书珍本初集缘起//商务印书馆通信录. —1934,(394).

—13—14

SK0028 通告:主计部通告:分字第二十二号:通启者本馆印行四库全书珍本及四部丛刊续编两书……//商务印书馆通信录.—1934,(394).—6—7

SK0029 馆事纪要:临时消息:四库全书珍本初集分装约二千册……//商务印书馆通信录.—1934,(393).—5

SK0030 令文:浙江省民政厅训令:浙字第三十四号:令杭州市市政府、各县县政府:奉省政府令转饬量力订购上海商务印书馆四库全书珍本初集,及四部丛刊续编,通饬遵照/吕苾筹//浙江民政月刊.—1934,(31).—68—69

SK0031 训令:上海市教育局教字第一七六四号:令本局所属各学校、社会教育机关:为转令酌量订购商务印书馆四库全书珍本初集四部丛刊续编由/潘公展//上海市教育局教育周报.—1934,(234).—7

SK0032 社会写真:美国汉学家惊人巨著,编成四库全书索引,检查便利令人惊讶//大道半月刊.—1934,(19).—3—4

SK0033 图书之设备交换赠送与古物文献之保存:1.影印四库全书珍本之分赠国外重要图书馆、2.令饬北平古物保管委员会结束静候接收、3.介绍各省市教育厅局购置书报合作社印行之二十六史等//中国国民党指导下之政治成绩统计.—1934,(12).—105—106

SK0034 图书:四库全书珍本初集第一期书已到(初续)//民大校刊.—1934,23(9)5—6

SK0035 图书:四库全书珍本初集第一期书已到//民大校刊.—1934,23(10).—5—6

SK0036 馆事:四库预约盛况//同舟.—1934,2(7).—9

SK0037 瓯海访书小记:四库简明目录标注之底本及钱唐罗以智遗书/张鋆//国风(南京).—1934,5(6/7).—65—68

SK0038 馆事:四库全书珍本初集及四部丛刊续编第一期开始预约(附表)/四维//同舟.—1934,2(6).—13—15

SK0039 影印《四库全书》目录/尹石公//青鹤.—1934,2(3).—1—10

SK0040 影印四库全书经过//北辰杂志.—1934,(57).—42—43

SK0041 影印四库全书目录/甘簃钞//青鹤.—1934,2(4).—1—10

SK0042 国内时事:一月来之教育:影印四库全书近讯/刘乃敬//时事月报.—1934,10(4).—143

SK0043 四库全书宋人集部补词:寇准 踏莎行、点绛唇、甘草子(早春宴客)、阳关引(离别)/唐圭璋//词学季刊.—1934,1(4).—123—127

SK0044 四库全书宋人集部补词/唐圭璋//词学季刊.—1934,1(4).—123

—156

SK0045 四库全书宋人集部补词：少年游/唐圭璋；杨忆//词学季刊.—1934,1(4).—127

SK0046 四库全书宋人集部补词：点绛唇/唐圭璋；韩琦//词学季刊.—1934,1(4).—128

SK0047 四库全书宋人集部补词：安阳好/唐圭璋；韩琦//词学季刊.—1934,1(4).—128

SK0048 四库全书宋人集部补词：维扬好/唐圭璋；韩琦//词学季刊.—1934,1(4).—128

SK0049 四库全书宋人集部补词：好事近/唐圭璋；蔡襄//词学季刊.—1934 1(4).—128—129

SK0050 四库全书宋人集部补词：水调歌头:潇洒太湖岸……/唐圭璋；苏舜钦//词学季刊.—1934,1(4).—129

SK0051 四库全书宋人集部补词：西江月/唐圭璋；司马光//词学季刊.—1934,1(4).—129

SK0052 四库全书宋人集部补词：阮郎归/唐圭璋；司马光//词学季刊.—1934,1(4).—129

SK0053 四库全书宋人集部补词：锦堂春/唐圭璋//词学季刊.—1934,1(4).—129—130

SK0054 四库全书宋人集部补词：新荷叶/唐圭璋；赵抃//词学季刊.—1934,1(4).—130

SK0055 四库全书宋人集部补词：天香引（游嘉禾南湖）/唐圭璋；文同//词学季刊.—1934,1(4).—130

SK0056 四库全书宋人集部补词：天香引（拜和靖祠）/唐圭璋；文同//词学季刊.—1934,1(4).—130

SK0057 四库全书宋人集部补词：赏南枝/唐圭璋；曾巩//词学季刊.—1934,1(4).—130—131

SK0058 四库全书宋人集部补词：玉楼春/唐圭璋；梅尧臣//词学季刊.—1934,1(4).—131

SK0059 四库全书宋人集部补词：好事近（亳州秩满归江南别诸僚旧）/唐圭璋；曾肇//词学季刊.—1934,1(4).—131

SK0060 四库全书宋人集部补词：渔家傲/唐圭璋；苏辙//词学季刊.—1934,1(4).—131

SK0061 四库全书宋人集部补词：青玉案/唐圭璋；惠洪//词学季刊.—1934,1(4).—132

SK0062 四库全书宋人集部补词：凤栖梧/唐圭璋；惠洪//词学季刊.—1934,1(4).—132

SK0063 四库全书宋人集部补词：千秋岁/唐圭璋；惠洪//词学季刊.—1934,1(4).—132

SK0064 四库全书宋人集部补词：虞美人草/唐圭璋；惠洪//词学季刊.—1934,1(4).—132—133

SK0065 四库全书宋人集部补词：西江月：大厦吞风吐月……/唐圭璋；惠洪//词学季刊.—1934,1(4).—133

SK0066 四库全书宋人集部补词：西江月：入骨风流……/唐圭璋；惠洪//词学季刊.—1934,1(4).—133

SK0067 四库全书宋人集部补词：鹧鸪天/唐圭璋；惠洪//词学季刊.—1934,1(4).—133

SK0068 四库全书宋人集部补词：西江月：十指嫩抽新笋……/唐圭璋；惠洪//词学季刊.—1934,1(4).—133

SK0069 四库全书宋人集部补词：渔家傲（戏效宝宁勇禅师咏古德遗事）：万回/唐圭璋；惠洪//词学季刊.—1934,1(4).—133—134

SK0070 四库全书宋人集部补词：渔家傲（戏效宝宁勇禅师咏古德遗事）：药山/唐圭璋；惠洪//词学季刊.—1934,1(4).—134

SK0071 四库全书宋人集部补词：渔家傲（戏效宝宁勇禅师咏古德遗事）：宝公/唐圭璋；惠洪//词学季刊.—1934,1(4).—134

SK0072 四库全书宋人集部补词：渔家傲（戏效宝宁勇禅师咏古德遗事）：亮公/唐圭璋；惠洪//词学季刊.—1934,1(4).—134

SK0073 四库全书宋人集部补词：渔家傲（戏效宝宁勇禅师咏古德遗事）：香严/唐圭璋；惠洪//词学季刊.—

1934,1(4).—134

SK0074 四库全书宋人集部补词：渔家傲（戏效宝宁勇禅师咏古德遗事）：丹霞/唐圭璋；惠洪//词学季刊.—1934,1(4).—134

SK0075 四库全书宋人集部补词：渔家傲（戏效宝宁勇禅师咏古德遗事）：西江月：黄蜡谁将点缀……/唐圭璋；惠洪//词学季刊.—1934,1(4).—135

SK0076 四库全书宋人集部补词：渔家傲（戏效宝宁勇禅师咏古德遗事）：西江月：万木经霜冻折……/唐圭璋；惠洪//词学季刊.—1934,1(4).—135

SK0077 四库全书宋人集部补词：洞仙歌/唐圭璋；晁说之//词学季刊.—1934,1(4).—135

SK0078 四库全书宋人集部补词：金盏倒垂莲（寄杨仲谋帅）/唐圭璋；晁说之//词学季刊.—1934,1(4).—135

SK0079 四库全书宋人集部补词：诉衷情/唐圭璋；唐庚//词学季刊.—1934,1(4).—136

SK0080 四库全书宋人集部补词：念奴娇：海天向晚……/唐圭璋；韩驹//词学季刊.—1934,1(4).—136

SK0081 四库全书宋人集部补词：水调歌头：江山自雄丽……/唐圭璋；韩驹//词学季刊.—1934,1(4).—136

SK0082 四库全书宋人集部补词：浣溪沙：弱骨轻肌不耐春……/唐圭璋；孙觌//词学季刊.—1934,1(4).—136

—137

SK0083 四库全书宋人集部补词：水调歌头：不见严夫子……/唐圭璋；胡寅//词学季刊.—1934,1(4).—137

SK0084 四库全书宋人集部补词：醉落魄/唐圭璋；冯时行//词学季刊.—1934,1(4).—137

SK0085 四库全书宋人集部补词：点绛唇：野态芳姿……/唐圭璋；王十朋//词学季刊.—1934,1(4).—137

SK0086 四库全书宋人集部补词：点绛唇：雪径深深……/唐圭璋；王十朋//词学季刊.—1934,1(4).—138

SK0087 四库全书宋人集部补词：点绛唇：庭院深深……/唐圭璋；王十朋//词学季刊.—1934,1(4).—138

SK0088 四库全书宋人集部补词：点绛唇：羽盖垂垂玉英乱簇春光满……/唐圭璋；王十朋//词学季刊.—1934,1(4).—138

SK0089 四库全书宋人集部补词：点绛唇：丝蕊垂……/唐圭璋；王十朋//词学季刊.—1934,1(4).—138

SK0090 四库全书宋人集部补词：点绛唇：间时盈盈向人自笑还无语……/唐圭璋；王十朋//词学季刊.—1934,1(4).—138

SK0091 四库全书宋人集部补词：点绛唇：阑槛阴沉……/唐圭璋；王十朋//词学季刊.—1934,1(4).—138—139

SK0092 四库全书宋人集部补词：点绛唇：毗舍遥遥异香一柱驰名久……/唐圭璋；王十朋//词学季刊.—1934,1(4).—139

SK0093 四库全书宋人集部补词：点绛唇：蜡换梅姿天然香韵香非俗……/唐圭璋；王十朋//词学季刊.—1934,1(4).—139

SK0094 四库全书宋人集部补词：二郎神/唐圭璋；王十朋//词学季刊.—1934,1(4).—139

SK0095 四库全书宋人集部补词：踏莎行/唐圭璋；洪迈//词学季刊.—1934,1(4).—139

SK0096 四库全书宋人集部补词：临江仙/唐圭璋；洪迈//词学季刊.—1934,1(4).—140

SK0097 四库全书宋人集部补词：菩萨蛮（十月十三日宝应宰招饮弟子常晒酒所指屏间画梅乞词）/唐圭璋；陈造//词学季刊.—1934,1(4).—140

SK0098 四库全书宋人集部补词：洞仙歌（赵史君送红梅）/唐圭璋；陈造//词学季刊.—1934,1(4).—140

SK0099 四库全书宋人集部补词：水调歌头（千叶红梅送史君）/唐圭璋；陈造//词学季刊.—1934,1(4).—140

SK0100 四库全书宋人集部补词：虞美人（呈赵帅）/唐圭璋；陈造//词学季刊.—1934,1(4).—140—141

SK0101 四库全书宋人集部补词：

鹧鸪天:闲去街头赏大花……/唐圭璋；陈造//词学季刊.—1934,1(4).—141

SK0102 四库全书宋人集部补词:诉衷情(西湖)/唐圭璋；陈造//词学季刊.—1934,1(4).—141

SK0103 四库全书宋人集部补词:南歌子/唐圭璋；徐照//词学季刊.—1934,1(4).—141—142

SK0104 四库全书宋人集部补词:清平乐/唐圭璋；徐照//词学季刊.—1934,1(4).—142

SK0105 四库全书宋人集部补词:阮郎归:绿杨庭户静沉沉……/唐圭璋；徐照//词学季刊.—1934,1(4).—142

SK0106 四库全书宋人集部补词:玉楼春/唐圭璋；徐照//词学季刊.—1934,1(4).—142

SK0107 四库全书宋人集部补词:瑞鹧鸪/唐圭璋；徐照//词学季刊.—1934,1(4).—142

SK0108 四库全书宋人集部补词:蝶恋花/唐圭璋；真德秀//词学季刊.—1934,1(4).—142—143

SK0109 四库全书宋人集部补词:一剪梅/唐圭璋；周文璞//词学季刊.—1934,1(4).—143

SK0110 四库全书宋人集部补词:浪淘沙/唐圭璋；周文璞//词学季刊.—1934,1(4).—143

SK0111 四库全书宋人集部补词:念奴娇:楚天霜晓看老来秋圃……/唐

圭璋；郑清之//词学季刊.—1934,1(4).—143

SK0112 四库全书宋人集部补词:祝英台近/唐圭璋；岳珂//词学季刊.—1934,1(4).—143—144

SK0113 四库全书宋人集部补词:满江红/唐圭璋；岳珂//词学季刊.—1934,1(4).—144

SK0114 四库全书宋人集部补词:生查子/唐圭璋；岳珂//词学季刊.—1934,1(4).—144

SK0115 四库全书宋人集部补词:祝英台近(登多景楼)/唐圭璋；岳珂//词学季刊.—1934,1(4).—144

SK0116 四库全书宋人集部补词:醉落魄/唐圭璋；岳珂//词学季刊.—1934,1(4).—144—145

SK0117 四库全书宋人集部补词:酹江月/唐圭璋；岳珂//词学季刊.—1934,1(4).—145

SK0118 四库全书宋人集部补词:木兰花慢/唐圭璋；岳珂//词学季刊.—1934,1(4).—145

SK0119 四库全书宋人集部补词:六州歌头/唐圭璋；岳珂//词学季刊.—1934,1(4).—145

SK0120 四库全书宋人集部补词:柳梢青/唐圭璋；施枢//词学季刊.—1934,1(4).—145—146

SK0121 四库全书宋人集部补词:疏影/唐圭璋；施枢//词学季刊.—1934

1（4）．—146

SK0122 四库全书宋人集部补词：摸鱼儿/唐圭璋；施枢//词学季刊．—1934,1（4）．—146

SK0123 四库全书宋人集部补词：酹江月（题泽翁梅轴后）/唐圭璋；施枢//词学季刊．—1934,1（4）．—146—147

SK0124 四库全书宋人集部补词：喜迁莺令（景德中水殿按舞英公翰林内直上遣中使取新词公援毫立成以进大蒙天奖）/唐圭璋；夏竦//词学季刊．—1934,1（4）．—147

SK0125 四库全书宋人集部补词：渔家傲：雪中照梅溪畔路……/唐圭璋；强至//词学季刊．—1934,1（4）．—147

SK0126 四库全书宋人集部补词：好事近/唐圭璋；郑獬//词学季刊．—1934,1（4）．—147

SK0127 四库全书宋人集部补词：清平乐/唐圭璋；刘敞//词学季刊．—1934,1（4）．—147—148

SK0128 四库全书宋人集部补词：踏莎行/唐圭璋；刘敞//词学季刊．—1934,1（4）．—148

SK0129 四库全书宋人集部补词：潇湘忆故人慢/唐圭璋；王安礼//词学季刊．—1934,1（4）．—148

SK0130 四库全书宋人集部补词：万年欢/唐圭璋；王安礼//词学季刊．—1934,1（4）．—148

SK0131 四库全书宋人集部补词：点绛唇（县斋）/唐圭璋；王安礼//词学季刊．—1934,1（4）．—148—149

SK0132 四库全书宋人集部补词：点绛唇：秋气微凉……/唐圭璋；王安礼//词学季刊．—1934,1（4）．—149

SK0133 四库全书宋人集部补词：虞美人令/唐圭璋；李鹰//词学季刊．—1934,1（4）．—149

SK0134 四库全书宋人集部补词：清平乐/唐圭璋；李鹰//词学季刊．—1934,1（4）．—149

SK0135 四库全书宋人集部补词：菩萨蛮：城阴犹有松间雪……/唐圭璋；李鹰/词学季刊．—1934,1（4）．—149

SK0136 四库全书宋人集部补词：南乡子/唐圭璋；李鹰//词学季刊．—1934,1（4）．—149—150

SK0137 四库全书宋人集部补词：念奴娇：旧游何处……/唐圭璋；赵鼎臣//词学季刊．—1934,1（4）．—150

SK0138 四库全书宋人集部补词：醉落魄/唐圭璋；汪藻//词学季刊．—1934,1（4）．—150

SK0139 四库全书宋人集部补词：殢人娇：深院海棠……/唐圭璋；张扩//词学季刊．—1934,1（4）．—150

SK0140 四库全书宋人集部补词：殢人娇：多少胭脂……/唐圭璋；张扩//词学季刊．—1934,1（4）．—150—151

SK0141 四库全书宋人集部补词：

贺新郎/唐圭璋;许及之//词学季刊. —1934,1(4). —151

SK0142 四库全书宋人集部补词:满庭芳/唐圭璋;卢俦//词学季刊. —1934,1(4). —151

SK0143 四库全书宋人集部补词:如梦令(菊)/唐圭璋;张镃//词学季刊. —1934,1(4). —151—152

SK0144 四库全书宋人集部补词:菩萨蛮(素馨)/唐圭璋;张镃//词学季刊. —1934,1(4). —152

SK0145 四库全书宋人集部补词:风入松(簷蔔)/唐圭璋;张镃//词学季刊. —1934,1(4). —152

SK0146 四库全书宋人集部补词:蓦山溪(茉莉)/唐圭璋;张镃//词学季刊. —1934,1(4). —152

SK0147 四库全书宋人集部补词:柳梢青:千丈风漪霁光明处……/唐圭璋;张镃//词学季刊. —1934,1(4). —152—153

SK0148 四库全书宋人集部补词:鸟夜啼/唐圭璋;张镃//词学季刊. —1934,1(4). —153

SK0149 四库全书宋人集部补词:南柯子/唐圭璋;张镃//词学季刊. —1934,1(4). —153

SK0150 四库全书宋人集部补词:贺新郎(和李微之校勘)/唐圭璋;吴咏//词学季刊. —1934,1(4). —153

SK0151 四库全书宋人集部补词:

满江红(再游西湖和李微之)/唐圭璋;吴咏//词学季刊. —1934,1(4). —153—154

SK0152 四库全书宋人集部补词:念奴娇(中秋玩月山谷共倒金荷家万里难得尊前相属之句怅然有怀借韵作一首)/唐圭璋;程公许//词学季刊. —1934,1(4). —154

SK0153 四库全书宋人集部补词:沁园春(用屐斋多景楼韵)/唐圭璋;程公许//词学季刊. —1934 1(4). —154

SK0154 四库全书宋人集部补词:水调歌头(和吴秀嵩韵)/唐圭璋;程许公//词学季刊. —1934,1(4). —154—155

SK0155 四库全书宋人集部补词:摸鱼儿(忆刘改之)/唐圭璋;苏泂//词学季刊. —1934,1(4). —155

SK0156 四库全书宋人集部补词:雨中花(余往时忆刘改之作摸鱼儿颇为朋友间所喜然改之尚未之见也数日前忽闻改之去世怅惘殆不胜言)/唐圭璋;苏泂//词学季刊. —1934,1(4). —155

SK0157 四库全书宋人集部补词:谒金门/胡仲弓//词学季刊. —1934,1(4). —155—156

SK0158 四库全书宋人集部补词:湘月/唐圭璋;董嗣杲//词学季刊. —1934,1(4). —156

SK0159 四库全书宋人集部补词:齐天乐(题温日观蒲萄卷)/唐圭璋;董

嗣杲//词学季刊. —1934,1(4). —156

SK0160 试论撮要：目录学：四库全书收录闽士著述总目（薛澄清）/冷//图书馆学季刊. —1934,8(1). —186

SK0161 文化情报：中央图书馆赠各大学四库珍本：各赠一部以资备览/现代新闻（上海 1934）//1934,1(4). —88

SK0162 如此华北（二）：河山依旧：文津阁（四库全书藏书处在热河避暑山庄照片）/政治月刊（南京）//1934,1(4). —1

SK0163 安徽省立图书馆二十一周年纪念题辞：颂：四库云渺——/刘雪亚；程筱苏；李拔可//学风（安庆）. —1934,4(3). —13—18

SK0164 四库全书（2）/赵冬//振华季刊. —1934,1(3). —120

SK0165 读书志：国学鳞爪：（五）四库全书目录（5）/赵冬//振华季刊. —1934,1(3). —120—121

SK0166 社务报告：一、执委常会议决召集年会及捐购四库珍本//合作月刊. —1934,6(3/4). —51

SK0167 关于文溯阁四库全书旧档史料（1）/奉天图书馆（伪满）//国立奉天图书馆季刊. —1934,(1). —1—36

SK0168 永乐大典纂修之经过/廉君//国闻周报. —1934,10(37). —14

1935 年

SK0001 四库全书云南书目提要/刘钟明//云南旅平学会季刊. —1935,1(4). —89—97

SK0002 四库官/王青坨//安雅月刊. —1935,1(4)

SK0003 文澜阁里的今昔/周行保//浙江省立西湖博物馆馆刊. —1935,(3/4). —48—50

SK0004 本馆新消息：四库四种//同行月刊. —1935,3(6). —25—26

SK0005 四库待访书目考初稿自序/张杰//光华大学半月刊. —1935,4(2). —92—94

SK0006 国际宣传之推广：一. 四库全书珍本赠送之办理、二. 各市建设事业照片之征集//中国国民党指导下之政治成绩统计. —1935,(5). —45—46

SK0007 文化情报：教部赠欧洲各国四库全书//时事旬报. —1935,(20). —25

SK0008 世界新闻：四库全书精本赠苏联图书馆//时兆月报. —1935,30(7). —4

SK0009 中外新闻：世界要闻一束：四库全书精本赠苏联图书馆//通问报：耶稣教家庭新闻. —1935,(1638). —24

SK0010 四库全书精本赠国联图书馆//中华图书馆协会会报. —1935,10(6). —21

SK0011 东方图书馆法国书籍赠受礼：场内陈列全部捐赠之书籍，两旁书橱之书，均为法国公益慈善会所赠，中

部书橱内藏四库全书系商务印书馆赠与法国学会者（照片）//东方杂志.—1935,32(13).—1

SK0012 校闻:中央筹备处赠送母校四库全书珍本//南洋友声.—1935,(38).—11

SK0013 四库全书礼赞/曹聚仁//笔端.—1935,1.—276—278

SK0014 文澜嘉惠堂与玉海楼/孙延钊//文澜学报.—1935,(第1辑)

SK0015 文澜阁四库全书史稿/张崟//文澜学报.—1935,(第1辑).—1—79

SK0016 乱后重建之文澜阁及其阅览室——太乙分青之室（插图）//文澜学报.—1935,(第1辑)

SK0017 文澜阁四库全书书库及钞补阁书之先生丁松先生（插图）//文澜学报.—1935,(第1辑)

SK0018 现存四库之浙江省图书馆孤山分馆及其书库（插图）//文澜学报.—1935,(第1辑)

SK0019 清修四库全书采集书籍之方案/伯昭//华北日报（北平）.—1935,(22)

SK0020 清高宗对于四库纂修之督课/伯昭//华北日报（北平）.—1935,(26/27/28/30)

SK0021 四库全书目录板本考（经部11/12)/叶启勋//图书馆学季刊.—1935,9(1/3/4).—87—108/.—442—472

SK0022 文澜阁里感沧桑/刘实君//学生世界.—1935,1(1).—5—9

SK0023 浙江文澜阁赋/周家禄//文澜学报.—1935,(第1辑)

SK0024 清孙冯翼四库全书辑永乐大典本书目钞本跋/程会昌//图书馆学季刊.—1935,9(2).—152—154

SK0025 四库提要辨证(1/2)/余嘉锡//国立北平图书馆馆刊.—1935,9(5/6).—61—70

SK0026 四库提要与汉宋门户/钱穆//益世报（天津）读书周刊.—1935,(24).—11—14

SK0027 时论撮要:目录学:四库全书云南书目提要（刘钟明）/思//图书馆学季刊.—1935,9(2).—173—174

SK0028 秦声:永乐大典考/薛定夫//秦风周报.—1935,1(31).—26

SK0029 读四库全书总目提要/蒋鉴璋//儒效月刊,1935,(2/3).—5—6

SK0030 谈四明范氏天一阁/陈训慈//越风,1935,(2/3).—2—25

1936 年

SK0001 四库全书珍本与列宁图书馆:附照片/戈宝权//申报周刊.—1936,1(21).—502—503

SK0002 四库全书珍本与列宁图书馆/戈宝权//中苏文化杂志.—1936,1(2).—108—109

SK0003 四库著录浙江先哲遗书目/毛春翔//文澜学报.—1936,2(1)

SK0004 我们文化上的丧失:在敌人手里的四库全书:文溯阁的回廊书架(照片)//永生.—1936,1(10)封三

SK0005 我们文化上的丧失:在敌人手里的四库全书:保藏四库全书的楠木箱(照片)//永生.—1936,1(10)封三

SK0006 我们文化上的丧失:在敌人手里的四库全书(封三)保藏四库全书的辽宁文溯阁内部(照片)//永生.—1936,1(10)

SK0007 我们文化上的丧失:在敌人手里的四库全书:文溯阁的藏书室:(照片)//永生.—1936,1(10)封三

SK0008 我们文化上的丧失:在敌人手里的四库全书(照片):四库全书卷本之一斑://永生.—1936,1(10)封三

SK0009 阁本欧阳文忠集校勘表——附校后余记/张嵚//浙江图书馆馆刊.—1936,2(3/4).—51—100

SK0010 四库著录山西先哲遗书辑目/聂光甫//山西民众教育.—1936,3(4).—1—11

SK0011 吕留良及其思想/容肇祖//辅仁学志.—1936,(1/2).—1

SK0012 学理研究:论四库提要不识道家学术之全体(1)/陈撄宁//扬善半月刊.—1936,3(20).—1—2

SK0013 学理研究:论四库提要不识道家学术之全体(2)/陈撄宁//扬善半月刊.—1936,3(21).—1—2

SK0014 学理研究:论四库提要不识道家学术之全体(3)/陈撄宁//扬善半月刊.—1936,3(22).—1—2

SK0015 中外大事纪略(1936年):我政府赠苏俄四库全书//民智月报.—1936,5(4).—20

SK0016 书评:乾隆之禁书运动/郭斌佳//国立武汉大学文哲季刊.—1936,5(3).—501—712

SK0017 四库全书仅存录/瞻庐//江苏省立苏州图书馆年刊.—1936,(6).—4

SK0018 四库珍本有错误/李镜池//黄钟.—1936,8(6).—1

SK0019 清之禁书谈/胡行之//越风半月刊.—1936,(8).—6—9

SK0020 文溯阁四库全书提要/辽海书社//中华图书馆协会会报.—1936,11(4).—35

SK0021 四库提要中之周亮工/陈垣//文献论丛(国立北平故宫博物院十一周年纪念).—1936,(10).—3—12

SK0022 文渊阁藏书全景后记/朱启钤//图书馆学季刊.—1936,10(2).—311—316

SK0023 影印四库全书四种(上海商务印书馆)/佚名//中华图书馆协会会报.—1936,11(5).—42

SK0024 列宁图书馆陈列受赠四库全书/佚名//中华图书馆协会会报.—

1936,11(5).—38

SK0025 青年界:四库全书乡贤著作目录/黄大绥//江西教育.—1936,(21).—147—152

SK0026 千华山馆序跋:四库全书辑永乐大典本书目叙/金毓黻//制言.—1936,(31).—3—4

SK0027 四库全书之今昔/陈登原//古今典籍聚散考.—1936,(排印本).—134—154

SK0028 四库修书前后时之藏书家/陈登原//古今典籍聚散考.—1936(排印本).—330—340

SK0029 四库全书馆与禁书运动/陈登原//古今典籍聚散考.—1936(排印本).—86—108

SK0030 论禁书无益/陈登原//古今典籍聚散考.—1936(排印本).—132—133

SK0031 清代中叶与典籍散尽/陈登原//古今典籍聚散考.—1936(排印本).—233—248

SK0032 外患与永乐大典之最后散亡/陈登原//古今典籍聚散考.—1936(排印本).—249—274

SK0033 清代官私书籍之被焚/陈登原//古今典籍聚散考.—1936(排印本).—462—476

SK0034 印行孤本之问题/陈登原//古今典籍聚散考.—1936(排印本).—504—516

SK0035 四库提要辨证(1)/余嘉锡//大公报(天津)图书副刊.—1936,9.24(149)

SK0036 四库提要辨证(2)/余嘉锡//大公报(天津)图书副刊.—1936,10.15(152)

SK0037 四库提要辨证(3)/余嘉锡//大公报(天津)图书副刊.—1936,11.26(158)

SK0038 四库提要辨证(2/3)/余嘉锡//国立北平图书馆馆刊.—1936,10(3).—5—18

SK0039 四库全书提要序/武//大公报(天津)图书副刊.—1936,4.30(128)

SK0040 读史零拾/瞿兑之//逸经.—1936,(11).—30—35

SK0041 读史零拾/瞿兑之//逸经.—1936,(12).—38—39

SK0042 四库全书提要叙/蒹菜//大公报(天津)图书副刊.—1936,6.4(133)

SK0043 四部分类号码表(附表)/张英敏//图书馆学季刊.—1936,10(2).—201—220

SK0044 四库提要数学九章撰人秦九韶补考/孟森//益世报(天津)读书周刊.—1936,1936,12.17(79)

SK0045 四库全书目录版本考——史部正史类(续3)/叶启勋//金陵学报.—1936,6(2).—277—308

SK0046 四库全书目录板本考:经部十四:礼类四:三礼图集注二十卷宋聂崇义撰……/叶启勋//图书馆学季刊.—1936,10(2).—295—308

SK0047 四库全书目录板本考:经部十五:春秋类一/叶启勋//图书馆学季刊.—1936,10(3).—427—437

SK0048 四库全书目录板本考:经部十五:春秋类一(续)/叶启勋//图书馆学季刊.—1936,10(4).—608—622

SK0049 四库全书目录板本考/叶启勋//图书馆学季刊.—1936,10(3).—100—110

SK0050 四库全书目录板本考:经部十五:春秋类一(续 2)/叶启勋//图书馆学季刊.—1936,10(4).—100—123

SK0051 清初文字之狱与沈近思/徐一士//越风.—1936,(13)

SK0052 浙江省立图书馆重订文澜阁及善本书目//中华图书馆协会会.—1936,12(1).—6

SK0053 文溯阁四库全书开放//中华图书馆协会会报.—1937,3(2).—11

SK0054 文溯阁四库全书提要/辽海书社//中华图书馆协会会报.—1936,11(4).—35

SK0055 永乐大典纂修之经过//中央军校图书馆月报.—1936,(20/25).—368

1937 年

SK0001 乾隆之焚书/贺次君//书林半月刊.—1937,1(5).—3—10

SK0002 四库别藏叙录:晚明钟丁先义士集二卷/罗香林//书林半月刊.—1937,2(2).—13—14

SK0003 四库别藏叙录:晚明何南凤讱堂余稿不分卷/罗香林//书林半月刊.—1937,2(3).—9—10

SK0004 四库全书的错误与疏忽/翁国梁//越风.—1937,2(4).—12—54

SK0005 文澜阁四库全书之今昔/君弢//图书展望.—1937,2(6).—68—73

SK0006 东台徐述夔与一柱楼诗狱考/释灵石//江苏研究.—1937,3(1).—1—3

SK0007 清代禁毁书籍名家详征/王逸樵//北平晨报艺圃.—1937,3(14、15、17、19、21、24)

SK0008 续修四库之请/素声//北平晨报艺圃.—1937,(3).—11

SK0009 清乾隆朝文字狱简表/许霁英//人文月刊.—1937,8(4).—1—13

SK0010 七略与四部之变迁/钟国楼//书林半月刊.—1937,(7).—7—24

SK0011 永乐大典纂修人考/郭伯恭//史学集刊.—1937,(3).—273—319

SK0012 教育画报:浙江省立图书馆:左图为浙江省立图书馆现藏四库全书之书库内景……(照片)://教育杂志.—1937,27(4)

SK0013 四库提要辨证(4)/余嘉

锡//大公报(天津)图书副刊.－1937,
(164)

SK0014 四库提要辨证(5)/余嘉锡//大公报(天津)图书副刊.－1937,2.25.－(170)

SK0015 四库提要辨证(6)/余嘉锡//大公报(天津)图书副刊.－1937,4.1(175)

SK0016 辨纪文达手书四库简明目录/王钟翰//大公报史地周刊.－1937,(133)

SK0017 四库全书编纂的动机和目的/近腾纯雄//满蒙.－1937,18(6)

SK0018 文津阁书册页数表/陈垣//北京近代科学图书馆馆刊.－1937,12.5

SK0019 文溯阁四库全书开放//中华图书馆协会会报.－1937,3(2).－11

1938 年

SK0001 文溯阁四库全书要略及索引//奉天图书馆编印.－1938.－1－29/.－1－266

SK0002 四库全书运川//现世报.－1938,(31).－4

SK0003 教育要闻:本省部分:欧阳祖经先生捐四库丛刊一部给浙江大学//江西地方教育.－1938,(120).－54

SK0004 文澜阁四库全书获保全/科学//－1938,22(11/12).－558

SK0005 四库提要辨证(余嘉锡

撰)/明照//燕京学刊.－1938,2(23).－320－321

SK0006 四库全书之编辑及其功罪论/曲正//民治月刊.－1938,(22).－1－15

1939 年

SK0001 清孙冯翼四库全书辑永乐大典本书目钞本跋/程会昌//目录学丛考(书目类编第 92 册).－上海:上海中华书局.－1939.2

SK0002 教育文化动态:全国图书馆鳞爪:文澜阁四库全书已运往四川保藏//浙江战时教育文化月刊.－1939,1(4).－41－42

SK0003 四库全书纂修考/容媛//燕京学报.－1939,(25).－264－265

SK0004 四库全书提要辨证史部四卷子部八卷(图书介绍)/衣//图书季刊.－1939,新 1(2).－68－70

SK0005 四库著录南宋诗话提要评述(附英文摘要)/郭绍虞//燕京学报.－1939,(26).－40－83

SK0006 图书介绍:永乐大典考(郭伯恭著)/毓//图书季刊.－1939,(3).－299－300

SK0007 永乐大典现存卷目表//图书季刊.－1939,(3).－246－286

1940 年

SK0001 书林偶拾:四库全书纂修

考//中和月刊. —1940，1（9）. —102
—103

SK0002 清孙冯翼四库全书辑永乐
大典目钞本跋/程会昌//斯文. —1940，
1(6). —2—4

SK0003 乾隆修书与清代学术之影
响/逸樵//再建旬刊. —1940，1（16）. —
18—23

SK0004 钱谦益著述被禁考/徐绪
典//史学年报. —1940，3（2）. —101
—109

SK0005 永乐大典志略/李绮生//
改造 1940，（4）

SK0006 永乐大典考/容媛//燕京
学报. —1940，（27）

1941 年

SK0001 福建协和大学陈氏书库所
藏清代禁书述略/金云铭//福建文化.
—1941，1（1）. —22—52

SK0002 四库全书在我国文化上之
评价/马念祖//民意月刊. —1941，2（4/
5）. —53—55

SK0003 书林偶拾：四库全书提要
辨证/铎//中和月刊. —1941，2（6）. —
124—127

SK0004 关于纪文达：为公著"四库
全书总目提要"成书百六十年作/仰
弥//中和月刊. —1941，2（6）. —48—64

SK0005 乾隆禁书考/龚梅僧//北
华月刊. —1941，（3）. —65—70

SK0006 关于钱牧斋/唐伟之//宇
宙风（乙刊）. —1941，（41）. —19—21

SK0007 四库珍本十先生奥论读后
记/蒙文通//图书季刊. —1941，3（1/2）.
—41—52

SK0008 四库著录山西先正遗书辑
要/陈监先//说文月刊. —1941，2（8）. —
6—15

SK0009 四库提要《宣室志》考证/
叶德禄//辅仁学志. —1941，10（1/2）. —
1—4

SK0010 四库全书目录类小序注/
李文裿//教育学报（北京）. —1941，（8）.
—1—3

SK0011 说苑：永乐大典之历劫/中
流//世界文化（上海）. —1941，3（4）.
—55

SK0012 永乐大典跋/藏园老人//
中国公论（北京）. —1941，5（5）. —112
—117

1942 年

SK0001 四库未收书目提要医家
类/阮元；谢诵穆//中国医药月刊（北
京）. —1942，3（2）. —22

SK0002 四库琐话（1—2）/庾持//
古今月刊. —1942，（6/7）. —13—17

SK0003 四库余话/庾持//古今月
刊. —1942，（10）. —27—32

1943 年

SK0001 摘录四库全书总目提要

论/王渔洋/映庵//同声月刊.－1943,3
(3).－23－42

SK0002 关于钱牧斋/郑秉珊//古
今,－1943,(18).－13－16

SK0003 谈纪文达公/纪果庵//古
今.－1943,(22).－11－16

SK0004 永乐大典所收宋元戏文三
十三种考/谭正璧//中华月报.－1943,
6(3).－73－84

SK0005 教育消息:本省部分:许厅
长过贵阳,察看寄存四库全书/浙江教
育行政月刊//－1943,(4).－30

1944 年

SK0001 两次查看内运文澜阁四库
全书记/祝文白//真理杂志.－1944,1.
(1).－115－121

SK0002 梦桐室词话:四库全书之
误/唐圭璋//中国文学(重庆).－1944,
1.(2).－72

SK0003 四库提要杂家类教义书辨
正/朱星//公教学志.－1944,4.(1).－1
－2

SK0004 记四库提要辨证/张白
珩//志学.－1944,(15).－9－10

SK0005 永乐大典与图书集成//中
国学报(重庆).－1944,1(3).－39

1945 年

SK0001 四库提要之正统观念/柴
德赓//学术集刊.－1945,(1).－40－50

SK0002 丛载:乾隆四库征书浙江
进呈秘籍之七大藏书家/洪焕椿//浙江
省通志馆馆刊.－1945,1.(4).－52－57

SK0003 序记:四库著录浙江先哲
遗书目序:浙江自南宋以后……/张慕
骞//浙江省通志馆馆刊.－1945,1(2).
－89－90

1946 年

SK0001 四库全书学典发售特价办
法//世界学典通讯.－1946,(1).－1

SK0002 四库全书学典通论之部目
次//世界学典通讯.－1946,(1).－1

SK0003 四库全书学典综览之部目
次//世界学典通讯.－1946,(1).－1

SK0004 综览之部样:四库全书综
览表:(表格)//世界学典通讯.－1946,
(1).－1－2

SK0005 半月文化简报:中国学典
馆筹设北平分馆.教部令全国各文教机
构,介绍四库全书学典…//世界半月
刊.－1946,1(2).－54

SK0006 世界学典书例答问:附答
关于四库全书学典及他册学典者:问:
世界学典中文版首次与读者相见的一
册,为什么不是"世界"或"学典",而是
"四库全书"呢?/世界学典通讯.－
1946,(1).－6

SK0007 世界学典书例答问:附答
关于四库全书学典及他册学典者:问:
在世界学典中的"四库全书"学典,除提

供我们关于这巨大的文化工程之全部知识外，还有些因参加世界学典而表示出的特殊贡献么？//世界学典通讯.－1946,(1).－6－7

SK0008 世界学典书例答问:附答关于四库全书学典及他册学典者:问:世界学典除四库全书学典外，在近几年内，可陆续出版的还有些什么书呢？//世界学典通讯.－1946,(1).－7－8

SK0009 四库全书学典通论之部样:第三十七节 中华全书编刊办法//世界学典通讯.－1946,(1).－96－99

SK0010 新闻漫画:四库全书复员/剑凡;小枫//吉普.－1946,(14).－6－7

SK0011 文澜阁四库全书归阁散记(从重庆到杭州)/徐伯璞//教育通讯(复刊)－1946,2(2).－9

SK0012 广播:四库全书在沈无恙//青年问题.－1946,3(4/5).－30

SK0013 四库全书依然无恙/酒利//东南风.－1946,(4).－4

SK0014 四库提要与宋志之关系/陈乐素//图书季刊.－1946,新7(3/4).－5－9

SK0015 四库全书学典年内可望问世//时事公报.－1946,8.19

SK0016 赵四风流朱五狂:张学良翻印"四库全书"！/长赓//海燕－1946,(9).－10

SK0017 四库全书初集赠予西汉大学//时事公报.－1946,12.9

1947 年

SK0001 什么是"四库全书学典"/吴显齐//世界月刊.－1947,1(7).－23－26

SK0002 充实图书设备,购买四库全书珍本//华中通讯(复刊).－1947,1(2).－15

SK0003 四库全书医家类医籍鸟瞰(附表)/任应秋//华西医药杂志.－1947,2(1).－5－14

SK0004 四库全书简明目录笺迻/孙诒让//浙江学报.－1947,1(1).－51－86

SK0005 四库提要古物铭非金石录辨:附表/岑仲勉//国立中央研究院历史语言研究所集刊.－1947,12.－323－352

SK0006 馆务报导:文澜阁四库全书战时播迁纪略/毛春翔//图书展望(复刊).－1947,(3).－29－35

SK0007 四库提要辨证——关尹子一卷(1、2)/余嘉锡//经世日报(读书周刊).－1947,(41/42)

SK0008 四库全书本"后乐集"/淳穆//文物周刊.－1947,(37).－37－38

SK0009 四库全书之方志本院图书馆所藏方志考略/周之风//国立沈阳博物馆筹备委员会汇刊.－1947,(1).－262

SK0010 四库提要与《宋史·艺文

志》/陈乐素//大公报.—1947,2.8

SK0011 记国会图书馆藏永乐大典/王重民//辽海引年集.—1947

SK0012 奉令抄发二中全会李委员煜瀛提议设立机构推广四库全书义例纂修中华全书一案令仰转饬知照(不另行文)//江西省政府公报.—1947,(1477).—5—11

1948 年

SK0001 论著:四库提要之论西学/王任光//上智编译馆馆刊.—1948,3(1).25—30

SK0002 杭州文澜阁四库全书之过去与现状/洪焕椿//读书通讯.—1948,(153).—19—24

SK0003 清点文渊阁四库全书后论书中之东北作者/周之风//凯旋.—1948,(31).—25—26

SK0004 驻澳大使甘乃光自讽为四库全书//电报.—1948,(195).—11

SK0005 教育与文化:文溯阁四库全书将内运/龄//教育通讯(复刊).—1948,5(11).—32

1949 年

SK0001 乾隆禁毁书籍考/徐绪典//协大学报.—1949,(1).—1—66

SK0002 漫谈《四库全书》/周作人//自由论坛晚报(上海).—1949,3.31(署"鹤生').—503

1950 年

SK0001《四库全书》与《康熙字典》/周作人(署"鹤生")//亦报.—1950,8.6

SK0002《四库全书总目提要》之分类//文物.—1950,(8).—121—124

1951 年

SK0001 说《四库全书》/周作人(署"十山")//亦报.—1951,4.2

SK0002 永乐大典/徽//大公报(沪).—1951,3.3

SK0003 永乐大典/郑振铎//群众日报.—1951,3.24

SK0004 关于永乐大典/郑振铎//人民日报.—1951,8.13.—3

SK0005 永乐大典展览的意义/赵万里//文汇报.—1951,8.8

1953 年

SK0001 文渊阁的四库全书/董作宾//台湾新生报.—1953,4.7

SK0002 文溯阁藏书记/李符桐//中央日报.—1953,4.18

SK0003 芦浦笔记各种版本的比较研究/任长正//大陆杂志.—1953,7(5).—4—7

SK0004 跋芦浦笔记各种版本的比较研究/李宗侗//大陆杂志.—1953,7(5).—8

SK0005 从共区抢救出来的四库全

书/董作宾//今日世界.－1953,(35)

SK0006《永乐大典》今昔观——学源旧存稿/祝文白//民主评论.－1953,4(19)

1955 年

SK0001 四库提要纠谬/梁子涵//中国图书馆学会会报.－1955,(5).－3－5

SK0002 两年来对四库全书续修与影印的呼声述略/祝秀侠//教育与文化.－1955,8(6).－2－3

1956 年

SK0001 四库全书词籍提要校议/夏承焘//唐宋词论丛.－上海:上海古典文学出版社,1956.－212－237

SK0002 苏联列宁图书馆送还给中国人民的永乐大典/赵万里//文物参考资料.－1956,(总66).－22

SK0003 德意志民主共和国交还永乐大典的重大意义/赵万里//文物参考资料.－1956(总65).－2

SK0004《永乐大典》述略/昌彼得//大陆杂志.－1956,6(7)

1957 年

SK0001 印行四库全书的一些逸闻/叶恭绰//文汇报.－1957.1.10.－3

SK0002 我国最大的一部丛书——四库全书/王红元//图书馆工作(北京).－1957,(4).－37－38

SK0003 我国第一部百科全书——永乐大典/仲簴//图书馆工作.－1957,(3).－17

SK0004 四库余闻/周骏富//中国图书馆学会会报.－1957,(8).－28－29

SK0005 辨纪晓岚手书四库简明目录/王钟翰//清史杂考.－北京:人民出版社,1957.9.－259－271

SK0006 介绍我国第一部分类巨著——《四库全书》/书生//江西图书馆通讯.－1957,(27)

1958 年

SK0001 你知道吗？四库全书有多大/熙//人民日报.－1958,1.10.－8

SK0002 四库全书的命运/熙//人民日报.－1958,1.31.－8

SK0003 四库提要正误——程氏墨苑/梁子涵//中央日报.－1958,3.4.－6

SK0004 读者中来:文澜阁四库全书的近况/丁慰长//人民日报.－1958,3.19.－8

SK0005《四库全书》/周作人(署"启明")//新民报晚刊.－1958,3.23

SK0006《四库提要辨证》二十四卷/余嘉锡.－北京:科学出版社,1958.10

1959 年

SK0001 七阁四库全书之存毁及其行世印本(1)/王树楷//大陆杂志.－

1959,19(6).—22—25

SK0002 七阁四库全书之存毁及其行世印本（2）/王树楷//大陆杂志.—1959,19(7).—22—25

SK0003 论四库全书的纂修/张哲民//民主宪政.—1959,15(7).—13—16

SK0004 选刻四库全书评议/孟森//明清史论著集刊.—北京:中华书局,1959.11.—594—597

SK0005《四库全书》/高熙曾//天津日报.—1959,12.4

SK0006 四库全书载耶稣会士译著汉文书籍/梁子涵//新铎声.—1959,4(22).—73—78

SK0007 谈谈"永乐大典"/赵万里//光明日报.—1959,3.7.—3

SK0008 影印"永乐大典"序/郭沫若//光明日报.—1959,9.8.—3

SK0009 记《永乐大典》/宗弼时//读书.—1959,(16)

1960 年

SK0001 文渊阁的四库全书/黄华//新民晚报.—1960,3.2.—6

SK0002 从主观者意图上估计四库全书之价值/黄云眉//史学杂稿订存.—1960.3

SK0003 四库全书之重要目录书及索引书/王树楷//中央日报.—1960,6.21.—3

SK0004 四库全书所采用之四部分类法/王树楷//台湾教育.—1960,(113).—17—19

SK0005 谈清代考据学的一些特点/王瑶//文学遗产选集（第 3 辑）.—北京:中华书局.—1960,5.—408—415

SK0006 "永乐大典"/士心//语言文学.—1960,(7).—10

SK0007 北京图书馆藏永乐大典卷目考/陈恩惠.—北京:北京图书馆,1960

1961 年

SK0001 文宗阁和文汇阁/何申//新华日报.—1961,10.8

SK0002 "四库全书"中最大部的书/刘乃和//光明日报.—1961,3.25.—2

SK0003 "四库全书"的点点滴滴/大中//光明日报.—1961,4.8.—2

SK0004 西湖文澜阁与四库全书/浙江图书馆//浙江日报.—1961,4.28.—3

SK0005 选刻四库全书评议/孟森.—台北:台北世界书局,1961.9

SK0006 补钞文澜阁"四库全书"史实/张宗祥//光明日报.—1961,10.23.—3

SK0007 关于"永乐大典"的"谜"——读刘盼遂先生文后提供一个线索/陈鼎卿//光明日报.—1961,5.25.—2

SK0008 "永乐大典"漫谈/刘盼

遂//光明日报. —1961,5.14. —2

SK0009 读影印本"永乐大典"记/胡道静//图书馆. —1961,(4). —51—55

SK0010 永乐大典正本运存南京的问题/刘盼遂//北京师范大学学报（社科版）. —1961,(4). —37

1962 年

SK0001 从《汉书·艺文志》到《四库提要》/蜕园//解放日报. —1962,9.11. —4

SK0002 四库全书重要目录书与索引书/林儒行//图书馆学报. —1962,(4). —139—143

SK0003 清代之禁书与牧斋著作/柳作梅//图书馆学报. —1962,(4). —155—208

SK0004 乾隆毁书的例证/王拱璧//图书馆（北京）. —1962,(4). —58—59

SK0005 四库全书词籍提要校议/夏承焘//唐宋词论丛. —北京：中华书局,1962. —240—266

SK0006 所谓"永乐大典本交州记"/张秀民//图书馆. —1962,(4). —52

1963 年

SK0001 读四库全书总目提要札记（经部）/赵吉士//五十一学年度国科会报告. —台北,1963

SK0002 辨纪晓岚手书四库简明目

录/王钟翰//清史杂考. —北京：中华书局,1963. —259—271

SK0003 对清代考据学几种不同的看法/祝民//哲学研究. —1963,(2). —78—79

SK0004 四库提要辨证序/余嘉锡//余嘉锡论学杂著（下）,1963.1. —586—592

SK0005《小四库》的价值决不容谰言贬损/李诗//文汇报. —1963,5.22. —4

SK0006 四库全书被灭毁,孔德成自请处分//联合报. —1963,5.10—.3

SK0007 抢救四库全书//大华晚报. —1963,5.11. —1

SK0008 哀"国宝"//联合报. —1963,5.11—.3

SK0009 四库全书之纂修及庋藏/南湖//中央日报. —1963,5.15. —6

SK0010 我国珍贵孤本《四库全书荟要》被蒋匪帮部分损毁//人民日报. —1963,5.18. —2

SK0011 四库全书灭损,负责人将记过,监院亦将调查责任//中央日报. —1963,5.19. —4

SK0012 四库书劫/羊汝德//联合报. —1963,5.20. —5

SK0013 黄季刚先生手批邵注四库简目辑注/乔衍琯//图书馆学报（东海大学）. —1963,(5). —45—54

SK0014 四库全书与道藏（上）/南

怀瑾//自立晚报.－1963,6.20.－4

SK0015 四库全书与道藏（下）/南怀瑾//自立晚报.－1963,6.21－.4

SK0016 水火兵又一劫,开箱惊看霉损书//征信新闻报（中国时报）.－1963,8.15.－2

SK0017 国宝的灾厄//征信新闻报（中国时报）.－1963,8.16－.2

SK0018 四库全书一夕谈/杨家骆//青年战士报.－1963,12.23.－4

SK0019 四库全书及其续修计划/杨家骆//中国一周.－1963,(713)

SK0020 书傅藏《永乐大典》本《南台备要》后/陈垣//北京师范大学学报（社科版）.－1963,(1).－1

1964 年

SK0001《四库全书总目提要补正》60 卷、补遗 1 卷、未收书目补正 2 卷/胡玉缙.－上海：新华书店上海发行所,1964

SK0002 四库提要辨证序/余嘉锡//论池杂著.－1964.1

SK0003 四库全书的下落/易金//联合报.－1964,1.9.－7

SK0004《四库全书》/周作人//香港新民晚报.－1964,1.22

SK0005 续修四库全书序/张其购//中央日报.－1964,2.21.－6

SK0006 四库全书与七阁/郭志立//台湾新闻报.－1964,5.1.－8

SK0007《四库全书》"言行龟鉴"读后感/费海玑//大华晚报.－1964,5.6.－10

SK0008《四库全书》及其续修计划/杨家骆//学粹.－1964,6(2).－13－19

SK0009 论《四库全书总目》/王重民//北京大学学报（人文科学版）.－1964,(2).－63－78

SK0010《永乐大典》的编修与佛典/周云青著//现代佛学.－1964,(2).－28

SK0011 续修四库全书工作单元举例——续修四库全书计划之二/杨家骆//中国一周.－1964,(717)

SK0012 宋明理学名著初集述旨——续修四库全书计划之三/杨家骆//中国一周.－1964,(718)

SK0013 明杂剧疑目——续修四库全书计划之四/杨家骆//中国一周.－1964,(719)

SK0014 景印郡邑丛书编议——续修四库全书计划之五/杨家骆//中国一周.－1964,(720)

SK0015 疑年录统编——续修四库全书计划之六/杨家骆//中国一周.－1964,(721)

SK0016 十四经新疏疑目——续修四库全书计划之七/杨家骆//中国一周.－1964,(722)

SK0017 续修四库全书的工作——续修四库全书计划之八/杨家骆//中国一周.－1964,(724)

SK0018 辑印学报汇编议——续修四库全书计划之九/杨家骆//中国一周.—1964,(731)

1965 年

SK0001 景印四库珍本缘起/王云五//岫芦论学(初版).—台北:大华晚报社.—1965,4.—331—333

1966 年

SK0001 钦定四库全书总目提要四部类叙一卷百部书集成之七九/江标辑//灵鹣阁丛书(第1函).—台北:艺文印书馆,1966

SK0002 景印四库珍本缘起/王云五//岫芦论学(增订版 第2版).—台北:台湾商务印书馆,1966.—331—333

SK0003 乾隆皇帝与四库全书/殷豫川//春秋.—1966,4(3).—8—11

SK0004 续修四库全书提要简介/何朋//书目季刊.—1966,(3).—58—68

SK0005 四库全书蠡测/福地征太郎//大安.—1966,6.—24—26

SK0006 四库全书蠡测/福地征太郎//大安.—1966,12.—9—11

SK0007 四库总目范石湖诗提要书后/王德毅//大陆杂志.—1966,33(9).—14—15

SK0008 世界最大的书/彭歌//台湾新生报.—1966,10.17

SK0009《四库提要》中有关《明儒学案》的几个问题/山井涌//支那学报(东京).—1966.12

SK0010 四库提要中之周亮工/陈垣//国立北平故宫博物院文献特刊论丛专刊合集(第2册).—台北:台湾国风出版社,1966

SK0011《四库提要》与《宋史·艺文志》之关系/陈乐素//宋史研究集(第3辑)国立编译馆中华丛书编审委员会,1966

1967 年

SK0001 四库全书蠡测/福地征太郎//大安.—1967,(4/8).—5—7/.—9—11

SK0002 中国著名书楼与四库全书/也珍//中国文选.—1967,(4).—162—168

SK0003 中国著名书楼与四库全书/也珍//新天地.—1967,5(11).—6—7

SK0004 介绍四库大辞典/于大成//大华晚报.—1967,9.4.—5

SK0005 乾隆皇帝与四库全书/顾斌荣//畅流.—1967,36(3).—12—14

SK0006 四库提要辨证未刊稿——东观汉记/余嘉锡//周叔弢先生六十生日纪念论文集.—香港:龙门书店,1967.—129—145

SK0007 清盛世的学术工作与考据学的发展/杜维运//史学及外国史研究

论集. －台北:大陆杂志社,1967. －144－153

1968 年

SK0001 四库全书之今昔/陈登原//中国历代典籍考. －台北:顺风出版社.1968,9. －134－154(作者题作"程登元")

SK0002 四库全书馆与禁书运动/陈登原//中国历代典籍考. －台北:顺风出版社,1968.9. －86－108(作者题作"程登元")

SK0003 清代禁毁书目研究/吴哲夫著;王梦鸥指导//台北"国立政治大学"中国文学研究所学位论文. －1968.5

SK0004 四库底本芦浦笔记. －台本:李宗侗发行(世界文史艺术丛书第1种),1968.9. －153－164

SK0005 四库底本芦浦笔记. －台本:李宗侗发行,1968.9(世界文史艺术丛书第1种). －165－167

SK0006 四库全书历经沧桑——蒋复璁谈播迁与筹印/方鹏程//台湾日报. －1968,12.4. －2

SK0007 四库全书历尽沧桑——蒋复璁谈播迁与筹印/方鹏程//中央日报. －1968,12.4. －4

1969 年

SK0001 四库失明代类书考/裴开明//香港中文大学中国文化研究所学报. －1969,2(1). －43－57

SK0002 建议政府向日本索回四库全书/徐文珊//自由报. －1969,(935). －1

SK0003 四库提要译注易类叙/藤原高男//高松工业高等专门学校研究纪要. －1969.3(4号). －1－16

SK0004 四库提要译注周易正义/藤原高男//高松工业高等专门学校研究纪要. －1969.3(4号). －17－30

SK0005 中华文化的宝藏——四库全书/鲁葰//古今谈. －1969,(47). －5－6

SK0006 建议政府向日本索回四库全书/徐文珊//自由报. －1969,(935). －1

1970 年

SK0001 景印文渊阁四库提要简目——附四库全书提要(1—14)/故宫文献处//图书季刊("国立故宫博物院"). －1970,1(1)

SK0002 宛委别藏简介/吴哲夫//图书季刊("国立故宫博物院"). －1970,1(2). －39－57

SK0003 汪中与阮元评议/杜负翁//畅流. －1970,42(2)

SK0004 现存《续修四库全书提要》目录整理后记/吴哲夫//故宫文献. －1970,1(3). －29－43

SK0005 景印四库珍本第一集序/

王云五//东方杂志（复刊）.—1970,4(3)

SK0006 漫谈《四库全书》/刘树远//建设.—1970,18(10).—41

SK0007 论物类相感志之作成时代——四库存目伪书考之一/苏莹辉//大陆杂志.—1970,40(10).—13—15

SK0008 官版《四库全书总目》的异版——官版的书坊印刷及书志学/长尺规矩也.—1970,11.—16—17

1971 年

SK0001 续修四库全书提要札记(1)/方豪//书目季刊.—1971,5(4).—75—78

SK0002 续修四库全书提要序/王云五//东方杂志（复刊）.—1971,4(8)

SK0003 四库全书及影印本末/李寓//台湾新生报.—1971,5.11.—10

SK0004 四库全书及影印本末/李寓//台湾新生报.—1971,5.12.—10

SK0005 四库全书及影印本末/李寓//台湾新生报.—1971,5.13.—10

SK0006 四库全书修纂始末/周行//台湾日报.—1971,5.31—6.3.—8

SK0007 世界最大的一部丛书——四库全书/刘树远//台湾新闻报.—1971,7.6.—10

SK0008 清代禁书中关于诋毁"夷狄""清室"文字蠡测/吴哲夫//中华文化复兴月刊.—1971,4(7).—41—45

SK0009 景印四库全书珍本二集

序/王云五//东方杂志（复刊）.—1971,4(7).—81

SK0010 合印四库全书总目提要及四库未收书目禁毁书目/方豪.—台北：台湾商务印书馆（增订初版第 1 册），1971.7(1).—2

SK0011 合印四库全书总目提要及四库未收书目禁毁书目序/王云五//东方杂志（复刊）.—1971,4(12).—82—83

SK0012 四库全书之今昔/陈登原//中国典籍史.—台北：乐天出版社，1971.4.—134—154

SK0013 四库全书馆与禁书运动/陈登原//中国典籍史.—台北：乐天出版社,1971.4.—86—108(作者题作"程登元")

SK0014 清盛世的学术工作与考据学的发展/杜维运//学术与世变.—台北：环宇出版社.—1971.—117—142

1972 年

SK0001 四库、续四库著录清代湘诗人著作及生平考咏/曾霁虹//国立中央图书馆馆刊.—1972,新 5(3/4).—11—28

SK0002 景印四库全书珍本第三集序/王云五//东方杂志（复刊）.—1972,5(7).—25

SK0003 武英殿聚珍版的故事/雨弟//大华晚报.—1972,6.12.—10

SK0004《续修四库全书提要》札记

(手稿本)(2)/方豪//书目季刊.－台北:国立政治大学社会科学资料中心编订收藏,1972,7(1).－49－60

SK0005 读四库全书简明目录/彭歌//中央月刊.－1972.10.－149－157

SK0006 评《续修四库全书提要》/柳作梅//东海学报.－1972,(13).－1－8

SK0007 四库全书总目提要叙译注(经部)///土曜谈话会四库全书总目叙编集委员会//土曜谈话会.－1972

SK0008 四库全书总目提要叙译注(集部)//土曜谈话会四库全书总目叙编集委员会//土曜谈话会.－1972

1973 年

SK0001 四库全书总目提要叙译注(史部)/山井涌//土曜谈话会四库全书总目叙编集委员会.－土曜谈话会.－1973

SK0002 四库全书总目提要叙译注(子部)/楠山春树//土曜谈话会四库全书总目叙编集委员会.－土曜谈话会.－1973

SK0003 四库全书沧浪史/方鹏程//中华日报.－1973,1.8.－5

SK0004 四库、续四库著录清代湘诗人著作及生平考咏/曾霁虹//国立中央图书馆馆刊.－1973,新 6(1).－20－32

SK0005 四库、续四库著录清代湘

诗人著作及生平考咏/曾霁虹//国立中央图书馆馆刊.－1973,新 6(2).－55－78

SK0006 景印文渊阁四库提要简目——附四库全书提要(1—14)/故宫文献处//图书季刊(国立故宫博物院).－1973,4(2)

SK0007 王锡侯字贯案初探/庄吉发//史原.－1973,(4).－137－156

SK0008 清高宗禁毁钱谦益著述考/庄吉发//大陆杂志.－1973,47(5).－22－30

SK0009 四库全书的编纂与评价/黄介瑞//中华文化复兴月刊.－1973,6(2).－65－67

SK0010 四库总目提要析论/田凤台//中华文化复兴月刊.－1973,6(6).－36－41

SK0011 景印四库全书珍本第四集序/王云五//东方杂志(复刊).－1973,6(7)

SK0012 尔雅考——四库提要译注/近藤英幸//大东文化大学汉学会志.－1973,2(12 号).－44－60,

SK0013 清代考证学考/李相玉//中国学报.－1973,(14).－47－77

1974 年

SK0001 四库全书之沧浪·艺文掌故三谈/彭国栋.－台北:台北正中书局,1974

SK0002 对清代考据学几种不同的看法/祝民//中国近三百年学术思想论集（第五编）甲集.－香港：崇文书店.－1974.1.－23—24

SK0003 四库失明代类书考/裘开明//中国图书史资料集.－香港：龙门书店,1974.1.－665—662

SK0004 七阁四库全书之存毁及其行世印本/王树楷//中国图书史资料集.－香港：龙门书店,1974.1.－743—749

SK0005 重印四库全书珍本初集序/王云五//四库全书简论.－1974.－62—63

SK0006 景印四库全书珍本第四集序/王云五//四库全书简论.－台北：商务印书馆,1974.－67—69

SK0007 景印四库全书珍本第五集序/王云五//四库全书简论.－台北：商务印书馆,1974.－69—70

SK0008 景印四库全书珍本第五集序/王云五//东方杂志（复刊）.－1974,7(7)

SK0009 景印（文渊阁）四库全书珍本后序/蒋复璁//东方杂志（复刊）.－1974,8(6).－15—16

SK0010 景印（文渊阁）四库全书珍本后序/蒋复璁//故宫季刊.－1974,9(1)

SK0011 评《续修四库全书提要》/梁容若//明报月刊.－1974,9(9).－2—9

SK0012 评《续修四库全书提要》/梁容若//书和人.－1974,(245).－1—8

SK0013 从四库全书探究明清间输入之西学/计文德//中国文化大学学位论文.－1974

SK0014 四库全书本《洺水集》补遗/黄宽重//书目季刊.－1974,8(2)

1975 年

SK0001 清修四库全书之目录学/许文渊（昌彼得指导）//台北"国立政治大学"中国文学研究所学位论文.－1975.5

SK0002 景印四库全书珍本别辑（一名：四库全书辑自永乐大典诸佚书序）/王云五//东方杂志（复刊）.－1975,8(7).－13

SK0003 四库提要补正与四库提要辨正/胡楚生//南洋大学学报.－1975,(8/9).－110—121

SK0004 文渊阁与四库全书/王安彬//台湾日报.－1975,10.13.－12

SK0005 景印（文渊阁）四库全书珍本后序/蒋复璁//华学月刊.－1975,(47).－15—17

SK0006 四库全书总目提要卷首的译注/原田种成//大东文化大学汉学会志.－1975,(14 号)（影山教授、小岛教授退休纪念号）

SK0007 "四库"杂俎/田峻承//今日

中国. —1975,(51). —118—132

SK0008 乾隆皇帝与四库全书/陈应龙//艺文志. —1975,(112). —14—16

1976 年

SK0001 四库全书总目提要元人别集补正(1)/刘兆祐//国立中央图书馆馆刊. —1976,9(1). —47—60

SK0002 四库全书总目提要元人别集补正(2)/刘兆祐//国立中央图书馆馆刊. —1976,9(2). —61—81

SK0003 书目答问与四库全书总目小学类分类之比较/梁奋平//图书与图书馆. —1976,(2). —33—42

SK0004 书目答问与四库提要小学类分类之商榷/梁奋平//图书馆学刊. —1976,(5). —37—40

SK0005 四库提要辨证序 四库提要辨证卷首/余嘉锡//余嘉锡论学杂著下册. —台北:河洛图书出版社,1976.3

SK0006《四库提要》中关于《汉书》古本问题之附注/萧鸣籁//汉书论文集. —台北:木铎出版社,1976.5. —14—21

SK0007 景印四库全书珍本第六集序/王云五//东方杂志(复刊). —1976,9(7). —29—32

SK0008 四库全书简论/王云五//岫庐序跋集编. —台北:商务印书馆,1976.6. —597

SK0009 评《续修四库全书提要》/

梁容若//谈书集. —台北:艺文印书馆,1976.10. —54—79

SK0010 四库全书总目提要卷首的译注/原田种成//大东文化大学汉学会志. —1976,(15 号). —1—12

SK0011 四库全书荟要纂修考/吴哲夫//台北:"国立故宫博物院". —1976

1977 年

SK0001 清代四库全书的价值/陈彬龢;查猛济//中国书史. —台北:台北文史哲出版社,1977.1. —175—183

SK0002 四库全书述议/周卓怀//香港图书馆协会会报. —1977,(4). —26—34

SK0003 从四库全书谈纪晓岚及其轶事/林熙//台湾日报. —1977,4.27

SK0004 从四库全书谈纪晓岚及其轶事/林熙//台湾日报. —1977,4.28

SK0005 从四库全书谈纪晓岚及其轶事/林熙//台湾日报. —1977,4.29

SK0006 四库全书修书处工作人员之遴选与管理/吴哲夫//幼狮月刊. —1977,46(5). —28—33

SK0007 景印四库全书珍本第七集序/王云五//东方杂志(复刊). —1977,10(7). —22

SK0008 景印四库全书珍本第八集序/王云五//东方杂志(复刊). —1977,11(7). —18—19

SK0009 简谈四库全书中有关台湾

史料的几种图书/吴哲夫//幼狮月刊.
—1977,44(5).—60—65

SK0010 四库全书述议/周卓怀//
香港图书馆协会会报.—1977,(4).—26
—34

SK0011 四库全书与书目答问政书
类分类及归类互异之因/卢孝齐//图书
馆学刊.—1977,(6).—50—57

SK0012 记四库全书总编辑纪晓
岚/林熙//艺文志.—1977,(144).—7
—15

SK0013 四库全书总目提要卷首的
译注/原田种成//大东文化大学汉学会
志.—1977,(16号)

1978 年

SK0001 我国图书之第一//图书馆
杂志.—1978,(2).—5

SK0002 纪昀传/高明//高明文辑.
—台北:黎明文化事业公司,1978.3.—
599—610

SK0003 摛藻堂四库全书荟要/吴
哲夫//幼狮月刊.—1978,47(3).—50
—56

SK0004 我国古书之最/林全旺//
图书馆工作.—1978,(4).—45—53

SK0005 景印四库全书珍本第九集
序/王云五//东方杂志(复刊).—1978,
12(7).—16

SK0006 四库全书提要分纂稿/邵
晋涵//书目类编(影印清光绪 17 年会稽

徐氏重刊本)(第 10 册).—台北:成文出
版社,1978.7.—3663—3778

SK0007 钦定四库全书附存目录/
胡虔//书目类编(影印清乾隆 58 年刊
本)(第 7—8 册).—台北:成文出版社,
1978.7.—2327—3134

SK0008《四库全书》与文津街/林阳
春//北京日报.—1978,10.15.—3

SK0009《四库全书》中的外国人著
作//中国出版.—1978,(11).—16

SK0010 四库全书豫人著作书目辑
录(1)/张金鉴//中原文献.—1978,10
(11).—1—5

SK0011 四库全书豫人著作书目辑
录(2)/张金鉴//中原文献.—1978,10
(12)

SK0012 蜀籍与四库全书(1)/封思
毅//四川文献.—1978,(168).—96
—102

SK0013 蜀籍与四库全书(2)/封思
毅//四川文献.—1978,(169).—70—78

SK0014 四库全书之今昔/陈登
原//古今典籍聚散考.—台北:成文出
版社,1978.7.—134—154(书目类编第
96 册)

SK0015 补钞文澜阁阙简书目/张
宗祥//书目类编第 9 册.—台北:成文出
版社,1978.7(影印 1926 年刊本).—
3178—3314

SK0016 四库全书总目提要卷首的
译注/原田种成//大东文化大学汉学会

志. —1978,(17 号)

1979 年

SK0001 试论四库全书总目提要在我国目录学中的价值和影响/周鼎//贵州图书馆. —1979,(1). —21

SK0002 文渊阁/单士元//故宫博物院院刊. —1979,(2). —26—31

SK0003 乾隆焚书/芷清;刘春华插图//新时期. —1979,(2). —59—61

SK0004 清代考证学渊源和发展之社会史的观察/罗炳绵//新亚学术集刊. —1979,(2). —75—93

SK0005 文澜阁和"四库全书"(六幅)/凌毅撰;任鲸摄//浙江画报. —1979,(3). —8

SK0006 重读清代文字狱档/韦庆远//读书. —1979,(3). —90—100

SK0007 论清代的文字狱/孔立//中国史研究. —1979,(3). —129—140

SK0008 清前期的文字狱/朱眉叔//辽宁大学学报. —1979,(4). —61—73

SK0009 清前期的文字狱/朱眉叔//辽宁大学学报. —1979,(5). —75—82

SK0010 我国古书之最(续补)/武德运//图书馆工作. —1979,(5). —51—55

SK0011 武英殿聚珍版及其识别问题/姚海泉//图书馆工作. —1979,(6). —29—32

SK0012 清代文字狱简论/张跃铭//北方论丛. —1979,(6). —46—52

SK0013 略论《四库提要》与四库分纂稿的异同和清代汉宋学之争/刘汉屏//历史教学. —1979,(7). —40—44

SK0014 文津阁与《四库全书》/张平一//河北日报. —1979,9.2

SK0015 古书之最/林全旺//文汇报. —1979,(11). —25

SK0016 四库余闻(2)——欧洲人著述补正/周骏富//中国图书馆学会会报. —1979,(31). —1—21

SK0017 蜀籍与《续修四库全书提要》/封思毅//四川文献. —1979,(172). —98—111

SK0018 蜀籍与《续修四库全书提要》——方志之部/封思毅//四川文献. —1979,(173). —63—76

SK0019 四库大辞典序/武德运//岫庐序跋集编. —台北:商务印书馆, 1979,6. —69

SK0020 景印四库珍本缘起/王云五//岫庐序跋集编. —台北:商务印书馆,1979.6. —70—72

SK0021 四库要籍序跋大全序/王云五//岫庐序跋集编. —台北:商务印书馆,1979.6. —255

SK0022 四部丛刊初编缩本序/王云五//岫庐序跋集编. —台北:商务印书馆,1979.6. —423

SK0023 辑印四部丛刊续编序/王云五//岫庐序跋集编. —台北:商务印书馆,1979.6. —464

SK0024 重印四库全书珍本初集序/王云五//岫庐序跋集编. —台北:商印务书馆,1979.6. —539—540

SK0025 景印四库全书珍本第二集序/王云五//岫庐序跋集编. —台北:商务印书馆,1979.6. —597

SK0026 续修四库全书提要序/王云五//岫庐序跋集编. —台北:商印务书馆,1979.6. —602

SK0027 合印四库全书总目提要及四库未收书目禁毁书目序/王云五//岫庐序跋集编. —台北:商务印书馆,1979.6. —614

SK0028 景印四库全书珍本第三集序/王云五//岫庐序跋集编. —台北:商务印书馆,1979.6. —628

SK0029 景印四库全书珍本第四集序/王云五//岫庐序跋集编. —台北:商务印书馆,1979.6. —648

SK0030 景印四库全书珍本第五集序/王云五//岫庐序跋集编. —台北:商务印书馆,1979.6. —672

SK0031 景印四库全书珍本别辑(一名:四库全书辑自永乐大典诸佚书序)/王云五//岫庐序跋集编. —台北:商务印书馆,1979.6. —684

SK0032 景印四库全书珍本第六集序/王云五//岫庐序跋集编. —台北:商务印书馆,1979,6. —703—704

SK0033 景印四库全书珍本第七集序/王云五//岫庐序跋集编. —台北:商务印书馆,1979.6. —737

SK0034 景印四库全书珍本第八集序/王云五//岫庐序跋集编. —台北:商务印书馆,1979.6. —756—757

SK0035 景印四库全书珍本第九集序/张金鉴;王云五//岫庐序跋集编. —台北:商务印书馆,1979.6. —783—784

1980 年

SK0001 纪昀怎样编《四库全书》/章永源//百科知识. —1980,(1). —41—42

SK0002 胡玉缙与余嘉锡——两位杰出的目录学家/胡楚生//国语日报. —1980,1.12. —1—4

SK0003 乾隆焚书/左步青//故宫博物院院刊. —1980,(1). —31—41

SK0004 乾隆焚书/左步青//新华文摘. —1980,(6). —80—84

SK0005 乾隆焚书/左步青//复印报刊资料(中国古代史). —1980,(12). —81—93

SK0006 文渊阁与四库全书/仁敏//北京日报. —1980,2.4. —2

SK0007 清代考证学与科学方法/陈文豪//孔孟月刊. —1980,29(2). —28—33

SK0008《四库全书总目》体例和《四

库全书》的关系——中华书局影印组《出版说明》质疑/崔富章//图书馆研究与工作. —1980,(2). —4—23

SK0009 文溯阁及四库全书/韩锡铎//知识. —1980,(3). —66—68

SK0010 四库全书和四库全书总目提要/张厚生//书评(南京). —1980,(3). —123

SK0011 乾隆皇帝与四库全书/王渭清//上海师范大学学报(哲学社会科学版). —1980,(3). —78—83

SK0012 什么是四库全书/常愚//中国青年报. —1980,4.26. —4

SK0013《四库全书》的总纂——纪昀/逄春//俱乐部. —1980,(4). —39

SK0014 四库提要补正与四库提要辨正/胡楚生//中国目录学研究. —台北:台北华正书局,1980.4(初版). —271—294

SK0015 您要查古籍目录吗?——介绍四库全书总目提要等古籍目录书/徐文炎//图书评介. —1980,(4)

SK0016 四库全书简史/梅菱//中央日报. —1980,5.27. —11

SK0017《永乐大典》的编纂及其价值/王重民遗著//社会科学战线. —1980.(2). —336—348

SK0018《永乐大典》的编纂及其价值/王重民遗著//史学史研究. —1980.(5).29—35

SK0019 四库全书编集重心的转变/罗炳锦//新亚生活月刊. —1980,7(6). —1—4

SK0020《四库全书》和文澜阁/虹宾//浙江日报. —1980,8.5. —4

SK0021 由四库全书的圣谕看四库全书的编纂/陈锡洪//图书馆学刊. —1980,(9)

SK0022 乾隆皇帝与《四库全书》/王渭清//新华文摘. —1980,(9). —256—260

SK0023《续修四库全书提要》亟宜继续/汪家熔//中国出版. —1980,(10). —49—53

SK0024 解缙与《永乐大典》/黄庆来//江西日报. —1980,10.29. —4

SK0025 清代文字狱/孔立. —北京:中华书局. —1980.10

SK0026 清代皇家藏书楼——文津阁/杜江文//光明日报. —1980,12.15. —4

SK0027 实证精神的寻求——明清考据学的发展/林庆彰//中国文化新论学术篇. —台北:联经出版公司. —1980.2. —295—342

SK0028 永乐大典本《宋会要》增入书籍考/王云海//文献. —1980,(3辑). —116

SK0029 胡玉缙与余嘉锡——两位杰出的目录学家/胡楚生//书和人. —1980,(381). —1—4

SK0030《四库全书》寻源国史旧闻

（第三分册）（58卷）/陈登原. —北京：中华书局，1980. —570—572

SK0031《四库全书》十疵国史旧闻（第三分册）（58卷）/陈登原. —北京：中华书局，1980. —573—577

SK0032《四库全书》今昔国史旧闻（第三分册）（58卷）/陈登原. —北京：中华书局，1980. —578—583

SK0033 修《四库》书为禁书说/陈登原//国史旧闻（第三分册）（54）. —北京：中华书局，1980. —1735—1740

SK0034 影印四库全书珍本第九集序/王云五. —台北：商务印书馆，1980

SK0035 七阁四库全书之存毁及其行世印本/王树楷//四库全书之纂修研究. —香港：香港大东图书公司，1980. 10. —320—327

SK0036 四库提要辨证序 四库提要辨证卷首/余嘉锡//四库全书之纂修研究. —香港：香港大东图书公司，1980. 10. —482—488

SK0037 四库抽毁书提要稿序四库全书之纂修研究/孟森//—香港：香港大东图书公司，1980. 10. —328—337

SK0038 四库抽毁书提要稿中四库全书之纂修研究. —香港：香港大东图书公司，1980. 10. —493—494

SK0039 四库总目范石湖诗提要书后/王德毅//四库全书之纂修研究. —香港：香港大东图书公司，1980. 10. —435—436

SK0040 四库全书之纂修研究/孟森. —香港：香港大东图书公司，1980. 10. —498—492

SK0041 四库提要中之周亮工/陈垣. —香港：香港大东图书公司，1980，10. —442—451

SK0042 四库全书之纂修研究/陈垣. —香港：香港大东图书公司，1980. 10. —495—497

SK0043 致余季豫先生函答四库抽煅书原委/陈垣//四库全书之纂修研究. —香港：香港大东图书公司，1980. 10. —495—497

1981 年

SK0001 从清武英殿版谈到扬州诗局的刻书/谢国桢//故宫博物院院刊. —1981，（1）. —15—18

SK0002 从清武英殿版谈到扬州诗局的刻书/谢国桢//复印报刊资料（历史学）. —1981，（3）. —57—61

SK0003 四库全书总目提要补正/夏定域//图书馆研究与工作. —1981，（1）. —14

SK0004 选刻《四库全书》评议/孟森//明清史资料（下）. —1981.8

SK0005 跋影印本《四库全书总目》/王重民遗著；郭建文整理//吉林省图书馆学会会刊. —1981，（1）. —99—110

SK0006 纪晓岚年表/杨涛//纪晓

岚外传. —台北:世界文物供应社,1981

SK0007 昨梦录作者考辨——订正四库全书总目提要的一则错误/顾国瑞//文学遗产. —1981,(2). —91—94

SK0008 一部带有主题法性质的检索工具——《永乐大典》/刘湘生//云南图书馆. —1981,(2). —34—38

SK0009 文津阁/张占生//紫禁城. —1981,(3)

SK0010 四库全书共收书多少(第2集)/胡宜柔//学林漫录. —北京:中华书局,1981.3. —234—244

SK011 对《跋影印本〈四库全书总目〉》一文的一点意见——兼对《四部丛刊》本《周易·系辞》作一点订正/邱实//吉林省图书馆学会会刊. —1981,(3). —107—108

SK0012 纪晓岚与《四库全书》/蕴叟;家楼//四川图书馆. —1981,(3). —24—27

SK0013 试评《增订四库简明目录标注》——兼作几条小订正/杨起予//福建省图书馆学会通讯. —1981,(3). —48—52,64

SK0014《续修四库全书提要》简介/图知//文教资料简报. —1981,(3). —86—88

SK0015 解缙与《永乐大典》/耿实柯//江西社会科学. —1981,(4). —101

SK0016 我国古书之最/张文玲//图书情报工作. —1981,(4). —40

SK0017《续修四库全书提要》简介/杨起予//福建省图书馆学会通讯. —1981,(4). —57

SK0018 清代著名目录校勘学家——莫友芝/康垣基//贵图学刊. —1981,(4). —35

SK0019 漫谈《四库全书》/徐鹏//书林. —1981,(4). —54—55

SK0020 编纂四库全书献书最多的皖籍藏书家/周济生//图书馆工作(安徽). —1981,(4). —40

SK0021 跋影印本《四库全书总目》/王重民//吉林省图书馆学会会刊. —1981,4. —99—111

SK0022 一部最大的书——《四库全书》/杜克//文物天地. —1981,(5). —45—47

SK0023 书于文襄论四库全书手札后/陈垣//陈垣史学论著选. —上海:上海人民出版社,1981.5. —352—354

SK0024 四库提要中之周亮工/陈垣//陈垣史学论著选. —上海:上海人民出版社,1981.5. —386—394

SK0025 浅谈文澜阁四库全书/吴启寿//文化娱乐/1981,(5). —41—42

SK0026 天一阁与七阁及《四库全书》的一段渊源/项弋平//四川图书馆. —1981,(6). —64

SK0027 论四库全书的修纂/张智富//耕书集. —1981,6(53). —2

SK0028 四库提要诗文评类之文学

观/王颂梅；叶永芳//东吴大学中国文学系系刊.－1981,(7).－19－24

SK0029 陈垣与四库全书/李希泌//读书.－1981,(7).－140－141

SK0030 四库全书总目提要补正/胡玉缙//台北：木铎出版社,1981,8.－1764

SK0031 纪昀的学术思想与四库提要的立场/罗炳绵//新亚生活月刊.－1981,8(8).－1－5

SK0032 四库全书及藏书阁/王树卿//紫禁城.－1981,(6).－28－29

SK0033 续修四库全书提要(台湾书讯)//文教资料简报.－1981,(12).－95－97,3

SK0034 论四库全书的修纂/张智富//耕书集.－1981,(53).－2

SK0035 四库提要古器物铭非金石录辨/岑仲勉.－上海：上海古籍出版社,1981

SK0036 楚辞集解书录解题——四库提要补正之一/崔富章；明汪瑗//浙江省图书馆学会年会论文.－1981

SK0037《中华帝国晚期的国家与学术：《〈四库全书〉编纂的政治意义》/Kent Gay//美国哈佛大学博士学位论文.－1981

SK0038 明汪瑗楚辞集解书录解题——四库提要补正之一/崔富章//浙江省图书馆学会会议论文.－1981

SK0039 陈亮、陆游集拾遗——《永乐大典》诗文辑佚之一/栾贵明//文学评论.－1981,(1).－45－48

SK0040 杨万里、尤袤集拾遗——《永乐大典》诗文辑佚之二/栾贵明//文学评论.－1981,(2).－142－144

SK0041 苏轼、苏辙集拾遗——《永乐大典》诗文辑佚之三/栾贵明//文学评论.－1981,(5).－123－127

SK0042 永乐大典及其辑佚书研究/顾力仁.－台北私立中国文化大学史学研究所中文硕士学位论文.－1981

1982 年

SK0001 四库提要补正与四库提要辨正/胡楚生//四库全书简明目录卷末.－台北：台北洪氏出版社,1982.1

SK0002 校理《四库全书总目提要》残稿的一点新发现/沈津//中华文史论丛.－1982,(第1辑).－133－177

SK0003 馆史史料选辑——四库全书珍本之影印/编者//"国立中央图书馆"馆刊.－1982,16(1).－102－104

SK0004 影印《四库全书》小史/杨震方//图书情报工作.－1982,(1).－38－39

SK0005 大唐西域记之四库底本——四库撤出书原委/陈垣//陈垣学术论文集(第2集).－北京：中华书局,1982.2.－39－42

SK0006 文渊阁记/清高宗//中国古代藏书与近代图书馆史料(春秋至五

四前后).—北京:中华书局,1982.2.—
15—16

SK0007 文津阁记/清高宗//中国古代藏书与近代图书馆史料(春秋至五四前后).—北京:中华书局,1982.2.—16

SK0008 文源阁记/清高宗//中国古代藏书与近代图书馆史料(春秋至五四前后).—北京:中华书局,1982.2.—16—17

SK0009 文津阁四库全书册数页数表/陈垣//陈垣学术论文集(第2集).—北京:中华书局,1982.2.—26—34

SK0010 功魁祸首——评乾隆编《四库全书》/肖东发;陈慧杰//图书馆建设.—1982,(2).—45—47

SK0011 影印文渊阁四库全书序/蒋复璁//故宫季刊.—1982,17(2).—25—28

SK0012《四库全书》的种数和卷数/刘炳延//四川图书馆学报.—1982,(2).—70—74

SK0013 四库全书——中国万页之书/陈垣//陈垣学术论文集(第2辑).—北京:中华书局,1982.2.—35—37

SK0014 四库全书共收书多少/胡宜柔//新华文摘.—1982,(2)258—261

SK0015 四库采进蒋重光家抄本《知稼翁集》/刘乾//人文杂志.—1982,(2).—125—128

SK0016《永乐大典》与《古今图书集成》/郑麦//历史教学问题.—1982,(1).—65—67

SK0017 四库提要中之周亮工/陈垣//陈垣学术论文集(第2集).—北京:中华书局,1982.2.—49—58

SK0018 再跋于文襄论四库全书手札/陈垣//陈垣学术论文集(第2集).—北京:中华书局,1982.2.—59

SK0019 致余季豫先生函答四库抽毁提要稿 附录/陈垣//陈垣学术论文集(第2集)(题作::"四库撤出书原委").—北京:中华书局,1982.2.—39—42

SK0020 景印四库全书未刊本草目签注/陈垣//陈垣学术论文集(第2集).—北京:中华书局,1982.2.—46—48

SK0021 编纂四库全书始末/陈垣//陈垣学术论文集(第2集).—北京:中华书局,1982.2

SK0022《续修四库全书提要》简介/杨起予//出版工作、图书评介.—1982,(2).—68—73

SK0023 谈《四库全书总目》/郑在瀛//武师孝感分院学报.—1982,(2).—45

SK0024 影印四库全书的意义/昌彼得//故宫季刊.—1982,17(2).—29—40

SK0025《永乐大典》书影一叶//图书馆杂志.—1982,(2).—81

SK0026 读《四库全书总目提要》别集类札记/龚斌//文献.—1982,(13).—

258—268

SK0027 北京历史上的今天——四库全书开始编纂/杨西岩//北京日报.—1982,3.17.—2

SK0028《四库全书》开始编纂/杨西岩//复印报刊资料（图书馆学、情报学、资料工作）.—1982,(3).—14—15

SK0029 四库提要补正——经部礼类/崔富章//图书馆研究与工作.—1982,(3).—22

SK0030 清代专门藏贮《四库全书》的藏书阁//北图通讯.—1982,(3).—74—79

SK0031 古书分类以基本保持"四库"法为宜/王义耀//图书馆杂志.—1982,(3).—16—18

SK0032 史籍类型发展之源流——读《四库全书总目提要》史部札记之一/肖东发;陈慧杰//河南图书馆学刊.—1982,(4).—42—45

SK0033《四库全书》简介/师岳//科技潮.—1982,(4).—216—220

SK0034 四库提要中之周亮工/陈垣//四库全书之纂修研究.—台北:木铎出版社,1982.4.—386—394

SK0035 考据学盛期的版本目录学/谢俊贵//山东图书馆季刊.—1982,(4).—63

SK0036 记翁方纲四库全书提要（未刊）稿/潘继安//图书馆杂志.—1982,(4).—62—63

SK0037《四库全书》纂修概述/杨松如//今昔谈.—1982,(5).—31—32

SK0038《续修四库提要》纂修考略——《续修四库提要》专题研究之一/郭永芳//图书情报工作.—1982,(5).—15—22

SK0039 我国古代最大的一部丛书——《四库全书》/王达人//课外学习.—1982,(5).—62—63

SK0040 两部实用价值较高的古籍目录提要——《四部备要书目提要》、《四部丛刊初编书录》/王义耀//图书馆学研究.—1982,(6).—91—95

SK0041 我国历史上最大的丛书——《四库全书》/康群//新村.—1982,(6).—37—38

SK0042 四库提要之正统观念/柴德赓//史学丛考.—北京:中华书局,1982.6.—199—215

SK0043 清初学风与乾嘉考证之学/张火庆//中华文化复兴月刊.—1982,15(6).—38—44

SK0044 我国最大的一部丛书——《四库全书》/牟小东//今日中国（中文版）.—1982,(7).—40—41

SK0045 四库全书总目及未收书目引得序、四库全书总目及未收书目引得卷首/洪叶//洪叶论学集.—台北:台北明文书局,1982.7.—51—55

SK0046《永乐大典》的命运/张忱石//瞭望.—1982,(7).—44—46

SK0047 校理《四库全书总目提要》残稿的一点新发现/沈津//新华文摘.—1982,(7).—257—259

SK0048 文史书目答问——我国古代最大的丛书《四库全书》/胡宜柔//文史知识.—1982,(8).—25—29

SK0049 承德避暑山庄的清代皇家书楼——文津阁与四库全书/卢顺//三联通讯.—1982,(9).—4—5

SK0050 元明之际朱硅编"名迹录"——读四库全书珍本/费海玑//东方杂志(复刊).—1982,15(9).—32—34

SK0051 论四库提要不识道家学术之全体/陈撄宁//道协会刊.—1982,(9)

SK0052 文津阁与四库全书/卢顺//百科知识.—1982,(10).—14—15

SK0053 纪晓岚罚俸/王永湘//读书.—1982,(11).—133—134

SK0054 书林一枝——关于"提要"/黄裳//读书.—1982,(12).—96—102

SK0055 四库提要补正/崔富章//文献.—1982,(13).—187—199

SK0056 八十二种四库底本删改浅析——兼论四库本价值/刘小琴//北京大学中文硕士学位论文.—1982

SK0057《四库全书总目》漫谈——简介与浅评/陆修栋//江苏省图书馆学会第3次科学讨论会论文选集.—1982.—263

SK0058《四库全书总目》重版/胡凡//人民日报.—1982,12.21.—5

1983 年

SK0001 一部尚未引起农史界注意的工具书——介绍《续四库全书总目提要》/马万明//中国农史.—1983,(1).—108

SK0002 文渊阁四库全书将"再生"//民生报.—1983,1.29.—7

SK0003 古籍瑰宝化作万千书种——谈四库全书的印行/刘兆祐//新书月刊.—1983,(1).—27—29

SK0004 古籍分类采用新分类法与四库分类法长短论/卢中岳//贵图学刊.—1983,(1).—45

SK0005 世界上最大的一部书——谈四库全书/吴哲夫//故宫文物月刊.—1983,1(2).—61—67

SK0006 史部类目发展之源流——读《四库全书总目提要》史部札记之二/肖东发//河南图书馆季刊.—1983,(1).—20—22

SK0007 清代《四库全书》的编纂/张政烺//清史研究通讯.—1983,(1).—1—5

SK0008《四库全书总目》编制方法初探/张厚生//广东图书馆学刊.—1983,(1).—26—28

SK0009 解缙和《永乐大典》/张国朝//辞书研究.—1983,(1).—166—171

SK0010 永乐大典本水经注/郦道

元. —东京:中文出版社,1983

SK0011 四库分类法之研究/刘国钧//刘国钧图书馆学论文选集. —北京:书目文献出版社(今国家图书馆出版社),1983,1. —9—32

SK0012 四库琐话(1—2)/庾持//孔学月刊. —1983,(17). —5—12

SK0013 百年勤奋、四代心血——谈谈《增订〈四库简明目录〉标注》/钱亚新//广东图书馆学刊. —1983,(1). —19—25

SK0014 浅谈《四库全书》/史良辰//南都学坛. —1983,(1). —34—40

SK0015《河南通志》与《山西通志》的创修人究竟是谁？——对《明史·艺文志》、《四库全书总目提要》几处著录错误的纠正/王晟//河南师大学报(社会科学版). —1983,(1). —90—93

SK0016 武英殿本四库全书总目考/昌彼得//故宫学术季刊. —1983,1(1). —55—68

SK0017 商务影印四库全书序:钦定四库全书总目/陈奇禄. —台北:商务印书馆,1983

SK0018 翁方纲《四库提要稿》述略/潘继安//中华文史论丛(朱东润；李俊民等主编). —上海:上海古籍出版社. —1983,2. —213—220

SK0019 略谈《永乐大典》/李致忠//北图通讯. —1983,(2). —34—38

SK0020 四库全书的兄弟——四库荟要/吴哲夫//故宫文物月刊. —1983,(5). —127—131

SK0021 四库提要介绍续通鉴长编一文正讹/崔曙庭//中国历史文献研究集刊(第3集). —1983,2. —119—123

SK0022 文津阁《四库全书》抵京始末/坤顺//图书馆工作与研究. —1983,(2). —26—27

SK0023《四库全书总目》史部分类借鉴(2)/曹淑文/四川图书馆学报. —1984,(2). —51—56

SK0024 清代武英殿刻书初探(1)/肖力//图书与情报. —1983,(2). —56—60

SK0025 清代武英殿刻书初探(2)/肖力//图书与情报. —1983,(3). —48—51

SK0026 台湾影印出版养心殿本宛委别藏/柯愈春//文献. —1983,(2). —264—268

SK0027《四库全书总目》和《四库提要辨证》/余淑宜//文史知识. —1983,(3). —44—49

SK0028 以改良《四库法》类分古籍/彭元华//江西图书馆学刊. —1983,(3). —35

SK0029《四库全书总目》究有子目几何? /陈福季//图书馆杂志. —1983,(3). —19—20

SK0030《四库全书》概况/刘德田//图书与情报. —1983,(3). —43—47

SK0031 国宝复出始末——《永乐大典》的编纂和孙洪林的献书/王文光//大众日报.—1983,3.13.—4

SK0032 民国以来的四库学(附:七十年来有关四库全书的著作)/刘兆佑//汉学研究通讯.—1983,2(3).—146—151

SK0033 再论古书分类以基本保持"四库"法为宜/王义耀//贵图学刊.—1983,(3).—44

SK0034 台湾将出版《四库全书》/王铭珍//人民日报.—1983,3.27.—4

SK0035 清代康雍乾三朝禁书原因之研究/丁原基.—台北:华正书局.—1983.2.—453

SK0036 清代考据学述论/来新夏//南开学报.—1983,(3).—1—9

SK0037《贩书偶记》及其续编重印/曹//辞书研究.—1983,(3).—116

SK0038 余嘉锡及其目录学思想/李樱//图书馆学研究.—1983,(3).—114—118

SK0039 也谈四库子目/央卒//图书馆杂志.—1983,(3).—20

SK0040《旧五代史》辑补(辑自《永乐大典》)/张凡//历史研究.—1983,(4).—111—121

SK0041 四库全书撷谈/刁抱石//东方杂志.—1983,17(4).—76—78

SK0042 读《四库全书总目提要》别集类札记/龚斌//出版工作、图书评介.—1983,(4).—40—43

SK0043《四库全书总目》史部分类借鉴/曹淑文//四川图书馆学报.—1983,(4).—47—52

SK0044 张元济和《四库全书》/庄葳//书林.—1983,(5).—50—51

SK0045 纪晓岚轶事/高孟平//语文教学与研究.—1983,(6).—38

SK0046《续修四库提要》原稿辨误举要——《读修四库提要》专题研究之二/郭永芳//图书情报工作.—1983,(6).—15—20

SK0047 乾隆时《永乐大典》被盗案/吕坚//紫禁城.—1983,(6).—24—25,2

SK0048 关于孔子的评价问题 西方三种学说简介 什么是人道主义 四库全书共收书多少//资料卡片杂志.—1983,(7)

SK0049 避暑山庄的文津阁/杨天在//圆明园(第2集).—1983,8.—162—164

SK0050 乾隆焚书/左步青//明清人物论集(下).—成都:四川人民出版社,1983.8.—155—177

SK0051 关于《四库全书》/祖西春//读书.—1983,(8).—154

SK0052 乾隆皇帝与四库全书/王渭清//明清人物论集(下).—成都:四川人民出版社,1983.8.—141—154

SK0053《永乐大典》卷帙的又一发

现/张志萍//图书馆学、情报学、资料工作.－1983,（8）.－28－29

SK0054 四库全书修书处工作人员之遴选与管理/吴哲夫//东方杂志（复刊）.－1983,16（8）.－45－54

SK0055 张元济和《四库全书》/庄葳//出版工作、图书评介.－1983,（9）.－10－11

SK0056《四库提要》语言学思想初探/黄丽丽//学术月刊.－1983,（9）.－40－42

SK0057 读过《四库全书》/刘桂秋//读书.－1983,（9）.－152

SK0058 景印文渊阁四库全书序/秦孝义//钦定四库全书总目（武英殿本）（第 1 册）.－台北:商务印书馆,1983.10.－1－2

SK0059 商务影印四库全书序/陈奇禄//钦定四库全书总目（武英殿本）（第 1 册）.－台北:商务印书馆,1983.10.－7－8

SK0060 影印文渊阁四库全书缘起//钦定四库全书总目（武英殿本）（第 1 册）.－台北:商务印书馆,1983.10.－21－26

SK0061 书林一枝——关于"提要"/黄裳//钦定四库全书总目（武英殿本）（第 1 册）.－台北:商务印书馆,1983.10

SK0062 四库全书与四库全书荟要/吴哲夫//东方杂志（复刊）.－1983,

16（10）.－42－48

SK0063《永乐大典》"潮"字号残卷概说/陈香白//文献.－1983,（15）.－125

SK0064 篇目、叙录、小序、总叙俱全的中国古代最大的官修目录——四库全书总目提要 中国古代目录学简编/罗孟祯.－重庆:重庆出版社,1983.11.－120－142

SK0065 从景印四库全书而怀念南京国立图书馆/吴洽民//江苏文献.－1983,（28）.－14－17

SK0066 影印四库全书的意义/昌彼得//影印文渊阁四库全书.－台北:商务印书馆,1983

SK0067 武英殿本四库全书总目考/昌彼得//中国图书馆学会会报.－1983,（35）.－161－170

SK0068 四库全书选辑第一种周易浅述即将出版/赵而昌//古籍整理出版情况简报.－1983,（108）.－21

SK0069 四库全书简介/倪天蕙//今日中国.－1983,（147）.－89－93

SK0070 关于文渊阁四库全书/徐红岚//辽宁省图书馆开馆三十五周年纪念文集（1948－1983）.－1983.－91

SK0071 四库辑本别集拾遗/栾贵明.－北京:中华书局,1983

SK0072 乾隆焚书与《板桥诗钞》铲板/卞孝萱//文物.－1983,（10）.－43－46

1984 年

SK0001 文渊阁《四库全书》影印本开始问世/乐访//河南图书馆季刊. —1984,(1). —59—60

SK0002 古籍整理与《增订四库简明目录标注/瞿冕良//四川图书馆学报. —1984,(1). —66—79

SK0003 四库全书本得失的检讨——以程珌的《洺水集》为例/黄宽重//汉学研究. —1984,2(1). —223—244

SK0004《四库全书》条目订误/李丹//鲁迅研究月刊. —1984,(2). —22—23

SK0005 四库提要补正——史部地理类/崔富章//杭州师范学院学报(社会科学版). —1984,(2). —89—98

SK0006 春风已度玉门关——从纪昀的《乌鲁木齐杂诗》谈起/周寅宾//社会科学战线. —1984,(1). —284—288

SK0007 清代《四库全书》的编纂/张政烺//湖南教育学院学报(哲学社会科学版). —1984,(1). —1—5

SK0008 清代考据学的发展:顾炎武和四库全书/盖博坚//清华学报. —1984,16(1/2). —97—118

SK0009 再谈四库子目/陈福季//图书馆杂志. —1984,(2). —34—35

SK0010 第八部《四库全书》/吴晓明//上海师范大学学报(哲学社会科学版). —1984,(2). —148—149

SK0011 摛藻堂与《四库全书荟要》/李艳琴//紫禁城. —1984,(2). —25—26

SK0012 从刘向校书谈谈折本书的由来/林申清//江苏图书馆学报. —1984,(3). —56—69

SK0013 永乐大典考略/周心慧//山东图书馆季刊. —1984.(2). —17

SK0014《四库全书》七阁成书时间考/吕坚//文献(21 辑). —1984,(3). —133—137

SK0015《四库全书》提要/王永胜//山西地方志通讯. —1984,(3). —37

SK0016《四库全书总目提要》中墨书、墨谱考证/黄大维//文献. —1984,(21). —122—132

SK0017《四库全书》十疵国史旧闻/陈登原. —台北:明文书局,1984.3

SK0018《四库全书》今昔国史旧闻/陈登原. —台北:明文书局,1984.3

SK0019《四库全书》寻源国史旧闻(58 卷)/陈登原. —台北:明文书局,1984.3

SK0020 纪昀与《四库全书》/路拴洪//河北师范大学学报(哲社版). —1984,(3). —57—64

SK0021 文史工具书介绍:《永乐大典》和它的价值/张忱石//文史知识. —1984.(3). —62—68

SK0022《四库全书》"空函书"补缮

经过/吕坚//故宫博物院院刊.—1984,（3）.—89—93

SK0023 阮元与宛委别藏丛书/吴哲夫//故宫文物月刊.—1984,（3）.—116—120

SK0024 姚觐元与清代禁毁书目/申畅//河南图书馆季刊.—1984,（4）.—39—40

SK0025 胡玉缙在研究《四库提要》方面的成就/郭懋//河南图书馆季刊.—1984,（4）.—40—41

SK0026《四库全书》编纂时间/李锡初//图书馆学刊.—1984,（4）.—81—83

SK0027《四库全书》存本情况/韩仲民//读书.—1984,（4）.—156

SK0028《增订〈四库简明目录〉标注》简介及检索方法/钱亚新//文教资料简报.—1984,（5）.—47—53

SK0029《四库全书》的性质与编纂及影印的经过/蒋复璁//中华民国历史与文化讨论集（第3册）,1984.6.—208—226

SK0030《四库全书》的性质与编纂及影印的经过/蒋复璁//东方杂志（复刊）.—1984,17（11）.—12—20

SK0031《四库全书总目》与《增订四库简明目录标注》/江洲安//历史教学问题.—1984,（6）.—60—62

SK0032《四库辑本别集拾遗》/王义耀//历史教学问题.—1984,（6）.—62—63

SK0033 清代七大藏书阁/周惠成//南京日报.—1984,6.16.—3

SK0034 续修《四库提要》刻不容缓/林庆云//古籍整理论文集.—兰州：甘肃人民出版社,1984.8.—165—174

SK0035 武英殿本图书/吴哲夫//故宫文物月刊.—1984,2（8）.—94—98

SK0036《四库全书》和它的历史命运/周燕茹//百科知识.—1984,（11）.—30—33

SK0037 阅读古籍的一部重要参考书——介绍四库全书总目提要/陈祥耀//福建日报.—1984,11.9.—4

SK0038《四库全书》略考/周锡候//青年日报.—1984,11.26.—10

SK0039 四库全书总目经部春秋类校读记/宋鼎宗//中国国学.—1984,（12）.—67—73

SK0040 清孙冯翼《四库全书辑永乐大典本书目》钞跋闲堂文薮/程千帆.—济南：齐鲁书社,1984.—275—277

SK0041《四库全书》和文澜阁/俞松年//新闻记者.—1984,（12）.—43—44,48

SK0042 四库全书共有多少页/关世沅//北京晚报.—1984,12.13.—3

SK0043 有关四库全书的参考资料/蔡世明//华学月刊.—1984,（147）.—19—36

SK0044 蒋复璁向比利时中国高等研究所馈赠一部四库全书/参考资料·

上午版. —1984,(20899)

SK0045 看似容易却艰辛:记张元济先生主持的古籍影印工作/汪家熔//古籍整理出版情况简报. —1984,(128). —10—18

SK0046《四库全书总目》史部分类分析/曹淑文//北京大学中文硕士学位论文. —1984

SK0047 论乾嘉目录学/李国新//北京大学中文硕士学位论文. —1984

1985 年

SK0001 书籍编目之难/雷梦水//古籍整理研究学刊. —1985,(1). —53—54

SK0002 "四库"出处考/邹身城//杭州师范学院学报(社会科学版). —1985,(1). —53

SK0003《四库全书总目提要》论史书编纂/周少川//史学史研究. —1985,(1). —47—58

SK0004《四库全书总目提要》论史书编纂/周少川//史志文摘. —1985,(3). —11—12

SK0005《四库全书总目提要》论史书编纂/周少川//复印报刊资料(历史学). —1985,(3). —101—112

SK0006 四库全书考略/周锡侯//中华文化复兴月刊. —1985,18(1). —55—56

SK0007《四库全书总目》署名的联想/刘隆有//学习与探索. —1985,(1). —118—119

SK0008《四库全书总目提要》订误/李裕民//山西大学学报(哲学社会科学版). —1985,(1). —132—139,112

SK0009《永乐大典戏文三种校注》、《元本琵琶记校注》语词释义辨补/王锳//语言研究. —1985.(1). —74—78

SK0010 钦定四库全书原本/阿部隆一//阿部隆一遗稿集(第 2 卷). —东京汲古书院,1985(昭和 60).1. —225—226

SK0011 怎样读《四库全书总目提要》/沈文倬//语文导报. —1985,(1). —28

SK0012《资治通鉴》引书问题——纠正《四库提要》的一则错误/邹国义//华东师范大学学报(哲学社会科学版). —1985,(1). —89—90

SK0013 中华书局将出版《续四库全书总目》//书农. —1985,(2). —6—9

SK0014 四库全书缩成胶卷//大学图书馆通讯. —1985,(2). —62

SK0015《四库全书》杂谈/李锡初//图书馆论坛. —1985,(2). —74—76

SK0016 四库本春卿遗稿订补/阮廷焯//大陆杂志. —1985,70(2). —47—48

SK0017 四库本《晏元献遗文》订补/阮廷焯//"国立编译馆"馆刊. —1985,14(2). —37—51

SK0018 四库全书所收的日本人著作/周迅//中日文化与交流. —1985,(2). —143—151

SK0019 纪昀与《四库全书》/彭元华//宁夏图书馆通讯. —1985,(2). —5—7

SK0020《茶经》版本考略/欧阳勋//茶业通报. —1985,(2). —8—9

SK0021 泛论刘国钧"中国图书分类法"与四库、杜威法相关的一些问题并提供修订刘法的数点管见/熊逸民//书农. —1985,(2). —6—9

SK0022 泛论刘国钧"中国图书分类法"与四库、杜威法相关的一些问题并提供修订刘法的数点管见/熊逸民//台北市立图书馆馆讯. —1985,(4). —26—30

SK0023 古籍版本目录——增订四库简明目录标注浅探/何洪//内蒙古图书工作. —1985,(2/3). —61—62

SK0024 文渊阁与四库全书/语阙//古建园林技术. —1985,(3). —56—57

SK0025 由四库全书说到乾隆皇帝/柳景开//春秋. —1985,(664)

SK0026 四库全书总目类目解析/廖延唐//图书馆古籍编目. —北京:中华书局,1985.3. —163—260

SK0027 四库全书总目分类法与中国图书馆分类法对照表//图书馆古籍编目. —北京:中华书局,1985.3. —307—310

SK0028 四库全书总目分类法与中国科学院图书分类法类目对照表//图书馆古籍编目. —北京:中华书局,1985.3. —311—314

SK0029《续修四库全书提要》及其功过得失/曹书杰//古籍整理研究学刊. —1985,(3). —50—55

SK0030《四库全书荟要》的编修/刘乃和//史学史研究. —1985,(3). —58—71

SK0031 景印四库全书/昌彼得//大成. —1985,(134). —7—11

SK0032《四库全书总目》史部类目的设置/顾红//广东图书馆学刊. —1985,(3). —26

SK0033 四库全书的编纂与"寓禁于征"/吕坚//社会科学辑刊. —1985,(3). —113—120

SK0034 四库全书的编纂与"寓禁于征"/吕坚//复印报刊资料(历史学). —1985,(7). —63—71

SK0035 清代殿本浅析/向功晏//故宫博物院院刊. —1985,(4). —70—75,87

SK0036 古籍分类以基本保持"四库"法为最宜/苏铁戈//贵图学刊. —1985,(4). —38—41

SK0037《四库全书总目》署名的联想/刘隆有//人民文学. —1985,(4). —124—125

SK0038 四库系列目录述略/曾主陶//图书馆杂志.－1985,(4).－27－34

SK0039 台湾商务印书馆出版的《影印文渊阁四库全书》/陈兵//书刊资源利用.－1985,(4).－63－64

SK0040 浅谈缩微图书/王东明//江西图书馆学刊.－1985,(4).－76

SK0041 乾隆为何要编纂四库全书——该书内容又为何错漏多、讹谬不一/沈香阁//春秋.－1985,(677).－13－14

SK0042 四库全书提要补正/夏定域遗著;夏锡元整理//中国历史文献研究集刊.－1985,(5).－159－164

SK0043 四库全书总目提要简介/鲁人//文学知识(郑州).－1985,(5).－40

SK0044 四库本《孙明复小集》订补/阮廷焯//大陆杂志.－1985,71(6).－25－27

SK0045 文汇阁庋藏《四库全书》始末考略/王立诚//图书馆员.－1985,(6).－10

SK0046 文溯阁与四库全书/鸣笛//老同志之友.－1985,(6).－45－46

SK0047 乾隆与《四库全书》/杨德盛//学习与思考.－1985,(7).－28－29

SK0048《四库全书总目提要》叙(四十八篇)/纪昀//文献学论著辑要.－西安:陕西人民出版社,1985.8

SK0049 台湾影印四库全书在海外长期展出/江工//中国出版.－1985,(8).－43－44

SK0050 从《四库提要》看纪昀的散文观/张宏生//中国古典文学论丛(第2辑).－北京:人民出版社,1985.8.－243－251

SK0051《四库全书》"空函书"补缮经过/吕坚//明清档案论文选编.－北京:中国档案出版社,1985.8.－904－911

SK0052《四库全书》本得失的检讨——以程珌的《洺水集》为例/黄宽重//南宋史研究.－台北:新文丰出版公司,1985.8.－155－183

SK0053《四库提要辨证》序/余嘉锡//文献学论著辑要.－西安:陕西人民出版社,1985.8.－72－78

SK0054 吴哲夫谈四库荟要/程榕宁//中国地方文献学会年刊.－1985.4.－60－62

SK0055 清代武英殿本图书/吴哲夫//古籍鉴定与维护专集.－台北:中国图书馆学会,1985.9.－137－151

SK0056 青年园地 关于李垕《续世说》——《四库提要》辨误一则/宁稼雨//文史知识.－1985,(11).－110－113

SK0057《武英殿聚珍版程式》/金简//丛书集成新编.－台北:新文丰出版公司,1985.(48).－217－227

SK0058 四库探秘/高阳//联合月

刊.—1985,(51).—96—102

SK0059 从四库全书探究明清间输入之西学/计文德//台北私立中国文化大学历史研究所中文硕士学位论文.—1985

SK0060 梁启超论清学史二种/梁启超//上海:复旦大学出版社,1985

SK0061 书林一枝——关于"提要"/黄裳//珍帚斋文集(卷2)图书与图书馆.—台北:台湾商务印书馆,1985.9.—931—936

SK0062 钦定四库全书总目提要四部类叙一卷百部书集成之七九/江标辑//丛书集成新编(影印灵鹣阁丛书).—台北:新文丰出版公司,1985.(第2册).—757—763

SK0063 评《续修四库全书提要》/梁容若//中日文化交流史论.—北京:商务印书馆,1985.7.—370—386

SK0064 四库提要辨证序 四库提要辨证 卷首/余嘉锡//文献学论著辑要.—西安:陕西人民出版社,1985.8.—72—78

1986 年

SK0001《四库全书总目提要》述评/王继祥//吉林省高校图书馆通讯.—1986,(1).—47

SK0002《四库全书》采辑"永乐大典本"数量辨/曹书杰//图书馆学研究.—1986,(1).—83—88

SK0003《四库全书提要》评黄庶《伐檀集》不可尽信/詹八言//九江师专学报.—1986,(1).—11

SK0004 四库全书修书秘辛/刘家驹//故宫文物月刊.—1986,(1).—116—123

SK0005 略谈《四库全书荟要》/石洪远//四川图书馆学报.—1986,(1).—80—81

SK0006 中国最大的一套丛书——四库全书/刘兆祐//国文天地.—1986,2(1).—66—68

SK0007 石印《永乐大典》//世界图书.—1986,(2).—37—37

SK0008 影印摛藻堂四库全书荟要的学术价值/吴哲夫//出版界特刊.—1986.1.—39—47

SK0009 影印摛藻堂四库全书荟要缘起/萧宗谋//出版界特刊.—1986.1

SK0010 四库提要数学九章撰人秦九韶补考/孟森//明清史论著集刊续编.—北京:中华书局,1986.1.—492—495

SK0011 清代前期的辑佚书活动/白新良//南开学报(哲学社会科学版).—1986,(2).—67—71,80

SK0012 永乐大典史话/张忱石.—北京:中华书局,1986

SK0013《四库全书总目提要》及其他有关著作简介/徐伏莲//北京高校图书馆.—1986,(2).—55

SK0014《四库全书》纂修时间考辨/王巍//徐州师范大学学报（哲学社会科学版）.—1986,(2).—142—144

SK0015 四库全书编辑经过/艾文//图书馆员.—1986,(2).—36—38

SK0016《四库全书总目》分类五十五例/曹之//湖北高校图书馆.—1986,(2).—15—22

SK0017 台湾影印出版文渊阁四库全书/君萍摘编//青海图书馆.—1986,(2).—62—63

SK0018《武英殿聚珍本丛书》刊印经过/向功晏//图书馆杂志.—1986,(2).—64—65

SK0019 续修《四库全书》刍议/伦明//古籍整理研究学刊.—1986,(2).—47

SK0020《续修四库全书总目提要·易类》述论/曾圣益//国家图书馆馆刊.—1986,(2).—191—227

SK0021《四库全书》中"大典"本辑目/曹书杰//古籍整理研究学刊.—1986,(3).—133—140,94

SK0022 四库全书//通化史志.—1986,(3).—27—28

SK0023 纪昀与文津阁/黄崇文;阎学仁//历史知识.—1986,(3).—44—45

SK0024 纪晓岚与四库全书/吴哲夫//故宫文物月刊.—1986,3(10).—112—118

SK0025 影印文渊阁四库全书后记/张连生//传记文学.—1986,49(3).—107—115

SK0026 滨口富士雄对清代考据学的研究/宙浩//南京师大学报.—1986,(3).—25—27

SK0027 摛藻堂四库全书荟要影印本,全书五百册,将分五次出版//民生报.—1986,3.24.—9

SK0028 古南戏《张协状元》钩沉——读《永乐大典戏文三种校注》/赵日和//地方戏艺术.—1986.(3).—64

SK0029 "文汇阁"与《四库全书》/吴岭梅//扬州大学学报（人文社会科学版）.—1986,(4).—203—205

SK0030 古籍分类应在四库法基础上进行发展/余东//图书馆论坛.—1986,(4).—76—77

SK0031《四库全书》浅识/赵世英//图书与情报.—1986,(4).—81—86

SK0032 史坛轶事 陈垣与《四库全书》/乃寅//中学历史教学参考.—1986,(4).—15—42

SK0033 四库全书与"七阁"/韦炳申//图书馆员.—1986,(4).—58—59

SK0034《四库辑本别集拾遗》后记/杨殿珣//文献.—1986,(4).—241—244

SK0035《大典》本方志:《南雄路志》、《江州志》等/古籍整理出版情况简报.—1986,(156).—10—14

SK0036 洛阳师专入藏文渊阁《四库全书》/贺湘潮//河南高校图书馆工

作. —1986,(4). —56—59

SK0037 扬州文汇阁/张纪天//新世纪图书馆. —1986,(4). —64—66

SK0038 略论清代校勘学的若干新特点(1)/杨寄林//河北师院学报. —1986,(4). —117—124

SK0039 余嘉锡与目录学/张鸿才//图书与情报. —1986,(4). —88—90

SK0040 纂辑四库全书的另一面——乾隆的禁毁书籍/刘家驹//故宫文物月刊. —1986,(41). —130—136

SK0041 论乾嘉目录学/李国新//北京大学学报(哲学社会科学版). —1986,(4). —33—44

SK0042 "聚珍板"与古医籍/重霄//中医药学刊. —1986,(5). —764—765

SK0043 文澜阁与《四库全书》/徐吉军//浙江学刊. —1986,(5). —2

SK0044《永乐大典·南宁府志》及其价值/姜纬堂//学术论坛. —1986.(5). —50

SK0045 鲁迅与《四库全书简明目录》/顾农//语文园地. —1986,(5). —17—19

SK0046 清代著名的学者——纪昀/张军//中学历史. —1986,(5). —22—23

SK0047 清代著名的学者——纪昀/张军//中国学术思想史随笔. —北京:三联书店,1986.6. —23—27

SK0048 四库馆写本《春秋会议》跋藏园群书题记/傅增湘. —上海:上海古籍出版社,1986.6. —29—31,

SK0049 我国历史上最大的丛书——谈《四库全书》/张维元//历史大观园. —1986,(6). —33—34

SK0050 校四库馆抄本《双溪醉隐集》跋藏园群书题记/傅增湘. —上海:上海古籍出版社,1986.6. —785—786

SK0051 文渊阁四库全书分架图 文渊阁四库全书目录索引. —台北:商务印书馆,1986.7. —235

SK0052《四库全书》简说//语文学习与研究. —1986,(7). —5—7

SK0053 景印文渊阁四库全书后记 景印文渊阁四库全书目录索引/张连生. —台北:台湾商务印书馆,1986.7. —1—22

SK0054 四库提要介绍锦里耆传一文辨误/孙永如//中国历史文献研究(1). —武昌:华中师范大学出版社,1986.8. —279—280

SK0055 论乾嘉目录学/李国新//报刊资料选汇(图书馆学、情报学、资料工作). —1986,(8). —71—82

SK0056 文渊阁四库全书影印出版/纪愚//人民日报. —1986,9.30. —4

SK0057 台湾撰修《四库全书》(续编)//学术研究动态. —1986,(9). —27

SK0058 几代人近百年努力——《续修四库全书提要》将问世//人民日

报. —1986,12.1

SK0059 篇目、叙录、小序、总叙俱全的中国古代最大的官修目录——四库全书总目提要 中国古代目录学简编/罗孟祯. —台北:木铎出版社,1986.10. —132—159

SK0060 四库全书总目提要考/郭伯恭//中国图书文献学论集. —台北:明文书局,1986.11 月增订新版(按:录自四库全书纂修考第 11 章). —135—155

SK0061 宛委别藏简介/吴哲夫//中国图书文献学论集. —台北:明文书局(增订新版),1986.11. —681—707

SK0062 四库提要补正与四库提要辨正/胡楚生//中国图书文献学论集. —台北:明文书局(增订新版),1986.11. —156—183

SK0063 评《续修四库全书提要》/梁容若//中国图书文献学论集. —台北:明文书局(增订新版),1986.11. —184—206

SK0064 文渊阁四库今无恙/林田//瞭望(北京). —1986,12.14

SK0065 四库全书总目目录学资料汇编/彭斐章等. —武昌:武汉大学出版社,1986.12. —256—269

SK0066 景印搞藻堂四库全书荟要序/秦孝仪//中原文献. —1986,18(4). —13—15

SK0067《永乐大典》续印本影印出版/张忱石//古籍整理出版情况简报. —1986,(154). —7—8

SK0068《大典》本方志:《南雄路志》、《江州志》等//古籍整理出版情况简报. —1986,(156). —10—14

SK0069 重印四库全书医家类序/伊广谦;傅景华//古籍整理出版情况简报. —1986,(166). —2—8

1987 年

SK0001 从《四库全书》的编纂说到新方志/心灯//史志文萃. —1987,(1). —28—30

SK0002《四库全书》浅谈/赵伯陶//书品. —1987,(1). —61—63

SK0003《四库全书》的"分纂提要"和"原本提要"/罗琳//图书情报工作. —1987,(1). —37—40

SK0004《四库全书总目提要》订误二十一则/李裕民//文献. —1987,(1). —166—178

SK0005 四库全书总目提要辨误一例/毛双民//古籍整理与研究. —1987,(1). —9

SK0006 四库提要补正与四库提要辨正/胡楚生//中国目录学研究. —台北:华正书局(增订 1 版),1987.1. —271—294,

SK0007"四部"与"四库"/永石//烟台师范学院学报(哲学社会科学版). —1987,(1). —29

SK0008 "四部"和"四库"/鲁海//图书馆工作与研究.－1987,(1).－38－39

SK0009 台湾文渊阁本《四库全书·伐檀集》校勘举要/詹八言//九江师专学报.－1987,(Z1).－58－64,30

SK0010 关于学习《目录学》的几个问题/乔好勤//图书情报知识.－1987,(1/2).－52－55/47－49

SK0011 略论清代校勘学的若干新特点(2)/杨寄林//河北师院学报.－1987,(1).－141－144

SK0012 补正《四库全书总目提要》一则——《海蠹编》非袁士瑜所著考/李健章//武汉大学学报(社会科学版).－1987,(1).－91－93

SK0013 补正《四库全书总目提要》一则——《海蠹编》非袁士瑜所著考/李健章//报刊资料选汇(图书馆学、情报学、资料工作).－1987,(3).－24－27

SK0014 略谈清代文史考据之学在思想方法上的缺陷/葛兆光//古籍整理与研究.－1987,(1).－105－109

SK0015 略谈四库全书的产生及其演变/宁文//青海图书馆.－1987,(1).－49

SK0016《续修四库全书总目提要》的版本著录特点/罗琳//古籍整理与研究.－1987,(1).－159－162

SK0017 从《永乐大典》析《离骚》中两句诗/陈伯雄//艺谭.－1987.(1).－73

SK0018 戏曲史上的一座丰碑——《永乐大典戏文三种》/彭飞//古典文学知识 1987,(2).－59－81

SK0019 文渊阁《四库全书》简介及其得失举例/林瑞生//南昌大学学报(人文社会科学版).－1987,(2).－93－98

SK0020 四库全书的配件/吴哲夫//故宫文物月刊.－1987,5(2).－62－71

SK0021 关于古籍分类的几个问题/曹之//武汉大学学报(哲学社会科学版).－1987,(2).－118－125

SK0022 谈谈《续修四库全书总目提要》/冯惠民//文史知识.－1987,(2).－45－48

SK0023 阳春县人民政府拨专款四万五千元给图书馆订购《四库全书》/陈乐谋//图书馆园地.－1987,(2).－63

SK0024 欣闻续编《四库全书》//台湾新闻报.－1987,2.28.－2

SK0025《永乐大典》中的《南海志》/杨宝霖//广东史志.－1987.(2).－43

SK0026 清高宗纂辑四库全书与禁毁书籍(1)/刘家驹//大陆杂志.－1987,(2).－5－21

SK0027 清高宗纂辑四库全书与禁毁书籍(2)/刘家驹//大陆杂志.－1987,(3).－6－18

SK0028 四库总目提要补正六则/

张新民//贵州大学学报(社会科学版).
—1987,(2).—77—79,76

SK0029 弥足珍贵的目录学文
献——《嘉业堂抄校本目录》和《天一阁
藏书经见录》评价/华风//图书馆杂志.
—1987,(2).—47—48

SK0030 纪晓岚与四库全书/陈应
龙//书和人.—1987,(564).—1—3

SK0031 谈谈《续修四库全书总目
提要》/冯惠民//报刊资料选汇(图书馆
学、情报学、资料工作).—1987,(3).—
27—29

SK0032 档案、野史和其它/冯英
子//上海档案.—1987,(3).—38

SK0033 读《四库提要》札记/朱家
濂//图书馆学通讯.—1987,(3).—80
—93

SK0034 戴震与《四库全书》/方利
山//徽州师专学报(哲社版).—1987,
(3).—19

SK0035 四库本《续资治通鉴长编》
发覆/陈智超//社会科学战线.—1987,
(3).—148—152

SK0036 四库钤键 古籍津逮——谈
《四库全书总目提要》及其他/郭文瑞//
河北大学学报(哲学社会科学版).—
1987,(3).—74—83

SK0037《四库全书总目》史部杂史
类著录史籍不足之分析/王智勇//青海
图书馆.—1987,(4).—48—51

SK0038《四库全书》史略及开发利

用/陈超;李盛福//图书馆学研究.—
1987,(4).—118—126

SK0039 近十五年来经学史的研究
(1972—1986)(1/2)/林庆彰//汉学研究
通讯.—1987,6(3/4).—139—143/185
—189

SK0040 清高宗弘历与四库全书/
陈香//中华文化复兴月刊.—1987,20
(4).—57—64

SK0041 最大最小最早的书//甘肃
社会科学.—1987,(4).—61

SK0042 关于《石林燕语》的成书时
间/方建新//杭州大学学报(哲学社会
科学版).—1987,(4).—26—29

SK0043 古籍分类不宜只采用四库
法/陈超//图书馆理论与实践.—1987,
(4).—28—33

SK0044《四库全书》、《四部丛刊》、
《四部备要》异同略说/喻剑庚//吉林省
高校图书馆通讯.—1987,(4).—42

SK0045 跋重新发现之《永乐大典》
算书/严敦杰//自然科学史研究.—
1987,(1/4).—1—20

SK0046《南宋馆阁录》及其《续录》/
张富祥//史学史研究.—1987,(4).—53
—60

SK0047 选刻四库全书评议/孟森.
—台北:南天书局,1987.5

SK0048 漫话四库全书//阅读与写
作.—1987,(5).—14—16

SK0049《四库全书》中湘籍作家里

贯考定/赵振兴//湖南师范大学社会科学学报.－1987,(6).－77－79

SK0050 寓禁于征的《四库全书》清代笔祸录/金性尧.－香港：中华书局,1987.7.－284－291

SK0051 四库撤毁书提要 四库全书总目(下册)/编辑部编.－北京：中华书局,1987.7.－1839－1844

SK0052 四库全书与纪昀清朝考证学的研究/近藤光男.－东京研文社,1987.7.－83－129

SK0053 文字狱·禁书·《四库禁毁书丛刊》/丘东江//图书与信息学刊.－1987,(8).－28－35

SK0054 最大的丛书中国历史之最/梁宗强.－北京：中国旅游出版社,1987.8.－257－259

SK0055 四库全书究竟哪年开修、哪年完成？//书林.－1987,(9).－35

SK0056《四库全书》面面观/冬青//书林.－1987,(9).－32－33

SK0057 四库全书与禁书毁书/小乙//书林.－1987,(9).－34

SK0058 竺可桢与文澜阁《四库全书》/潘耀昆//黑龙江日报.－1987,10.18.－4

SK0059 补白：中国古代最大的类书——《永乐大典》/报刊资料选汇(图书馆学、情报学、资料工作).－1987,(10).－16－17

SK0060 文渊阁四库全书本错简、脱漏示例——以《相山集》与《慈湖遗书》为例/黄宽重//古今论衡.－1987,(10)

SK0061 我国最大的一部丛书——《四库全书》/阎学仁//中国民族.－1987,(10).－46－47

SK0062 古代要籍概述/马雍等著.－北京：中华书局,1987

SK0063 文澜阁与四库全书浙江藏书家藏书楼.－杭州：浙江人民出版社,1987.11.－3－307

SK0064 四库全书荟要择录图书标准的探讨/吴哲夫//蒋慰堂先生九秩荣庆论文集.－台北图书馆学会,1987.11.－687－702

SK0065 缥缃罗列连楹充栋——四库全书特展详实/吴哲夫//故宫文物月刊.－1987,(53).－14－30

SK0066 台湾商务印书馆影印四库全书概况/汪家熔//古籍整理出版情况简报.－1987,(171).－27－30

SK0067 关于四库全书/王天昌//书和人.－1987,(564).－4

SK0068 摛藻堂四库全书荟要/金简//台北：世界书局,1987.(284).－565－586

SK0069《四库全书》纂修研究/黄爱平//中国人民大学中文博士学位论文.－1987

SK0070 四库著录唐人别集二十种提要考订/李孟晋//香港新亚研究所博

士学位论文(史学组). —1987.5

1988 年

SK0001 文溯阁与四库全书/边鸿//辽海文物学刊. —1988,(1). —119 —121

SK0002 从订购《四库全书》看图书馆藏书建设思想/肖自力;李修宇//图书情报工作. —1988,(1). —39—41

SK0003 从影印《四库全书》说到当前的图书馆采访工作/李修宇//黑龙江图书馆. —1988,(1). —72—74

SK0004 四库提要补正/卿三祥//图书馆员. —1988,(1). —36—38

SK0005 四库全书总目未被发现之一误/李小林//南开史学. —1988,(1). —195—201

SK0006 运斤堂札记/陶友松//新建筑. —1988,(1). —80

SK0007 图书馆事业史上的纪晓岚/甄小泉//江苏图书馆学报. —1988,(1). —68—69

SK0008《武林旧事》刻本情况考——《四库全书总目提要》辨证一则/刘孔伏//云南图书馆季刊. —1988,(1). —68—70

SK0009《永乐大典》中发现的江湖集资料论析/费君清//杭州大学学报(哲社版). —1988.18(1). —50—58

SK0010《永乐大典》与地方志/柳成栋//史志文萃. —1988,(1). —81—82

SK0011 四库全书中的"全书"——序世界书局摛藻堂四库全书荟要/阎奉璋//景印摛藻堂四库全书荟要(第1册). —台北:世界书局,1988.2. —19—21

SK0012(钦定)四库全书荟要总目/清高宗敕撰//景印摛藻堂四库全书荟要(第1册). —台北:世界书局,1988.2. —77—209

SK0013(钦定)四库全书荟要提要/清高宗敕撰//景印摛藻堂四库全书荟要(第1册). —台北:世界书局,1988.2. —251—682

SK0014 四库提要补正(诗经类)/崔富章//古籍整理与研究. —1988,(2). —112—118

SK0015 四库全书本《竹岩集》/吴哲夫//故宫文物月刊. —1988,6(2). —36—43

SK0016《四库提要辨证》经部义例/乔衍琯//文史哲杂志. —1988,5(2). —3—25

SK0017 四库全书缺失考略/吴哲夫//故宫学术季刊. —1988,6(2). —1—15

SK0018 纪晓岚与"元小说"/杨义//光明日报. —1988,2.12

SK0019 略论清武英殿聚珍版书/姜德明//图书馆学刊. —1988,(2). —46—48

SK0020 略说纪昀/甄小泉//贵图

学刊. —1988,(2). —59—61

SK0021 景印摛藻堂四库全书荟要书名及作者姓名索引/世界书局编辑部//摛藻堂四库全书荟要（第1册）. —台北：世界书局,1988.2. —683—710

SK0022 景印摛藻堂四库全书荟要目录/世界书局编辑部//摛藻堂四库全书荟要（第1册）. —台北：世界书局,1988. —23—76

SK0023 重印《四库全书》医家类序/伊广谦；傅景华//中医杂志. —1988,(2). —56—58

SK0024 景印摛藻堂四库全书荟要/秦孝仪. —台北：世界书局（第1册）,1988.2. —1—3

SK0025 景印摛藻堂四库全书荟要/吴哲夫. —台北：世界书局（第1册）,1988.2. —5—14

SK0026 景印摛藻堂四库全书荟要/萧宗谋. —台北：世界书局（第1册）,1988.2. —15—18

SK0027《四库全书总目提要》订误（二十则）/李裕民//山西师大学报（社会科学版）. —1988,(2). —74—80

SK0028 王鸣盛"目录之学"探微——兼议乾嘉之际"目录"、"校雠"之争/林文锜//社会科学战线. —1988,(2). —328—332

SK0029 从影印《四库全书》谈起/萧铮//大学图书馆通讯. —1988,(3). —36—38,28

SK0030《四库全书总目》与十八世纪批判理学思潮/周积明//中国哲学史研究. —1988,(3). —83—91

SK0031 四库本《建炎以来系年要录》发覆/陈智超//社会科学研究. —1988,(3). —94—99

SK0032 四库全书提要对宋儒春秋学评骘之态度/汪惠敏//书目季刊. —1988,22(3). —71—77

SK0033 乾隆朝疯汉文字狱探析/郭成康//清史研究通讯. —1988,(3). —18—23

SK0034 杭州教育学院图书馆部分图书介绍（1）//杭州师范学院学报（自然科学版）. —1988,(3). —61

SK0035 清代山西所刻两大目录书/张梅秀//晋图学刊. —1988,(3). —69—70

SK0036 景印文渊阁四库全书篇目总录编辑的意义/川大图书馆古籍特藏部本书编辑组//图书馆员. —1988,(3). —38—39

SK0037 简介四库全书所收到两部《竹斋集》/杨敦礼//故宫文物月刊. —1988,6(3). —106—110

SK0038《中国近三百年学术思想史》一误及其流传/曹书杰//古籍整理研究学刊. —1988,(3). —58—60

SK0039《永乐大典》所录湖北方志考/罗新//湖北方志. —1988,(3). —49—51

SK0040 我国近十年目录学研究的回顾与思考/乔好勤//图书馆学通讯.－1988,(4).－19－26

SK0041 从《永乐大典》到《四库全书》——兼论类书与丛书的演变/朱桂昌//云南教育学院学报.－1988,(4).－74－81

SK0042《四库全书》的刊刻与《武英殿聚珍版丛书》/黄爱平//清史研究通讯.－1988,(4).－14－18

SK0043《四库全书总目》史部分类借鉴/曹淑文//四川图书馆学报.－1988,(4).－47－53

SK0044 四库提要补正四则/崔富章//文献.－1988,(4).－236－241

SK0045 四库全书纂修研究序/王俊义//清史研究通讯.－1988,(4).－39－40

SK0046 论《四库全书总目》/来新夏//河南图书馆学刊.－1988,(4).－11－15,45

SK0047 再谈乾隆的文网/岳成/书林.－1988,(4).－13－14

SK0048 读《四库提要》札记(续)/朱家濂//图书馆学通讯.－1988,(4).－79－86

SK0049《永乐大典》中南宋诗人姓名考异九则/费君清//文献.－1988,(4).－281－284

SK0050《永乐大典》地图考录/黄燕生//文献.－1988,(4).－145－164

SK0051《续修四库全书总目提要》的整修方法与评价/郭永芳//图书情报工作.－1988,(4).－21－25,16

SK0052《戴震全集》和"四库"有关提要/方利山//徽州社会科学.－1988,(3/4).－47－49

SK0053《四库全书》影印质疑/肖东发;周心慧//群言.－1988,(5).－17－19

SK0054《四库全书》、《四库全书总目提要》和《四库全书简明目录》等/张志哲//中国史籍概论.－南京:江苏古籍出版社,1988.5.－611－625

SK0055《四库全书》/韩仲民.－北京:中国书籍出版社,1988.5.－303－308

SK0056《四库全书总目》批评方法论/周积明//历史研究.－1988,(5).－74－85

SK0057《永乐大典》正本之谜/张忱石//百科知识.－1988.(6).－6－8

SK0058《四库全书》影印质疑/肖东发;周心慧//复印报刊资料(出版工作、图书评介).－1988,(6).－103－106

SK0059《四库全书》影印质疑/肖东发;周心慧//新华文摘.－1988,(8).－214－215

SK0060 近代三种版本目录学专著之比较/李向群//图书馆杂志.－1988,(5).－63－64

SK0061 试论章学诚的目录学/王

锦贵//北京大学学报（哲学社会科学版）.－1988,（4）.－94—102

SK0062 纪昀三论/甄小泉//四川图书馆学报.－1988,（6）.－58—64

SK0063 吸取专科目录成果是完善四库分类系统的重要途径/谷辉之//图书馆学刊.－1988,（6）.－33—35

SK0064 清嘉道时期学术潮流述论/喻大华//辽宁师范大学学报（社会科学报）.－1988,（6）.－72—76

SK0065《四库全书总目》经部研究/庄清辉//国立政治大学中国文学研究所中文硕士学位论文.－1988.6

SK0066 清代的文字狱/楚庄//文史知识.－1988,（7）.－15—22

SK0067 清代殿本图书/吴哲夫//图书学（3）.－台北："国立中央图书馆",1988.7.－130—135

SK0068 四库全书本《竹岩集》//图书学（3）//吴哲夫.－台北："国立中央图书馆",1988.7.－152—156

SK0069 四库全书的老帐/黄裳//人民日报.－1988,7.26.－8

SK0070《四库全书总目提要》叙（四十八篇）/纪昀//图书学（3）.－台北："国立中央图书馆",1988.7.－137—151

SK0071《四库全书简明目录》初探/张传峰//浙江师范大学学报编辑部（古籍整理与研究专辑）,1988,Z.－100—103

SK0072《四库全书》采辑《永乐大典》本数量辨/曹书杰//中国历史文献研究.－武汉：华中师大出版社,1988.－256—260

SK0073 关于《战国策》研究中的一些问题——读《四库全书总目提要》/郭廷爵//中国历史文献研究（2）.－武昌：华中师范大学出版社,1988.－66—78

SK0074 胡玉缙与余嘉锡——两位杰出的目录学家/胡楚生//目录学（3）.－台北："国立中央图书馆"（图书馆学资料卷101）,1988.8.－247—250

SK0075《四库全书总目提要》中墨书、墨谱考证/黄大维//文献目录学（3）.－台北："国立中央图书馆"（图书馆学资料卷101）,1988.8.－15—21

SK0076 续《四库全书》总目/一木//读书杂志.－1988,（9）.－112

SK0077 从影印四库全书谈起/肖东发//古籍整理出版情况简报.－1988,（193）.－15—20

SK0078 从影印本《二十五史》的"畅销"谈当前影印古籍中的问题/龚言//出版工作.－1988,（10）.－63—65

SK0079 四库馆臣辑本《东观汉记》与《北堂书钞》/吴树平//秦汉文献研究.－济南：齐鲁书社,1988.10.－259—275

SK0080 论四库全书馆辑录"大典本"的功过得失——兼论建立"大典学"与整理大典影印本/洪湛侯//杭州大学学报（哲学社会科学版）.－1988,18Z.

—21—32

SK0081"儒藏说"与《四库全书》的编纂/黄爱平//文史知识.—1988,(11).—101—104

SK0082 记文渊阁本撤出的日知录撤页/刘汉屏//光明日报.—1988,12.21.—3

SK0083 清代初叶的雕刻文物——古今图书集成、四库全书、聚珍版、木刻活版四库书/史梅岑//新华文摘.—1988,(234).—126

1989 年

SK0001《文渊阁四库全书史部提要例释》绪论/张传峰//湖州师专学报.—1989,(1).—45—48

SK0002 从李善的《文选》注到骆鸿凯《文选学》(续)——《昭明文选》研究管窥/宋绪连//辽宁大学学报(哲学社会科学版)1989,(1).—70—76

SK0003 四库全书纂修研究序/王俊义//四库全书纂修研究卷首.—北京:中国人民大学出版社,1989.1.—1—4

SK0004 古代书目类例谈/王锦贵//图书馆学刊.—1989,(1).—39—41,7

SK0005 四库全书纂修研究卷首(1—4).—北京:中国人民大学出版社,1989.1

SK0006《四库全书总目》史部著录史籍不足之原因/王智勇//四川大学学报(哲学社会科学版).—1989,(1).—107—112

SK0007《四库全书》成书始末简述/萧新祺//古籍整理研究学刊.—1989,(1).—44—45

SK0008 四库全书总目提要辨误一例/马斗全//古籍整理与研究.—1989,(2).—130

SK0009 对《四库全书》价值的再认识/张岩芳//图书与情报.—1989,(1).—65—69

SK0010《永乐大典》医药内容述略/何任//浙江中医学院学报.—1989,(1).—49—51

SK0011 文渊阁《四库全书》小误指正/韩连武//南都学坛(社会科学版).—1989,(2).—37—40

SK0012 顾炎武与清代考据学/郝润华//西北师大学报(社会科学版).—1989,(2).—96—97

SK0013 古籍的行款/曹之//图书馆工作与研究.—1989,(2).—59—62

SK0014《四库全书》中的皖人著述(经部)/胡功篆//大学图书情报学刊.—1989,(2).—52—57

SK0015《四库全书》中的皖人著述(史部)/胡功篆//大学图书情报学刊.—1989,(3/4).—80—83

SK0016 四库提要订误十三则/李裕民;吕晓庄//晋图学刊.—1989,(2).

—47—50

SK0017《四库提要》订误十五则/李裕民//山西大学师范学院学报（社会科学版）.—1989,(2).—18—23

SK0018《四库全书总目》目录体系浅议/陈宝珍//广东民族学院学报.—1989,(2).—92—95

SK0019 四库全书和法国百科全书——为纪念法国革命二百周年而作/戴逸//历史研究.—1989,(2).—170—181

SK0020 四库全书与四库全书荟要/何槐昌//图书馆研究与工作.—1989,(2/3).—73—75

SK0021 论《四库全书总目》类目设置之得失/王承略//山东图书馆季刊.—1989,(2).—1—6

SK0022 谈索引的来龙去脉/汪应文//四川图书馆学报.—1989,(1).—42—47

SK0023 目录学研究书录/黄镇伟//黑龙江图书馆.—1989,(2).—34—38

SK0024 目录学研究书录/黄镇伟//复印报刊资料（图书馆学、情报学、资料工作）.—1989,(5).—59—64

SK0025《永乐大典》常州方志辑考/黄燕生//常州方志.—1989,(2).—1—3

SK0026 略论我国图书分类法的产生沿革及路向/刘延章//图书馆杂志.—1989,(2).—22—25

SK0027《永乐大典》杭州方志辑考/黄燕生//浙江方志.—1989.(2).—25—30

SK0028 略谈《四库全书总目》中的文学目录——兼及中国古代文学目录的某些特点/何新文//湖北大学学报（哲社版）.—1989,(3).—93—97

SK0029《永乐大典》又发现两卷/王利器//徐州师范学院学报（哲社版）.—1989.(3).—14—17

SK0030 四库全书所收诗经典籍的探讨与研究/王万福//丘海季刊.—1989,(26/27).—16—18

SK0031《中国丛书综录》述评/张荻//四川图书馆学报.—1989,(3).—73—77

SK0032《四库全书》说略/傅鉴明//成都大学学报（社会科学版）.—1989,(3).—33—39

SK0033《四库全书》说略/傅鉴明//复印报刊资料（图书馆学、情报学、资料工作）.—1989,(12).—69—76

SK0034《永乐大典》所辑"潮州城图"考略/陈香白；郑锡煌//矿物岩石.—1989,(3).—272—279

SK0035《文选颜鲍谢诗评》发微/詹杭伦//乐山师专学报（社会科学版）.—1989,(3).—41—47

SK0036 台湾四库本《重建诸葛武侯祠堂记》补正/杜杰//南都学坛（社会科学版）.—1989,(3).—52—57

SK0037 永乐大典嘉隆副本考略/洪湛侯//杭州大学学报(哲社版).—1989,19(3).—106—113

SK0038 版本学、校勘学研究书录/黄镇伟//福建图书馆学刊.—1989,(3).—48—54

SK0039 字书,辞书,工具书考略/王世伟//大学图书馆学报.—1989,(3).—40—65

SK0040 图书分类法修订周期及相关问题/胡建林//图书馆学通讯.—1989,(3).—57—60

SK0041《四库全书总目》分类方法之研究/程磊//四川图书馆学报.—1989,(4).—52—56

SK0042《清江三孔集》跋作者考/刘浦江//文献.—1989,(4).—208

SK0043《永乐大典》溧阳方志辑考/黄燕生//常州方志 1989,(4).—4—6

SK0044 中州著名的文史学家郭伯恭/陈松峰//文史杂志.—1989,(4).—5—6

SK0045《四库全书》影印简史/张明海//青海民族学院学报(社会科学版).—1989,(4).—105—110,135

SK0046《四库全书总目》订误一则/李国庆//文献.—1989,(4).—240

SK0047 四库全书馆正副总裁的人数/修世平//文献.—1989,(4).—286—287

SK0048 四库全书修纂动机的探讨/吴哲夫//故宫文物月刊.—1989,7(4).—62—71

SK0049《永乐大典》江湖诗补辑/费君清//温州师范学院学报(社科版).—1989.(4).—45—52

SK0050 略论图书馆学文献源/詹德优//高校图书情报学刊.—1989,(4).—7—12

SK0051 黄溍年谱简编/欧阳光//中山人文学报.—1989,(4)

SK0052 清代各省禁书汇考/雷梦辰.—北京:书目文献出版社(今国家图书馆出版社),1989.5.—263

SK0053《永乐大典》的产生及其演变/丁宏宣//图书馆杂志.—1989,(5).—69—70

SK0054 大陆出版文渊阁四库全书影印本/编辑部//国文天地.—1989,5(6).—98—99

SK0055《四库全书》校勘刍议/李春光//辽宁大学学报(哲学社会科学版).—1989,(5).—57—60

SK0056 四库全书收录外国人作品探求(1)/吴哲夫//故宫文物月刊.—1989,7(1).—78—83

SK0057 四库全书收录外国人作品探求(2)/吴哲夫//故宫文物月刊.—1989,7(2).—38—43

SK0058 纪昀在《诗经》研究史上的贡献——《四库提要》朴记/张宏生//南京大学学报(哲人社版).—1989,(5).—

18—23

SK0059 略谈《四库全书》的产生及演变/宁文//图书馆学刊. —1989,(5). —64

SK0060 篇目、叙录、小序、总叙俱全的中国古代最大的官修目录——四库全书总目提要中国古代目录学简编/罗孟祯//古典文献学. —重庆：重庆出版社,1989.6. —207—234

SK0061 清代盛世武英殿刊刻本图书研究/卢秀菊//图书馆学刊. —1989,(6). —115—134

SK0062 邵懿辰《四库简明目录标注》/罗孟祯//古典文献学. —重庆：重庆出版社,1989.6. —197—198

SK0063 吴兆宜《徐孝穆集笺注》并非刘少彝辑本——《四库提要辨证》之辨正/周建渝//文学遗产. —1989,(6). —102—103

SK0064 莫友芝《宋元旧本书经眼录》《邵亭知见传本书目》/罗孟祯//古典文献学. —重庆：重庆出版社,1989.6. —198

SK0065 四库全书提要分纂稿/邵晋涵//丛书集成续编（影印绍兴先正遗书）（第6册）. —台北：新文丰出版公司,1989.7. —501—532

SK0066 四库全书荟要目/清高宗敕撰//丛书集成续编（第2册）. —台北：新文丰出版公司,1989.7. —865—879

SK0067 四库全书序一卷/清高宗

敕撰//丛书集成续编（第6册）. —台北：新文丰出版公司,1989.7. —199—217（影印慎始基斋丛书）

SK0068 四库著录江西先哲遗书钞目四卷/胡思敬辑//丛书集成续编（第3册）. —台北：新文丰出版公司,1989.7. —179—215

SK0069 四库全书辨正通俗文字//丛书集成续编（第70册）. —台北：新文丰出版公司,1989.7. —281—292（影印青照堂丛书）

SK0070 四库全书窥隐——三传的资料汇编：三传总义/云台//中央日报. —1989,7. —17.25

SK0071 四库全书窥隐——汗牛充栋的四书类/云一//中央日报. —1989,8.17. —17

SK0072 南宋人所传金中都图——兼辨《永乐大典》本唐大安宫图之误/徐苹芳//文物. —1989.(9). —54—58,96

SK0073 集古代目录学之大成的《四库全书总目》/杨燕起;高国抗//中国历史文献学. —北京：北京书目文献出版社（今国家图书馆出版社）,1989.9. —122—125

SK0074 杭州文澜阁和四库全书/凌毅//浙江月刊. —1989,12.21(12). —5—6

SK0075 四库全书序一卷/清高宗敕撰//复印报刊资料（图书馆学、情报学、资料工作）. —1989,(12). —69—76

1990 年

SK0001 文渊阁与乾隆御制诗/章采烈//紫禁城.－1990,(1).－13

SK0002 王鹗与《汝南遗事》/任崇岳//驻马店师专学报(社会科学版).－1990,(1).－95－101

SK0003 清代抄书考/曹之//图书馆.－1990,(1).－36－40

SK0004《古今图书集成》与《四库全书》/裴芹//内蒙古民族师院学报(哲学社会科学.汉文版).－1990,(1).－11－15,20

SK0005 古今图书一大成——《四库全书》及其它/蔡晓初//江西教育学院学报(综合版).－1990,(2).－43－51

SK0006 古今图书一大成——《四库全书》及其它/蔡晓初//复印报刊资料(图书馆学、情报学、资料工作).－1990,(8).－41－50

SK0007 四库全书及其查检方法/张东生//海南大学学报(社会科学版).－1990,(1).－72－75

SK0008《四库全书》校勘刍议/李春光//复印报刊资料(历史学).－1990,(1).－113－116

SK0009 四库全书收录西书之探析/计文德//国立中央图书馆馆刊(新23卷).－1990,(1).－151－178

SK0010《四库全书总目》——清代官修史书提要订误/乔治忠//史学集刊.－1990,(1).－63－68,23

SK0011《四库全书总目》——清代官修史书提要订误/乔治忠//复印报刊资料(历史学).－1990,(5).－89－96

SK0012 四库全书馆缮书处分校官张光弟考误/修世平//津图学刊.－1990,(1).－91－95

SK0013 四库提要补正/崔富章//杭州大学学报(哲学社会科学版).－1990,(1).－46－54

SK0014《四库提要补正》即将出版/周明初//古籍整理出版情况简报.－1990,(229).－19－21

SK0015"丛书"琐谈/贾忠匀//贵州民族学院学报(社会科学版).－1990,(1).－62－67

SK0016 白氏长庆集绍兴本与四库全书本校读/谢佩芬//书目季刊(第24卷).－1990,(1).－43－65

SK0017《江湖集》、《江湖前后续集》的刊行及江湖派的鉴定/张瑞君//文献.－1990,(1).－19－38

SK0018 宋人江湖诗后补/费君清//渤海学刊.－1990,(1).－93－100

SK0019 评《元刻农桑辑要校释》/胡道静//古今农业.－1990,(1).－162－166

SK0020 武英殿修书处及内府修书各馆/杨玉良//故宫博物院院刊.－1990,(1).－28－40

SK0021 宛委别藏编纂始末/卢仁

龙//文献. —1990,（1）. —168—178

SK0022 总集乎？别集乎？——论刘向所编《楚辞》一书的属性及其他/王德亚//中国韵文学刊. —1990,（1）. —80—83

SK0023《能改斋漫录》匡谬/刘凯鸣//重庆师院学报（哲学社会科学版）. —1990,（1）. —89—91

SK0024 藏书乐/吴茂云//中国图书评论. —1990,（2）. —40—41

SK0025 从四库全书谈古籍整理的重要性/吴哲夫//国立中央图书馆馆刊. —1990,新22（2）. —103—115

SK0026《三朝北盟会编》传本及其体例/仲伟民//复印报刊资料（历史学）. —1990,（11）. —98—106

SK0027《元史》诸志与《经世大典》/王慎荣//社会科学辑刊. —1990,（2）. —70—76

SK0028 元李孝光佚文佚诗掇拾/胡雪冈//文献. —1990,（2）. —17—26

SK0029 功垂《易》史 泽被后学——读沙少海先生《易卦浅释》/钱宗武//广西大学学报（哲学社会科学版）. —1990,（2）. —98—100

SK0030《中图法》关于古籍分类的得失/严代荃//杭州师范学院学报（社会科学版）. —1990,（2）. —123—126

SK0031《永乐大典》中保存的方志/林之// 杭州师范学院学报（社会科学版）. —1990,（4）. —120

SK0032 略论章学诚对目录学的贡献/赵淡元//西南师范大学学报（人文社会科学版）. —1990,（2）. —13—19

SK0033《古今图书集成》与《四库全书》简介/高云//山西档案. —1990,（2）. —31

SK0034《四库全书》今安在/张军//历史学习. —1990,（2）. —21—23

SK0035 四库全书馆的山西献书人/郑伟章//晋阳学刊. —1990,（2）. —43—45

SK0036《四库提要》辨误一例/金斗//山西大学师范学院学报（哲学社会科学版）. —1990,（2）. —54

SK0037 纪昀与《四库全书总目提要》/甄小泉//图书馆学刊. —1990,（2）. —63—64

SK0038 评四库全书文集篇目分类索引（第23卷）（陈奇禄主编）/胡一贯//中华文化复兴月刊. —1990,（2）. —12—14

SK0039 我国古代的文学作品编选概观/张鉴民//绥化师专学报. —1990,（2）. —12—18

SK0040 乾隆《御制诗》/谷林//读书. —1990,（2）. —93

SK0041 青词琐谈/长虹//中国道教. —1990,（2）. —19—22,16

SK0042 试论《阅微草堂笔记》的思想内容/石尚彬//贵州文史丛刊. —1990,（2）. —120—133

SK0043 总目中的北方藏书家/郑伟章//津图学刊. —1990,(2). —108—116

SK0044 葛洪《枕中书》初探/刘仲宇//中国道教. —1990,(3). —23—27

SK0045 史学方法论与传统考据学/葛志毅//复印报刊资料(历史学). —1990,(3). —29—39

SK0046 莫友芝与《陈息凡〈香草词〉序》/申远初//贵阳师范高等专科学校学报(社会科学版). —1990,(3). —36—39

SK0047 "永乐大典"小史/赵前//旅游. —1990,(3). —40—41

SK0048 一部注重于补正四库提要版本讹缺的力作——评崔富章先生的四库提要补正/秋涛//杭州大学学报(哲学社会科学版). —1990,(3). —121—122,89

SK0049 文渊阁与乾隆御制诗/章采烈//紫禁城. —1990,(3). —13

SK0050 文澜阁与《四库全书》/王小红//江西文物. —1990,(3). —106—108

SK0051 王云五《续修四库全书提要序》斠议/施乐//图书馆学研究. —1990,(3). —89—93

SK0052 王符《潜夫论》思维模式初探/孙希国//社会科学(甘肃). —1990,(3). —33—37

SK0053 历代典籍新版述略(1)/马剑东//编辑之友. —1990,(3). —63—65

SK0054 历代编辑列传(37)/戴文葆//出版工作. —1990,(2/3). —116—126

SK0055 历代编辑列传(37)——纪昀(1724—1805)(下,之二)/戴文葆//出版工作. —1990,(4). —116—126

SK0056 历代编辑列传(38)章学诚(1738—1801)(上,续二)/戴文葆//出版工作. —1990,(8). —115—126

SK0057 历代编辑列传(39)章学诚(1738—1801)(上,续三)/戴文葆//出版工作. —1990,(9). —112—120

SK0058 历代编辑列传(42)——章学诚(1738—1801)(上,续四)/戴文葆//出版工作. —1990,(10). —119—126

SK0059《六朝事迹编类》出版/赢吾//徐州师范大学学报(哲学社会科学版). —1990,(3). —110

SK0060 左旋《太极图》的意义及其科学价值/傅责中//贵州民族学院学报(社会科学版). —1990,(3). —32—35

SK0061 古代湘籍学者哲人著述略/杨金鑫//湖南师范大学社会科学学报. —1990,(3). —32—36

SK0062 我国古代编纂事业发达的原因初探/沈继成//华中师范大学学报(哲学社会科学版). —1990,(Z1). —189—192

SK0063 丁氏兄弟与文澜阁四库全书/吴哲夫//国魂. —1990,(531). —78

—81

SK0064《四库全书》著录《八旗通志》考疑/赵德贵//东北师大学报（哲社版）.—1990,(3).—44—49

SK0065《四库提要》"梁置赤城郡"辩证/徐永恩//台州师专学报.—1990,(3)

SK0066《四库学》通论/周积明//故宫学术季刊.—1990,17(3).—1—21,1

SK0067 四库馆臣未见书《俞渐川集》/刘尚恒//文献.—1990,(3).—247—252

SK0068《四库全书》中的慈溪人著作/登山//慈溪修志通讯.—1990,(3/4).—61—62

SK0069 论《答问》和《补正》/许学霞//淮北煤师院学报（社会科学版）.—1990,(3).—117—123

SK0070 评《四库全书总目》的晚明文风观/邵毅平//文科学报文摘.—1990,(5).—100

SK0071 评《四库全书总目》的晚明文风观/邵毅平//复旦学报（社科版）.—1990,(3).—52—57

SK0072 李觐诗歌概观/吴晟//抚州师专学报.—1990,(3).—40—46

SK0073 省委省政府主要领导视察甘肃省图书馆指出省图书馆要充分发挥自己的优势和作用/景红卫//图书与情报.—1990,(3).—45

SK0074 读《字诂义府合按》札记/

沈光海//湖州师专学报.—1990,(3).—71—77

SK0075 读《字诂义府合按》札记/沈光海//复印报刊资料（语言文字学）.—1990,(6).—72—79

SK0076《谠论集》误收陈升之上神宗状/尹波//文献.—1990,(4).—51

SK0077 万斯同著述考略/方祖猷//文献.—1990,(4).—93—136

SK0078《云溪友议》史料辨误/尹楚彬//南京师大学报（社会科学版）.—1990,(4).—92—96

SK0079 从四库全书（影印本）的订购看协调的必要性/张黎;马庆云//图书馆工作与研究.—1990,(4).—65—66

SK0080 四库全书总目史部图书著录失误原因析论/沈治宏//图书馆学研究.—1990,(4).—85—91

SK0081《四库全书总目》子部著录订误/沈治宏//福建图书馆学刊.—1990,(4).—49—51

SK0082《四库全书总目·包孝肃奏议十卷》勘误/赵正群//辽宁大学学报（哲社版）.—1990,(4).—96—97

SK0083 四库全书的主持人乾隆皇帝大传/周远廉.—郑州:河南人民出版社,1990.4.—729—737

SK0084《四库全书总目提要》偶证三十例(1)曹正元//江苏图书馆学报.—1990,(4).—56—58

SK0085《四库全书总目提要》偶证

三十例(2)/曹正元//江苏图书馆学报.—1990,(5).—53—55

SK0086 由《日知录》谈编纂《四库全书》的政治目的/蔡妙真//故宫学术季刊.—1990,17(4).—145—178,7—8

SK0087 台湾地区图书馆的中国古籍收藏管理与利用/王振鸣//图书情报工作.—1990,(4).—39—45

SK0088 收入《四库全书》的巢县民俗学家崔冕/王纪晴//民俗研究.—1990,(4).—82

SK0089 通鉴唐纪引用笔记小说之含义及范围/章群//古籍整理研究学刊.—1990,(4).—24—28

SK0090 百科全书读稿拾零(9)/黄鸿森//编辑之友.—1990,(4).—37—41

SK0091 明代佚志述略/巴兆祥//文献.—1990,(4).—126—135,61

SK0092 荀子非儒家辨/赵吉惠//管子学刊.—1990,(4).—29—36

SK0093 杨慎的古韵学/李运益//西南师范大学学报(人文社会科学版).—1990,(4).—83—89

SK0094 清代禁书版本丛谈——《万历野获编》专稿/李文衡//四川图书馆学报.—1990,(4).—70—80

SK0095 "随俗"与"反俗"——论黄庭坚词的创作及特征/杨庆存//齐鲁学刊.—1990,(5).—64—69

SK0096《大唐传载》考/严杰//古籍整理研究学刊.—1990,(5).—26—28

SK0097 王云五《续修四库全书提要序》斠议/施乐;王云//图书馆学研究.—1990,(5).—89—93

SK0098《中国丛书综录》著录图书的若干失误及其原因/沈治宏//四川图书馆学报.—1990,(5).—29—37

SK0099 从阴阳互根谈援易入医/彭建中//国医论坛.—1990,(5).—8—10

SK0100《四库全书答问》的几个问题/修世平//文献情报学刊.—1990,(5).—85—88

SK0101 四库提要研究的新收获——评崔富章四库提要补正/舒以;秋涛//浙江社会科学.—1990,(5).—74—77

SK0102《四库全书总目提要》订误三则/庄剑//河北学刊.—1990,(5).—110—112

SK0103 沈阳故宫藏书浅记/王惠洁//图书馆学刊.—1990,(5).—52

SK0104 学如积薪,后来居上——评《四库全书纂修研究》/陈祖武//人民日报.—1990,5.18.—6

SK0105 学如积薪,后来居上——评《四库全书纂修研究》/陈祖武//复印报刊资料(出版工作、图书评介).—1990,(6).—50—51

SK0106 纪昀轶闻/作喆//紫禁城.—1990,(5).—5—7.—40

SK0107《奇门遁甲》遁去了阳遁/宋承秀//中国图书评论.—1990,(5).—108—109

SK0108 避暑山庄——文津阁/贺海//紫禁城.—1990,(5).—35,40

SK0109《永乐大典医药集》引用书目及其他/宋玮//中医药图书情报.—1990,(6).—42—45

SK0110 四库全书荟要简述/吉木斯//内蒙古社会科学(文史哲版).—1990,(6).—108—110

SK0111《四库全书总目》与《四库全书简明目录》成书先后/林申清//黑龙江图书馆.—1990,(6).—59—60

SK0112 四库全书馆缮书处分校官张光弟考误/修世平//津图学刊.—1990,(6).—91—95

SK0113《四库全书总目提要》订误两则/庄剑//河北学刊.—1990,(6).—112

SK0114《四库全书总目》断句正误一则/梁临川//古籍整理出版情况简报.—1990,(231).—39

SK0115《永乐大典》湖州方志辑考/黄燕生//浙江方志.—1990,(6).—26—31

SK0116《刘子》作者新证——从《昔时》篇看《刘子》的作者/程天祜//吉林大学社会科学学报.—1990,(6).—61—67

SK0117 朱熹的中庸论模式化研究(提要)/金裕赫;沈仪淋//朱子学新论——纪念朱熹诞辰860周年国际学术会议论文集,1990.—6—30

SK0118 杨璞金初活动考辨/焦慧//辽宁大学学报(哲学社会科学版).—1990,(6).—26—27

SK0119 四库全书纂修之研究/吴哲夫//台北:"国立故宫博物院".—1990,6.—321

SK0120 子部医学类明人著作初探/计文德//弘光护专学报.—1990,(18).—1—73

SK0121《四库全书》与文澜阁/卜束//学习与思考.—1990,(7).—32

SK0122 李纲《梁溪全集》四库本校读记/王瑞明//中国历史文献研究(3).—武昌:华中师范大学出版社,1990.7.—111—119

SK0123《四库底本》漫谈/刘乾//文史知识.—1990,(7).—90—93

SK0124 四库总目子部释家类析论(第23卷)/计文德//东方杂志(复刊).—1990,(8).—24—31

SK0125 清代的文字迫害和制造异己模式/费思堂//清史国际学术讨论会论文集.—沈阳:辽宁人民出版社,1990.8.—531—553

SK0126 清朝文字狱/郭成康;林铁钧.—北京:群众出版社,1990.10.—404

SK0127 七阁四库全书之存毁及其行世印本/王树楷//四库全书之纂修研

究. －香港:香港大东图书公司,1990. 10. －320－327

SK0128 古籍重要目录书析论/田凤台. － 台北:黎明文化事业公司,1990.10. －161－180

SK0129 陈垣先生四库全书研究述略——纪念陈垣先生诞生 110 周年/刘国恩//纪念陈垣校长诞生 110 周年学术论文集. －北京:北京师范大学出版社,1990.10. －150－164

SK0130 论《四库全书总目》的目录学成就及其思想内容/黄爱平//清史研究集(第 7 集)中国人民大学清史研究所编. －北京:光明日报出版社,1990.10

SK0131 郁达夫介绍《四库全书珍本初集》/晨星//郁达夫海外文集. －北京:三联书店,1990,12. －450－451

SK0132 四库全书总目提要中的焚书、秦录、晋录辩证——兼论中华书局点校本广志绎的点校问题/张动燎//古文献论丛. －成都:巴蜀书社,1990.12. －314－327

SK0133 清代的考据之学/刘蕙孙//中国文化史稿. －北京:文化艺术出版社. －1990.12. －554－571

SK0134 论《四库全书总目》/师曾志//北京大学中文硕士学位论文. －1990

1991 年

SK0001 文渊阁与《四库全书》/单

士元//社会科学战线. －1991,(1). －333－337

SK0002 从乾隆诗自注看《四库全书》的成书与贮藏/宁大年//承德民族师专学报. －1991,(1). －86

SK0003 四库提要补正/徐鹏;刘远游//中华文史论丛. －1991,(48). －173－198

SK0004《四库全书》《豫章丛书》《江湖小集》所收《野处类稿》系伪作/沈治宏//陕西图书馆. －1991,(1). －60－62

SK0005《四库全书总目》与阁书提要异同初探/黄爱平//图书馆学刊. －1991,(1). －43－45

SK0006《四库全书总目·医家类》识/高光震//吉林中医药. －1991,(1). －43－45

SK0007《四库全书总目》特殊类目之研究/程磊//四川图书馆学报. －1991,(1). －76－80

SK0008 四库全书妄改古籍一例——校嵩山居士集札记/王义耀//华东师范大学学报(哲学社会科学版). －1991,(1). －95－96

SK0009 四库书目家族/胡道静;林申清//古籍整理研究学刊. －1991,(1). －19－26

SK0010 四库中日本人著作的西归考论及补遗/史量//史林. －1991,(1). －11,25

SK0011 文津阁及其藏书保护功能

探因/卢顺//图书馆工作与研究. —1991,(1). —20—28

SK0012 试说《四库全书总目》分类的得失/玉珏//宁德师专学报(哲学社会科学版). —1991,(1). —65—68

SK0013 景印文渊阁四库全书共收书多少种/王欣欣//晋图学刊. —1991,(1). —51—52

SK0014《增订四库简明目录标注》、《贩书偶记》补正/李步嘉//古籍整理研究学刊. —1991,(1). —27—29

SK0015 王岱《了庵集》释禁始末/柯愈春// 高校图书馆工作. —1991,(1). —64—66

SK0016 四库全书总目方志批评论/宋永平//史志文萃. —1991,(2). —72—75

SK0017 四库全书禁书目录考/林申清//江苏图书馆学报. —1991,(2). —37—39

SK0018《四库全书》卷首提要的原文和撤换/刘远游//复旦学报(社会科学版). —1991,(2). —94—101

SK0019《四库全书总目》订误十四则/修世平//图书馆建设. —1991,(2). —86—87

SK0020《永乐大典》中的太原地名/王宝库//中国地名. —1991.(1). —15—17

SK0021《四库全书》禁书目录考/林申清//江苏图书馆学报. —1991,(2). —37—39

SK0022 阮元的学术地位与成就/陈东辉//杭州师范学院学报(社会科学版). —1991,(2). —32—37

SK0023 阮元的校勘思想和方法/郭明道//扬州师院学报(社会科学版). —1991,(2). —135—137

SK0024 余嘉锡目录学思想研究/廖璠//图书情报知识. —1991,(2). —48

SK0025 浅论纪昀的文学观——以四库提要与简明目录为中心/王鹏凯;黄琼谊//"国立编译馆"馆刊. —1991,20(2). —157—188

SK0026 评四库全书纂修研究/李国新//图书馆杂志. —1991,(2). —54—55

SK0027《栾城集》考/李俊清//古籍整理研究学刊. —1991,(2). —11—14

SK0028 清代安徽禁书散记/张敏慧//江淮论坛. —1991,(2). —74—77

SK0029 略论西学东渐与清初考据学/庞天佑//武陵学刊(社会科学版). —1991,(2). —33—37,85

SK0030《四库全书总目》集部著录图书失误原因析/沈治宏//图书馆工作与研究. —1991,(2). —44—50

SK0031 蛮书/马大正//中国边疆史地研究. —1991,(2). —111—112

SK0032《四库全书》著录周亮工《同书》考并补《四库撤毁书提要》/刘奉文//社会科学战线. —1991,(3). —339

—341

SK0033《四库全书总目》的经学论(1)/周积明//湖北大学学报(哲学社会科学版).—1991,(3).—26—32

SK0034《四库全书总目》的经学论(2)/周积明//湖北大学学报(哲学社会科学版).—1991,(4).—117—120

SK0035《四库全书总目提要》订误二则/马斗全//河北学刊.—1991,(3).—111

SK0036 阮元研究系列论文综述/言逊//扬州师范学院学报(社会科学版).—1991,(3).—134—142

SK0037 谈古书辑佚/朱建亮;吴杰//图书馆学研究.—1991,(3).—65—68

SK0038《温公易说》探佚/赵瑞民//晋阳学刊.—1991,(3).—94—99

SK0039《永乐大典》的厄运/伍和先//档案时空.—1991,(3).—23

SK0040 点校《蜀中名胜记》札记/王焱//重庆师专学报.—1991,(3).—41—49

SK0041《四库全书文集编目分类索引》出版的意义/林庆彰//书目季刊.—1991,(3).—68—70

SK0042 清代嘉道时期研究现状综述/陈桦//清史研究.—1991,(3).—5—55

SK0043《清朝文字狱》出版/令狐章//清史研究.—1991,(3).—55—56

SK0044 清代的方志学/黄燕生//史学史研究.—1991,(3).—61—68

SK0045 乾隆朝文字狱述评/白新良//故宫博物院院刊.—1991,(3).—72—80,37

SK0046 毛滂佚诗三首/周少雄//文献.—1991,(3).—81

SK0047《新集古文四声韵》与《集古文韵》辨异/周祖谟//复印报刊资料(语言文字学).—1991,(4).—32—35

SK0048 四库全书总目论文索引——文化视野下的四库全书总目/陈利媛.—南宁:广西人民出版社,1991.4.—312—319

SK0049 清代文字狱研究新成果/郑秦//清史研究.—1991,(4).—48—50

SK0050《四库全书》辑佚成就述评/李春光//社会科学辑刊.—1991,(4).—85—89

SK0051《四库全书总目》不是版本目录吗?/曹之//山东图书馆季刊.—1991,(4).—6—10

SK0052 近年大型图书出版的状况及走向/阎晓宏//复印报刊资料(出版工作、图书评介).—1991,(5).—30—33

SK0053 四库采进书目的补遗问题——以淮商马裕呈送书目为例/黄宽重//大陆杂志.—1991,83(5).—25—29

SK0054《四库全书》影印的经过/蒋复璁//文教资料.—1991,(5).—83—88

SK0055《四库全书》中收录的国外

著作/章采烈//图书馆学刊.－1991，
(5).－53－64

SK0056 四库全书的绢面究为何种
颜色/陈东辉//文史知识.－1991，(5).
－115

SK0057 谈四库本仪礼图版本/张
围东//"国立中央图书馆"台湾分馆馆
讯.－1991，(6).－19－20

SK0058《四库全书总目·千顷堂书
目提要》评议/王晖//古籍整理研究学
刊.－1991，Z1.－12－14

SK0059《永乐大典》绍兴方志辑考
(1)/黄燕生//浙江方志.－1991.(6).－
39－42

SK0060《云笈七签》的卷数辨析/杨
福程//宗教学研究.－1991，(Z1).－20
－21

SK0061《四库全书》的分纂提要、原
本提要、总目提要之间的差异/罗琳//
古籍整理与研究.－1991，(6).－229
－234

SK0062 未来十年中国古典目录学
的任务/彭卫国；陈琪//图书馆.－
1991，(6).－7－11

SK0063《四库全书总目》简介/赵秉
忠：白新良//历史教学.－1991，(6).－
53－55

SK0064 养心殿藏书——宛委别
藏/翁连溪//紫禁城.－1991，(6).－43
－44

SK0065《四库全书总目》的史学观/

周积明//江汉论坛.－1991，(7).－13
－19

SK0066 文澜阁四库全书兴衰史/
项弋平//历史大观园.－1991，(7).－58

SK0067 实证精神的寻求——明清
考据学的发展/林庆彰.－北京：三联书
店，1991.8

SK0068《四库全书总目》的史学观/
周积明//复印报刊资料（历史学）.－
1991，(9).－70－76

SK0069 余嘉锡先生的治学与育
人/周祖谟//文史知识.－1991，(9).－3
－8

SK0070 官修的《四库全书》/李春
光//古籍丛书述论.－沈阳：辽沈书社，
1991.10.－179－234

SK0071《四库提要辩证》和《四库全
书总目提要补正》/李春光//古籍丛书
述论.－沈阳：辽沈出版社，1991.10.－
438－444

SK0072《四库全书》辑佚成就述评/
李春光//复印报刊资料（图书馆学、情
报学、资料工作）.－1991，(10).－28
－32

SK0073《四库全书总目提要》/李春
光//古籍丛书述论.－沈阳：辽沈出版
社，1991.10.－428－438

SK0074 清代考证学的渊源——民
初以来研究成果之评介/黄克武//近代
中国史研究通讯.－1991，(11).－140
－154

SK0075 乾隆朝文字狱述评/白新良//复印报刊资料(明清史). —1991,(11). —23—32

SK0076《四库提要订误》评介/马剑东//复印报刊资料(明清史). —1991,(11). —23—32

SK0077《四库提要订误》评介/马剑东//古籍整理出版情况简报(246). —1991.(11). —21—22

SK0078 四库提要诗类选译(1)——诗序2卷/江口尚纯//诗经研究(第16号). —1991,(平成3)12. —20—27

SK0079 翁方纲与《四库全书总目提要》/沈津//中国图书文史论集. —台北:正中书局,1991.12. —121—131

SK0080 四库提要诗类选译(2)——毛诗正义四十卷/小原广行//诗经研究第16号. —1991,(平成3年)12. —28—34

SK0081 武英殿《四库全书总目》出版问题/昌彼得//中国图书文史论集. —台北:正中书局,1991.12. —115—119

SK0082 纪昀的宋诗优劣说——兼及他的论诗主张/关道雄//文学遗产增刊. —1991.9(17辑). —284—299

SK0083 校理《四库全书总目》残稿的再发现/黄燕生//中华文史论丛. —1991,(48). —199—219

SK0084 大陆出版文渊阁四库全书影印本/编辑部//第四届中国域外汉籍国际学术会议论文集. —台北:台北,联合报文化基金会国学文献馆,1991. —61—86

SK0085 四库全书简明目录重印本标点摘误/曦钟//古籍整理出版情况简报. —1991(237). —33

SK0086 谈四库全书的人事管理/吴哲夫//国魂. —1991,(542). —80—83

SK0087 四库提要的一处失误/梁临川//古籍整理出版情况简报. —1991(252). —48

1992 年

SK0001 文津阁《四库全书》金元别集类录异/杨讷;李晓明//北京图书馆馆刊. —1992,(1). —83—92

SK0002《四库全书总目》正误一例/修世平//文献. —1992,(1). —88

SK0003 论清高宗的史学思想/乔治忠//中国史研究. —1992,(1). —154—164

SK0004 阮元学术述论/黄爱平//史学集刊. —1992,(1). —32—39

SK0005 弘历的文化思想初探——乾隆时期承德文化事业的发展/黄崇文//文化春秋(石家庄). —1992,(1). —22—23

SK0006 试论中国古代历史文献学的繁荣/郑家福//西南师范大学学报(哲社版). —1992,(1). —64—68

SK0007 谈编纂《四库全书》的目的

及其时代特征/张明海//青海民族学院学报（社科版）. —1992,（1）. —47—50,46

SK0008《永乐大典》所引杜甫诗辑考/胡可先//杜甫研究学刊. —1992,（1）. —65—71

SK0009《清朝文字狱》出版/令狐章//复印报刊资料（明清史）. —1992,（1）. —64

SK0010 张宗祥先生对文澜四库与浙江图书馆的贡献/黄景行//图书馆研究与工作. —1992,（1/2）. —25—26

SK0011 从四库编纂看清代辑佚学的发展/鲁夫//河南图书馆学刊. —1992,（2）. —62—68

SK0012《四库书目家族》补遗：兼与胡道静、林申清两先生商榷/戚培根；罗志欢//古籍整理研究学刊. —1992,（2）. —44—49

SK0013《四库总目》的方志评论观/傅登舟//贵州方志. —1992,（2）. —53—56

SK0014《四库全书总目》著录图书失误的原因/沈治宏//图书馆员. —1992,（2）. —40—46

SK0015《四库全书总目》的经世价值取向/周积明//中国史研究. —1992,（2）. —78—87

SK0016 四库全书编纂和书籍的空前浩劫/谈蓓芳//中国禁书简史. —台北：台北竹轩出版公司,1992.2. —259

—273

SK0017 四库全书提要订误一则/庄剑//河北学刊. —1992,（2）. —94—95

SK0018《四库全书总目》文化史观探微/周积明//社会科学辑刊. —1992,（2）. —87—91

SK0019 古代史籍和史料类目辨析/龚永明//图书馆建设. —1992,（2）. —41—42

SK0020 永瑢与文津阁缂丝挂屏/彭俊波//紫禁城. —1992,（2）. —37

SK0021 宋版《钦定四库全书提要》/张弛//图书馆学研究. —1992,（2）. —42

SK0022 吕留良的家世及其著述考略/王洪生 等//图书馆建设. —1992,（2）. —74—76

SK0023 论阮元对乾嘉汉学的贡献/郭明道//史学月刊. —1992,（2）. —39—44

SK0024《永乐大典》佚文两卷/王利器//文献. —1992.（2）. —196—203

SK0025 清宫内务府刻书处——武英殿/翁连溪//紫禁城. —1992,（2）. —6—9

SK0026 四库全书总目经部著录图书的若干失误及其原因/沈治宏//河北图苑. —1992,（3）. —48—51

SK0027 四库全书经部春秋类图书著录之评议/吴哲夫//故宫学术季刊. —1992,9（3）. —1—18

SK0028 四库全书总目提要著录失误一则/李国庆//文献. —1992,(3). —60

SK0029 全章目录学辨/尹地//中国图书馆学报. —1992,(3). —69—96

SK0030《永乐大典》戏文三种简说/郝延霖//新疆大学学报(哲社版). —1992,20(3). —76—78

SK0031 析《四库全书总目》的西学观/周积明//中州学刊. —1992,(3). —112—116

SK0032 图书馆《四库全书》的利用/杨秀兰//内蒙古师范大学学报(教育科学版). —1992,(3). —85—88

SK0033 从分类角度看《四库全书总目》:书目学习札记/刘尚恒//图书馆工作. —1992,(3/4). —50—52

SK0034 论清代目录学/吴杰;黄爱平//清史研究. —1992,(3). —82—91

SK0035 乾隆皇帝的史地考据学成就/乔治忠//社会科学辑刊. —1992,(3). —91—96

SK0036《四库全书总目》正误六则/桂栖鹏//浙江师范大学学报(社会科学版). —1992,(4). —73—77

SK0037《四库全书总目》订误十七则/修世平//河北图苑. —1992,(4). —36—38

SK0038《四库全书总目》著录校正选辑(上)/何槐昌//图书馆工作与研究. —1992,(4). —40—42

SK0039《四库全书》编纂考/左斌//台肥月刊. —1992,33(4). —60—61

SK0040 试说《四库全书总目》分类的得失/丁玉珏//图书馆学研究. —1992,(4). —60—63

SK0041 杰出的经学家——阮元研究之八/郭明道//扬州师院学报(社会科学版). —1992,(4). —134—137,141

SK0042 说《四库全书》/王智勇//贵图学刊. —1992,(4). —41—43

SK0043 清代文化史研究的新创获——读《文化视野下的〈四库全书总目〉》/邓方//清史研究. —1992,(4). —120—122

SK0044《韩诗遗说》补遗/陈鸿森//大陆杂志. —1992,85(4)

SK0045 漫谈《四库全书》的影印/孔凡荣//山东图书馆季刊. —1992,(4). —90—91

SK0046 摛藻堂、味腴书室与乾隆御制诗/章采烈//紫禁城. —1992,(5). —42—43

SK0047《四库全书·医家类》的江西医籍/杨卓寅//江西中医药. —1992,(6). —14—16

SK0048 四库全书总目/乔好勤//中国目录学史. —武昌:武汉大学出版社,1992.6. —286—299

SK0049《四库全书总目》版本考辨/崔富章//文史(第35辑)1992.6. —159—173

SK0050 经学与考据学风的酝酿/陈祖武//清初学术思辨录.－北京：中国社会科学出版社.－1992.6.－268－287

SK0051 传统国学研究的新思路——评周积明著《文化视野下的〈四库全书总目〉》/彭池//学术月刊.－1992,(7).－74－77

SK0052《四库全书总目》的经世价值取向/周积明//复印报刊资料（历史学）.－1992,(7).－105－115

SK0053 出版《四库全书研究》的意义/尹双增//海南大学学报（社会科学版）增刊《四库全书研究》专辑,海南大学中国四库全书研究中心.－1992.7.－1－3

SK0054 乾隆编纂《四库全书》述论/顾吉辰//海南大学学报（社会科学版）增刊《四库全书研究》专辑,海南大学中国四库全书研究中心.－1992.7.－4－11

SK0055《四库全书》编纂方法初探/王瑞明//海南大学学报（社会科学版）增刊《四库全书研究》专辑,海南大学中国四库全书研究中心.－1992.7.－12－18

SK0056 略谈《四库全书总目》的子部杂家类/熊铁基//海南大学学报（社会科学版）增刊《四库全书研究》专辑,海南大学中国四库全书研究中心.－1992.7.－19－24

SK0057 论《四库全书》与清代官府图书馆之研究/王酉梅//海南大学学报（社会科学版）增刊《四库全书研究》专辑,海南大学中国四库全书研究中心.－1992.7.－25－28

SK0058 论《四库总目》集部《提要》/杜华平//海南大学学报（社会科学版）增刊《四库全书研究》专辑,海南大学中国四库全书研究中心.－1992.7.－29－35

SK0059 如何开发利用《四库全书》宝藏——从鲁迅先生校勘唐刘恂《岭表录异》谈起/刘美崧/海南大学学报（社会科学版）增刊《四库全书研究》专辑,海南大学中国四库全书研究中心.－1992.7.－36－42

SK0060 开发四库宝藏 促进经济建设/林巨兴//海南大学学报（社会科学版）增刊《四库全书研究》专辑,海南大学中国四库全书研究中心.－1992.7.－43－48

SK0061 怎样利用碑刻与方志来整理《四库全书》中的古籍——谈李德裕贬谪海南岛的地点及其遗属等问题/乔松//海南大学学报（社会科学版）增刊《四库全书研究》专辑,海南大学中国四库全书研究中心.－1992.7.－49－58

SK0062《四库全书》与《诗经》研究/朱杰人//海南大学学报（社会科学版）增刊《四库全书研究》专辑,海南大学中国四库全书研究中心,1992.7.－59－64

SK0063 评四库馆臣对明代史学的偏见/朱仲玉//海南大学学报（社会科学版）增刊《四库全书研究》专辑,海南大学中国四库全书研究中心.－1992.7.－93－97

SK0064《南方草木状》的真伪问题/吕名中//海南大学学报（社会科学版）增刊《四库全书研究》专辑,海南大学中国四库全书研究中心.－1992.7.－98－100

SK0065 吴乾华与海大《四库全书》/徐国定//海南大学学报（社会科学版）增刊《四库全书研究》专辑,海南大学中国四库全书研究中心.－1992.7.－101－104

SK0066 四库全书馆江西篡修官员纪略/王咨臣;彭适凡//海南大学学报（社会科学版）增刊《四库全书研究》专辑,海南大学中国四库全书研究中心.－1992.7.－105－108

SK0067 四库全书馆江西采进书与禁毁书/王咨臣//海南大学学报（社会科学版）增刊《四库全书研究》专辑,海南大学中国四库全书研究中心.－1992.7.－109－122

SK0068 略论《四库全书》中的民族忧患意识/李汉武//海南大学学报（社会科学版）增刊《四库全书研究》专辑,海南大学中国四库全书研究中心.－1992.7.－123－126

SK0069《四库全书荟要》的编修/刘乃和//励耘承学录.－北京:北京师范大学出版社,1992.7.－242－267

SK0070《四库全书》中最大的书/刘乃和//励耘承学录.－北京:北京师范大学出版社,1992.7.－239－241

SK0071《四库全书总目》的经世价值取向/周积明//复印报刊资料（图书馆学、情报学、资料工作.－1992,(8)

SK0072 四库全书和法国百科全书——为纪念法国革命二百年周年而作/戴逸//乾隆及其时代.－北京:中国人民大学出版社,1992.8.－369－389

SK0073 台湾商务印书馆四十四年述略/张连生//商务印书馆九十五年.－台北:商务印书馆,1992

SK0074《四库全书》著录、存目禁书研究禁书、文字狱/王彬.－北京:中国工人出版社,1992.9.－1

SK0075 论四库全书馆辑录《大典本》的功过得失—兼论建立《大典学》与整理大典影印本/洪湛侯//中国文献学新探.台北:台湾学生书局.－1992.9.－153－178

SK0076 四库全书/普文//历史教学.－1992,(10).－17

SK0077 四库提要订误评介/马剑东//中国图书文史论集.－北京:现代出版社,1992.10.－145－152

SK0078 文本解读——周积明《文化视野下的四库全书总目》读后/石玉//江汉论坛.－1992,(10).－81

SK0079 乾嘉学派与清代天算、地学、医学/张瑞山//自然辩证法通讯.—1992,(5)

SK0080 翁方纲与《四库全书总目提要》/沈津//中国图书文史论集.—北京:现代出版社,1992.10.—152—169

SK0081 屈大均文字狱案真相暨释疑/欧安年//广州日报.—1992,11.27.—1

SK0082《四库提要诗类》选译(3)——《诗集传》(20卷)/西口智也//诗经研究(17).—1992.12.—33—37

SK0083 王绍曾论清代目录学/王绍曾//复印报刊数据(图书馆学、情报学、资料工作).—1992,(12)

SK0084 论清代目录学/吴杰;黄爱平//复印报刊数据(图书馆学、情报学、资料工作).—1992,(12)

SK0085 四库全书经部春秋类图书著录之评述/吴哲夫//第二届国际华学研究会议论文集.—台北:中国文化大学文学院.1992

SK0086《四库明人文集丛刊》出版/张明华//古籍整理出版情况简报.—1992,(261).—33—35

SK0087 跋影印本《四库全书总目》/王重民遗著;郭建文整理//冷庐文薮(下).—上海:上海古籍出版社,1992.12.—664—692

SK0088 编印《四库善本丛书》和续修《四库全书》刍议/王绍曾//古籍整理出版情况简报.—1992.,(264).—23—27

SK0089 四库存目标注叙例/杜泽逊//古籍整理出版情况简报.—1992,(264).—27—30

SK0090 关于周亮工/黄裳//榆下杂说.—上海:上海古籍出版社,1992.—21—27

SK0091 雍正与吕留良/黄裳//榆下杂说.—上海:上海古籍出版社,1992.—180—188

SK0092 清代的禁书/黄裳//榆下杂说.—上海:上海古籍出版社,1992.—195—201

1993 年

SK0001 文化品性:古典目录深层内涵的展现——评《文化视野下的〈四库全书总目〉》/李国新//图书馆杂志.—1993,(1).—68—85

SK0002《中国古籍整理出版四十年概况》/程毅中//中国出版年鉴(1990—1991).—1993

SK0003《书目答问》并非对《四库》分类法的突破与创新/蓝兰//暨南学报(哲学社会科学版).—1993,(1).—143—147,150

SK0004《四库全书总目·陶渊明集提要》辨证/周期政//九江师专学报.—1993,(1).—33—37

SK0005《四库全书总目》著录校正

选辑（下）/何槐昌//图书馆工作与研究.－1993,(1).－58－60

SK0006 四库存目提要订正（三则）/张乃格//中国地方志.－1993,(1).－54－58

SK0007 "对图书古籍分类的新思考"/江宏//图书馆员.－1993,(1).－9－13

SK0008 论清嘉道年间的西北地学/郭双林//河南大学学报（社会科学版）.－1993,(1).－39－46

SK0009《景印文渊阁四库全书》讹例录述/修世平；张兰俊//古籍整理研究学刊.－1993,(1).－46－47,44

SK0010《宛委别藏》提要拾补/俞信芳撰//宁波师院学报（社会科学版）.－1993,15(1).－69－72,54

SK0011 编印《四库善本丛书》和《续修四库全书》刍议/王绍曾//文史哲.－1993,(1).－81－83

SK0012 乾隆皇帝和《四库全书》：《四库全书》的缘起/周忠言//重庆师专学报.－1993,(1)

SK0013 整理天一阁《古今图书集成》记/徐建成//甬图通讯.－1993,(1)

SK0014 文津阁《四库全书》明别集类录异/杨讷；李晓明//北京图书馆馆刊.－1993,(1/2).－120－135

SK0015 古典文献的渊薮，读书治学的门径——重评《四库全书总目》/师曾志//北京图书馆馆刊.－1993,(Z1).

－156－161

SK0016《四库提要》补正/刘远游//复旦学报（社会科学版）.－1993,(2).－87－94

SK0017 清代乾隆时期之禁书研究/师曾志// 山东图书馆季刊.－1993,(1).－46－50

SK0018 纪晓岚轶事/菲楠//历史档案.－1993,(1).－96

SK0019《四库总目提要》补正拾遗/方建新//浙江学刊.－1993,(2).－119－121

SK0020《四库全书荟要》的纂修与文献价值//大学图书情报学刊.－1993,(2).－53

SK0021 台湾净空法师赠送安大一套《四库全书荟要》/胡和平//大学图书情报学刊.－1993,(2).－34

SK0022 论纪昀的目录学思想及实践/胡养儒//河南师范大学学报（哲学社会科学版）.－1993,(2).－40－44

SK0023 英才荟萃编纂《四库全书》/梁全水//云南图书馆.－1993,(2).－51－53

SK0024《蜀中广记》成书年代考辨——兼析《四库提要》之谬/刘孔伏//四川师范大学学报（社科版）.－1993,(2).－133－134

SK0025 清朝康熙、雍正、乾隆时期的文字狱及禁书简论/康玉萍//昭乌达蒙族师专学报（汉文哲社版）.－1993,

14(2/3).—46—55,70

SK0026 从《四库全书总目》看编纂者对西学的态度/张兰英;杨燕;李海//晋图学刊.—1993,(3).—59—62,76

SK0027《四库全书总目》订误十七则/修世平;张兰俊//青海图书馆.—1993,(3).—28—29

SK0028《四库全书》与清代辑佚/王世学//中国图书馆学报.—1993,(3).—76—78,83

SK0029《四库全书总目·凡例》探补/杜泽逊//古籍整理研究学刊.—1993,(3).—41—43

SK0030《四库全书总目》研究方法论/周积明//史学理论研究.—1993,(3).—73—79

SK0031 弘历的文化思想初探——乾隆时期承德文化事业的发展/黄崇文//复印报刊资料（明清史）.—1993,(3).—50—61

SK0032 论《四库全书总目》的西学观/王智勇//中国典籍与文化.—1993,(3).—87—89

SK0033 吕留良著作考/李裕民//浙江学刊.—1993,(4).—97—106

SK0034 纪昀文化反省初论/周积明//第二届明清史国际学术讨论会论文集.—天津:天津人民出版社,1993.3.—73—84

SK0035 唐宋明清四朝类书举要疏证/卢明//辽宁大学学报（哲学社会科学版）.—1993,(3).—57—61

SK0036 丁氏兄弟抢救《四库全书》/木子//中国文物报.—1993,4.25.—3

SK0037 再谈《续修四库全书总目提要》/冯惠民//书品.—1993,(4).—39—45

SK0038 "试论中国古籍分类的历史走向"/姚伯岳//图书馆理论与实践.—1993,(4).—13—16

SK0039 清代乾隆时期之禁书研究/师曾志//编辑之友.—1993,(4).—68—70,75

SK0040 清代乾隆时期之禁书研究/师曾志//新华文摘.—1993,(8).—209—211

SK0041 略谈《永乐大典》的产生及演变/丁宏宣//图书情报论坛.—1993.(4).—73—74

SK0042 文宗阁与乾隆御制诗/章采烈//紫禁城.—1993,(5).—14,46

SK0043 谈谈《永乐大典》的版本和残卷影印本/晓闻//文史杂志.—1993,(6).—44—45

SK0044 十年和廿年——影印《四库全书珍本初集》始末/林夕//读书.—1993,(6).—121—127

SK0045 十年和廿年——影印《四库全书珍本初集》始末/林夕//新华文摘.—1993,(8).—209—212

SK0046 修《四库全书》/孙文良

等//乾隆帝.－长春:吉林文史出版社.－1993.6.－362－381

SK0047 王士祯在《四库全书总目》中的地位初探/杨晋龙//中国文学研究.－1993,(7).－1－31

SK0048 我国古代最大的丛书《四库全书》/李歆//中国教育报.－1993,7.11.－2

SK0049《续修四库全书提要》と影印本《文字同盟》第三卷"解题"补遗/今村与志雄//汲古(第23号).－1993,7.－68－84

SK0050 官修目录的盛举——四库全书总目的修纂/李瑞良//中国目录学史.－台北:文津出版社,1993.7.－233－244

SK0051 几代学者百年梦想成真——《续修四库全书总目提要》开始出版/冯瑛冰//人民日报.－1993,8.18.－1

SK0052 四库提要诗类补正/崔富章//石家庄第一届诗经国际学术研讨会论文.－1993.8

SK0053《续修四库全书总目提要·经部》中华书局开始发行//香港大公报.－1993,8.21.－6

SK0054 云烟过眼新录(14)/沈津//书目季刊.－1993,(9)

SK0055 四库全书总目提要历代词家评论探析/包根弟//辅仁国文学报.－1993,(9).－53－108

SK0056 四库提要中之周亮工/陈垣//陈垣庵先生全集(第15册).－台北:新文丰出版公司,1993.9.－291－299

SK0057 四库全书总目诗文评类序对文学批评的认识/廖栋梁//辅仁国文学报.－1993,(9).－109－132

SK0058《四库全书》的纂修与学术风气的变化/黄爱平//清代学术与文化.－沈阳:辽宁教育出版社,1993.10.－175－264

SK0059《四库采进书目》的补遗问题——以淮商马裕呈送书目为例/黄宽重//宋史丛论.－台北:新文丰出版公司,1993.10.－193－212

SK0060 四库全书史部奏议类图书著录之评议//吴哲夫/国立中央图书馆台湾分馆建馆七十八年暨改隶中央二十周年纪念论文集.－台北:"国立中央图书馆"台湾分馆推广组编,1993.12.－127－150

SK0061《四库提要·诗类》选译(4)《诗补传》三十卷/小原广行//诗经研究.－1993,(18).－18－22

SK0062《四库未收书目提要》明清书目研究/孙永如.－合肥:黄山书社,1993.7.－42－43

SK0063 四库全书今夕谈/万晶//历史月刊.－1993,(67).－118－122

SK0064 乾隆帝及其时代/戴逸.－北京:中国人民大学出版社,1993.12

SK0065《四库全书》始末/郝世昌//明道文艺.—1993,(208).—168—169

SK0066《四库存目标注·易类》书后/杜泽逊//古籍整理出版情况简报.—1993,(269).—12—16

SK0067 台湾静空法师向上海复旦大学捐赠《四库全书荟要》//中国新闻.—1993,(12914)

SK0068 抢救保存古典文献 弘扬优秀传统文化:《四库全书存目丛书》将编纂出版/《四库全书存目丛书》编纂出版工作委员会//古籍整理出版情况简报.—1993,(268).—2—4

SK0069《四库全书存目丛书》开始编纂//人民日报.—1993,1.28

1994 年

SK0001 从《四库全书总目》看编纂者对西学的态度/杨燕//物理学史.—1994,(1/2).—97—99

SK0002《四库全书·国医文库》出版//中华医史杂志.—1994,(1/4).—162—163

SK0003《四库全书总目》著录探析/修世平//山东图书馆季刊.—1994,(1).—6—10

SK0004《四库全书总目》订误十六则/修世平;张兰俊//山西图书馆学报.—1994,(1).—56—59

SK0005《四库全书》与科举文献/张祝平//中国历史博物馆馆刊.—1994,

(1).—72—75

SK0006《四库全书总目》目录学思想与方法/王晋卿//湘潭大学学报(社会科学版).—1994,(1).—111—115

SK0007《四库全书荟要》叙录/张家振//江西师范大学学报(哲学社会科学版).—1994,(1).—107—108

SK0008《四库全书》中杂家类著作的科技史料价值/张兰英//雁北师范学院学报.—1994,(1).—60—63

SK0009《四库全书》的藏书阁为何都带"水"//信阳师范学院学报(哲社版).—1994,(1).—72

SK0010 台湾净空法师赠中山大学图书馆《四库全书荟要》//高校文献信息学刊.—1994,(1).—63—64

SK0011《全书》收四库《荟要》粹其精——谈摛藻堂《四库全书荟要》/吴家驹//中国典籍与文化.—1994,(1).—92—96

SK0012 李朝实录本与四库全书本回回历法的比较/陈静//文献.—1994,(1).—174—181

SK0013 明末著名藏书家"儒藏"学说的倡导人曹学佺/王长英//浙江高校图书情报工作.—1994,(1).—45—46

SK0014 读《四库释家集成》之我见(上)/陶秉福//中国气功科学.—1994,(Z1).—48—51

SK0015《续修四库全书总目提要》编纂史纪要/罗琳//图书情报工作.—

1994,(1).－45－50

SK0016 乾嘉学术与中国古典目录学的黄金时代/关定庆//湖北大学学报(哲学社会科学版).－1994,(1).－88－92

SK0017 简论《四库提要》部类叙/李凯//内江师范学院学报.－1994,(1).－81－84

SK0018 日本东洋文库所藏四库全书文源阁本"草庐集"考述/王瑞来//中国书目季刊.－1994,28(2).－9－14

SK0019《四库全书总目》研究的新成果——读《文化视野下的〈四库全书总目〉》/王余光//社会科学研究.－1994,(2).－141－142

SK0020《四库全书》是一部什么样的书//教师博览.－1994,(2).－44－46

SK0021《四库全书总目》研究的新成果——读《四库全书总目提要》"序"、"案"散论——兼及古代目录中的学术问题/钟东//广州师院学报(社会科学版).－1994,(2).－57－64

SK0022 陈垣对研究《四库全书》的贡献/刘乃和//中国典籍与文化.－1994,(2).－11－17

SK0023 邵晋涵之史学/杜维运//清史研究.－1994,(2).－100－105

SK0024 试论《四库全书总目》的影响/肖明//山西图书馆学报.－1994,(2).－34－39

SK0025 乾隆与《四库全书》/郑之

洪//湛江师范学院学报(社会科学版).－1994,(2).－85－89

SK0026《续修四库全书总目提要》考略/彭明哲//湘潭大学学报(社会科学版).－1994,(2).－80－83

SK0027《四库全书存目丛书》编纂——向海内外征集私藏善本//宁波日报.－1994,12.20

SK0028《永乐大典》残存《长编》宋神宗朝记事补校/梁太济//文献.－1994.(2).－253－266

SK0029 从《四库全书》看乾隆对中华文化的贡献/胡祖荣//历史教学问题.－1994,(3).－62－63

SK0030《书目答问》得失谈/潘秀芹//图书馆杂志.－1994,(3).－53－54

SK0031《书目答问》得失谈/潘秀芹//松辽学刊(人文社会科学版).－1994,(3).－117－120

SK0032 冯应京与冯复京著述考/杨锦先//图书馆工作.－1994,(3/4).－44－45

SK0033《四库全书》所收南唐史著比较研究/张历凭;雷近芳//信阳师范学院学报(哲学社会科学版).－1994,(3).－46－48

SK0034 编制古籍分类号的设想/洪亚军//图书馆工作与研究.－1994,(3).－39

SK0035 宁波学者与《永乐大典》/张如安//宁波日报.－1994,3.16.－8

SK0036《四库全书总目》清代官修史书提要订误/乔治忠//清朝官方史学研究. —台北:文津出版社,1994.3. —297—310

SK0037《四库全书》——中国文化史上的万里长城/王秀梅//中国思想文化典籍导引. —北京:中央党校出版社,1994.3. —224—226

SK0038 古籍长眠理安在/倪春发//图书馆杂志. —1994,(3). —64

SK0039 古籍线装书目编辑工作刍议/朴景爱;景春兰//贵图学刊. —1994,(3). —30—32

SK0040 加强古籍文献开发与利用的服务工作/肖凤生//云南图书馆. —1994,(3). —32—34

SK0041 论洛阳古代图书及藏书业的兴衰:中国图书及图书馆的发源地/孟令俊//津图学刊. —1994,(3). —53—67

SK0042 抢救古代典籍,弘扬中华文化——《四库全书存目丛书》分批出版/颜世贵//人民日报. —1994.3. —27.4

SK0043 乾隆皇帝目录学思想初探/陈朝晖//图书情报工作. —1994,(3). —17—25

SK0044 提要发展述略/王忠贤//图书馆学刊. —1994,(3). —52—55

SK0045 "一部大书是一场灾难"/张林祥//中国图书评论. —1994,(4). —70—72

SK0046 "四库学"研究的反思/杨晋龙//中国文哲研究集刊. —1994,(4). —349—394

SK0047 四部文献学术源流述略(3)/张衍田//中国典籍与文化. —1994,(4). —97—102

SK0048《四库全书》文津阁文渊阁本宋别集类录异(1/2/3)/杨讷;李晓明//古籍整理出版情况简报. —1994,(4). —28—30/27—32/32—35

SK0049 四库全书与科举文献/张祝平//图书馆理论与实践. —1994,(4). —39—65

SK0050《四库全书》编纂考略/曹之//图书情报论坛. —1994,(4). —71—76

SK0051《四库全书》与魏晋南北朝史研究/张承宗//苏州大学学报(哲学社会科学版). —1994,(4). —101—108

SK0052《四库全书·史部》关于台湾、高山族的记述/陈国强//厦门大学学报(哲学社会科学版). —1994,(4). —118—122

SK0053 论清初明史馆馆臣的史学思想/叶建华//史学史研究. —1994,(4). —24—34

SK0054 试论《四库全书总目》中的"存目"/邓德生//山东图书馆季刊. —1994,(4). —20—22

SK0055 清代学术思想特色简论/

王俊义;黄爱平//中国社会科学研究生院学报.—1994,(4).—15—20

SK0056 文渊阁《钦定四库全书总目》订误十六则/修世平//图书馆.—1994,(5).—60—61

SK0057《四库全书》歧义一瞥/汝企和//北京师范大学学报(社会科学版).—1994,(5).—18—24

SK0058《四库全书存目丛书》编纂工作启动/王向东//人民日报.—1994,5.16.—3

SK0059 论《四库全书》对研究历史的意义——《四库全书》史部研究之一/程喜霖//湖北大学学报(哲学社会科学版).—1994,(5).—60—65

SK0060《论语·卫灵公篇》"君子疾没世而名不称焉"探义/杨晋龙//中国文学研究.—1994,(5).—65—68

SK0061 今七朝本《续资治通鉴长编》探源/燕永成//古籍整理研究学刊1994,(5).—8—12

SK0062 中华文化一大盛事,《四库全书存目丛书》首册出版/冯瑛冰//人民日报.—1994,6.26.—1

SK0063 礼、理争议——清嘉道汉宋学之争的一个焦点/张寿安//清代经学国际研讨会论文集.—台北:中央研究院中国文哲研究所,1994.6.—291—322

SK0064《四库全书》与《四库全书总目》/张志茹//图书馆学研究.—1994,

(6).—88—89

SK0065 四库提要评述尚书古文疏证"按语支蔓"、"立论前后不一致"之商榷/许华峰//国立中央大学中国文学研究所集刊创刊号,1994.6.—35—40

SK0066 论《续修四库全书》/方方//文史哲.—1994,(6).—91—93,99

SK0067 乾隆纂修四库全书其意初不在铲除异己论/赖哲信//辅大中研所学刊,1994.6(3).—201—218

SK0068 荟萃古代典籍精华的巨大文化工程《续修四库全书》编纂出版工作全面启动/施凌乙//出版参考.—1994,(19).—1

SK0069《永乐大典》地方志存目校订一则/廖盛春//广西地方志.—1994,(6).—51—53

SK0070 荟萃中国古籍精华的划时代工程——《续修四库全书》开始编纂出版/李春林;余传诗//光明日报.—1994,7.10.—1

SK0071 高占祥答本报记者问,本世纪建成"万里边疆文化长廊"//人民日报.—1994,7.11.—3

SK0072 荟萃古代典籍精华 再树中华文化丰碑——《续修四库全书》开始编撰/曲志红;周庆//人民日报.—1994,7.11.—3

SK0073 论《四库全书存目丛书》不宜印行/邓广铭//光明日报.—1994,7.29.5

SK0074 主持四库全书的编纂:乾隆传/唐文基;罗庆泗. －北京:人民出版社,1994.8. －298－309

SK0075 四库不足,续修全书/于洛谷//中国时报. －1994,8.4. －38

SK0076 翁方纲纂《四库全书提要稿》发微/致之//古籍整理出版情况简报. －1994,(8)

SK0077《四库全书总目》简介/沈茶英//中文自学指导. －1994,(8). －41－42

SK0078 纪昀评传/周积明. －南京:南京大学出版社,1994.9

SK0079 纪昀研究论文索引纪昀评传/陈利媛. －南京:南京大学出版社,1994.9. －458－462

SK0080 我国最大的丛书——四库全书我国的类书政书与丛书(中国文化史知识丛书)/戚志芬. －台北:台湾商务印书馆,1994.9. －127－137

SK0081 重修《四库全书》收书五千种定价 36 万//明报. －1994,9.28. －B3

SK0082《四库全书》研讨会论文集序——要充分利用《四库》和《荟要》/刘乃和//四库全书研究——中国首届《四库全书》学术研讨会论文集. －海口:海南大学中国四库全书研究中心,1994.10. －1－2

SK0083《四库全书》乃乾隆皇帝建立清王朝文化典律说/周伟民//四库全书研究——中国首届《四库全书》学术研讨会论文集. －海南大学中国四库全书研究中心,1994.10. －10－14

SK0084 乾隆"稽古右文"与《四库全书》的编成/毛毓松//四库全书研究——中国首届《四库全书》学术研讨会论文集. －海口:海南大学中国四库全书研究中心,1994.10. －15－19

SK0085 论《四库全书》的编纂/陈祖武//四库全书研究——中国首届《四库全书》学术研讨会论文集. －海南大学中国四库全书研究中心,1994.10. －20－25

SK0086 论《四库全书》编纂的历史评价/杨宗禹//四库全书研究——中国首届《四库全书》学术研讨会论文集. －海口:海南大学中国四库全书研究中心,1994.10. －26－32

SK0087 略论《四库全书》的作用和价值/贺忠辉//四库全书研究——中国首届《四库全书》学术研讨会论文集. －海口:海南大学中国四库全书研究中心,1994.10. －33－38

SK0088 翰林院《四库全书》底本考述/黄爱平//四库全书研究——中国首届《四库全书》学术研讨会论文集. －海口:海南大学中国四库全书研究中心,1994.10. －39－46

SK0089 关于编纂《四库全书》的几个问题/王懿之//四库全书研究——中国首届《四库全书》学术研讨会论文集.

－海口:海南大学中国四库全书研究中心,1994.10.－47－51

SK0090 文源阁与《四库全书》/陈绍棣//四库全书研究——中国首届《四库全书》学术研讨会论文集.－海口:海南大学中国四库全书研究中心,1994.10.－52－58

SK0091 镇江金山寺文宗阁藏《四库全书》始末/肖梦龙//四库全书研究——中国首届《四库全书》学术研讨会论文集.－海口:海南大学中国四库全书研究中心,1994.10.－59－61

SK0092《永乐大典》与《四库全书》/郑麦//四库全书研究——中国首届《四库全书》学术研讨会论文集.－海口:海南大学中国四库全书研究中心,1994.10.－62－67

SK0093 明清类书丛书编纂述评/冯天瑜//四库全书研究——中国首届《四库全书》学术研讨会论文集.－海口:海南大学中国四库全书研究中心,1994.10.－68－80

SK0094 办理《四库全书》组织管理工作述要/徐有富//四库全书研究——中国首届《四库全书》学术研讨会论文集.－海口:海南大学中国四库全书研究中心,1994.10.－81－86

SK0095 论《四库全书总目》的学术批评方法/张新民//四库全书研究——中国首届《四库全书》学术研讨会论文集.－海口:海南大学中国四库全书研究中心,1994.10.－87－96

SK0096《四库全书总目》研究方法论/周积明//四库全书研究——中国首届《四库全书》学术研讨会论文集.－海口:海南大学中国四库全书研究中心,1994.10.－97－104

SK0097 略论《四库全书》研究方法/徐国定;林巨兴//四库全书研究——中国首届《四库全书》学术研讨会论文集.－海口:海南大学中国四库全书研究中心,1994.10.－105－109

SK0098 陈垣对研究《四库全书》的贡献/刘乃和//四库全书研究——中国首届《四库全书》学术研讨会论文集.－海口:海南大学中国四库全书研究中心,1994.10.－2

SK0099 中国古代目录学的里程碑——《四库全书总目》/姚伟钧//四库全书研究——中国首届《四库全书》学术研讨会论文集.－海口:海南大学中国四库全书研究中心,1994.10.－110－114

SK0100 研究《四库全书总目提要》,编写《新中国教育书录》/王西梅//四库全书研究——中国首届《四库全书》学术研讨会论文集.－海口:海南大学中国四库全书研究中心,1994.10.－115－118

SK0101《四库全书总目提要》新撰构想/吴以宁;顾吉辰//四库全书研究——中国首届《四库全书》学术研讨

会论文集.－海南大学中国四库全书研究中心,1994.10.－119－127

SK0102 略评《四库全书总目》及其《提要》/华世铫//四库全书研究——中国首届《四库全书》学术研讨会论文集.－海口:海南大学中国四库全书研究中心,1994.10.－128－135

SK0103 新撰《四库全书总目》提要三则/黄怀信//四库全书研究——中国首届《四库全书》学术研讨会论文集.－海口:海南大学中国四库全书研究中心,1994.10.－136－139

SK0104《四库全书》史部所辑《永乐大典》书述略/曹永年//四库全书研究——中国首届《四库全书》学术研讨会论文集.－海口:海南大学中国四库全书研究中心,1994.10.－140－143

SK0105《四库全书·史部》关于台湾高山族的记述/陈国强//四库全书研究——中国首届《四库全书》学术研讨会论文集.－海口:海南大学中国四库全书研究中心,1994.10.－144－149

SK0106 利用《四库全书》,深化魏晋南北朝史研究/张承宗//四库全书研究——中国首届《四库全书》学术研讨会论文集.－海口:海南大学中国四库全书研究中心,1994.10.－150－158

SK0107 中国古代史籍与《四库全书》史部目录/张大可//四库全书研究——中国首届《四库全书》学术研讨会论文集.－海口:海南大学中国四库

全书研究中心,1994.10.－159－165

SK0108 论《四库全书》史部对研究历史的意义/程喜霖//四库全书研究——中国首届《四库全书》学术研讨会论文集.－海口:海南大学中国四库全书研究中心,1994.10.－166－170

SK0109 论《四库总目提要》的辞典学意义/李尔钢//四库全书研究——中国首届《四库全书》学术研讨会论文集.－海口:海南大学中国四库全书研究中心,1994.10.－171－177

SK0110 言简意赅的传统训诂学小结——评《四库全书总目·经部总叙》/刘世俊//四库全书研究——中国首届《四库全书》学术研讨会论文集.－海口:海南大学中国四库全书研究中心,1994.10.－178－182

SK0111《四库全书》中的文艺起源论/李家骧//四库全书研究——中国首届《四库全书》学术研讨会论文集.－海口:海南大学中国四库全书研究中心,1994.10.－183－189

SK0112 论《四库全书》关于词的典籍著录的思想轨迹/唐玲玲/四库全书研究——中国首届《四库全书》学术研讨会论文集.－海口:海南大学中国四库全书研究中心,1994.10.－190－195

SK0113《四库全书》的小说分类与小说观念/胡大雷//四库全书研究——中国首届《四库全书》学术研讨会论文集.－海口:海南大学中国四库全书研

究中心,1994.10.－196－199

SK0114《四库全书》中清代西北史籍概述/谢志宁//四库全书研究——中国首届《四库全书》学术研讨会论文集.－海口:海南大学中国四库全书研究中心,1994.10.－200－203

SK0115 对《四库全书总目》中几种古农书的辩证/黄淑美//四库全书研究——中国首届《四库全书》学术研讨会论文集.－海口:海南大学中国四库全书研究中心,1994.10.－204－212

SK0116《四库提要》史部地理类补正/周生春//四库全书研究——中国首届《四库全书》学术研讨会论文集.－海口:海南大学中国四库全书研究中心,1994.10.－213－218

SK0117《四库全书》方志提要订误/李裕民//四库全书研究——中国首届《四库全书》学术研讨会论文集.－海口:海南大学中国四库全书研究中心,1994.10.－219－225

SK0118《四库全书》校勘续修琐议/李泉//四库全书研究——中国首届《四库全书》学术研讨会论文集.－海口:海南大学中国四库全书研究中心,1994.10.－226－230

SK0119《岭表录异》所反映的汉越民族文化上的可贵贡献/吕名中//四库全书研究——中国首届《四库全书》学术研讨会论文集.－海口:海南大学中国四库全书研究中心,1994.10.－231－235

SK0120 关于西域回回炮东传的研究/吕一燃//四库全书研究——中国首届《四库全书》学术研讨会论文集.－海口:海南大学中国四库全书研究中心,1994.10.－236－242

SK0121 从《四库全书》看焦竑/王炜民//四库全书研究——中国首届《四库全书》学术研讨会论文集.－海口:海南大学中国四库全书研究中心,1994.10.－243－248

SK0122 编修《四库全书》重要学者述略/牛春生//四库全书研究——中国首届《四库全书》学术研讨会论文集.－海口:海南大学中国四库全书研究中心,1994.10.－249－254

SK0123《四库全书》总纂官之一——纪昀/寸崇德//四库全书研究——中国首届《四库全书》学术研讨会论文集.－海口:海南大学中国四库全书研究中心,1994.10.－255－259

SK0124 浙江省的《四库全书》研究/陈志明//四库全书研究——中国首届《四库全书》学术研讨会论文集.－海口:海南大学中国四库全书研究中心,1994.10.－260－264

SK0125《四库全书》对开拓地方文史研究的重大作用/黄志辉//四库全书研究——中国首届《四库全书》学术研讨会论文集.－海口:海南大学中国四库全书研究中心,1994.10.－265－271

SK0126《四库全书》首届学术研讨会简报/大会秘书处//四库全书研究——中国首届《四库全书》学术研讨会论文集. －海口:海南大学中国四库全书研究中心,1994.10. －272－273

SK0127《四库全书》首届学术研讨会创议书/大会秘书处//四库全书研究——中国首届《四库全书》学术研讨会论文集. －海口:海南大学中国四库全书研究中心,1994.10. －274

SK0128 关于筹建海南中华文化城的构想/徐国定//四库全书研究——中国首届《四库全书》学术研讨会论文集. －海口:海南大学中国四库全书研究中心,1994.10. －275

SK0129 读《四库释家集成》之我见（下）/陶秉福//中国气功科学. －1994,（10）. －23－26

SK0130 论《四库全书存目丛书》亟宜印行——兼答邓广铭先生/杨素娥//新华文摘. －1994,（10）. －209－211

SK0131 论《四库全书存目丛书》不宜印行/邓广铭//新华文摘. －1994,（10）. －207－209

SK0132 出版资讯——《续修四库全书总目提要·经部》/侯美珍//经学研究论丛（第 2 辑）. －台北:圣环图书公司,1994.10. －392－394

SK0133《四库全书总目提要》词评析论/包根弟//第一届词学国际学术研讨会论文集. －台北:中央研究院中国文哲研究所筹备处,1994.11. －383－410

SK0134《四库全书》所表现的传统文化特色考探/吴哲夫//故宫学术季刊. －1994.12. －1－20

SK0135《南山集》案成因辨析:"戴名世"/刘孔伏;潘良炽//运城高专学报（社科版）. －1994,12（1）

SK0136《四库全书总目》分类体系的比较研究/可佳//北京大学中文硕士学位论文. －1994

SK0137 鲍廷博《知不足斋丛书》之研究/蔡斐雯. －台北:台湾大学中文硕士学位论文. －1994.12

SK0138 印行《四库全书存目丛书》之我见/王绍曾//光明日报. －1994,12.2. －5

SK0139《四库全书存目丛书》及其他/叶芝余//瞭望. －1994,（37）. －36

SK0140 四库全书总目提要·蔡忠惠集/永瑢//蔡襄及其家世——纪念蔡襄诞辰 975 周年学术讨论会论文集. －1994

1995 年

SK0001 文字狱该如何认定/喻大华//文史知识. －1995,（1）. －107－109

SK0002 从文渊阁四库全书本《明诗综》看四库馆臣之删改典籍/陈惠美//东海大学图书馆馆讯. －1995,（1）

SK0003 从文澜阁《四库全书》的

"谷响集"谈起/林祖藻//浙江学刊.—1995,(1).—106—107

SK0004《永乐大典》概说/崔文印//史学史研究.—1995.(3).—72—79

SK0005 本世纪古籍整理出版的巨大工程《续修四库全书》编纂出版工作开展——宋木文、顾廷龙答记者问//人民日报.—1995,1.7.—12

SK0006《平津馆鉴藏书籍记》的内容及其价值/黄明喜//上海高校图书情报学刊.—1995,(1).—50—52

SK0007《四库全书》与浙江关系考述/卢香霄//浙江师大学报(社会科学版).—1995,(1).—34—37

SK0008《四库全书总目》著录校正选辑(3)/何槐昌//图书馆工作与研究.—1995,(1).—39—41

SK0009《四库全书》经史子集目录《中图法》查目导引/闫邦勋//图书馆理论与实践.—1995,(1).—42—43

SK0010 四库法与中图法——古籍线装书整理琐谈之二/臧铁柱//图书馆学刊.—1995,(1).—46—48

SK0011 四库全书总目提要辨正——六壬大全非明刊本/李豫//文献.—1995,(1).—283—284

SK0012《四库全书》的由来//档案天地.—1995,(1).—15

SK0013《四库全书》子部小说类图书著录之评议/吴哲夫//故宫学术季刊.—1995,13(1).—126

SK0014《四库全书》文津阁文渊阁本清别集类录异/杨讷;李晓明//北京图书馆馆刊.—1995,(Z1).—73—80

SK0015《四库全书》所载庐陵作者书目//井冈山师范学院学报.—1995,(S1).—105—114

SK0016《四库全书》沪人著述辑录/王瑾;张梅秀//上海高校图书情报学刊.—1995,(1).—57—60

SK0017《四库全书总目提要》辨正/王振忠;李豫//文献.—1995,(1).—281—284

SK0018 论郑振铎对我国文学文献研究的贡献/彭清深//图书与情报,1995,(1).—70—82

SK0019 论清高宗的目录学思想/徐有富//上海高校图书情报学刊.—1995,(1).—47—49

SK0020 论乾隆御制《四库全书》诗的史料价值/章采烈//故宫博物院院刊.—1995,(1).—21—27

SK0021 论《四库全书总目》的史部《提要》/华世銧//云南教育学院学报.—1995,(1).—44—51

SK0022 论摛藻堂《四库全书荟要》/吴家驹//古籍整理研究学刊.—1995,(Z1)

SK0023 含英咀华 古为今用——季羡林就编纂《四库全书存目丛书》答本报记者问//人民日报.—1995,1.2.—5

SK0024 析论纪昀对王士祯之诗学

与结纳标榜的批评/陈美朱//东华人文学报.—1995,(1)

SK0025 试论《四库全书总目》中的"存目"/邓德生//贵州大学学报（社会科学版）.—1995,(1).—91—93

SK0026 看完《四库全书》的史学大师：记陈垣先生/顾学颉//东方文化.—1995,(1).—42—44

SK0027 保存古代典籍，研究传统文化——《四库全书存目丛书》笔谈会/中国图书馆学会目录学研究组//中国图书馆学报.—1995,(1).—4—7

SK0028《续修四库全书》编纂出版工作开展——宋木文、顾廷龙答记者问/宋木文；顾廷龙//人民日报.—1995,1.6.—12

SK0029 编撰《四库全书总目》的组织管理/程刚；王绪林//云南图书馆.—1995,(1)75—76,71

SK0030 流离百年还故里——记文澜阁《四库全书》的《谷响集》重抄影印本还乡/林祖藻//图书馆理论与实践.—1995,(1).—40—41

SK0031 编纂出版《四库全书存目丛书》功德无量/杜泽逊//瞭望新闻周刊.—1995,(1).—38—39

SK0032 通观与局部——论《四库全书总目》的学术批评方法/张新民//贵州师范大学学报（社科版）.—1995,(1).—13—15

SK0033 屈大均衣冠冢案的风波/金性尧//东方文化.—1995,(1).—36—38

SK0034 清代禁书版本丛谈——《赐闲堂集》、《四六鸳鸯谱》、《宝闲堂集》合辑/屈礼萍；李文衡//四川图书馆学报.—1995,(1).—78—79

SK0035 翁方纲与《四库全书》/何广棪//新亚学报.—1995,(1)

SK0036 从《四库全书总目·诗文评类》看中国诗文论著之特性（1/2）/曾圣益//"国立中央图书馆"台湾分馆馆刊.—1995,2(2/3).—67—75

SK0037 永乐大典散佚及现存概况//语文学刊.—1995,(1).—44

SK0038 办理《四库全书》组织管理工作述要/徐有富//南京大学学报（哲学社会科学版）.—1995,(2).—94—99

SK0039《四库大辞典》考略/沈焱//文献.—1995,(2).—271—288

SK0040《四库全书》方志提要订误/李裕民//学术论丛.—1995,(2).—80—84

SK0041《四库全书总目》订误二十则/修世平；张兰俊//青海图书馆.—1995,(2).—44—47

SK0042《四库全书》及《续修四库全书总目》著录书目统计/张兰英；李海//雁北师范学院学报.—1995,(2).—75—76

SK0043《四库全书总目》著录底本来源统计/樊美珍；冯春生//上海高校

图书情报学刊.—1995,(2).—54—55

SK0044 "四库学"论著辑目续补/周明初//古文献研究(第2辑).—杭州:浙江古籍出版社,1995.2.—311—319

SK0045 四库宋代方志提要补正/周生春//文献.—1995,(2).—159—170

SK0046 纪昀关于新疆诗作笔记及其识史价值/王希隆//中国边疆史地研究.—1995,(2).—37—44

SK0047 纪昀和他的《四库全书》/黄荣祥;王瑞//江西图书馆学刊.—1995,(2).—60—61

SK0048 余嘉锡目录学思想研究"目录者学术之史也"/廖璠//图书馆论坛.—1995,(2).—16—17,41

SK0049 是"稽古右文"还是"寓禁于征"——析《四库全书》纂辑的动因/陈新//文教资料.—1995,(2).—79—83

SK0050 谈关于台湾、高山族古代史的若干问题——从《四库全书·史部》记述说起/陈国强//民族研究.—1995,(2).—87—92

SK0051 瑶史拾零——读《四库全书》宋·元集部札记/李默//民族研究.—1995,(2).—93—94

SK0052《续修四库全书》编纂出版工作开展——宋木文、顾廷龙答记者问/宋木文;顾廷龙//新华月报.—1995,(2).—94—95

SK0053《续修四库全书提要》与《续修四库全书总目提要》有关《诗经》部分

之比较说明/朱守亮//国立编译馆馆刊.—1995,24(2).—1—23

SK0054 我国最大的写本类书:《永乐大典》/傅梅岭//淮北煤师院学报(社科版).—1995.(2).—152—154

SK0055 文渊阁四库本《太平广记》底本考索/张国风//社会科学战线.—1995,(3).—252—265

SK0056《四库全书》所收南唐史著比较研究/张历凭;雷近芳//复印报刊资料〔中国古代史(1)先秦至隋唐〕.—1995,(3).—69—73

SK0057 由宋人别集浅论《四库全书》/陈新//古典文献研究论丛.—北京:北京大学出版社,1995.3.—1—13

SK0058《四库全书》著录李清《诸史同异》考——四库撤毁书提要的再发现/刘奉文//上海高校图书情报学刊.—1995,(3).—49—50

SK0059《四库全书存目丛书》的源流与现实价值/鲁海//图书情报通讯.—1995,(3).—61—63

SK0060 四库全书与科举文献/张祝平//贵州社会科学.—1995,(3).—106—112

SK0061《四库全书总目》订误二十四则/修世平;张兰俊//图书馆理论与实践.—1995,(3).—43—45

SK0062《四库提要》中的失误/陈新//古典文献研究论丛.—北京:北京大学出版社,1995.3.—14—16

SK0063 四库馆臣改动底本的原因及其实例/陈新//古籍整理出版情况简报.－1995,(3)

SK0064《四库全书总目》关于《洹词》著录中的错误/周国瑞//文献.－1995,(3).－270—273

SK0065《四库全书》文津阁文渊阁本楚辞类与五代前别集类录异/杨讷;李晓明//北京图书馆馆刊.－1995,(3/4).－40—47

SK0066 自卑情结与优越情结——对异族君主乾隆皇帝心态的追讨/周明初//西北师大学报(社会科学版).－1995,32(3).－71—77

SK0067《四库全书》与魏晋南北朝史研究/张承宗//复印报刊资料〔中国古代史(一)先秦至隋唐〕.－1995,(3).－63—69

SK0068 论清高宗之重修辽、金、元三史/何冠彪//故宫学术季刊.－1995,12(3).－49—66

SK0069 纪昀评传/曹月堂//北京社会科学.－1995,(3).－80—86

SK0070 浅谈《四库全书总目》/刘长东//文学与文化.－1995,(3).－14—18

SK0071 邵晋涵与《南江札记》/张涛//浙江学刊.－1995,(3).－114

SK0072 略论《四库全书存目丛书》与古籍整理/赵国璋//图书情报通讯.－1995,(3).－58—60

SK0073 论洛阳古代图书及藏书业的兴衰——中国图书及图书馆的发源地管窥/孟令俊//大同职业技术学院学报.－1995,(3).－26—33

SK0074《续修四库全书》凡例(第1册)/续修四库全书编纂委员会.－上海:上海古籍出版社,1995.3.－1—3

SK0075《续修四库全书》编纂缘起/续修四库全书(第1册)/续修四库全书编纂委员会.－上海:上海古籍出版社,1995.3.－1—19

SK0076 杨家骆及其学术成就(1/2)/徐苏//中国典籍和文化.－1995,(3/4)

SK0077 文澜阁、《四库全书》与青白山居/吴仙松;仲向平//科学24小时.－1995,(3).－24—26

SK0078《古今图书集成》与《四库全书》的编集/谢灼华//中国图书和图书馆史.－台北:天肯文化出版公司,1995.4.－209—212

SK0079《四库全书》与七阁/冯春生//浙江高校图书情报工作.－1995,(4).－45—46

SK0080 四库学(书目)/侯美珍//乾嘉学术研究论著目录(1990—1993).－台北:中央研究院中国文哲研究所,1995.4.－34—117

SK0081《四库全书》与清朝前期的禁毁书籍/操时杰//中国古今书籍纵横.－北京:中国物资出版社,1995.4.

－127－131

SK0082《四库存目》孤本《孝纪》校补/汤华泉//大学图书情报学刊.－1995,(4).－51－52

SK0083《四库》本《何氏语林》出版说明/上海古籍出版社//1911－1984影印善本书序跋集录.－北京:中华书局,1995.4.－291－292

SK0084 当代目录学研究方向之思考/李为//图书情报工作.－1995,(4).－14－18

SK0085 纪昀与泰山/袁爱国//泰安师专学报.－1995,(4).－402－407

SK0086 纪昀(书目)/侯美珍//乾嘉学术研究论著目录(1990—1993).－台北:中央研究院中国文哲研究所,1995.4.－167－172

SK0087 言简意赅的传统训诂学小结——评《四库全书总目·经部总叙》/刘世俊//宁夏大学学报(社会科学版).－1995,(4).－55－61

SK0088 浅论《四库全书》在图书馆学方面的学术价值/李晴//新疆大学学报(哲学社会科学版).－1995,(4).－34－37

SK0089 钱大昕题跋与《四库全书总目提要》/杜文才//贵图学刊.－1995,(4).－50－51

SK0090 略谈《四库全书》与《四库全书荟要》的区别/王萍//四川图书馆学报.－1995,(4).－78－80

SK0091 从《四库全书》看焦竑/王炜民//殷都学刊.－1995,(4).－23－28

SK0092 从《岭外代答》看《四库全书》的编辑质量——兼论《四库全书》应重加校勘整理/杨东甫//武汉教育学院学报.－1995,(5).－100－105

SK0093 从会通到辨章学术考镜源流到书目控制论/王心裁//图书馆.－1995,(5).－13－16,12

SK0094《四库全书存目丛书》/中国图书馆学会目录学研究组//复印报刊资料(图书馆学、信息科学、资料工作).－1995,(5).－28－31

SK0095 关于《四库全书》/季羡林//读书.－1995,(5).－143－146

SK0096 宋代"四大书"类书述略/朱育培//图书馆学刊.－1995,(5).－55－58

SK0097 抢救保存优秀古文献的重大举措——写在《四库全书存目丛书》编纂出版之前/骆伟//情报资料工作.－1995,(5).－38－39

SK0098 什么是"四库全书"//现代家教.－1995,(5).－63

SK0099 四库总目经部类叙疏证及相关问题之研究/曾圣益.－台湾:"国立政治大学"中国文学研究所中文硕士学位论文.－1995.－316

SK0100 阮元辑书刻书考/黄庆雄.－台中:东海大学中国文学研究所中文硕士学位论文.－1995.5

SK0101 纪昀的学术活动研究/唐素珍//辅仁大学中国文学研究所中文硕士学位论文. —1995.5

SK0102 乾嘉学术研究论著目录（1900～1993）/林庆彰（主编）. —台北："中央研究院"中国文哲研究所筹备处，1995.5

SK0103 宋许及之《涉斋集》何以署许纶/陈新//古籍整理出版情况简报. —1995,（6）

SK0104 余嘉锡（1883～1955）硕堂文存三编/何广棪. —台北：里仁书局，1995.6

SK0105 陈垣（1880～1971）硕堂文存三编/何广棪. —台北：里仁书局，1995.6. —169—171

SK0106 谈《四库全书》的开发与利用/白广琴//图书情报工作. —1995,（6）. —49—52

SK0107《续修四库全书》开始出书//古籍整理研究学刊. —1995,（6）. —50

SK0108 构建中国基本古籍的大型书库——漫谈《续修四库全书》的出版/韦余//图书馆. —1995,（6）. —70

SK0109 民国时期丛书出版特点试析/贾鸿雁//江苏图书馆学报,1995,（6）. —22—29

SK0110 书于文襄论《四库全书》手札后（1911—1984）影印善本书序跋集录/陈垣. —北京：中华书局,1995. —482

—484

SK0111 从《文献大成》到《永乐大典》/蔡秉颀//中学历史教学参考. —1995,（7）. —37

SK0112《四库全书》与《续修四库全书》/顾关元//中国图书评论. —1995,（7）. —36—37

SK0113《续修四库全书提要》与《续修四库全书总目提要》有关《诗经》部分之比较说明/朱守亮//第二届诗经国际学术研讨会论文集. —北京：语文出版社,1996.8. —531—536

SK0114 续修四库全书抓紧进行——首批40册232种书问世/周庆//人民日报. —1995,8.25. —5

SK0115《四库全书存目丛书》编纂出版取得成果//香港大公报. —1995,8.25.A2

SK0116 构建中国基本古籍的大型书库——漫谈/韦余//中华读书报. —1995,9.20

SK0117 张学良倡导影印《四库全书》/董慧云//中国档案. —1995,（10）. —44

SK0118《续修四库全书》开始出版/文钰//中央日报. —1995,10.9. —19

SK0119《续修四库全书》出版座谈会纪要/林崎//古籍整理出版情况简报. —1995,（10）

SK0120 清代的禁书运动与《四库全书》/程焕文//中国图书文化导论. —

1995.10. —346—358

SK0121 古有四库全书 今有四库辞典//国际人才交流. —1995,(11). —57

SK0122 阮元年谱(原名:雷塘庵主弟子记)/(清)张鉴等撰;黄爱平点校. —北京:中华书局,1995.11

SK0123《四库大辞典》前言/李学勤;吕文郁. —长春:吉林大学出版社,1995.11. —5

SK0124 抢救保存古籍 弘扬传统文化——《四库全书存目丛书》首批百册面世/周庆//人民日报. —1995,11.27. —5

SK0125 优质高效的古籍珍本辑印工程——《四库全书存目丛书》首批面世/张建利//光明日报. —1995,11.27. —2

SK0126《大唐西域记》《四库提要》辨正(致余嘉锡)/陈垣//陈垣集. —北京:中国社会科学出版社,1995.12

SK0127 关于《四库提要》/张元//读书. —1995,(12). —153

SK0128 简谈中国古代书籍的编纂/方英//高校编辑出版文集. —1995.12.1

SK0129《续修四库全书提要》与《续修四库全书总目提要》有关《诗经》部分的比较说明/朱守亮//第2届诗经国际学术研讨会论文集,1995

SK0130《四库全书》中的《无锡县志》/许师慎//附《四库全书中的无锡县志》书末共4页. —1995

SK0131 论《四库全书总目提要》评明代前后七子/刘黎卿//台中商专学报. —1995,(27). —151—168

1996 年

SK0001《大唐新语》编纂考略/王澧华//阴山学刊. —1996,(1). —37—40

SK0002 古籍整理,以存为先——谈《四库全书存目丛书》的编纂印行/王酉梅//图书馆. —1996,(1). —31—32

SK0003《四库全书总目》古籍目录学/周少川. —郑州:中州古籍出版社,1996.1. —159—163

SK0004《四库全书》的纂修对清乾嘉刻书的影响/范月珍//山西图书馆学报. —1996,(1). —15—17

SK0005《四库存目》的文献价值/罗友松//图书馆. —1996,(1). —33—35

SK0006《四库全书》著录底本来源分析/冯春生//图书馆研究与工作. —1996,(1). —54—56

SK0007《四库英汉双向大辞典》印象/熊伟//微电脑世界. —1996,(1). —129—131

SK0008《四库全书总目提要》分类体系之初步研究/杨文珊//南京广播电视大学学报. —1996,(1). —46—49

SK0009 四部分类源头辨析/黄友铎//四川图书馆学报. —1996,(1). —69—73

SK0010《四库全书》文津阁文渊阁本宋别集类录异（1）/杨讷；李晓明//北京图书馆馆刊，—1996，（1）．—34—48

SK0011《四库全书》文津阁文渊阁本宋别集类录异（2）/杨讷；李晓明//北京图书馆馆刊，—1996，（2）．—62—78

SK0012《四库全书》经部《四书》类图书著录浅析/张清泉//"国立彰化师范大学"国文系集刊．—1996，（1）．—181—205

SK0013 关于四库收录的《高氏三宴诗集》的版本和编者问题/汤华泉//图书馆工作与研究．—1996，（1）．—61—64

SK0014 余嘉锡先生学行忆往/周祖谟；余淑宜//中国文化．—1996，（1）．—236—243

SK0015 论纪昀的西域边塞诗/黄刚//兰州教育学院学报（社会科学版）．—1996（1）．—33—37

SK0016 实证与比较——再论《四库全书总目》的学术批评方法/张新民//贵州师范大学学报（社会科学版）．—1996，（1）．—13—17

SK0017 浅谈《四库存目》中明代文集的价值/褚家伟；雍桂良//图书馆．—1996，（1）．—36—37

SK0018 清代文字狱新论/喻大华//辽宁师范大学学报（社科版）．—1996，（1）．—72—76

SK0019 清代文字狱新论/喻大华//复印报刊资料（明清史）．—1996，（3）．—61—65

SK0020 文渊阁与《四库全书》/谢勇//浙江高校图书情报工作．—1996，（2）．—55—56

SK0021 元初月泉吟社诗集版本考略——兼驳四库提要"节录之本"说/方勇//河北大学学报（哲社版）．—1996，（2）．—7—11

SK0022《四库全书总目》补正/周生春//浙江大学学报（社科版）．—1996，（2）．—87—93

SK0023《四库存目》诸书的价值及其流传与辑印/杜泽逊//中国文哲研究通讯．—1996，（2）．—141—146

SK0024《四库全书》检索导引/蔡美娟；傅广荣//津图学刊．—1996，（2）．—87—93

SK0025《四库全书简明目录》的"钦定"思想/张春红//山西图书馆学报．—1996，（2）．—9—12

SK0026 论清代浙东学派的历史地位/孙善根//浙江学刊．—1996，（2）．—103—110

SK0027 略评《四库全书存目丛书》/王洪志；许磊//聊城师范学院学报（哲学社会科学版）．—1996，（2）．—51—53，57

SK0028 读《四库全书》之《提要》《跋语》札记五则/洪波//杭州大学学报（哲社版）．—1996，（2）．—120—126

SK0029《续修四库全书总目》著录书目统计/李海;张兰英//晋图学刊.—1996,(2).—63—64

SK0030 清代三百年文化的结晶——《四库全书》及其《总目》/王新凤;傅剑;曹继春//延安大学学报(哲学社会科学版).—1996,(2).—100—103

SK0031 文溯阁《四库全书》的两次复校/张瑞强//社会科学辑刊.—1996,(3).—103—105

SK0032《文澜阁四库全书选粹》/编委会//文献微缩.—1996,(3)

SK0033 毛泽东收藏过《四库全书》吗？/陈福季//新闻出版交流.—1996,(3).—9

SK0034 毛泽东收藏过《四库全书》吗？//毛泽东思想研究.—1996,(4).—110

SK0035 毛泽东收藏过《四库全书》吗？/陈福季//图书馆建设.—1996,(4).—75

SK0036 纪晓岚轶事//语文月刊.—1996,(3).—45—46

SK0037 从《四库全书总目·诗文评类》看中国诗文论著之特性(下)/曾圣益//中央图书馆台湾分馆馆刊.—1996,(3)

SK0038 评《四库全书总目》在目录学史上的贡献与影响/胡昌斗//图书馆论丛.—1996,(3).—19—21

SK0039 四库全书史部地理类提要辩证/周生春//浙江学刊.—1996,(3).—101—105

SK0040《四库全书总目提要》/丁亥//贵州档案史料.—1996,(3).—47—48,46

SK0041 漫谈中国古代典籍的亡佚及原因/牟玉亭//文史杂志.—1996,(3).—28—30

SK0042 关于四库著录的《高氏三宴诗集》版本、编者诸问题/汤华泉//古籍整理研究学刊.—1996,(3).—49

SK0043 稿本《四库全书简明目录》书城挹翠录/沈津//上海:上海社会科学院出版社.—1996.3.—51—52

SK0044《续修四库全书总目提要稿本》纂修始末/罗琳//中国书目季刊(第30卷).—1996,(3).—3—11

SK0045 清代四库全书馆的责任校对和校对责任制/魏芳华//中国出版.—1996,(3).—20—21

SK0046 湘潭袁氏卧雪庐藏书考/李日法//图书馆.—1996,(3).—68—72

SK0047 中国古代书院与藏书楼——文澜阁//中国大学教学.—1996,(4).—49

SK0048 论《四库全书》中的"永乐大典"本/邓筑芬//福建图书馆学刊.—1996,(4).—49—50

SK0049 从分类角度浅谈《四库全书总目》/曹淑珍//贵图学刊.—1996,(4).—34—37

SK0050 从经部易类看《四库全书总目提要》诸版本的异同和得失/杨逊//湘潭大学学报（哲社版）.－1996,（4）.－45－51

SK0051《四库全书》与"七阁"藏本/周克//图书馆工作.－1996（专辑）.－11－12

SK0052《四库全书献书人丛考》前言/郑伟章//中国图书馆学报.－1996,（4）.－39－43

SK0053《四库大辞典》出版//中国社会科学院研究生院学报.－1996,（4）18－19

SK0054 四库馆臣与杜诗学/赵晓兰//杜甫研究学刊.－1996,（4）.－41－47

SK0055《四库全书》补正工作之回顾与前瞻/吴哲夫//台北"两岸古籍整理学术研讨会"会议论文.－1996,4.－21－23

SK0056 戴震评传/李开//经学研究论丛（第四辑）.－台北：台北圣环图书公司,1996,4.－379

SK0057 关于《发微论》的作者/杨世文//文献.－1996,（4）.－139

SK0058 旷古巨帙,学术真存——略谈《续修四库全书》/李致忠.－台北：台北"两岸古籍整理学术研讨会"会议论文.－1996,4.－21－23

SK0059 杜威法铁琴铜剑楼藏书质量考/仲伟行//江苏图书馆学报.－

1996,（4）.－42－44

SK0060 余嘉锡与《四库提要辨证》/陈隆予//河南高校图书情报工作.－1996,（4）.－56

SK0061 论《四库全书》的编纂/叶守法;魏继岚//淮北煤师院学报（哲学社会科学版）.－1996,（4）.－154－158

SK0062 谈谈清代禁毁书的几个问题/任丽洁//松辽学刊（社会科学版）.－1996,（4）.－53－56

SK0063 略论古籍全书的整体价值观——兼谈编印《四库全书存目丛书》之必要/王燕均//山东图书馆季刊.－1996,（4）.－52－55

SK0064 德川学术对清代学术的影响——日本人对《四库全书》的贡献/（美）何兰若著;王振华译//传统文化与现代化.－1996,（4）.－84－96

SK0065《墨池编》的版本与校勘示例/祁小春//北京高校图书馆学刊.－1996,（4）.－36－40

SK0066 评《续修四库全书》（第1卷）/袁菲//北京大学学报（哲学社会科学版）.－1996,（5）.－121－123

SK0067 文源阁《四库全书》残卷被发现/张跃进//北京日报.－1996,5.21.－5

SK0068 文源阁《四库全书》残卷北京发现/佚名//明报.－1996,5.22.－A12

SK0069 辑印《四库全书存目丛书》

之价值及现状/杜泽逊//北京大学学报（哲学社会科学版）.－1996,（5）.－86－94,127

SK0070 中国索引史的新发现及索引本质的表述/高成鸢//中国图书馆学报.－1996,（5）

SK0071 书评社会功能浅议/吴平//图书馆.－1996,（5）.－89－93,76

SK0072 乾隆背面/潘旭澜//东方文化.－1996,（5）.－194－196

SK0073《四库提要》失误两例/陈新//文教资料.－1996,（5）.－88－91

SK0074 古籍丛书的检索概述/曹培根//图书馆建设.－1996,（5）.－70－71

SK0075 古籍文献资源的开发与利用/李荣慧//四川图书馆学报.－1996,（5）.－41－47

SK0076 中国古代图书分类学研究的研究/傅荣贤//四川图书馆学报.－1996,（6）.－64－67

SK0077 探查《永乐大典》正本的倡议/白化文//北京观察,1996,（6）.－39－39

SK0078 文源阁《四库全书》之一——《南巡盛典》残卷在京发现//报刊文摘.－1996,6（3）.－3

SK0079《四库全书》电子版问世的启迪/朱岩//中国图书馆学报.－1999,（6）.－82－84

SK0080《四库存目》诸书的价值及其流传与辑印/杜泽逊//中国文哲研究通讯.－1996,6（2）.－121－139

SK0081《四库全书总目》元代方志提要补正/周生春//中国地方志.－1996,（6）.－53－61

SK0082《四库总目存目》明代典籍的史料价值/王智勇//四川图书馆学报.－1996,（6）.－68－73

SK0083《四库全书总目》著录校正选辑（4）/何槐昌//图书馆工作与研究.－1996,（6）.－43－47

SK0084 补抄文澜阁《四库全书》史实/张宗祥//浙江文史集粹（文化艺术卷）.－浙江人民出版社,1996

SK0085 旷古巨帙,学术真存——略谈《续修四库全书》/李致忠//中国图书馆学报.－1996,（6）.－15－19

SK0086《永乐大典》所载《元一统志·陈亮传》考释/邓广铭//北京大学学报（哲社版）.－1996.（2）.－91－97

SK0087《四库全书存目丛书》编辑进展快//人民日报.－1996,8.25

SK0088《新编天一阁书目·天一阁进呈书目校录》/骆兆平.－北京:中华书局,1996.7.－200

SK0089 纪昀及其《阅微草堂笔记》法国汉学（第1辑）/（法）雅克·达斯著;孟华译.－北京:清华大学出版社,1996.8.－216－221

SK0090 赞成探查《永乐大典》/刘烜//北京观察.－1996,（9）.－40

SK0091《四库提要辨证》序/余嘉锡//中国现代学术经典（余嘉锡·杨树达卷）. —石家庄：河北教育出版社，1996.10. —405—411

SK0092《四库全书荟要》≠《四库全书总目提要》/陈福季//咬文嚼字. —1996,（10）. —16

SK0093 余嘉锡先生小传《中国现代学术经典·余嘉锡杨树达卷》/李学勤. —石家庄：河北教育出版社，1996.10

SK0094 从《苏报》案看清朝的文字狱/冯怡//北京联合大学学报. —1996,10（2）. —81—87

SK0095《续修四库全书》经部已出齐//香港大公报. —1996,11.10. —A1

SK0096《续修四库全书》经部年底出齐/邢晓芳//上海文汇报. —1996,11.10. —1

SK0097《四库全书总目提要》正补二十五则/王次澄//中国古籍研究（第1卷）. —上海：上海古籍出版社，1996.11. —391—403

SK0098《续修四库全书总目提要稿本》/中国第一历史档案馆（编）. —济南：齐鲁书社影印，1996.12

SK0099 浅论清代前期的书祸/裴陆//图书馆工作. —1996,（专辑）. —17—21

SK0100《四库提要·诗类》选译（6）——《毛诗指说》一卷/江口尚纯//诗经研究. —1996,（平成8）.12（第20

号）. —9—13

SK0101《四库提要·诗类》选译（7）——《诗说解颐》四十卷/西口智也//诗经研究. —1996（平成8）.12（第20号）. —14—17

SK0102《续修四库全书》陆续出书/尚古轩//香港大公报. —1996,12.9. —E4

SK0103 电子版《四库全书》原文查阅系统问世//香港大公报. —1996,12.22. —4

SK0104《续修四库全书总目提要（稿本）》前言《续修四库全书总目提要（稿本）》第1册/罗琳. —济南：齐鲁书社，1996.12. —1—12

SK0105 功在当代，利在春秋——写在《四库全书存目丛书》出版之际/马功兰//文史知识. —1996,（12）. —105—107

SK0106《四库全书》载录传教士撰译著作述论/陈占山//文化杂志. —1996,（26）. —161—167

SK0107《四库全书》与其典藏建筑/杨道明//中国紫禁城学会论文集（第1辑）. —1996

SK0108 邵著《四库简明目录标注》新论——从项几山过录本的发现谈起/高洪钧//天一阁论丛. —虞浩旭主编. —浙江：宁波出版社，1996.11. —344—349

SK0109 刘禹锡的散文成就/林水

(木豪)//唐代文学研究(第 1 辑)——中国唐代文学学会第八届年会暨国际学术讨论会论文集. —1996

SK0110 清代学术变迁与政治的影响/梁启超//中国近三百年学术史(中). —1996

SK0111 清宫建筑与清宫家具/黄希明;芮谦//中国紫禁城学会论文集(第 1 辑). —1996

SK0112 文溯阁嬗变及藏奔之进出/张志强//天一阁论丛. —虞浩旭主编. —宁波:宁波出版社,1996.11. —319—328

SK0113 戎昱籍贯考辨/杨军//唐代文学研究(第 7 辑)——中国唐代文学学会第八届年会暨国际学术讨论会论文集. —1996

SK0114 纪昀与乾嘉学术/张维屏//国立台湾大学历史学系研究所中文硕士学位论文. —1996

SK0115 天一阁与《四库全书》/西峒//天一阁论丛. —虞浩旭主编. —宁波:宁波出版社,1996.11. —178—186

SK0116 天一阁、四库楼余浙图嘉业堂藏书楼的建筑特色/林祖藻/天一阁论丛. —虞浩旭主编. —宁波:宁波出版社,1996.11. —158—167

SK0117《四库全书荟要》将于近期推出/人民日报. —1996,12.12. —11

1997 年

SK0001 从《四库提要》看纪昀对南北朝文学的态度/李宗长//古今艺文. —1997,24(1). —26—32

SK0002《四库全书》再说/范世忠//华夏文化. —1997,(1). —34

SK0003《四库全书》与文字狱/张杰//清史研究. —1997,(1). —45—54

SK0004《四库全书》文津阁文渊阁本总集类(下)、诗文评类及词曲类录异/杨讷;李晓明//国家图书馆馆刊. —1997,(1). —55—66

SK0005《四库全书》南三阁与佛教寺院/柴志光//上海佛教. —1997,(1). —26—27

SK0006 因两淮盐引案"漏言"流成西陲前后的纪昀/李寅生//扬州职业大学学报 1997,(1). —12—17

SK0007《四库全书存目丛书》评介/王洪志;邓宏艺//新闻出版导刊. —1997,(1). —54—55

SK0008《四库全书总目》文化价值重估/周积明//书目季刊. —1997,(1). —14—20

SK0009《四库全书总目》著录校正选辑(1)/何槐昌//山东图书馆季刊. —1997,(1). —53—54

SK0010 四库全书史部地理类提要考辨/周生春//浙江大学学报(社会科学版). —1997,(1). —130—135

SK0011《四库全书》绢面颜色考略/陈东辉//图书馆学刊. —1997,(1). —54

SK0012《四库全书》绢面颜色考辨/

陈东辉//故宫文物月刊. —1997,15(2).
—124—129

SK0013《四库全书》绢面颜色考辨/
陈东辉//社会科学战线. —1997,(3). —
224—226

SK0014 叩访文溯阁/初国卿//辽
宁广播电视大学学报. —1997,(1). —89
—95

SK0015 钦定四库全书总目整理本
(2)/(清)纪昀//四库全书研究所整理.
—中华书局,1997.1

SK0016《钦定四库全书总目》研究
论著《钦定四库全书总目(整理本)》书
后附录共 9 页. —北京:中华书局,
1997.1

SK0017 永乐大典索引/栾贵明编
著. —北京:作家出版社,1997

SK0018 跋武英殿本《四库全书总
目提要》/昌彼得. —台北:台湾商务印
书馆,1997

SK0019 文津阁本宋代别集的价值
及其相关问题——以《文渊阁四库全书
补遗》为例的讨论/黄宽重//故宫学术
季刊—1997,15(2). —27—62

SK0020 天一阁、四库楼和浙图嘉
业藏书楼的建筑特色/林祖藻//南方建
筑. —1997,(2). —52—56

SK0021 书山之门径 学海新津
梁——评《四库大辞典》/丁鼎//中国图
书评论. —1997,(2). —53—55

SK0022 四库全书医家类外科医籍

评述/樊建开;王有朋//上海中医药大
学上海市中医院研究院学报. —1997,
(2). —52—55

SK0023《四库全书》及《四库全书存
目丛书》/王夏刚//华夏文化. —1997,
(2). —57

SK0024《四库全书》对藏书排架的
贡献/罗军//图书馆理论与实践. —
1997,(2). —27

SK0025《四库全书》遴选底本失误
例/陈新//文教资料. —1997,(2). —79
—82,108

SK0026《四库全书总目》小序述评/
张子开//渝州大学学报(社会科学版).
—1997,(2). —58—63

SK0027《四库全书总目提要》纠谬
二则/陈耀东//古籍研究. —1997,(2)

SK0028《四库全书总目》与学术批
评/叶文青//湘潭大学学报(哲社版).
—1997,(2). —39—41

SK0029《四库全书总目提要》整理
本序/李学勤//文史知识. —1997,(2).
—23—26

SK0030《四库提要》张含诗评语的
失误/蓝华增//保山师专学报(综合
版). —1997,(2). —4—6,12

SK0031 对《四库全书总目》中几种
古农书的辨证/黄淑美//中国农史. —
1997,(2). —96—101

SK0032 卷帙浩繁 连绵不绝——谈
我国古代三大类型史书/尚崇明//华夏

文化.－1997,(2).－56－57

SK0033 两相参照所得益彰——《四库》本与《钩沉》本《汉武故事》比较/李冬红//国家图书馆馆刊.－1997,(2).－80－83

SK0034《永乐大典》与《马可波罗游记》/杨志玖//津图学刊.－1997,(2).－66－71

SK0035 学术文化信息交流积累与中西目录学之比较研究/陈耀盛//四川图书馆学报.－1997,(2).－11－30

SK0036 试论提要/陈方//四川图书馆学报.－1997,(2).－42－48

SK0037 邵晋涵史学批评述论/罗炳良//北方工业大学学报.－1997,(2).－59－65

SK0038 邵晋涵在历史编纂学理论上的贡献/罗炳良//史学史研究.－1997,(2).－33－39

SK0039《武英殿聚珍版丛书》源流考/曹红军//江苏图书馆学报.－1997,(2).－50－52

SK0040 读周积明著《纪昀评传》/葛承雍//历史研究.－1997,(2).－190－191

SK0041 略论晁公武《郡斋读书志》在目录学上的贡献/贺霞//图书馆建设.－1997,(2).－68－69

SK0042 解缙与永乐大典/黄荣祥//江西图书馆学刊.－1997,(2).－59－60

SK0043 一谈《续修四库全书》/戴逸//繁露集.－北京:中国社会科学出版社,1997.3.－22－23

SK0044 二谈《续修四库全书》/戴逸//繁露集.－北京:中国社会科学出版社,1997.3.－24－26

SK0045 三谈《续修四库全续》/戴逸//繁露集.－北京:中国社会科学出版社,1997.3

SK0046 四谈《续修四库全书》/戴逸//繁露集.－北京:中国社会科学出版社,1997.3.－30－34

SK0047 乾嘉朴学传黔省 西南大师第一人——郑珍学术成就表微/吕友仁//河南师范大学学报.－1997,(2).－57－61

SK0048《三礼》研究文献概述/王锷//图书与情报.－1997,(3).－72－78

SK0049 书苑人瑞学界耆宿——记著名图书馆学家皮高品先生/罗德运//图书与情报.－1997,(3).－65－69

SK0050《文渊阁四库全书补遗(集部)》前言/杨讷;李晓明//国家图书馆学刊.－1997,(3).－98－101

SK0051 文渊阁《四库全书》成书年代考/辛欣//图书馆研究与工作.－1997,(3).－60－61

SK0052 无愧于前修和来哲——《续修四库全书总目提要》/鲍思陶//图书馆(湖南).－1997,(3).－78－79,34

SK0053 阮元编刻书籍考略/陈东

辉//古籍整理研究学刊. —1997,(3). —5—8

SK0054《解开〈宋会要〉之谜》读后/杨渭生//历史研究. —1997.(3). —186—188

SK0055《四库全书总目》订误十七则/修世平//图书馆学刊. —1997,(3). —60—62

SK0056《四库全书》南北本比较研究/童正伦//图书馆研究与工作. —1997,(3). —57—69

SK0057 四库著录浙江先哲遗书目/徐永明//图书馆研究与工作. —1997,(3). —50—60

SK0058《四库提要》辨误十题/杨武泉//中南民族学院学报(哲学社会科学版). —1997,(3). —79—83

SK0059《四库禁毁书丛刊》八月起陆续将面世//香港大公报. —1997,3.10.A5

SK0060 纪昀与尚质小说创作/段庸生/重庆师院学报(哲学社会科学版). —1997,(3). —67—73

SK0061 纪昀礼仪观初探——《阅微草堂笔记》札记/戴诚;沈剑文//哈尔滨师专学报(社会科学版). —1997,(3). —57

SK0062 武英殿本《三国志》刊误自序/赵幼文//古籍整理研究学刊. —1997,(3). —56—58

SK0063 武英殿刻书数量的文献调

查及辨析/朱赛虹//故宫博物院院刊. —1997,(3). —25—32

SK0064 杨家骆和他的《四库全书大辞典》/吴玲//黄淮学刊(哲学社会科学版). —1997,(3). —67—69

SK0065 国英和他的共读楼/方家幸//图书馆建设. —1997,(3). —83—84

SK0066 经验科学时期的中西目录活动和目录学/陈耀盛//图书与情报. —1997,(3). —36—39,35

SK0067 故宫藏禁毁书录/朱家溍//故宫博物院院刊. —1997,(3). —1—12

SK0068 徐时栋和他的三个藏书楼/骆兆平//图书馆杂志. —1997,(3). —53—54

SK0069 救护《四库全书》和“毛公鼎”的徐伯璞/恒章//炎黄春秋. —1997,(3). —64—65

SK0070 清代编《四库全书》引发的大焚书/宋运科//华夏文化. —1997,(3). —38

SK0071 清代文字狱辨/赵志毅//东南文化. —1997,(3). —68—71

SK0072 清代文字狱/戴逸//繁露集. —北京:中国社会科学出版社,1997.3. —35—37

SK0073 藏书最好的归宿——陈垣书的捐献与徐坊书的散失/刘乃和//北京图书馆馆刊. —1997,6(3). —60—66,83

SK0074 开明的迂腐与困惑的固执——《四库全书总目提要》小说观的现代观照/季野//《小说评论》.—1997,(4).—73

SK0075 无愧于前修和来哲——《续修四库全书总目提要》/鲍思陶//中国文化报.—1997,4.15

SK0076《东坡志林》《仇池笔记》异同考/修世平//图书馆理论与实践.—1997,(4).—40—42

SK0077《四库全书》及其皖人著作/李鹏//学术界.—1997,(4).—94—96

SK0078《四库全书》中滇人著作知多少/李东平//云南文史丛刊.—1997,(4).—55—62

SK0079《四库全书》子部术数类图书著录评议/殷善培//淡江大学中文学报.—1997,(4).—221—240

SK0080《四库全书存目丛书》编纂缘起/季羡林;任继愈;刘俊文//文史哲.—1997,(4).—3—9

SK0081《四库总目》中民族史料书提要订误/杨武泉//中南民族学院学报(哲学社会科学版).—1997,(4).—61—66

SK0082《四库提要》订正六则/汤华泉//文献.—1997,(4).—245—248

SK0083 四部分类法与传统文化/王涛//图书馆理论与实践.—1997,(4).—12—14

SK0084 纪昀与沧州/武凤洲//渤海学刊.—1997,(4).—98—100

SK0085 论《书目答问》的学术文化影响/谭华军//图书情报知识.—1997,(4).—21—24

SK0086 杨家骆目录学成就评述/徐苏//江苏图书馆学报.—1997,(4).—24—28

SK0087 图书、校雠学、目录学、版本学的关系/李晓霞//四川图书馆学报.—1997,(4).—59—60,62

SK0088《四库禁毁书丛刊》开始编辑影印 经史子集全貌将展现给世人//人民日报.—1997,4.16.—5

SK0089《增订湖山类稿》校异举隅——以文津阁本四库全书为例/黄宽重//大陆杂志.—1997,(5).—43—45

SK0090 镇江金山寺文宗阁藏《四库全书》始末/肖梦龙//东南文化.—1997,(4).—129—130

SK0091 也谈《四库全书存目丛书》的编纂出版/程千帆;巩本栋//北京大学学报(哲学社会科学版).—1997,(5).—25—27

SK0092 从《四库全书总目提要》看乾隆时期官方对西方科学技术的态度/霍有光//自然辩证法通讯.—1997,(5).—56—65

SK0093 四库全书集部存目研究/沈治宏//北京大学学报(哲社版).—1997,(5).—41—47

SK0094《四库存目》书探讨/杜泽

逊//北京大学学报（哲社版）．—1997，(5)．—48—56

SK0095《四库全书》中的方志观探源/王晖//湖北方志．—1997,(5)．—34—37

SK0096 四库存目书的特点与辑印四库存目书的意义/李春光//北京大学学报（哲社版）．—1997,(5)．—37—40

SK0097 四库存目与《四库全书存目丛书》/季羡林；任继愈；刘俊文//北京大学学报（哲学社会科学版）．—1997,(5)．—15—21

SK0098《四库全书荟要》序言/胡维革//四库全书荟要（第1册）．—长春：吉林人民出版社,1997.5．—1—9

SK0099《四库提要辨证》序/余嘉锡//余嘉锡文史论集北京大学百年国学文粹·语言文献卷．—长沙：岳麓书社,1997.5．—663—682

SK0100 印行《四库全书存目丛书》之我见/王绍曾//北京大学学报（哲学社会科学版）．—1997,(5)．—22—24

SK0101 抢救保存古代典籍,弘扬优秀传统文化——《四库全书存目丛书》专家访谈录/胡绳、顾廷龙；周一良//北京大学学报（哲社版）．—1997,(5)．—5—15

SK0102 古籍整理国家级重点项目《四库全书存目丛书》竣工//北京大学学报（哲学社会科学版）．—1997,(5)．—4

SK0103 近年来与《四库全书》编纂有关的古籍丛书整理出版综述/黄佳//高校社科信息．—1997,(5)．—3—7

SK0104 辑印四库存目书的意义在保存文献/顾廷龙//北京大学学报（哲社版）．—1997,(5)．—6

SK0105 阮元与《宛委别藏》/陈东辉//杭州师范学院学报．—1997,(5)．—14—17

SK0106《余嘉锡文史论集》/余嘉锡．—长沙：岳麓书社,1997.5

SK0107 余嘉锡先生传略/周祖谟；余淑宜//余嘉锡文史论集．—长沙：湖南教育出版社,1997.5．—663—682

SK0108 沾溉后世　受惠无穷——欢呼《存目丛书》出版/刘乃和//北京大学学报（哲学社会科学版）．—1997,(5)．—30—33

SK0109 现代书商和中国典籍的聚散/徐雁平；武晓峰//图书馆．—1997,(5)．—66—69

SK0110 保存文献　功在千秋——《四库全书存目丛书》/冀淑英//北京大学学报（哲社版）．—1997,(5)．—28—29

SK0111 修《四库全书》时用什么标准把书抑为存目书/黄永年//北京大学学报（哲社版）．—1997,(5)．—34—36

SK0112《增订湖山类稿》校异举隅——以文津阁本四库全书为例/黄宽重//大陆杂志．—1997,95(5)．—43—45

SK0113 摛藻堂《四库全书荟要》评

介/李晴//图书馆杂志.—1997,(5).—56—57

SK0114《纂修四库全书档案史料》问世/刘德权//古籍整理研究学刊.—1997,(5).—43

SK0115 红火的四库/孟凡茂//人民日报.—1997,5.31.—7

SK0116《四库全书》本《徐霞客游记》二题/刘景毛//徐霞客研究(第1辑).—北京:学苑出版社,1997.6.—132—138

SK0117 邵晋涵史学批评述论/罗炳良//北方工业大学学报.—1997,(2).—59—65

SK0118 纪昀与《四库全书》纂修/张维屏//纪昀与乾嘉学术.—国立台湾大学历史学研究所硕士学位论文,1997.6.—45—76

SK0119《武英殿聚珍版丛书》书前提要与《四库全书总目》提要比较分析研究/张维屏//纪昀与乾嘉学术.—国立台湾大学历史学研究所中文硕士学位论文,1997.6.—215—224

SK0120 清代安徽对纂修《四库全书》的贡献/汤华泉//安徽大学学报(哲学社会科学版).—1997,(6).—62—66

SK0121《续修四库全书总目提要·经部》辨证/陈鸿森//大陆杂志.—1997,95(6).—1—25

SK0122 鲁迅与《四库全书》/崔石岗//图书馆建设.—1997,(6).—69—73

SK0123《四库全书》收录个人著述最多的人:毛奇龄/林久贵//文史知识.—1997,(7).—83—88

SK0124 无愧于前修和来哲——《续修四库全书总目提要》印行记/鲍思陶.//新华文摘.—1997,(7).—210—212

SK0125《四库全书》与《康熙字典》/周作人//知堂书店.—海口:海南出版社,1997.7.—726

SK0126 说《四库全书》/周作人//知堂书话.—海口:海南出版社,1997.7.—22

SK0127《四库全书总目·诗演义提要》问题探究/杨晋龙//桂林"第三届诗经国际学术研讨会"会议论文,1997.8

SK0128 亘古盛举——《古今图书集成》与《四库全书》/齐秀梅;韩锡铎.—沈阳:辽海出版社,1997.8

SK0129 "四库残书"终成"四库全书"//人民政协报.—1997,9.6.—3

SK0130《四库全书存目丛书》(大陆版)/.—台南:庄严文化事业有限公司,1997.10

SK0131 四部分类法的极盛时期以及内在的矛盾/高路明//古籍目录与中国古代学术研究.—南京:江苏古籍出版社,1997.10.—45—62

SK0132《四库全书》与《四库全书总目》/高路明//古籍目录与中国古代学术研究.—南京:江苏古籍出版社,

1997.10.—181—228

SK0133《四库全书存目丛书》提前竣工/胡清海//人民日报.—1997,10.24.—5

SK0134《四库禁毁书丛刊》重见天日/韩小蕙//光明日报.—1997,10.29.—2

SK0135 跋武英殿本《四库全书总目提要》增订蟫菴群书题识/昌彼得//.—台北:台湾商务印书馆,1997.10.—99—116

SK0136《四库全书存目丛书》编纂缘起《四库全书存目丛书·目录索引》/《四库全书存目丛书》编纂委员会.—济南:齐鲁书社,1997.10

SK0137《续修四库全书总目提要》原稿本影印出版 走出半世纪尘封的珍籍/王绍曾//人民日报.—1997,8.22.—11

SK0138 台湾商务镇馆之宝/劳孟//出版参考.—1997,(8).—13

SK0139 收录古籍珍本四千五百零八种,《四库全书存目丛书》出版/周庆//人民日报.—1997,11.3.—4

SK0140 读《四库全书总目》诗文评类提要/吴承学//高雄"第五届清代学术研讨会"会议论文.—1997,11.—15—16

SK0141《四库全书存目丛书》提前竣工/季羡林//新华月报.—1997,(11).—171

SK0142《四库禁毁书丛刊》学术研讨会举行/范占英//人民日报.—1997,10.31.—5

SK0143 台湾陆续出版《四库全书》补正//人民日报.—1997,11.24.—4

SK0144《四库全书总目提要》与《四库提要辨证》/刘跃进//中古文学文献学.—南京:江苏古籍出版社,1997.12.—110—111

SK0145《四库全书》与文津阁/韩仲民//砥砺集.—北京:国际文化出版公司,1997.12.—393—403

SK0146 "儒宗诸书"与佛教史籍——兼论《四库全书》子部释家类的选录标准/曹虹//中国典籍与文化论丛（第4辑）.—北京:中华书局,1997.12.—352—364

SK0147《四库提要》诗类选译（8）——《吕氏家塾读诗记》（32卷）/大野贵正//诗经研究.—1997,(22号).—27—30

SK0148《四库全书》子部术数类图书著录之评议/张新智//弘光医专学报.—1997,(29).—417—425

SK0149《四库全书存目丛书》编纂缘起《四库全书存目丛书·目录索引》/《四库全书存目丛书》编纂委员会.—台南:庄严文化事业有限公司,1997.—1—15

SK0150 从四库全书探究明清间输入之西学/计文德/.—台北:汉美图书

文化事业有限公司,1997.7

SK0151 二十世纪"四库全书"的出版与研究/阮阳//武汉大学中文硕士学位论文,1997

SK0152《四库荟要》与《四库全书》集部著录书版本比较研究/石惠美//私立中国文化大学中国文学系研究所硕士学位论文,1997

SK0153 明清两代皇家藏书与藏书建筑/萧领弟//中国紫禁城学会论文集(第2辑).一

SK0154 四库全书总目提要/(清)纪昀.一艺文印书馆排印本,1997

SK0155《续修四库提要》纂修考/小黑浩司//内山知也博士古稀纪念·中国文人论集.一日本:明治书院,1997

SK0156 学如积薪 后来居上——评《四库全书纂修研究》/陈祖武//中国人民大学学术著作评论集(1978——1996),中国人民大学图书馆文献情报研究室编.一1997

SK0157 杜威十进分类法对中国图书分类法的影响及启示/洪漪//高校文献信息学刊.一1997,(4).一44—46

SK0158 江南藏书楼——文澜阁/孙祖根//建筑工人.一1997,(10).一45—45

SK0159《四库全书总目·诗演义提要》问题探究/杨晋龙//第三届诗经国际学术研讨会论文集.一1997

1998 年

SK0001 元代医家昌复及其在中医目录学上的贡献/李继明//成都中医药大学学报.一1998,(1).一34—35

SK0002 从《四库全书》的订购看藏书建设/郭文扬//图书馆学刊.一1998,(1).一12—13

SK0003 文渊阁四库全书本错简、脱漏示例——以《相山集》与《慈湖遗书》为例/黄宽重//古今论衡.一1998,(1).一63—69

SK0004《纂修四库全书》档案出版/佚名//历史档案.一1998,(1).一131—132

SK0005《四库全书》与徽籍藏书家/张翔//图书馆工作.一1998,(1).一45—46,44

SK0006《四库全书简明目录》评述与使用/张桂岩//北京经济瞭望.一1998,(1).一43—44

SK0007《四库全书》载录传教士撰译著作述论/陈占山//文献.一1998,(1).一244—257

SK0008《四库全书》"书名、著者笔画部首索引"指引/王旨富;张佑铭//四川图书馆学报.一1998,(1).一61

SK0009《四库全书总目》著录之谬及原因/何槐昌//图书馆工作与研究.一1998,(1).一43—45

SK0010《四库全书总目》著录北京

籍献书人传略/郑伟章//北京社会科学.－1998,(1).－105－111

SK0011《四库全书总目提要》补正/胡玉缙撰；王欣夫辑.－上海：上海书店出版社,1998.1

SK0012《四库全书》本《樊川文集》失误偶拾/彭国忠//古籍研究.－1998,(1).－37－38 SK0013 四库全书补正工作回顾与前瞻/吴哲夫//故宫学术季刊.－1998,16,(1)

SK0014 四库书目家族/林申清//图书与情报.－1998,(1).－35－42

SK0015 "四库学"的展望/昌彼得//书目季刊.－1998,(1)

SK0016《乌鲁木齐杂诗注》史实辨析/董苏宁//新疆大学学报(哲学社会科学版).－1998,(1).－62－64

SK0017 论余嘉锡《目录学发微》/肖希明//四川图书馆学报.－1998,(1).－62－70

SK0018 纪昀的学术批评风格/周积明//社会科学家.－1998,(1).－52－57

SK0019 杜威十进分类法对中国图书分类的影响及启示/洪漪//图书馆工作与研究.－1998,(1).－30－33

SK0020 我国封建社会私人藏书活动中的流通家/张一民//图书馆.－1998,(1).－65－67

SK0021 时代需求与目录学的发展/王子舟//图书情报知识.－1998,(1).－7－10

SK0022《建炎以来系年要录》注文辨析/孔学//史学史研究.－1998,(1).－46－55

SK0023《忠惠集》提要辨误/祝尚书//文献.－1998,(1).－220

SK0024 被屏斥的珍籍——《四库全书存目丛书》中的天主教文献/周燮藩//世界宗教文化.－1998,(1).－58－62

SK0025 徐续《四库著录浙江先哲遗书目》之忽略问题"徐永明"/毛冬青//图书馆研究与工作.－1998,(1).－55－57

SK0026 从《四库全书总目》看纪昀对目录学的贡献/杨郁//语文函授.－1998,(2).－56－58

SK0027《四库全书总目》订误一则/史秀莲//烟台师范学院学报(哲学社会科学版).－1998,(2).－33－34

SK0028《四库提要》辨误四十则/杨武泉//文献.－1998,(2).－208－226

SK0029 司空图《诗品》在《四库全书》中的失收与重复/李祚唐//天府新论.－1998,(2).－69－73

SK0030 江南三阁　文澜独存/林祖藻//中国文哲研究通讯.－1998,8(2).－153－163

SK0031 江南三阁　文澜独存/林祖藻//国家图书馆学刊.－1998,(3).－102－107,28

SK0032 从《永乐大典》的成书与散失看文化与国家兴衰的关系/焦艳婷//津图学刊.－1998,(3).－141－143

SK0033 论《四库全书存目丛书》的编纂/叶守法;魏继岚//淮北煤师院学报(社会科学版).－1998,(2).－111－116

SK0034 抗战期间文澜阁四库全书迁黔收藏始末/王俊明;刘畅//贵州档案史料.－1998,(2).－33－35

SK0035 浅谈《武英殿聚珍版丛书》的异同/周蓉//图书馆论坛.－1998,(2).－80,21

SK0036 周永年"儒藏说"及其图书馆学思想论/蒋冬清//四川图书馆学报.－1998,(2).－70－75

SK0037《宛委别藏》述略/陈东辉//故宫博物院院刊.－1998,(2).－76－79

SK0038 邵晋涵学术述论/罗炳良;朱钟颐//湖南教育学院学报.－1998,(1).－43－47

SK0039《烛湖集》提要辨误/祝尚书//文献.－1998,(2).－207

SK0040 谈《四库全书存目丛书》/黄永年//中国典籍与文化.－1998,(2).－70－72

SK0041 高校新生如何阅读古籍文献/许建生//津图学刊.－1998,(2).－132－135

SK0042 略谈《四库全书》的纂修与庋藏/刘静//图书馆论坛.－1998,(2).－76－78

SK0043 明《永乐大典》主编解缙/罗鹏翔//文史大观.－1998,(3).－48－49

SK0044 文津阁本宋代别集的价值及其相关问题/黄宽重//文献.－1998,(3).－181－194

SK0045《四库全书存目丛书》成书始末/杜泽逊//文史哲.－1998,(3).－70－73

SK0046《四库全书》及其存目书收录外国人著作种数考辨/陈东辉//杭州大学学报(哲学社会科学版).－1998,(3).－64－67

SK0047《四库提要》订误九十则/李裕民//河东学刊(社会科学版).－1998,(3).－44－50

SK0048《四库提要》订误九十则(2)/李裕民//运城学院学报.－1998,(4).－8－12

SK0049 北图藏明内府写本《永乐大典》述略/陈杏珍//北京图书馆馆刊.－1998.(4).－124－126

SK0050 再现中华文化古籍之瑰宝——简谈《四库存目丛书》/冯炽隆//云南图书馆.－1998,(3).－76－78

SK0051 阮元的学术渊源和宗旨/余新华//中国人民大学学报.－1998,(3).－41－46

SK0052 永乐大典/郑福田//呼和浩特:内蒙古大学出版社,1998

SK0053 纪昀的学术批评风格/周积明//复印报刊资料（明清史）.—1998,(3).—67—72

SK0054 圆弘扬国粹梦想——《四库全书》将出版电子图书/周晓曲//光明日报.—1998,3.3.—4

SK0055 读新见郑际唐一篇 四库提要分撰稿/杜泽逊//中国典籍与文化.—1998,(3).—37—38

SK0056 跋清正谊堂刻本《周易订疑》/杜泽逊//山东大学学报（哲学社会科学版）.—1998,(3).—63,62

SK0057 摛藻堂《四库全书荟要》简评/张屏//武汉大学学报（哲学社会科学版）.—1998,(3).—141

SK0058《瀛奎律髓》及纪批的文献价值/邱钰//大学图书情报学刊.—1998,(3).—61—63

SK0059 日本人续修《四库全书总目提要》问世/罗继祖//社会科学战线.—1998,(4).—157

SK0060 四库文献中心简介/天津图书馆四库文献中心//图书馆工作与研究.—1998,(4).—7

SK0061《四库全书》与南北七阁/赵海丽//济南交通高等专科学校学报.—1998,(3).—52—56

SK0062《四库全书》电子版工程启动/王斌来//人民日报.—1998,4.20.—5

SK0063 四库全书之"原本《周易本义》"勘误/彭忠德//文献.—1998,(4).—277—280

SK0064《四库全书》版本是非与《新四库全书》体例拟议/杨晋龙//中国文哲研究通讯.—1998,8(4).—217—231

SK0065 古代图书分类体系与我国传统学术的知识形态/赵其庄//大学图书馆学报.—1998,(4).—33—35

SK0066 近十年来中外目录学比较研究论文综述/别立谦//四川图书馆学报.—1998,(4).—4—11

SK0067 关于《六家诗名物疏》/徐超//山东大学学报（哲学社会科学版）.—1998,(4).—84—85

SK0068 狩野直喜与《续修四库全书提要》之关系/张宝三//唐代经学及日本近代京都学派中国学研究论集.—台北：里仁书局,1998.4.—83—134

SK0069 狩野直喜与《续修四库全书提要》之关系/张宝三//台大中文学报.—1998,(10).—241—272

SK0070 清朝文字狱与档案史料编纂/刘国荣//湖南档案.—1998,(4).—5—7

SK0071 乾隆四库谕文献学思想初探/管锡华//中国文化研究.—1998,(4).—58—64

SK0072《宋朝要录》考略/燕永成//史学史研究.—1998,(4).—42—47

SK0073《四库提要》与汉宋门户/钱穆//中国学术思想史论丛(8)《钱宾四

先生全集》第 22 册. －台北:台北联经出版公司,1998.5. －581

SK0074 清代古文字学家阮元/林海俊//扬州大学学报(人文社会科学版). －1998,(5). －27－29

SK0075 第三只眼看《四库》/伍立杨//当代文坛. －1998,(5). －50－51

SK0076 章学诚与图书编撰学/曹之//中国图书馆学报. －1998,(5). －61－65

SK0077《四库全书存目丛书》收录天津馆藏善本古籍述略/白莉蓉//图书馆工作与研究. －1998,(5). －41－42

SK0078《四库全书》处理《经义考》引录钱谦益诸说相关问题考述/杨晋龙//第七届所友学术讨论会论文集. －国立高雄师范大学国文系,1998.5

SK0079"新四库全书电子资料库"的建立——中央研究院大型电子文献资料库规划说明/黄宽重//台北:人文计算研讨会会议论文. －1998.5

SK0080 试论《四库提要》的文学批评方法/成林//中国古代、近代文学研究. －1998,(5). －308－315

SK0081 耿文光的目录学成就/李艳秋//图书馆工作与研究. －1998,(5). －95－98

SK0082 弘历的意识与乾隆朝文字狱/霍存福//法制与社会发展. －1998,(6). －16－26

SK0083 四库荟要与四库全书集部

著录书版本比较研究/石惠美//私立中国文化大学中文研究所硕士论文. －1998.6

SK0084 论《四库全书总目》在诗文评研究史上的贡献/吴承学//文学评论. －1998,(6). －130－139

SK0085《四库全书总目·诗演义》提要问题研究/杨晋龙//第三届诗经国际学术研讨会论文集. －香港:天马图书公司,1998.6. －181－197

SK0086 纪昀与乾嘉学术/张维屏//"国立台湾大学"文史丛刊. －1998,(6)

SK0087 纪昀文初探/董雅兰//私立东吴大学中文研究所中文硕士学位论文. －1998.6

SK0088 纪昀与《四库全书》纂修/张维屏//纪昀与乾嘉学术. －台北:国立台湾大学出版委员会,1998.6

SK0089《武英殿聚珍版丛书》书前提要与《四库全书总目》提要比较分析研究/张维屏//纪昀与乾嘉学术. －台北:"国立台湾大学"出版委员会,1998.6. －277－287

SK0090 从文字狱看弘历的思想统治观念/霍存福//吉林大学社会科学报. －1998,(6). －32－36

SK0091《续修四库全书总目提要·孝经类》辩证/陈鸿森//中央研究院历史语言研究所集刊. －1998(第 69 本第 2 分). －295－330

SK0092 輶轩语 书目答问二种/张之洞. －北京:生活·读书·新知三联书店,1998.6

SK0093 火与《四库全书》//河南消防. －1998,(7). －31

SK0094《四库全书》迈进电子时代/陈文芬//中国时报. －1998,7.28. －11

SK0095《四库全书》光盘多,投资动辄上千万——古籍出版无序现象堪忧/邢晓芳//上海文汇报. －1998,7.2. －7

SK0096 四库全书总目/刘兆祐//中国目录学. －台北:五南图书公司,1998.7. －260－272

SK0097 四库全书版本与新四库全书体例拟议/杨晋龙//中国文哲研究通讯,1998,8(4). －217－231

SK0098 民国以来之“四库学”/刘兆祐//中国目录学. －台北:五南图书公司,1998.7. －273－289

SK0099 重大出版工程需要统筹规划——从电子版《四库全书》三家分晋说起/顾关元//光明日报. －1998,7.20. －7

SK0100 清代殿本图书/高千惠//故宫文物月刊. －1998,16(4). －4－15

SK0101 文字狱·禁书·四库禁毁书专刊/丘东江//图书与资讯学刊. －1998,(8). －28－35

SK0102《四库未收书目提要续编》及《许顼 经籍题跋》整理前言/吴格//经学研究论丛(第5辑), －台北:台湾学生书局,1998.8. －295－304

SK0103《四库全书》与经、史、子、集/熊昌渊//语文知识. －1998,(8). －11－12

SK0104 纪昀与《四库全书总目》的关系/车行健//历史月刊. －1998,(127). －120－122

SK0105 两岸四库学——第一届中国文献学学术研讨会论文集/淡江大学中国文学系主编. －台北:台湾学生书局,1998.9

SK0106“四库学”的展望(台北“第一届中国文献学学术研讨会”会议论文)/昌彼得//两岸四库学. －台北:台湾学生书局,1998.9. －1－6

SK0107《四库全书》纂修外一章:阮元如何提挈与促进嘉道时代的学术研究(台北“第一届中国文献学学术研讨会”会议论文)/魏白蒂//两岸四库学. －台北:台湾学生书局,1998.9. －1－54

SK0108《四库全书总目》与十八世纪中国文化的流向(台北“第一届中国文献学学术研讨会”会议论文)/周积明//两岸四库学. －台北:台湾学生书局,1998.9. －55－80

SK0109《四库全书总目》的经学观与清中叶的学术思想走向(台北“第一届中国文献学学术研讨会”会议论文)/黄爱平//两岸四库学. －台北:台湾学生书局,1998.9. －81－104

SK0110“四库存目书”进呈本之亡

佚及残余(台北"第一届中国文献学学术研讨会"会议论文)/杜泽逊//两岸四库学. —台北:台湾学生书局. —1998,9. —105—188

SK0111《四库全书存目丛书》的征访及其著录(台北"第一届中国文献学学术研讨会"会议论文)/罗琳//两岸四库学. —台北:台湾学生书局. —1998,9. —189—204

SK0112 编印《四库全书存目丛书》侧记(台北"第一届中国文献学学术研讨会"会议论文)/张建辉//两岸四库学. —台北台湾学生书局,1998.9. —205—216

SK0113 中法西法,权衡归一? ——读《四库全书总目》天文算法类提要(台北"第一届中国文献学学术研讨会"会议论文)/殷善培//两岸四库学. —台北:台湾学生书局,1998.9. —217—238

SK0114 四库馆臣篡改《经议考》之研究(台北"第一届中国文献学学术研讨会"会议论文)/林庆彰//两岸四库学. —台北:台湾学生书局,1998.9. —239—262

SK0115《四库全书》所表现出的艺术观——以《四库全书》艺术类书目为观察对象(台北"第一届中国文献学学术研讨会"会议论文)/马铭浩//两岸四库学. —台北:台湾学生书局,1998.9. —263—272

SK0116 "四库七阁"始末(台北"第一届中国文献学学术研讨会"会议论文)/刘蔷//两岸四库学. —台北:台湾学生书局,1998.9. —273—294

SK0117《四库全书》本《直斋书录解题》馆臣案语研究——以《解题》经录之部馆臣案语为限(台北"第一届中国文献学学术研讨会"会议论文)/何广棪//两岸四库学. —台北:台湾学生书局,1998.9. —295—310

SK0118 清四库馆臣对文献文物管理方法之探寻(台北"第一届中国文献学学术研讨会"会议论文)/吴哲夫//两岸四库学. —台北:台湾学生书局,1998.9. —311—336

SK0119《四库全书》订正析论:原因与批判的探求(台北"第一届中国文献学学术研讨会"会议论文)/杨晋龙//两岸四库学. —台北:台湾学生书局,1998.9. —337—374

SK0120 杨家骆教授对于"四库学"的贡献(台北"第一届中国文献学学术研讨会"会议论文)/胡楚生//两岸四库学. —台北:台湾学生书局,1998.9. —375—391

SK0121《四库全书》术数类选书意义之探析/黄复山//台北"第一届中国文献学学术研讨会"会议论文. —1998.5. —23—24

SK0122《四库全书》古今谈——再论《四库全书》的出版/顾关元//光明日

报. —1998,9. 14. —7

SK0123《续修四库全书总目提要》原稿本影印问世/王绍曾//古籍整理出版情况简报. —1998,(9)

SK0124《四库全书》专职校对队伍分析/魏芳华//中国出版. —1998,(10). —52—54

SK0125 "四库全书"今安在? /李宗波//中学历史教学参考. —1998,(10). —25

SK0126《四库禁毁书丛刊》价值巨大,前景艰难/江舒远//中华读书报. —1998,11. 18. —2

SK0127《四库全书》处理《经义考》引录钱谦益诸说相关问题考述/杨晋龙//第七届所友学术讨论会论文集. —高雄市：国立高雄师范大学国文系,1998.5

SK0128《四库全书》子部医家类研究计画/李一宏//台北"第一届中医典籍学术研讨会"会议论文. —1998,12.27

SK0129 纪昀与朝鲜学人/黄时鉴//东西交流史论稿. —上海：上海古籍出版社,1998.12. —388—404

SK0130 从帝王书阁到寻常案头——《四库全书》电子版走向大众/王斌来//人民日报. —1998,12.23. —11

SK0131 清代的家学与经学/陈居渊//汉学研究. —1998,(12)

SK0132《续修四库全书总目提要》孝经类辨证/陈鸿森//中央研究院历史语言研究所集刊. —1998,69(2). —295—330

SK0133 纪昀与《四库全书总目》的关系/车行健//历史月刊. —1998,(127). —120—122

SK0134《御用史学》理论对《四库全书》史部"敕撰本"编纂的影响/许崇德//故宫学术季刊. —1998,16(1). —19—57,2

SK0135 "四库学"研究方法刍议/杨晋龙//乾嘉学者之治经方法（1）研讨会论文,中央研究院中国文哲研究所筹备处. —1998.12

SK0136 惠栋、戴震与乾嘉学术研究/黄顺益. —国立中山大学中国文学系中文博士学位论文,1998

SK0137《四库全书》电子版工程与中文信息技术/张轴材//国际中文信息处理1998年会议论文. —1998

SK0138《四库全书》版本是非与"新四库全书"体例拟议/杨晋龙//台北"汉籍电子文献资料库建置的回顾与前瞻研讨会"会议论文. —1998

SK0139《四库全书总目》诗演义提要问题探究/杨晋龙//第三届诗经国际学术研讨会论文集. —香港：天马图书有限公司,1998.6

1999 年

SK0001 文渊阁四库全书缺本问题/李祚唐；韩国建//天府新论. —

1999,(1).-75-84

SK0002 中国古代图书分类的意义建构/傅荣贤//四川图书馆学报.-1999,(1).-66-69

SK0003 从《四库全书》小说著录情况看乾嘉史学对清代小说目录学的影响/赵振祥//明清小说研究.-1999,(1).-251-256

SK0004《四库全书》中的云南典籍/姚昆兰//云南图书馆.-1999,(1).-67-68,70

SK0005《四库全书》补正工作之回顾与前瞻/吴哲夫//故宫学术季刊.-1999,(1).-1-17

SK0006《四库全书总目》目录类论述/周彦文//书目季刊.-1999,33(1).-15-27

SK0007《四库全书总目》的经学观与清中叶的学术思想走向/黄爱平//中国文化研究.-1999,(1).-85-91

SK0008 明代私家藏书目录考略/张昌;李艳秋//书目季刊.-1999,33(1).-29-50

SK0009《四库全书总目》目录类论述/周彦文//书目季刊.-1999,33(1).-15-27

SK0010 史部成因浅析/张凌霄//内蒙古师大学报(哲社版).-1999,(1).-98-105

SK0011 西域地名、族名的汉译对音研究/牛汝辰//中国边疆史地研究.-1999,(1).-97-102

SK0012 楚辞学史的滥觞——《四库全书总目》之楚辞论/李金善//河北大学学报(哲学社会科学版).-1999,(1).-64-70

SK0013 浙东学术概况/诸焕灿//宁波教育学院学报.-1999,(1).-55-59

SK0014 清代禁书总述/王彬//中国书店出版社.-1999.1

SK0015 清代文字狱山东第一案/徐根娣;江明//春秋.-1999,(1).-45-47

SK0016 "御用史学"理论对《四库全书》史部"敕撰本"编纂的影响/许崇德//故宫学术季刊.-1999,(1).-19-57

SK0017《永乐大典》所载《元一统志·陈亮传》考释/邓广铭//北京大学学报:哲社版.-1996.(2).-91-97

SK0018 四库文献中心访谈录——有关专家答本刊专栏编辑问//图书馆工作与研究.-1999,(2).-15-17

SK0019《四库全书》馆臣处理丛书方法之研究/吴哲夫//故宫学术季刊.-1999,(2).-19-40

SK0020《四库全书·九家集注杜诗》所用底本考/蔡锦芳//四川师范大学学报(哲学社会科学版).-1999,(2).-73-79

SK0021《四库全书》源流要略/童庆

松//古籍整理研究学刊.－1999,(2).－42－49,37

SK0022《四库全书存目丛书》的文献价值/侯宽权//四川教育学院学报.－1999,(Z2)－126－127

SK0023《四库全书存目丛书》的开发利用/董广文//云南图书馆.－1999,(2).－64－66

SK0024《四库全书总目》分类法述评/周汝英//温州师范学院学报（哲学社会科学版）.－1999,(2).－77－80

SK0025"四库学"相关书目续编/侯美珍//书目季刊.－1999,(2).－77－129

SK0026《夷坚志》材料来源及搜集方式考订/张祝平//南通师范学院学报（哲学社会科学版）.－1999,(2).－46－49,71

SK0027 邵晋涵与宋史研究/张秀平;罗炳良//文史哲.－1999,(2).－58－65

SK0028 我国的文献分类学研究面面观/白国应//图书馆界.－1999,(2).－29－35,49

SK0029 余嘉锡及其《四库提要辨证》/廖璠//山东图书馆季刊.－1999,(2).－56－58

SK0030 国家图书馆开通馆域网——《四库全书》等两万册书籍原文扫描上网/吴娟//上海文汇报.－1999,2.13.－1－3

SK0031 郑樵与图书编撰学/曹之//编辑学报.－1999,(2).－121－124

SK0032 读书门径　治学津梁——评整理本《四库全书总目》/黄爱平//书品.－1999,(2).－29－33

SK0033 20 世纪版本学研究综述/曹之;司马朝军//图书与情报.－1999,(3).－1－11

SK0034 专家学者应为《四库全书存目丛书》编写提要/崔宝江//昭乌达蒙族师专学报（汉文哲学社会科学版）.－1999,(3).－31

SK0035 中国古籍整理工作二十年成就述略/王国强//图书馆建设.－1999,(3).－70－72,86

SK0036《四库全书》电子版工程与中文信息技术/张轴材//电子出版.－1999,(2/3/4/5).－3－6,－3－6,－7－10

SK0037《四库全书·诚意伯文集》缺文成因考/吕立汉//国家图书馆学刊.－1999,(3).－102－107

SK0038 关于清代广东书禁/侯月祥//广东史志.－1999,(3).－22－27

SK0039 地方特色浓浓——评《湖南省古籍善本书目》/王晋卿//图书馆.－1999,(3).－75－78

SK0040 读新见姚鼐一篇四库提要拟稿/杜泽逊//中国典籍与文化.－1999,(3).－42－44

SK0041 清代华籍韩人金简对《四

库全书》的重要贡献/陈东辉//北京图书馆馆刊.－1999,(3).－101,104

SK0042 文澜阁《四库全书》搬迁述略/徐永明//中国典籍与文化.－1999,(4).－42－45

SK0043 中华古籍的数字化——《文渊阁四库全书》电子版/孙建越//中国电子出版.－1999,(4).－17－18

SK0044《樗全集》及其作者/彭国翔//中国典籍与文化.－1999,(4).－71－75

SK0045《四库全书》首架乾隆御题解/李致忠//中国图书馆学报.－1999,(4).－25－39

SK0046《四库全书》本《明史》发覆/乔治忠;杨艳秋//清史研究.－1999,(4).－67－73,124

SK0047《四库全书》与徽籍藏书家/张翔//中国典籍与文化.－1999,(4).－37－41

SK0048《四库全书》与《永乐大典》编纂规模的质疑/叶守法//淮北煤师院学报(哲学社会科学版).－1999,(4).－153－155

SK0049《四库全书总目》补正一则——《国玮集》/滕俊仁//首都师范大学学报(社会科学版).－1999,(4).－126

SK0050《四库全书总目》与纪昀之文学批评/蔡镇楚//中国古代文学批评史.－长沙:岳麓书社.1999.4.－479－493

SK0051《四库全书总目》史学批评的特点/王记录//史学史研究.－1999,(4).－41－50

SK0052《四库禁毁书丛刊》:本世纪的一件文化大事——访王钟翰/马宝珠//图书馆.－1999,(4).－80－81

SK0053 旧五代史辑本之检讨与重新整理之构想/陈智超//史学史研究.－1999,(4).－50－61

SK0054《永乐大典》正本殉葬说质疑/王春瑜//寻根 1999,(4).－35－36

SK0055《永乐大典》之谜——关于《永乐大典》正本殉葬的推想/栾贵明//寻根.－1999.(4).－31－34

SK0056《四库全书》电子版在港面世/达工//人民日报.－1999,5.28.－14

SK0057 四库全书总目提要/(清)永瑢;(清)纪昀主编//四库全书总目提要委员会整理.－海口:海南出版社,1999.5

SK0058 技术难关,逐一攻克/邓傅锵;钟丽明//大公报.－1999,5.27

SK0059 张元济及其辑印四部丛刊之研究/吴柏青//台北东吴大学中国文学系中文硕士学位论文.－1999.5

SK0060 读新见程晋芳一篇四库提要分撰稿/杜泽逊//图书馆建设.－1999,(5).－70－71

SK0061《四库全书》电子版问世的启迪/朱岩//现代图书情报技术.－

1999,(5).－68

SK0062 风雨浙江图书馆/张学继//观察与思考.－1999,(6).－26－27

SK0063《文渊阁四库全书》电子版出版/李晓林//图书馆.－1999,(6).－28

SK0064《四库全书》电子版问世的启迪/朱岩//中国图书馆学报.－1999,(6).－82－84

SK0065 刘国钧先生和中国图书馆事业/黄宗忠；罗德运//图书馆工作与研究.－1999,(6).－1－8

SK0066 刘国钧在中国目录学史上的地位——纪念衡如师百年诞辰/孟昭晋；王锦贵；李国新//大学图书馆学报.－1999,(6).－14－21,28

SK0067 浅说《宋会要辑稿》记时之谈/王蓉贵//四川大学学报.－1999,(2).－59－62

SK0068《四库》光盘——中国古籍电子化的里程碑/余传诗//光明日报.－1999,7.13.－1－8

SK0069《四库禁毁书丛刊》：本世纪的一件文化大事——访王钟翰/马宝珠//光明日报.－1999,7.8.－2

SK0070 把全套《四库全书》搬进光碟,余志明完成"不可能任务"/谭志强//中国时报.－1999.7.14.－14

SK0071 浩瀚《四库全书》,化身薄薄光碟/朱建陵//中国时报.－1999,7.13.－14

SK0072 纪昀与《四库全书总目提要》/马文大；陈坚//清代经学图鉴.－北京：北京国际文化出版公司,1999.8

SK0073 文渊阁四库全书菁（精）华书目初篇/庄嘉廷//万能学报.－1999,(8)

SK0074 清辑旧五代史评议/陈尚君//学术月刊.－1999,(9).－98－105,113

SK0075 什么是《四库全书》//价格与市场.－1999,(10).－21

SK0076 何为"四库"? /王广文//语文世界.－1999,(10).－40

SK0077《四库禁毁书丛刊》编纂缘起/《四库禁毁书丛刊》编纂委员会//四库禁毁书研究(何龄修；朱宪；赵放编).－北京：北京出版社.1999.11.－1－6

SK0078《四库禁毁书丛刊》编纂后记/《四库禁毁书丛刊》编纂委员会//四库禁毁书研究(何龄修；朱宪；赵放编).－北京：北京出版社.1999.11.－7－17

SK0079 四库禁毁书与清代思想文化普查运动/王钟翰//四库禁毁书研究(何龄修；朱宪；赵放编).－北京：北京出版社.1999.11.－18－27

SK0080 构建中国古籍基本书库/阳海清；李天翔；刘烈学//四库禁毁书研究(何龄修；朱宪；赵放编).－北京：北京出版社.1999.11.－28－56

SK0081 论《四库禁毁书丛刊》对《四库全书》文献体系的完善与贡献/李

SK0096《四库禁毁书丛刊》的编纂与清朝开国史研究/刘小萌;孙彦//四库禁毁书研究（何龄修;朱宪;赵放编）.－北京:北京出版社.1999.11.－348－357

SK0097 明何乔远《名山藏》的史学价值和版本问题/韦祖辉//四库禁毁书研究（何龄修;朱宪;赵放编）.－北京:北京出版社.1999.11.－358－371

SK0098 关于明末的几部兵书/孙彦;刘小萌//四库禁毁书研究（何龄修;朱宪;赵放编）.－北京:北京出版社.1999.11.－372－384

SK0099《天启崇祯两朝遗诗》的编纂和重新整理印行/何龄修//四库禁毁书研究（何龄修;朱宪;赵放编）.－北京:北京出版社.1999.11.－385－404

SK0100 厘正四库馆臣的一则错误并对《通识》的 Second Order 涵义作一浅释/马肇选//通识教育年刊.中国医药学院.－1999,(1).－89－108

SK0101 国学大师饶宗颐谈四库全书电子版普及文化意义/弘文//出版参考.－1999,(16).－12

SK0102《永乐大典》还能否完整地重现于世/陈福康//中华读书报.－1999.5.19.－9

SK0103 正续《清经解》的比较——论清代经学的发展趋势/竺静华//－台北:台湾大学中国文学研究中文硕士学位论文.－1999,6

SK0104 论《四库全书总目》对明代诗经学的评价/杨晋龙//第四届诗经国际学术研讨会议论文集.－1999,8

SK0105 大型古籍《四库全书》识别系统/马少平;姜哲//中国科协首届学术年会.－1999,10

SK0106 大型中文古籍《四库全书》自动版面分析系统/姜哲;马少平;夏莹//第七届全国汉字识别学术会议论文集.－1999

SK0107 汉字识别方法在《四库全书》识别系统中的应用/马少平;姜哲;金奕江//'99 智能计算机接口号应用进展—第四届中国计算机智能接口与智能应用学术会议论集.－1999

SK0108《四库全书》原文电子版及其对古籍工作的影响/任瑞娟;崔广社//第二届海峡两岸科技资讯研讨会暨第十三届全国计算机情报管理学术研讨会论文集.－1999

SK0109 香港推出《文渊阁四库全书电子版》/程之//出版参考.－1999,(16)－.12

SK0110 关于纪文达 ——为公著《四库全书总目提要》成书百六十年作/仰弥//薪与火的传承:纪晓岚《四库全书研究》（韩金国;何香久;魏新民编）.－北京:中国文联出版社,1999.12.－1

SK0111 谈纪文达公/纪果庵//薪与火的传承:纪晓岚《四库全书研究》（韩金国;何香久;魏新民编）.－北京:

中国文联出版社,1999.12.—2—26

SK0112 纪昀与《四库全书》/路拴洪//薪与火的传承:纪晓岚《四库全书研究》(韩金国;何香久;魏新民编).—北京:中国文联出版社,1999.12.—27—37

SK0113 四库抽毁书原委/陈垣//薪与火的传承:纪晓岚《四库全书研究》(韩金国;何香久;魏新民编).—北京:中国文联出版社,1999.12.—38—51

SK0114《四库全书总目》与十八世纪批判理学思潮/周积明//薪与火的传承:纪晓岚《四库全书研究》(韩金国;何香久;魏新民编).—北京:中国文联出版社,1999.12.—52—54

SK0115《四库全书总目》批评方法论/周积明//薪与火的传承:纪晓岚《四库全书研究》(韩金国;何香久;魏新民编).—北京:中国文联出版社,1999.12.—55—72

SK0116《四库全书总目》的史学观/周积明//薪与火的传承:纪晓岚《四库全书研究》(韩金国;何香久;魏新民编).—北京:中国文联出版社,1999.12.—73—92

SK0117《四库全书总目》的经学论(1)/周积明//薪与火的传承:纪晓岚《四库全书研究》(韩金国;何香久;魏新民编).—北京:中国文联出版社,1999.12.—107

SK0118《四库全书总目》的经学论(2)/周积明//薪与火的传承:纪晓岚《四库全书研究》(韩金国;何香久;魏新民编).—北京:中国文联出版社,1999.12.—108—119

SK0119 关于"提要"/黄裳//薪与火的传承:纪晓岚《四库全书研究》(韩金国;何香久;魏新民编).—北京:中国文联出版社,1999.12.—120—133

SK0120 读《四库提要》札记/朱家濂//薪与火的传承:纪晓岚《四库全书研究》(韩金国;何香久;魏新民编).—北京:中国文联出版社,1999.12.—134—141

SK0121 读《四库提要》札记(续)/朱家濂//薪与火的传承:纪晓岚《四库全书研究》(韩金国;何香久;魏新民编).—北京:中国文联出版社,1999.12.—142—172

SK0122 四库钤键,古籍津逮——谈《四库全书总目提要》及其它/郭文瑞//薪与火的传承:纪晓岚《四库全书研究》(韩金国;何香久;魏新民编).—北京:中国文联出版社,1999.12.—173—186

SK0123 评《四库全书总目》的晚明文风观/邵毅平//薪与火的传承:纪晓岚《四库全书研究》(韩金国;何香久;魏新民编).—北京:中国文联出版社,1999.12.—185—205

SK0124 从《四库提要》看纪昀的散文观/张宏生//薪与火的传承:纪晓岚

《四库全书研究》（韩金国；何香久；魏新民编）．－北京：中国文联出版社，1999.12.－206－229

SK0125 论《四库全书总目》在诗文评研究史上的贡献/吴承学//薪与火的传承：纪晓岚《四库全书研究》（韩金国；何香久；魏新民编）．－北京：中国文联出版社，1999.12.－230－249

SK0126 纪晓岚总纂《四库全书》档案：办理《四库全书》处奏遵旨酌议排纂《四库全书》应行事宜折//薪与火的传承：纪晓岚《四库全书研究》（韩金国；何香久；魏新民编）．－北京：中国文联出版社，1999.12.－252－255

SK0127 纪晓岚总纂《四库全书》档案：谕著照节赏年赏例赏给纪昀陆锡熊各一分//薪与火的传承：纪晓岚《四库全书研究》（韩金国；何香久；魏新民编）．－北京：中国文联出版社，1999.12.－255

SK0128 纪晓岚总纂《四库全书》档案：谕内阁纪昀陆锡熊校书勤勉著授为翰林院侍读，以示奖励//薪与火的传承：纪晓岚《四库全书研究》（韩金国；何香久；魏新民编）．－北京：中国文联出版社，1999.12.－256

SK0129 纪晓岚总纂《四库全书》档案：多罗质郡王永铬等奏代纪昀等恭谢恩赐题诗折//薪与火的传承：纪晓岚《四库全书研究》（韩金国；何香久；魏新民编）．－北京：中国文联出版社，1999.12.－256－257

SK0130 纪晓岚总纂《四库全书》档案：谕内阁纪昀于全书总纂事务尽心出力嗣后遇缺一体开列//薪与火的传承：纪晓岚《四库全书研究》．－北京：中国文联出版社，1999.12.－258

SK0131 纪晓岚总纂《四库全书》档案：军机大臣奏遵旨查明一至三月所进书籍错误次数请将阿哥总裁等交部察议片//薪与火的传承：纪晓岚《四库全书研究》（韩金国；何香久；魏新民编）．－北京：中国文联出版社，1999.12.－258

SK0132 纪晓岚总纂《四库全书》档案：军机大臣拟赏《四库全书》处人员果单//薪与火的传承：纪晓岚《四库全书研究》（韩金国；何香久；魏新民编）．－北京：中国文联出版社，1999.12.－259

SK0133 纪晓岚总纂《四库全书》档案：武英殿总裁王杰奏请令原总纂纪昀等覆核底本及已写正本折//薪与火的传承：纪晓岚《四库全书研究》（韩金国；何香久；魏新民编）．－北京：中国文联出版社，1999.12.－260

SK0134 纪晓岚总纂《四库全书》档案：谕孙士毅着赏给翰林院编修并进呈书籍与纪昀等一同列名//薪与火的传承：纪晓岚《四库全书研究》（韩金国；何香久；魏新民编）．－北京：中国文联出版社，1999.12.－261

SK0135 纪晓岚总纂《四库全书》档

案:谕内阁着派纪昀等详细考证内外官职纂成《历代职官表》//薪与火的传承:纪晓岚《四库全书研究》(韩金国;何香久;魏新民编).—北京:中国文联出版社,1999.12.—261—262

SK0136 纪晓岚总纂《四库全书》档案:军机大臣拟赏《四库全书》馆哈蜜瓜人员名数单//薪与火的传承:纪晓岚《四库全书研究》(韩金国;何香久;魏新民编).—北京:中国文联出版社,1999.12.—263

SK0137 纪晓岚总纂《四库全书》档案:军机大臣奏请交总纂纪昀等再加详阅选剩明末奏疏片//薪与火的传承:纪晓岚《四库全书研究》(韩金国;何香久;魏新民编).—北京:中国文联出版社,1999.12.—263

SK0138 纪晓岚总纂《四库全书》档案:军机大臣等奏遵旨拟赏《四库全书》议叙人员及未经引见名单片(附单)//薪与火的传承:纪晓岚《四库全书研究》(韩金国;何香久;魏新民编).—北京:中国文联出版社,1999.12.—264

SK0139 纪晓岚总纂《四库全书》档案:军机大臣奏遵旨查明《四库全书表》系大理寺卿陆锡熊等编纂片//薪与火的传承:纪晓岚《四库全书研究》(韩金国;何香久;魏新民编).—北京:中国文联出版社,1999.12.—265

SK0140 纪晓岚总纂《四库全书》档案:谕编撰《四库全书表》之陆锡熊等各

赏缎疋等物//薪与火的传承:纪晓岚《四库全书研究》(韩金国;何香久;魏新民编).—北京:中国文联出版社,1999.12.—265

SK0141 纪晓岚总纂《四库全书》档案:翰林院典簿厅为知照纪昀仍兼充文渊阁直阁事致典籍厅移会(附原奏)//薪与火的传承:纪晓岚《四库全书研究》(韩金国;何香久;魏新民编).—北京:中国文联出版社,1999.12.—266

SK0142 纪晓岚总纂《四库全书》档案:军机大臣奏遵旨询问纪昀等《三藩纪事本末》有无违碍等情片//薪与火的传承:纪晓岚《四库全书研究》(韩金国;何香久;魏新民编).—北京:中国文联出版社,1999.12.—267

SK0143 纪晓岚总纂《四库全书》档案:军机大臣奏遵将《四库全书总目》体例上谕交大学士等阅看片//薪与火的传承:纪晓岚《四库全书研究》(韩金国;何香久;魏新民编).—北京:中国文联出版社,1999.12.—267

SK0144 纪晓岚总纂《四库全书》档案:谕内阁《总目提要》办竣总纂官纪昀陆锡熊等交部从优议叙//薪与火的传承:纪晓岚《四库全书研究》(韩金国;何香久;魏新民编).—北京:中国文联出版社,1999.12.—268

SK0145 纪晓岚总纂《四库全书》档案:军机大臣奏全书总纂官纪昀陆锡熊等谢恩片//薪与火的传承:纪晓岚《四

库全书研究》.－北京:中国文联出版社,1999.12.－268

SK0146 纪晓岚总纂《四库全书》档案:礼部尚书纪昀等奏详检删削并赔缮《尚书古文疏证》等书折//薪与火的传承:纪晓岚《四库全书研究》(韩金国;何香久;魏新民编).－北京:中国文联出版社,1999.12.－269

SK0147 纪晓岚总纂《四库全书》档案:礼部尚书纪昀奏沥陈悔并恳恩准重校赔缮文渊阁明神宗后诸书折//薪与火的传承:纪晓岚《四库全书研究》(韩金国;何香久;魏新民编).－北京:中国文联出版社,1999.12.－270

SK0148 纪晓岚总纂《四库全书》档案:谕内阁将文渊等三阁书籍应换写篇页及工价令纪昀陆锡熊分赔//薪与火的传承:纪晓岚《四库全书研究》(韩金国;何香久;魏新民编).－北京:中国文联出版社,1999.12.－271

SK0149 纪晓岚总纂《四库全书》档案:军机大臣为奉旨一体校勘文津阁诸书事致纪昀函//薪与火的传承:纪晓岚《四库全书研究》(韩金国;何香久;魏新民编).－北京:中国文联出版社,1999.12.－273

SK0150 纪晓岚总纂《四库全书》档案:礼部尚书纪昀奏请将文渊阁翻译册档移送热河一分等事折//薪与火的传承:纪晓岚《四库全书研究》(韩金国;何香久;魏新民编).－北京:中国文联出版社,1999.12.－274

SK0151 纪晓岚总纂《四库全书》档案:礼部尚书纪昀奏来热勘书完竣并查明阙失颠舛各书设法办理折//薪与火的传承:纪晓岚《四库全书研究》(韩金国;何香久;魏新民编).－北京:中国文联出版社,1999.12.－275

SK0152 纪晓岚总纂《四库全书》档案:热河总管董椿等奏纪昀又拣出应毁书七部并重复书一册片//薪与火的传承:纪晓岚《四库全书研究》(韩金国;何香久;魏新民编).－北京:中国文联出版社,1999.12.－276

SK0153 纪晓岚总纂《四库全书》档案:军机大臣阿桂等奏遵议纪昀查勘热河书籍分别办理折//薪与火的传承:纪晓岚《四库全书研究》(韩金国;何香久;魏新民编).－北京:中国文联出版社,1999.12.－277

SK0154 纪晓岚总纂《四库全书》档案:军机大臣奏查四库书内应行撤出销毁各书情形片(附清单一)//薪与火的传承:纪晓岚《四库全书研究》(韩金国;何香久;魏新民编).－北京:中国文联出版社,1999.12.－278

SK0155 纪晓岚总纂《四库全书》档案:热河总管董椿奏纪昀来热河时间及办理书籍情形折//薪与火的传承:纪晓岚《四库全书研究》(韩金国;何香久;魏新民编).－北京:中国文联出版社,1999.12.－279

SK0156 纪晓岚总纂《四库全书》档案:礼部尚书纪昀奏恭报办理文津阁书匣等情形折//薪与火的传承:纪晓岚《四库全书研究》(韩金国;何香久;魏新民编).－北京:中国文联出版社,1999.12.－280

SK0157 纪晓岚总纂《四库全书》档案:寄谕浙江巡抚琅玕将纪昀原折发给陆费墀阅看明白登答//薪与火的传承:纪晓岚《四库全书研究》(韩金国;何香久;魏新民编).－北京:中国文联出版社,1999.12.－282

SK0158 纪晓岚总纂《四库全书》档案:礼部尚书纪昀奏请修改文津阁书函折//薪与火的传承:纪晓岚《四库全书研究》(韩金国;何香久;魏新民编).－北京:中国文联出版社,1999.12.－282

SK0159 纪晓岚总纂《四库全书》档案:礼部尚书纪昀奏撤去次等之书以为插入空匣之地片//薪与火的传承:纪晓岚《四库全书研究》(韩金国;何香久;魏新民编).－北京:中国文联出版社,1999.12.－283

SK0160 纪晓岚总纂《四库全书》档案:军机大臣为奉旨办理文渊阁书匣章程事致纪昀函//薪与火的传承:纪晓岚《四库全书研究》(韩金国;何香久;魏新民编).－北京:中国文联出版社,1999.12.－284

SK0161 纪晓岚总纂《四库全书》档案:谕文源文津两阁书籍交纪昀照此办理//薪与火的传承:纪晓岚《四库全书研究》(韩金国;何香久;魏新民编).－北京:中国文联出版社,1999.12.－284

SK0162 纪晓岚总纂《四库全书》档案:谕《荟要》二分著派懋勤殿翰林会同纪昀悉心勘校//薪与火的传承:纪晓岚《四库全书研究》(韩金国;何香久;魏新民编).－北京:中国文联出版社,1999.12.－285

SK0163 纪晓岚总纂《四库全书》档案:军机大臣阿桂等奏遵旨议奏添纂《八旗通志》情形折//薪与火的传承:纪晓岚《四库全书研究》(韩金国;何香久;魏新民编).－北京:中国文联出版社,1999.12.－285

SK0164 纪晓岚总纂《四库全书》档案:军机大臣奏询问纪昀前奏王杰派人办书勒派之事片//薪与火的传承:纪晓岚《四库全书研究》(韩金国;何香久;魏新民编).－北京:中国文联出版社,1999.12.－287

SK0165 纪晓岚总纂《四库全书》档案:军机大臣等奏询问纪昀前奏王杰派令书吏出银一事情形片//薪与火的传承:纪晓岚《四库全书研究》(韩金国;何香久;魏新民编).－北京:中国文联出版社,1999.12.－287

SK0166 纪晓岚总纂《四库全书》档案:谕纪昀著停支饭银公费三年常青等著降三级//薪与火的传承:纪晓岚《四库全书研究》(韩金国;何香久;魏新民

编）．—北京：中国文联出版社，1999.12.—288

SK0167 纪晓岚总纂《四库全书》档案：谕内阁将文津阁全书内《扬子法言》空行交军机大臣填补等事//薪与火的传承：纪晓岚《四库全书研究》（韩金国；何香久；魏新民编）．—北京：中国文联出版社，1999.12.—288

SK0168 纪晓岚总纂《四库全书》档案：军机大臣等奏遵将《扬子法言》讹写之处夹签进呈片//薪与火的传承：纪晓岚《四库全书研究》（韩金国；何香久；魏新民编）．—北京：中国文联出版社，1999.12.—289

SK0169 纪晓岚总纂《四库全书》档案：军机大臣奏遵旨拟写将纪昀等再行议叙谕旨进呈片//薪与火的传承：纪晓岚《四库全书研究》（韩金国；何香久；魏新民编）．—北京：中国文联出版社，1999.12.—290

SK0170 纪晓岚总纂《四库全书》档案：谕内阁《扬子法言》一书缮写讹错纪昀等著再行交部议处//薪与火的传承：纪晓岚《四库全书研究》（韩金国；何香久；魏新民编）．—北京：中国文联出版社，1999.12.—290

SK0171 纪晓岚总纂《四库全书》档案：谕纪昀著免其革任仍注册庄通敏著于补官日降二级调用//薪与火的传承：纪晓岚《四库全书研究》（韩金国；何香久；魏新民编）．—北京：中国文联出版

社，1999.12.—291

SK0172 纪晓岚总纂《四库全书》档案：左都御史纪昀奏文源阁书覆勘先完请将详校官等分别议处折//薪与火的传承：纪晓岚《四库全书研究》（韩金国；何香久；魏新民编）．—北京：中国文联出版社，1999.12.—291

SK0173 纪晓岚总纂《四库全书》档案：军机大臣阿桂等奏酌议纪昀请将文源阁详校宫等分别议处情形折//薪与火的传承：纪晓岚《四库全书研究》（韩金国；何香久；魏新民编）．—北京：中国文联出版社，1999.12.—292

SK0174 纪晓岚总纂《四库全书》档案：军机大臣阿桂等奏酌议纪昀请筹办新添空函诸书情形折//薪与火的传承：纪晓岚《四库全书研究》（韩金国；何香久；魏新民编）．—北京：中国文联出版社，1999.12.—295

SK0175 纪晓岚总纂《四库全书》档案：左都御史纪昀奏查《性理大全》错误请旨换写分赔折//薪与火的传承：纪晓岚《四库全书研究》（韩金国；何香久；魏新民编）．—北京：中国文联出版社，1999.12.—298

SK0176 纪晓岚总纂《四库全书》档案：左都御史纪昀奏文渊阁书籍校勘完竣并进呈舛漏清单折（附清单一）//薪与火的传承：纪晓岚《四库全书研究》（韩金国；何香久；魏新民编）．—北京：中国文联出版社，1999.12.—299

SK0177 纪晓岚总纂《四库全书》档案:左副都御史陆锡熊奏拟赴盛京覆阅文溯阁全书折//薪与火的传承:纪晓岚《四库全书研究》(韩金国;何香久;魏新民编).—北京:中国文联出版社,1999.12.—302

SK0178 纪晓岚总纂《四库全书》档案:礼部右侍郎刘权之奏请自备资斧前赴文溯阁查检书籍折//薪与火的传承:纪晓岚《四库全书研究》(韩金国;何香久;魏新民编).—北京:中国文联出版社,1999.12.—303

SK0179 纪晓岚总纂《四库全书》档案:军机大臣阿桂等奏遵议纪昀文渊阁书籍错误换写分赔折//薪与火的传承:纪晓岚《四库全书研究》(韩金国;何香久;魏新民编).—北京:中国文联出版社,1999.12.—304

SK0180 纪晓岚总纂《四库全书》档案:左都御史纪昀奏前赴热河覆勘文津阁书籍情形折//薪与火的传承:纪晓岚《四库全书研究》(韩金国;何香久;魏新民编).—北京:中国文联出版社,1999.12.—306

SK0181 纪晓岚总纂《四库全书》档案:热河总管福克精额等奏纪昀等覆勘书籍及收发办理缘由折//薪与火的传承:纪晓岚《四库全书研究》(韩金国;何香久;魏新民编).—北京:中国文联出版社,1999.12.—307

SK0182 纪晓岚总纂《四库全书》档案:军机大臣奏查纪昀覆勘文津阁书籍情形片//薪与火的传承:纪晓岚《四库全书研究》(韩金国;何香久;魏新民编).—北京:中国文联出版社,1999.12.—308

SK0183 纪晓岚总纂《四库全书》档案:寄谕左都御史纪昀传旨申饬令将覆校各书务臻完善毋再舛误//薪与火的传承:纪晓岚《四库全书研究》(韩金国;何香久;魏新民编).—北京:中国文联出版社,1999.12.—309

SK0184 纪晓岚总纂《四库全书》档案:热河总管福克精额等奏文津阁书籍校竣已照式归架折//薪与火的传承:纪晓岚《四库全书研究》(韩金国;何香久;魏新民编).—北京:中国文联出版社,1999.12.—310

SK0185 纪晓岚总纂《四库全书》档案:军机大臣阿桂等奏遵旨核议纪昀覆勘文津阁书籍各情折//薪与火的传承:纪晓岚《四库全书研究》(韩金国;何香久;魏新民编).—北京:中国文联出版社,1999.12.—310

SK0186 纪晓岚总纂《四库全书》档案:军机大臣奏文源阁全书内《盐铁论》缺写一篇请将纪昀等察议片//薪与火的传承:纪晓岚《四库全书研究》(韩金国;何香久;魏新民编).—北京:中国文联出版社,1999.12.—312

SK0187 纪晓岚总纂《四库全书》档案:军机大臣奏呈纪昀等补写文源阁

《盐铁论》缺篇并文津阁本漏写情形片//薪与火的传承：纪晓岚《四库全书研究》（韩金国；何香久；魏新民编）．—北京：中国文联出版社，1999.12.—313

SK0188 纪晓岚总纂《四库全书》档案：军机大臣奏遵旨将文津阁所缮《盐铁论》遗漏处询问纪昀情形片//薪与火的传承：纪晓岚《四库全书研究》（韩金国；何香久；魏新民编）．—北京：中国文联出版社，1999.12.—313

SK0189 纪晓岚总纂《四库全书》档案：寄谕礼部尚书纪昀原办文津阁书错讹不一而足//薪与火的传承：纪晓岚《四库全书研究》（韩金国；何香久；魏新民编）．—北京：中国文联出版社，1999.12.—314

SK0190 纪晓岚总纂《四库全书》档案：原户部尚书曹文埴奏刊刻《四库全书总目》竣工刷印装潢呈览折//薪与火的传承：纪晓岚《四库全书研究》（韩金国；何香久；魏新民编）．—北京：中国文联出版社，1999.12.—314

SK0191 纪晓岚总纂《四库全书》档案：谕内阁《四库全书》内未缮人高宗诗文及续办方略等书著一体增人庋藏//薪与火的传承：纪晓岚《四库全书研究（韩金国；何香久；魏新民编）》．—北京：中国文联出版社，1999.12.—315

SK0192 纪晓岚总纂《四库全书》档案：礼部尚书纪昀奏拟续缮《四库全书》事宜十条折//薪与火的传承：纪晓岚

《四库全书研究》（韩金国；何香久；魏新民编）．—北京：中国文联出版社，1999.12.—316—318

SK0193 纪晓岚总纂《四库全书》档案：谕内阁著添派庆桂等会同纪昀续行缮办《四库全书》//薪与火的传承：纪晓岚《四库全书研究》（韩金国；何香久；魏新民编）．—北京：中国文联出版社，1999.12.—319

SK0194 纪晓岚总纂《四库全书》档案：军机大臣庆桂等奏酌议续办《四库全书》事宜情形折//薪与火的传承：纪晓岚《四库全书研究》（韩金国；何香久；魏新民编）．—北京：中国文联出版社，1999.12.—319

SK0195 纪晓岚总纂《四库全书》档案：军机大臣庆桂等奏查明《四库全书》空函及应增书籍情形折//薪与火的传承：纪晓岚《四库全书研究》（韩金国；何香久；魏新民编）．—北京：中国文联出版社，1999.12.—320—321

SK0196 纪晓岚总纂《四库全书》档案：军机大臣庆桂等奏办理文渊阁空函书籍告竣折//薪与火的传承：纪晓岚《四库全书研究》（韩金国；何香久；魏新民编）．—北京：中国文联出版社，1999.12.—322

SK0197 纪晓岚总纂《四库全书》档案：军机大臣庆桂等奏文渊阁空函书籍排架完竣折//薪与火的传承：纪晓岚《四库全书研究》（韩金国；何香久；魏新

民编).-北京:中国文联出版社,1999.
12.-323-324

SK0198 时贤对纪晓岚总纂《四库
全书》的评价//薪与火的传承:纪晓岚
《四库全书研究》(韩金国;何香久;魏新
民编).-北京:中国文联出版社,1999.
12.-325-329

SK0199 清人笔记中的纪晓岚总纂
《四库全书》资料//薪与火的传承:纪晓
岚《四库全书研究》(韩金国;何香久;魏
新民编).-北京:中国文联出版社,
1999.12.-330-342

SK0200 现当代学者对纪昀总纂
《四库全书》的评价//薪与火的传承:纪
晓岚《四库全书研究》(韩金国;何香久;
魏新民编).-北京:中国文联出版社,
1999.12.-343

SK0201《四库禁毁书丛刊》竣工//
人民日报.-1999,11.22.-5

SK0201 明清类书、丛书与法国十
八世纪百科全书之比较研究/叶乃静//
图书资讯学刊.-1999,(14).-129
-148

2000 年

SK0001 20 世纪《阅微草堂笔记》研
究综述/汪龙麟//殷都学刊.-2000,
(1).-77-81

SK0002 从《文选》选赋看萧统的赋
文学观/傅刚//北京大学学报(哲学社
会科学版).-2000,(1).-82-93

SK0003 文澜阁《四库全书》补钞本
之价值/赵冰心;裘樟松//图书与情报.
-2000,(1).-62-64

SK0004《四库全书荟要》的文献价
值/王兴亚//黄河科技大学学报.-
2000,(1).-101-106

SK0005 四库全书总目子部释家
类、道家类提要补正/周生春//世界宗
教研究.-2000,(1).-86-92

SK0006《四库全书总目》分类辨证/
刘尚恒//图书馆工作与研究.-2000,
(1).-36-39

SK0007 阮元的经解/余新华//文
史哲.-2000,(1).-39-48

SK0008 华南学术文化浅议/徐杰
舜//广西社会科学.-2000,(1).-97
-100

SK0009 初探邵晋涵编修《宋史》的
宗旨/朱依群//宁波大学学报(人文科
学版).-2000,(1).-47-50

SK0010 我国科学家传记的开山之
作——阮元与《畴人传》/韩文宁//图书
与情报.-2000,(1).-69-71

SK0011 馆藏古籍善本的特色与利
用/王清原//图书馆学刊.-2000,(1)
-.59-62

SK0012 增订四库简明目录标注/
邵懿辰撰;邵章续录.-上海:上海古籍
出版社,2000.1

SK0013 高举滇云文化大旗的人
们——从王思训《征刻滇诗启》到赵藩

的《云南丛书》/李世泽//大理师专学报.—2000,(1).—64—70

SK0014 破解《永乐大典》正本失落之谜/叶雷//云南档案.—2000,(1).—40—41

SK0015 清代图书编撰考略/曹之//图书情报论坛.—2000,(1).—55—60

SK0016 清代苏籍官民以文触狱述略/杜吉华//江苏地方志.—2000,(1).—27—30

SK0017 "四库学"200年/周积明//深圳特区报.—2000,2.20.—14

SK0018 大型中文古籍《四库全书》自动版面分析系统/姜哲;马少平;夏莹//中文信息学报.—2000,(2).—14—20

SK0019 文化的异质交流与目录学的嬗变/陈耀盛//图书馆理论与实践.—2000,(2).—32—35

SK0020 文渊阁四库全书(图像标题检索版)//中国电子出版.—2000,(2).—13

SK0021 中国丛书目录史/王瑞祥//河北科技图苑.—2000,(2).—30—32

SK0022 中国传统目录学透视及其它/张锦//津图学刊.—2000,(2).—73—81

SK0023 中国古代的丛书/李峰//图书馆.—2000,(2).—75—77

SK0024 从《四库全书》的纂修看清朝的中秘藏书/崔文印//书品.—2000,(2).—94

SK0025 日本《四库提要北宋五十家研究》序/曾枣庄//四川大学学报(哲学社会科学版).—2000,(2).—79—82

SK0026《四库全书》原文电子版及其对古籍工作的影响/任瑞娟;崔广社//图书情报工作.—2000,(2).—52—53

SK0027《四库全书总目提要》浅说/郑骊//武钢职工大学学报.—2000,(2).—78—79,74

SK0028《四库全书》的纂修与清代的文化专制/罗威;贺双非//益阳师专学报.—2000,(2)—92—93

SK0029《四库提要》订误九十则(续)/李裕民//运城高等专科学校学报.—2000,(2).—55—58

SK0030《四库提要》订误九十则(续)/李裕民//河东学刊.—2000,(3/4).—/44—50/.—8—12

SK0031 四库提要北宋五十家研究序/曾枣庄//中国典籍与文化.—2000,(2).—61—65

SK0032 汉魏六朝文体辨析的学术渊源/傅刚//中国社会科学.—2000,(2).—145—153

SK0033 吴慰祖校订《四库采进书目》举正(1/2)/杜泽逊//图书馆工作与研究.—2000,(2/3).—52—54,51—53

SK0034 张心澄与《伪书通考》/杨绪敏//徐州师范大学学报（哲学社会科学版）. —2000,（2）. —97—100

SK0035 武英殿修书处藏书考略——兼探四库"存目"等书的存放地点/朱赛虹//文献. —2000,（2）. —165—177,263

SK0036 总集之祖辨/力之//郑州大学学报（哲学社会科学版）. —2000,（2）. —79—82

SK0037 试论中国古典目录学在明代的发展/段建宏//晋图学刊. —2000,（2）. —62—64

SK0038 校勘公允考论翔实——评《诸葛亮集笺论》/孺子//华夏文化. —2000,（2）. —59—60

SK0039 浙江图书馆古籍善本概述/童正伦//书品. —2000,（2）. —86—94

SK0040 清雍正朝浙江吕留良"谋逆"案——旷古未有的"文字狱"（1/2）/简究岸//观察与思考. —2000（2）. —44—45/. —42—43

SK0041《四库全书总目》纠谬一则/司马周//江海学刊. —2000,（3）. —60

SK0042 "四库学"历史与思考/周积明//清史研究. —2000,（3）. —50—62

SK0043《四库全书总目》与十八世纪中国文化的流向/周积明/社会科学战线. —2000,（3）. —104—113

SK0044 从《四库全书总目》对明代

经学的评价析论其评价内涵的意义/杨晋龙//中国文哲研究集刊. —2000,（3）. —523—587

SK0045 朱熹与戴震——纪念朱熹诞辰 870 周年逝世 800 周年/方利山//黄山高等专科学校学报. —2000,（3）. —12—18

SK0046 古籍数字资源述略/杨朝霞//大学图书馆学报. —2000,（3）. —15—20

SK0047 论黄虞稷的目录学成就/魏思玲//洛阳师范学院学报. —2000,（3）. —135—136

SK0048 学术巨匠朱彝尊的文献学实践/陈少川//图书与情报. —2000,（3）. —71—73

SK0049《陈训慈日记》中有关文澜阁《四库全书》抗战迁徙事摘录/陈训慈//中国文哲研究通讯. —2000,（3）. —261—272

SK0050 胡应麟与中国古典目录学史研究/王嘉川;何建军//燕山大学学报（哲学社会科学版）. —2000,（3）. —63—67

SK0051 由《汉书·艺文志》《隋书·经籍志》《四库全书总目》看目录学流变/刘静//聊城师范学院学报（哲学社会科学版）. —2000,（4）. —84—87

SK0052 四库文化浅说/李杰//图书馆工作与研究. —2000,（4）. —17—22

SK0053《四库全书》体系的构建及

其价值评说/赵达雄/情报资料工作. —2000,(4). —43—45

SK0054《四库提要》订误九十则(续)/李裕民//运城高等专科学校学报. —2000,(4/5). —32—35/. —64—69

SK0055《四库禁毁书研究》出版//中国社会科学院研究生院学报. —2000,(4)—40

SK0056《四库全书总目提要》中的泰山要籍/王传明//泰安教育学院学报岱宗学刊. —2000,(4). —1—2

SK0057 四库总目鲁府秘方提要辨正/杜泽逊//文献. —2000,(4)—.251—253

SK0058 对《古今书录序》的几点驳证——兼及《群书目录》质量的讨论/桂罗敏//图书馆工作与研究. —2000,(4). —52—55

SK0059 西夏纪事本末考略/任增霞//宁夏社会科学. —2000,(4). —78—82

SK0060 杜定友图书分类思想的发展/白国应//晋图学刊. —2000,(4). —1—9

SK0061 杨家骆与《图书年鉴》/张志强//编辑之友. —2000,(4). —60—63

SK0062 类书性质新辨/夏南强//晋阳学刊. —2000,(4). —69—75

SK0063 盖棺论定蒋复璁/罗德运//图书馆工作与研究. —2000,(4). —10—16

SK0064 清代回族伊斯兰文字狱——海富润案件始末/纳国昌//回族研究. —2000,(4). —25—28

SK0065《四库全书》本《雪山集》/金镐//中国文学研究. —2000,(5)

SK0066《永乐大典》之谜有望揭开/叶雷//收藏. —2000.(8). —6—8

SK0067 永乐大典本《寒山诗集》论考/钟仕论//四川大学学报(哲社版). —2000.(5). —113—118

SK0068 书目数据库建设中的古籍分类问题/郑贵宇//图书馆理论与实践. —2000,(5). —23—25

SK0069《四库全书》的校对/刘辰//编辑之友. —2000,(5). —60—64

SK0070《四库全书》阁本提要论略/张传峰//阜阳师范学院学报(社科版). —2000,(5). —19—22

SK0071《四库全书总目》的史学思想初探/吴海兰//古籍整理研究学刊. —2000,(5). —11—15

SK0072 四库书目家族/林申清//华东师范大学学报(哲学社会科学版). —2000,(5). —34—42,124

SK0073《永乐大典》编纂考略/曹之//图书馆. —2000,(5). —69—71

SK0074 吕冠苏戴 文不对题——《四库全书》勘误举例/司马朝军//图书馆工作与研究. —2000,(5). —16—17

SK0075《京氏易考》作者辨——《经义考》、《四库全书总目提要》订误/王同

策//吉林大学社会科学学报. －2000,
(5). －78－80

SK0076 中国文字狱述论/罗素英//求是学刊. －2000,(6). －111－117

SK0077 论孙德谦的目录学思想/许广奎//图书馆学研究. －2000,(6). －88－90

SK0078 慎独斋本《山堂考索》之刊校及与"四库本"之比较/杨晋龙//第九届所友学术讨论会论文集. －国立高雄师范大学国文学系,2000.5. －93－97

SK0079 金梁《四库全书纂修考跋》及相关内容考释/李国庆//图书馆工作与研究. －2000,(6)－19－20

SK0080 国家民委向西藏图书馆赠书/郑东鸿//新华每日电讯. －2000,6.29. －5

SK0081 曹学全和他的《蜀中著作记》/宋建昃//四川图书馆学报. －2000,(6). －76－80

SK0082 清雍正朝浙江吕留良"谋逆"案——旷古未有的"文字狱"(下)/简究岸//观察与思考. －2000,(6)－45－46

SK0083 九死一生度书厄/林申清//文汇报. －2000,7.15. －9

SK0084《四库学》研究方法刍议——研究时的几个问题/杨晋龙//乾嘉学者的治经方法. －台北:中央研究院中国文哲研究所筹备处. －2000. －17－70

SK0085《永乐大典》散聚述略/范开宏//图书馆杂志. －2000,19(7). －61－62

SK0086 纪昀对文献学的贡献/王纯//图书情报工作. －2000,(8). －89－91

SK0087 古籍文献与现代化技术/陈立新//图书情报工作. －2000,(9). －49－51

SK0088 论陈栎《书解折衷》与《书蔡氏传纂疏》对《书集传》的态度——驳正《四库全书总目》的误解/许华峰//元代经学国际研讨会论文集(上). －台北:"中央研究院"中国文哲研究所筹备处. －2000.10

SK0089 台湾学者研究"清乾嘉扬州学派"述略/杨晋龙//汉学研究通讯. －2000,(11). －596－610

SK0090 澳门所藏《翁方纲纂四库提要稿》/王世伟//文汇读书周报. －2000,11.18. －5

SK0091 文溯阁《四库全书》在我省保护良好/张弘//甘肃经济日报. －2000,12.1. －1

SK0092 甘肃省人民代表大会常务委员会关于进一步加强文溯阁《四库全书》保护工作的决策:2000 年 12 月 2 日甘肃省第九届人民代表大会常务委员会第十九次会议通过//甘肃日报. －2000,12.3. －3

SK0093 汪慎之向安徽赠送《四库

全书》/林延生//人民日报海外版. —
2000,12.11. —5

SK0094《四库全书总目》对宋、元之
际《尚书学》的评述/许华峰//国立中央
大学人文学报. —2000,(22)

SK0095"四库学"通论/周积明//故
宫学术季刊. —2000,9. —1—22

SK0096 大规模古籍电子化关键技
术及实现/王晓波//中国科学院软件研
究所计算机应用技术中文硕士论文.
—2000

SK0097《四库全书总目》史部分类
之研究/杨晓云//"国立台湾大学"图书
信息学研究所中文硕士论文. —2000

SK0098 从《四库全书总目》对明代
经学的评价析论其评价内涵的意义/杨
晋龙//中国文哲研究集刊. — 2000,
(16). —523—586

SK0099 乌台诗案纵横谈（未完待
续）/王文龙//盐城师范学院学报（人文
社科版）. —2000,20(3). —12—17

SK0100 文渊阁本《系年要录》校正
举例/徐规//宋史研究论文集——国际
宋史研讨会暨中国宋史研究会第九届
年会编刊. —2000

SK0101 古籍电子化与中国古代文
学研究——近年来若干古籍电子化工
程及有关专业网站扫描/范子烨//第一
届全国高校中国古代文学科研与教学
研讨会论文集. —2000

SK0102《四库全书简明目录》重印

本标点摘误/陈曦钟//红楼疑思录. —
北京：新华出版社,2000

SK0103 论《四库全书总目》对明代
诗经学的评价/杨晋龙//第四届诗经国
际学术研讨会论文集. —北京：学苑出
版社,2000.7

SK0104 孙承泽生平及其学术思
想/刘仲华//北京古都风貌与时代气息
研讨会论文集. —2000

SK0105 乾隆皇帝与北京城/秦国
经//北京古都风貌与时代气息研讨会
论文集. —2000

2001 年

SK0001 乌台诗案纵横谈（2）/王文
龙//盐城师范学院学报（人文社科版）.
—2001,21(1). —23—24

SK0002 文澜阁四库全书：竺可桢
贵阳地母洞/何长凤//贵阳师专学报
（社会科学版）. —2001,(1). —34—37

SK0003 中国目录学史正误/张永
瑾//淮北煤师院学报（哲学社会科学
版）. —2001,(3/4). —98—99

SK0004 古医籍导读之良师——
《四库全书总目·子部·医家类》及续
编/芦青//医古文知识. —2001,(1)—24
—26

SK0005 四库全书与扬州/张树
忠//图书馆杂志. —2001,(1). —60—61

SK0006《四库全书》——中国古代
头号出版大工程/憨斋//阅读与写作.

—2001,(10).—47—48

SK0007《四库全书总目》方志提要述评/吴平//图书馆工作与研究.—2001,(1).—27—33

SK0008《四库全书总目提要》人名考辨一例/周鹏程//四川师范大学学报（社会科学版).—2001,(1)—58

SK0009《四库禁毁书丛刊》二期工程启动/范占英//中国新闻出版报.—2001,1.5.—42—43

SK0010 余集《四库全书》提要稿研究价值浅论/李祚唐//学术月刊.—2001,(1).—79—81

SK0011 余嘉锡《四库提要辨误》探析/胡元玲//书目季刊.—2001,(1)

SK0012 再论是分类法史,还是书目史?——关于商榷的商榷/刘延章//图书馆论坛.—2001,(1).—6—8,49

SK0013 试析清代考据学中以子证经、史的方法/刘仲华//清史研究.—2001,(1).—85

SK0014 学识淹贯率真成性的纪晓岚——《四库全书总目提要》《阅微草堂笔记》读后随/王竞//图书馆建设.—2001,(1).—105—108

SK0015 金梁《四库全书纂修考跋》及相关内容考释（1/2/3/4/5/6)/李国庆//图书馆工作与研究.—2001,(1/2/3/4/5/6).—33—35,33,38—39,47,32—33,29—31

SK0016 清代考据学研究/郭康松.

—武汉:崇文书局.2001

SK0017 续修四库提要的四种版本/潘树广//古籍研究.—2001,(1).—1—2

SK0018 新时期中国四库文化建设的伟大成就——试谈我国九十年代"三大四库文化工程"建设及意义/李杰//山东图书馆季刊.—2001,(1).—51—53

SK0019《纂修四库全书档案》的编纂及其史料价值/旅见//历史档案.—2001,(1).—126—128

SK0020 文史知识拾片/李仁//大众科技报.—2001,2.20.—5

SK0021《中图法》与古籍子部分类如何对应/张国娟//图书馆杂志.—2001,(2).—62,41

SK0022《四库全书》宋别集类的《永乐大典》辑佚书/李晓明//文献.—2001,(2)—184—192

SK0023《四库全书》收录余杭、钱塘、仁和籍人士著作目录及作者简历辑录(2/3)/张红//图书馆研究与工作.—2001,(3).—39—40/.—62—64

SK0024 四库采进本之存贮及命运考略/杜泽逊//图书馆工作与研究.—2001,(2).—30—32

SK0025《四库禁毁书丛刊》版本正误一则/谢晖//北京师范大学学报(人文社会科学版).—2001,(2).—143

SK0026 台湾四库学论著目录(1)/司马朝军//文献.—2001,(2).—238

—243

SK0027 台湾四库学论著目录（2）/司马朝军//文献.—2001,（4）.—259

SK0028《史记正义佚存》真伪考/尤德艳//南京师范大学文学院学报.—2001,（2）.—27—30,50

SK0029 叶德辉所刊刻丛书的研究/沈俊平//图书与情报.—2001,（2）.—47—51

SK0030 关于历史文献分类的研究/白国应//图书馆工作.—2001,（1/2）.—25—28/.—21—23

SK0031 余集《四库全书》提要稿疏证/李祚唐//天府新论.—2001,（2）.—70—75

SK0032《皇明史愡堂先生遗稿》版本考/杨光辉//古籍整理研究学刊.—2001,（2）.—45—48

SK0033 郑樵《通志·艺文略》及其贡献/冯文龙//信阳师范学院学报（哲学社会科学版）.—2001,（2）.—101—104

SK0034 谈古代书目中的小说著录/王慕东//图书馆杂志.—2001,（2）.—58—61

SK0035《掾曹名臣录》撰者考——兼谈《四库全书存目丛书》的一点失误/潘树广//图书馆杂志.—2001,（2）.—56—57

SK0036 清代徽籍藏书家鲍延博/张健;汪慧兰//安徽师范大学学报（人文社会科学版）.—2001,（2）.—250—253

SK0037 雍正对曾静、吕留良案的"出奇料理"与吕留良研究——兼论文字狱对清代思想文化发展之影响/王俊义//中国社会科学院研究生院学报.—2001,（2）—64—75,111

SK0038 儒学文献述考及国内首家"儒学文献资料室"的建设/王纯//现代情报.—2001,（2）—73—74

SK0039 90 年代《四库全书总目》研究论文综述/李杰//图书馆工作与研究.—2001,（3）—33—37

SK0040《文津阁记》解说与词语辨析/段会杰//承德民族师专学报.—2001,（3）—10—12

SK0041《六韬》综论/徐勇;邵鸿//济南大学学报（社会科学版）.—2001,（3）—25—31

SK0042 鲁迅郑振铎与《永乐大典》/崔石岗//图书馆理论与实践.—2001,（3）—65—66

SK0043《四库全书》中的祁门人/叶长青;桂英梅;陈琪//徽州社会科学.—2001,（3）.—47—48

SK0044 四库抽毁本《书影》"提要"考证/孙文隆//长沙电力学院学报（社会科学版）.—2001,（3）.—120—122

SK0045 台湾近五十年诗经学研究概述（1949—1998）/杨晋龙//汉学研究通讯.—2001,（3）.—28—35

SK0046 纪晓岚与避暑山庄/蒋秀丹//承德民族师专学报.－2001,(3).－4－7

SK0047 纪昀与《四库全书》/李烈辉//青海档案.－2001,(3).－44

SK0048 论"四分法"的开创及其演变/高裕生//甘肃行政学院学报.－2001,(3).－57－60

SK0049 陈垣与中国国家图书馆/焦树安//国家图书馆学刊.－2001,(3).－85－88

SK0050 谈《四库全书》的编撰体例及历史价值/张学军//聊城师范学院学报(哲学社会科学版).－2001,(3).－112－113

SK0051 试论中国古代文字狱的文学根源/闾海燕//常熟高专学报.－2001,15(3).－39－42,46

SK0052 清初的实学与史学/葛玉红;阚红柳//辽宁大学学报.－2001,(3).－59－61

SK0053 清代乾隆朝宫廷礼乐探微/刘桂腾//中国音乐学.－2001,(3).－43－67

SK0054 徽州人与《四库全书》/汤华泉//安徽史学.－2001,(3).－18－20

SK0055 二十世纪中国古籍目录研究与实践综述/王锷//图书与情报.－2001,(4).－2－9,16

SK0056 九十年代中国"三大四库文化工程"的建设与成就/李杰//古籍整理研究学刊.－2001,(4).－55－60

SK0057《乐府补题》主旨考辨——兼论"比兴寄托"说词论在清代以来的演变/丁放//安徽师范大学学报(人文社会科学版).－2001,(4).－531－538

SK0058 中国古代目录学研究之我见/傅荣贤//图书与情报.－2001,(4).－29－32

SK0059 为吕留良鸣冤获罪的齐周华文字狱/简究岸//观察与思考.－2001,(4).－42－43

SK0060《四库全书》与文宗阁/裴伟//江苏省高等学校图书馆学报.－2001,(4).－62－63

SK0061《四库提要·(李贺)昌谷集》补正/刘兴超//四川师范大学学报(社会科学版).－2001,(4).－108

SK0062 四库提要订误十六则/李裕民//学术论丛.－2001,(4).－64－69

SK0063《四库全书》体系的构建及其价值评说/赵达雄//图书情报工作.－2001,(4).－81－84

SK0064《四库全书存目丛书》失败一题/张升//图书馆工作与研究.－2001,(4).－45－46

SK0065《四库全书》之《贞素斋集》"提要"辨正/魏崇武//北京师范大学学报(人文社会科学版).－2001,(4).－140－144

SK0066《永乐大典》散亡考/刘春英//枣庄师专学报.－2001,(4).－109

—110

SK0067 关于《四库全书》绢面之颜色/陈东辉//古籍研究.—2001,(4).—48—50

SK0068 陈训慈先生与文澜阁《四库全书》/张群//图书馆研究与工作.—2001,(4).—8—9

SK0069 陈垣对清史研究的贡献/牛润珍//清史研究.—2001,(4).—56—67

SK0070 试论《四库禁毁书丛刊》的文献学价值/李共前;菊秋芳//图书馆理论与实践.—2001,(4).—48—49

SK0071《通志·艺文略》对医籍著录的贡献/李莹;刘更生;李虹//山东中医药大学学报.—2001,(4).—295—296

SK0072 从《汉志·诸子略》到《四库全书总目·子部》——中国学术演进历程概观/杨然//古籍整理研究学刊.—2001,(5).—59—64

SK0073《四库全书总目提要·无锡县志》辨证/朱刚//图书馆工作与研究.—2001,(5).—29—31

SK0074《四库全书》与文澜阁/山石//人民日报海外版.—2001,5.1.—3

SK0075 关于纪昀的《文心雕龙》批评及其文学思想之研究/汪春泓//北京大学学报（哲学社会科学版）.—2001,(5).—75—84

SK0076 试论《四库全书总目》词籍提要的词学批评成就/李剑亮//文学遗

产.—2001,(5).—86—93

SK0077《续修四库全书总目提要》（稿本）"永嘉丛书"条辩正/李海英//图书馆杂志.—2001,(5).—63,59

SK0078《考古图》钱曾藏本非影宋本考/李玉奇//古籍整理研究学刊.—2001,(5).—50

SK0079 90 年代《四库全书总目》研究概况/李杰//学术月刊.—2001,(6).—109—112

SK0080 文溯阁《四库全书》琐谈/王清原//图书馆学刊.—2001,(6).—61—64

SK0081 中国百年文献分类学名著研究（上编）/俞君立;黄葵//高校图书馆工作.—2001,(6).—1—8

SK0082 丛书渊源与体制形成之研究/刘宁慧//台湾师范大学国文研究所中文博士学位论文.—2001,(6)

SK0083《四库全书》乾隆谕旨平议/戚福康//古籍整理研究学刊.—2001,(6).—1—7

SK0084 张舜徽与 20 世纪后半叶的国学研究/谢贵安//求索.—2001,(6).—122—126

SK0085 浅谈《四库禁毁书丛刊》的出版/江庆柏//书品.—2001,(6).—52—60

SK0086 季羡林先生的治学态度/杜泽逊//济南大学学报（社会科学版）.—2001,(6).—26—27,30

SK0087 解缙与《永乐大典》/龚花萍//图书馆理论与实践.—2001,(6).—65—67

SK0088《名公书判清明集》的版本及流传/张升//图书馆杂志.—2001,(7).—55—57

SK0089 四库全书总目辨误/杨武泉.—上海:上海古籍出版社,2001.7

SK0090 阮元与宛委别藏/张树忠//图书馆杂志.—2001,(7).—57—58

SK0091 晚清四大藏书楼//云南日报.—2001,7.28.—3

SK0092 1999—2000 年我国文献分类研究进展/俞君立;吴礼志//图书馆杂志.—2001,(8).—2—6

SK0093 影印宜止 比勘当行——读蔡元培、袁同礼先生"对于影印《四库全书》的建议"有感/赵达雄//出版发行研究.—2001,(8).—76—78

SK0094 略评《四库未收书目提要》/眭骏//图书馆杂志.—2001,(8).—49—50

SK0095 乾隆时期的文字狱/李凌//炎黄春秋.—2001,(8).—76—79

SK0096《四库全书》的命运/郭图//光明日报.—2001,9.20.—C 3

SK0097 新印古籍图书机读目录数据制作中的问题探讨/卢慕真//图书情报工作,2001,(9).—51—57

SK0098《续修四库全书总目》(稿本)"籀亭述林"条补正/李海英//图书馆杂志.—2001,(9).—59

SK0099 对大陆古籍大馆所藏"善本"的书品分析和对"普本"的思考/罗琳//北京:国家图书馆出版社.—2001.10

SK0100 略论阮元在文献学上的成就/刘宝玲//图书情报工作.—2001,(10).—91—93

SK0101 我国网络型电子图书的发展/夏立新//电子出版.—2001,(11).—18—20

SK0102 四库文化工程与古籍数量问题/纪晓平//图书馆杂志.—2001,(11).—54—55

SK0103《续修四库全书总目提要·经部》辨证(2)//台大文史哲学报.—2001,(55)

SK0104 文源阁与《四库全书》/常润华//人民日报海外版.—2001,12.28.—6

SK0105 陆心源及其《皕宋楼藏书志》史部宋刊本研究/林淑玲//台北中国文化大学史学研究所中文硕士学位论文.—2001,(12)

SK0106《四库全书总目》之文学批评研究/龚诗尧//南投县国立暨南国际大学中国语文研究所中文硕士学位论文.—2001

SK0107 余嘉锡文献学思想研究/滕兰花//广西师范大学中文硕士学位论文.—2001

SK0108《四库全书总目》研究/司马朝军//武汉大学中文博士学位论文. —2001

SK0109 类书通论——论类书的性质起源发展演变和影响/夏南强//华中师范大学中文博士学位论文. —2001

SK0110 四库全书总目史部分类之研究/杨晓云//"国立台湾大学"图书信息学研究所中文硕士学位论文. —2001

SK0111 对大陆古籍大馆所藏"善本"的书品分析和对"普本"的思考/罗琳//北京：中文善本古籍保存保护国际研讨会会议论文. —2001.6

SK0112《四库全书总目》中的《诗经》批评/郭丹//第五届诗经国际学术研讨会会议论文. —2001,8.15

SK0113 四库全书之纂修与清初崇实思潮之关系研究/曾纪刚//台北：花木兰文化工作坊(初版). —2001

2002 年

SK0001 二十世纪四库学研究之误区——以《四库全书总目》为例/崔富章//书目季刊. —2002,(1). —1—19

SK0002《与同年诸翰林论文书》作者考辨/刘化兵//大庆高等专科学校学报. —2002,(1). —89—91

SK0003 王重民先生对目录学、敦煌学的贡献/党燕妮；李长迅//图书与情报. —2002,(1). —37—41

SK0004 王钟翰师《清史余考》读后感/邸永君//民族研究. —2002,(1). —100—101

SK0005 元白体名义辨析/陈才智//天中学刊,2002,(1). —37—42

SK0006 中国的数字文化/王纯//晋图学刊. —2002,(1). —67—69,73

SK0007《汉武帝内传》与《神仙传》关系略论/赵益//古籍整理研究学刊. —2002,(1). —7—10

SK0008 古代书目编撰的特点/曹之//中国图书馆学报. —2002,(1). —75—78

SK0009《四库全书》藏书楼奠基/陈宗立//光明日报. —2002,1.18. —A2

SK0010《四库全书总目》与乾嘉"新义理学"/周积明//中国史研究. —2002,(1). —145—163

SK0011 对近代外国人掠夺中国文献情况的研究/王东波//河南图书馆学刊. —2002,(1). —63—65

SK0012《永乐大典》征引方志考述/黄燕生//中国历史文物. —2002,(3). —74—83

SK0013 "西学"在《四库全书》中的反映/王永华//图书馆工作与研究. —2002,(1). —31—33

SK0014 含经堂遗址/常润华//人民日报海外版. —2002,1.31. —7

SK0015 纪昀反宋学的思想意义——以《四库提要》与《阅微草堂笔记》为观察线索/张丽珠//汉学研究. —

2002,20(1).－253－276

SK0016 台湾四库学论著目录（3）/司马朝军//文献.－2002,(1).－154－158

SK0017 阮元的校勘学和编纂学成就/宋丽群;孟鸥//青岛大学师范学院学报.－2002,19(1).－30－32

SK0018 治学浅谈/黄永年//陕西师范大学继续教育学报.－2002,(1).－29－32

SK0019 明代《弘正诗钞》辑者考/陆林//中国典籍与文化.－2002,(1).－52－55

SK0020 修补《山堂肆考》一得/邱晓刚//江苏图书馆学报.－2002,(1).－40－41

SK0021 探赜索隐稽古发微——陈垣《耶律楚材父子信仰之异趣》一文简评/石涛//山西大学学报（哲学社会科学版）.－2002,(1).－81－83

SK0022 浙江图书馆的历史文献收藏及其特色/丁红;程小澜//图书馆工作与研究.－2002,(1).－34－37

SK0023 略论我国民族古文献的体系及意义/范波//贵州民族研究.－2002,(1).－127－132

SK0024 禁锢的环境,怵祸的心态——论洪武文字狱下的文学创作/司马周//西安电子科技大学学报（社科版）.－2002,12(1).－62－65

SK0025 20 世纪上半叶中国文献分类法理论与实践的发展及其历史经验/俞君立//中国图书馆学报.－2002,(2).－68－73

SK0026 文澜阁《四库全书》记略/冯春生//浙江档案.－2002,(2).－23

SK0027 中国目录学史上的盛事——读王绍曾编《清史稿艺文志拾遗》/乔好勤//图书馆杂志.－2002,(2).－70－77

SK0028 中国古代目录学的学科自省/傅荣贤//图书馆理论与实践.－2002,(2).－65－68

SK0029 中医药院校图书馆应加强中医药古籍馆藏建设/刘汉强;姚勤//中华医学图书情报杂志.－2002,(2).－25－27

SK0030 天一阁藏书的利用及其对《四库全书》的贡献/邓雪峰//图书馆建设.－2002,(2).－111－112

SK0031《四库全书》乾隆谕旨平议（续）/戚福康//古籍整理研究学刊.－2002,(2).－28－33

SK0032《四库全书》与《续修四库全书》/顾关元//华夏文化.－2002,(2).－60－62

SK0033《四库全书》影印本与库本的差异论析/李祚唐//学术月刊.－2002,(2).－52－58

SK0034《四库全书总目》研究摘要/司马朝军//国家图书馆学刊.－2002,(2).－82－83,81

SK0035《四库全书总目》与《四库全书简明目录》之比较/司马朝军//上海高校图书情报学刊. —2002,(2). —58—59

SK0036 张宗祥与图书馆/徐洁//津图学刊. —2002,(2). —61—62

SK0037 金梁《四库全书纂修考跋》及相关内容考释/李国庆//图书馆工作与研究. —2002,(2). —33—34

SK0038 试论中国古代图书编目的文化内涵/王涛//图书情报工作. —2002,(2). —136—139

SK0039 馆藏古籍书目数据库建设/石春耘；梅芹//图书馆建设. —2002,(2). —29—33

SK0040 简论孙镶的《诗经》评点/龙向洋//江西社会科学. —2002,(2). —11—13

SK0041 跋天一阁进呈四库馆明抄本《国初礼贤录》/杜泽逊//图书馆工作与研究. —2002,(2). —45—47

SK0042《文宗阁四库全书装函清册》说略/王菡//文献. —2002,(3). —160—164

SK0043 文溯阁与《四库全书》/王清原//文献. —2002,(3). —147—160

SK0044 中国传统思维方式与图书分类法的选择——孙星衍十二分法的文化透视/郑天一//江苏图书馆学报. —2002,(3). —43—47

SK0045 四库总目事物考提要辨正/杜泽逊//图书馆杂志. —2002,(3). —73—77

SK0046 四库提要叙讲疏（经部总叙、易类叙）/张舜徽//台北：台湾学生书局,2002.3. —225

SK0047 古籍网络资源述略/李明杰//图书馆建设. —2002,(3). —84—87

SK0048 江浙三阁与晚清"书厄"/史革新//寻根. —2002,(3). —85—91

SK0049 关于馆藏古籍线装文献数据库建设的探讨/牛陶兰//图书情报知识. —2002,(3). —59—64

SK0050 论陈垣对中国目录学的贡献/张俊燕//广西社会科学. —2002,(3)—205—207

SK0051 论《续修四库全书》/宋木文//图书馆. —2002,(3). —91—95

SK0052 论《四库全书总目》文学批评的经世价值取向/涂谢权//贵州师范大学学报（社会科学版）. —2002,(3). —65—69

SK0053 论《四库全书总目》的文体研究/杨有山//南阳师范学院学报. —2002,(3). —44—46

SK0054 纪昀的《文心雕龙》研究/沙先//徐州师范大学学报（哲学社会科学版）. —2002,(3). —66—69

SK0055 陈垣与中国基督教史研究/汤开建；陈文源//暨南学报（社会科学版）. —2002,(3). —107—115

SK0056 南宋著名藏书家陈振孙及

其《直斋书录解题》/丁宏宣//福建图书馆学刊.－2002,(3).－60－61

SK0057 汪喜孙的生平与著作/杨晋龙//第七届清代学术研讨会.－高雄市"国立中山大学"中国文学系、清代学术研究中心.－2002.3

SK0058 清平初选后集/李越深//浙江大学学报(人文社会科学版).－2002,(3).－50－57

SK0059 清代文学史料整理中的文学史观/袁进//社会科学.－2002,(3).－76－80

SK0060 真情豪气满乾坤——记吾师王钟翰先生/邸永君//社会科学战线.－2002,(3).－216－224

SK0061《续修四库全书》1800册全部出齐/李鹏//图书馆.－2002,(3).－76

SK0062《续修四库全书总目提要(稿本)》述评/江庆柏//书品.－2002,(3).－28－36,62

SK0063 乾嘉汉学治学宗旨及其学术实践探析——以戴震、阮元为中心/黄爱平//清史研究.－2002,(3).－91－99

SK0064 盛世修典 协调共进——写在《续修四库全书》出版之后/宋木文//出版科学.－2002,(3).－4－6

SK0065 文溯阁《四库全书》迁甘始末/李芬林//档案.－2002,(4).－36－37

SK0066 从台阁体到复古派/孙学堂//陕西师范大学学报(哲学社会科学版).－2002,(4).－63－69

SK0067 从《四库全书总目·史部·史评类》对于所录明代著作的评述分析明人的史评论著/张维屏//政大史粹.－2002,(4).－89－107.

SK0068《四库全书总目》中的《诗经》批评/郭丹//福建师范大学学报(哲学社会科学版).－2002,(4).－75－81

SK0069《四库全书》中的湘人著述(上)/王晓天//船山学刊.－2002,(4).－56－59

SK0070 存史与证史——《四库禁毁书丛刊》及其文献价值/田款;魏书菊//历史教学.－2002,(4).－57－58

SK0071 古籍丛书的开发与利用/魏书菊;王杏允//图书馆论坛.－2002,(4).－110－112

SK0072 论《四库总目》文学批评的经世价值取向/涂谢全//重庆邮电学院学报(社会科学版).－2002,(4).－63－68

SK0073 论《忠经》的成书年代及与《孝经》之异同/王玉德//中国典籍与文化.－2002,(4).－23－25

SK0074 数字图书馆的实践探索——从《四库全书》电子版到"孙中山数字图书馆"//数字图书馆——新世纪信息技术的机遇与挑战国际研讨会.－2002

SK0075 张舜徽先生的目录学思想论略/韦顺莉//学术论坛.—2002,(4).—100—104

SK0076 明清徽商藏书事业述析/王新田//图书馆杂志.—2002,(4).—73—74,72

SK0077 袁同礼与《西方文献中之中国》/温国强//上海高校图书情报学刊.—2002,(4).—48—51

SK0078 清代汉学思潮对《四库全书总目》之影响/薛新力//图书馆论坛.—2002,(4).—120—122

SK0079 清初文字狱及其对方志的影响/李在营//云南史志.—2002,(4).—45—47,61

SK0080 徽州学人与《四库全书/秦效成//黄山学院学报.—2002,(4).—11—17

SK0081 毛晋和《津逮秘书》/李春光//图书馆论坛.—2002,(5).—177—179

SK0082《汉隶字源》版本考/郭国庆//江苏图书馆学报.—2002,(5).—30—32

SK0083 北京师范大学百年纪念私记/启功//北京师范大学学报（人文社会科学版）.—2002,(5).—19—25

SK0084《四库全书》的劫难//福建史志.—2002,(5).—64

SK0085《四库全书总目》辨证一则/刘曙初//江海学刊.—2002,(5).—89

SK0086 四部精华汇为册府　承传文明功在千秋/庄建//光明日报.—2002,5.10.—A1

SK0087 当代伟业，旷世盛举——《续修四库全书》编纂出版纪实/杨雪梅//人民日报.—2002,5.10.—2

SK0088 当代伟业　旷世盛举——《续修四库全书》编纂出版纪实/杨雪梅//四川党史.—2002,(5).—52—55

SK0089 论《续修四库全书》/宋木文//中国新闻出版报.—2002,5.10.—2

SK0090 论《续修四库全书》/宋木文//中华读书报.—2002,5.15.—20

SK0091 论张舜徽在考证、辨伪、辑佚诸领域的理论建设/韦顺莉//广西社会科学.—2002,(5).—177—179

SK0092 谈《四库全书》及其征集与禁毁/刘伟红//函授教育（继续教育研究）.—2002,(5).—106—107

SK0093 构筑中华典籍宝库/黄抗生//人民日报海外版.—2002,5.13.—1

SK0094《续修四库全书》出版座谈会在京举行/温红彦;杨雪梅//人民日报.—2002,5.10.—2

SK0095《续修四库全书》1800 册全部出齐/李鹏//中华读书报.—2002,5.15.—1

SK0096《续修四库全书》是怎样"修"成的/李国章;王兴康;吴旭民;水赉佑//编辑学刊.—2002,(5).—49—52

SK0097《续修四库全书》功在当代

泽及后世/曲志红//新华每日电讯.—2002,5.10.—2

SK0098《续修四库全书》功在当代泽及后世/陈熙涵//文汇报.—2002,5.10.—7

SK0099 盛世修典 功德无量//中国新闻出版报.—2002,5.10.—1

SK0100 跑穿鞋底求佳本/陈熙涵//文汇报.—2002,5.10.—7

SK0101 巍巍壮观的中国文化"长城"/姜小玲//解放日报.—2002,5.10.—1

SK0102 从文字狱档案材料看清代"盛世"中下层文人的病态心理/王进驹//北方论丛.—2002(6).—91—95

SK0103《四库全书总目》对书名学之贡献/黄小玲//图书馆杂志.—2002,(6).—70—76

SK0104 从《四库全书》到《续修四库全书》/宋木文//中国图书评论.—2002,(6).—6—9

SK0105《四库全书总目》殿本与浙本之比较/司马朝军//四川图书馆学报.—2002,(6).—59—63

SK0106《四库全书总目》研究述略/司马朝军//图书馆杂志.—2002,(6).—68—70

SK0107 "馆下谈诗"探析/吴淑钿//复旦学报(社会科学版).—2002,(6).—115—121

SK0108 清代江南藏书家刻书风气流变考/王桂平//图书馆杂志.—2002,(6).—73—75

SK0109 朝鲜诗人朴齐家与清代文坛/金柄珉//社会科学战线.—2002,(6).—100—105

SK0110 建国以来《四库全书》研究论文概述/康尔琴//图书馆学刊.—2002,(6).—63—64

SK0111《续修四库全书》出版的重大意义/任继愈;戴逸;侯仁之;杨义//中国图书评论.—2002,(6).—10—14

SK0112《续修四库全书》出版座谈会在京举行李瑞环出席会议并讲话石宗源主持座谈会//中国图书评论.—2002,(6).—5—6

SK0113 翁方纲及其经学思想/陈连营//故宫博物院院刊.—2002,(6).—8—14

SK0114《永乐大典》保存、研究与传播的过去与未来——参加《永乐大典》编纂600年国际研讨会札记/王世伟//图书馆杂志.—2002,(7).—74—76

SK0115 中国古籍数字化进程和展望/潘德利//图书情报工作.—2002,(7).—117—121

SK0116 论《四库全书总目》的比较批评方法/黄品良;庞丹丹//历史文献研究.—2002,(7).—191—201

SK0117 张舜徽先生的校勘学思想探析/韦顺莉//东南亚纵横.—2002,(7).—55—58

SK0118 四库全书修纂与文化专制/叶高树//清朝前期的文化政策. —台北:台北县稻乡出版社. —2002.7. —320—350

SK0119 文化史研究:以点带面转换视域——周积明教授访谈/周积明;谢宝耿//学术月刊. —2002,(8). —100—107

SK0120 文溯阁藏《四库全书》的命运/初国卿//纵横. —2002,(8). —46—49

SK0121《四库全书总目》善本观初探/司马朝军//图书情报工作. —2002,(8). —117—121

SK0122 劫后余生的《四库全书》/徐化县//知识窗. —2002,(8). —38—39

SK0123 学习历史 服务现实——在《续修四库全书》出版座谈会上的讲话/李瑞环//中国图书评论. —2002,(8). —4—6

SK0124《续修四库全书》让八年时光成为永恒/丁春凌//辽宁日报. —2002,8.16. —2

SK0125 工具书——《四库全书文集篇目分类索引·杂文之部》之使用/赖晓萱//东海大学图书馆馆讯. —2002,(9). —24—26

SK0126 文献分类学研究对象学术争论的回顾与思考/俞君立//图书馆杂志. —2002,(9). —16—19

SK0127 台湾《诗经》研究的反思:渊源与议题析论/杨晋龙//第三届台湾儒学研究国际学术研讨会. —台南:台南市"国立成功大学"中文系(已修订出版). —2002.9

SK0128 功在当代 泽及后世——《续修四库全书》的编辑与出版/李国章;王兴康//出版广角. —2002,(9). —70—72

SK0129 超凡脱俗数雪庄——《四库全书》所言僧雪花实为楚州雪庄/陈国民//档案与建设. —2002,(9). —42—43

SK0130 补抄历史的人——记保护文澜阁《四库全书》的几代功臣/裘樟松;叶军//今日浙江. —2002,(10). —42—43

SK0131 清朝文字狱/郭成康;林铁钧. —北京:群众出版社,1990.10

SK0132 明人何楷《诗经》诠解中的个人情感与大众教化/杨晋龙//明清文学与思想中的主体意识与社会国际学术研讨会. —台北"中央研究院"中国文哲研究所,2002.10

SK0133 20 世纪中国文献学研究综论/王余光//图书情报工作. —2002,(11). —5—8

SK0134 20 世纪"四库总目学"研究述略/陈晓华//图书情报工作. —2002,(11). —110—116

SK0135 大型丛书《四库全书精编》首发/谌强//光明日报. —2002,11.2.

—A2

SK0136 陆佃与蔡卞《诗经》相关解说比较研究/杨晋龙//宋代经学国际学术研讨会.—台北"中央研究院"中国文哲研究所,2002.11

SK0137 续修四库全书/计亚男//光明日报.—2002,11.8.—B1

SK0138 禁锢的环境,怵祸的心态——论洪武文字狱下的文学创作/司马周//西安电子科技大学学报(社科版).—2002,12(1).—62—65

SK0139《四库全书精编》出版发行/任清文//出版参考.—2002,(22).—11

SK0140《鹿鼎记》楔子与清初两大文字狱/杨昇//湖州师范学院学报.—2002,24(2).—31—33

SK0141 纪昀与《史通削繁》——以史学批评为中心的探讨/林时民//台湾师大历史学报.—2002,(30).—57—78

SK0142《四库全书总目》与《小方壶斋舆地丛钞》辑录有关东南亚记载的史籍概况的分析/张维屏//中国历史学会史学集刊.—2002,(34).—69—93

SK0143 古典目录学对现代图书分类的影响/黄荣祥//2002中国未来与发展研究报告.—2002

SK0144 崇实黜虚——经世氤氲笼罩下《四库总目》的学术批评/涂谢权//湖南师范大学中文硕士学位论文.—2002

SK0145 孙光宪与《北梦琐言》研究/房锐//四川大学中文博士学位论文.—2002

SK0146《张司业集》版本源流考/焦体检//河南大学中文硕士学位论文.—2002

SK0147《字鉴》研究/魏晓丽//陕西师范大学中文硕士学位论文.—2002

SK0148 清代孟学研究/赵庆伟//华中师范大学中文博士学位论文.—2002

SK0149 阮元《揅经室外集》研究/王文德//台北市立师范学院应用语言文学研究所中文硕士学位论文.—2002

SK0150 四库全书收录附图书之研究/萧玲宜//台北市立师范学院应用语言文学研究所中文硕士学位论文.—2002

SK0151 四库全书之纂修与清初崇实思潮之关系研究——以经史二部为主的观察/曾纪刚.—台湾辅仁大学中文硕士学位论文.—2002

SK0152 莫友芝之目录版本学研究/薛雅文.—台北市东吴大学中国文学研究所中国文学系中文硕士学位论文.—2002

SK0153《四库全书总目·史部》史学批评初探/姜洁//山东大学中文硕士学位论文.—2002

SK0154《说文解字系传》征引文献考/杨恒平//河南师范大学中文硕士学位论文.—2002

SK0155 翁方纲纂《四库全书提要稿》研究/乐怡//复旦大学中文硕士学位论文.—2002

SK0156 钱谦益与文献学/袁丹//武汉大学图书馆学中文硕士学位论文.—2002

SK0157 21世纪古籍整理的前瞻/程毅中//中国传统文化与21世纪国际学术研讨会会议论文.—2002

SK0158 大型中文古籍数字化系统的设计与实现/马少平;姜哲;金奕江;黄宇//第八届全国汉字识别学术会议论文集.—2002

SK0159 中文古籍数字化体系与工具系统/姜哲;马少平;金奕江;张敏//第八届全国汉字识别学术会议论文集.—2002

SK0160 从《四库全书闽人著作提要》看莆仙的璀璨文化/陈元煦//首届莆仙文化学术研讨会论文集.—2002

SK0161 公共图书馆地方文献资源建设及其利用/许兆恺;蔡艺洪//福建省图书馆学会2002年学术年会论文集.—2002

SK0162《永乐大典》的价值、流传与利用/谢保成//中文善本古籍保存保护国际研讨会论文集/中国国家图书馆编//北京:北京图书馆出版社(今国家图书馆出版社).—2002.9

SK0163《永乐大典》考略/周心慧//中文善本古籍保存保护国际研讨会论文集/中国国家图书馆编//北京:北京图书馆出版社(今国家图书馆出版社).—2002.9

SK0164《永乐大典》征引方志考述/黄燕生//永乐大典编纂600周年国际研讨会会议论文.—2002

SK0165《永乐大典》中元代史料举隅——以文廷式辑元《经世大典》佚文为例/王清原//中文善本古籍保存保护国际研讨会论文集/中国国家图书馆编//北京:北京图书馆出版社(今国家图书馆出版社).—2002.9

SK0166《永乐大典》校补《四库全书》本的价值——以宋周必大《辛巳亲征录》为例/吴政上//永乐大典编纂600周年国际研讨会论文集.—2002

SK0167 四库馆臣对王安石及其变法的评议/李华瑞//宋史研究论文集第十辑——中国宋史研究会第十届年会及唐末五代宋初西北史研讨会论文集.—2002

SK0168《四库辑本别集拾遗》序/乐贵明//中文善本古籍保存保护国际研讨会论文集/中国国家图书馆编//北京:北京图书馆出版社(今国家图书馆出版社).—2002.9

SK0169 关于《永乐大典》的几个问题/王玉良//中文善本古籍保存保护国际研讨会论文集/中国国家图书馆编//北京:北京图书馆出版社(今国家图书馆出版社).—2002.9

SK0170 传抄自《永乐大典》的清抄校稿本《尚书全解·多方》及附录考略/王世伟//2002 永乐大典编纂 600 周年国际研讨会.—2002

SK0171 回溯建库中的问题探讨/章洪伟//图书馆理论与实践.—2002.—180—186

SK0172 现存《永乐大典》所见方志史料价值发微/张忱石//2002 永乐大典编纂 600 周年国际研讨会.—2002

SK0173 明清实学思潮引论/辛冠洁//实学文化与当代思潮.—2002

SK0174 国家图书馆藏《永乐大典》述略/陈红彦//2002 永乐大典编纂 600 周年国际研讨会.—2002.8

SK0175 赵万里与《永乐大典》/李国庆;孔方恩//中文善本古籍保存保护国际研讨会论文集/中国国家图书馆编//北京:北京图书馆出版社(今国家图书馆出版社).—2002.9

SK0176 类书之体 延绵有续——纪念《永乐大典》编纂 600 年/倪晓建//中文善本古籍保存保护国际研讨会论文集/中国国家图书馆编//北京:北京图书馆出版社(今国家图书馆出版社).—2002.9

SK0177 读《〈永乐大典〉考》/白化文//2002 永乐大典编纂 600 周年国际研讨会.—2002,7

2003 年

SK0001《文苑英华》性质辨析/凌朝栋//图书与情报.—2003,(1).—18—20

SK0002《四库全书》中的湘人著述(下)/王晓天//船山学刊.—2003,(1).—39—42

SK0003《四库全书》得失论/李云霞//满族文学.—2003,(1).—60—62

SK0004《四库全书》版陆羽《茶经》校订/王郁风//中国茶叶.—2003,(1)

SK0005《四库全书》文渊阁本陆羽《茶经》校订(续)/王郁风//中国茶叶.—2003,(2).—28—31

SK0006《四库全书总目》考据法则释例/马朝军//史学史研究.—2003,(1).—44—52

SK0007《四库全书总目·坤舆图说》提要补说/崔广社//图书馆工作与研究.—2003,(1).—53—54

SK0008《四库全书总目》所体现的杜诗学/孙微//杜甫研究学刊.—2003,(1).—57—61

SK0009《四库提要·麟溪集》辨证/刘桂芳//图书情报工作.—2003,(1).—117—119

SK0010 抢救瑰宝 嘉惠后学——记丁丙对图书文化事业的贡献/白君礼//图书与情报.—2003,(1).—56—58,64

SK0011 别集概念和《四库全书》别集的小类/屈光//辽宁师范大学学报(社会科学版).—2003,(1).—63—67

SK0012 张舜徽在兰州大学/刘筱红//兰州大学学报(社会科学版).—

2003,(1).—47—52

SK0013 张舜徽先生历史文献学成就述要/周国林//安徽大学学报(哲社版).—2003,27(1).—1—9

SK0014 乾隆与《续修四库全书》/顾关元//科技文萃.—2003,(1).—121—122

SK0015《聊斋志异》未能入《四库全书》的文学原因/段庸生//求索.—2003,(1).—181—184

SK0016 四库全书《诚斋集·诗集》勘误/王琦珍//南京师范大学文学院学报.—2003,(1).—184—188

SK0017 风雨沧桑天一阁/李升宝//福建史志.—2003,(2).—60

SK0018《四库全书》之前后/魏忠//图书馆理论与实践.—2003,(2).—83—85

SK0019 中国古代禁书史事/杨杞//河南图书馆学刊.—2003,(2).—74—75

SK0020《四库全书》刘宗周著作初探/钟彩钧//中国文哲研究通讯.—2003,13(2).—75—99

SK0021 四库全书子部儒家类图书著录原则析论/蔡淑闵//孔孟月刊.—2003,42(2).—40—47

SK0022《四库》底本与《永乐大典》遭焚探秘/杜泽逊//中华读书报.—2003,2.26.—5

SK0023《四库全书总目·史部·目录类小序》辨误一则/吴建伟//古籍研究.—2003,(2).—48—49

SK0024《四库全书总目》与古籍版本鉴定/司马朝军//图书情报知识.—2003,(2).—25—27

SK0025《四库全书总目》著录有关女性著作的探讨/刘美玲//书目季刊.—2003,(2).—13—30

SK0026《四库全书总目》元代《四书》类提要疏证/廖云仙//勤益学报.—2003,21(2).—109—130

SK0027《四库提要》举正/杜泽逊//中国典籍与文化.—2003,(2).—45—48

SK0028《四库提要》子部杂家与明清学术的新发展/雷坤//河南图书馆学刊.—2003,(2).—70—73

SK0029《四库著录浙江先哲遗书目》补正/毛冬青//图书馆研究与工作.—2003,(2).—70—73

SK0030 台湾《诗经》研究的反思:渊源与议题的研析/杨晋龙//第三届台湾儒学研究国际学术研讨会论文集.—台南"国立成功大学"中文系(有审查),2003.2

SK0031 论第一次西学东渐停止的原因/樊龙智//北京化工大学学报(社会科学版).—2003,(2).—57—62,19

SK0032 纪晓岚与《四库全书》/黄爱平//人民日报.—2003,2.28.—9

SK0033 纪晓岚其人其事/黄爱平//人民论坛.—2003,(2).—57—59

SK0034 近两年来我国文献分类研究概述/雷小平//图书馆论丛. —2003, (2). —16—22

SK0035 陈垣与《四库全书》/陈晓华;陈莹//图书馆杂志. —2003, (2). —78—79

SK0036 祖望辑《大典》佚书之下落/张升//图书馆研究与工作. —2003, (2). —68—69

SK0037《清人诗文集总目提要》序言/戴逸//中国索引. —2003, (2). —31

SK0038 盛世修典 继往开来——《续修四库全书》编纂出版纪实/张静山//出版史料. —2003, (2). —4—17

SK0039 拾遗补阙 嘉惠学林——《清史稿艺文志拾遗》读后/黄爱平//清史研究. —2003, (2). —120—124

SK0040 乾隆皇帝"稽古右文"的图书编纂事业/叶高树//故宫学术季刊. —2003, 21(2). —59—105, 301

SK0041 藏书与文化——中国古代私家藏书文化研究刍议/周少川//安徽大学学报(哲学社会科学版). —2003, (2). —92—100

SK0042 心灵睿发 其变无穷——从纪晓岚批点《唐宋诗三千首》看他的诗论主张/吴晓峰//长春师范学院学报. —2003, (3). —52

SK0043 文津阁《四库全书》的庋藏/王颖//承德民族师专学报. —2003, (3). —36—38

SK0044 文献学在分类中的位置/梁树柏//图书馆. —2003, (3). —26—30

SK0045 甘肃与文溯阁《四库全书》/朱立芸;高翔;王旭东//丝绸之路. —2003, (3). —37—41

SK0046 四库本《续书史会要》阙漏考/张金梁//书法研究. —2003, (3). —98—105

SK0047 四库全书校勘管窥/季忠平//古籍研究. —2003, (3). —52—56

SK0048《四库全书》没一个能读完/赵博//北京娱乐信息报. —2003, 3.18. —40

SK0049《四库全书》缘何不收万历《大明会典》/鞠明库//河南图书馆学刊. —2003, (3). —74—76

SK0050《四库全书》经部底本来源分析/冯春生;柳斌//图书馆工作与研究. —2003, (3). —30—31

SK0051《四库全书总目》浅探/丁银燕;颜作辉//图书馆. —2003, (3). —93—95

SK0052《四库全书总目》辨误一则/吴建伟//书品. —2003, (3). —83—85

SK0053 论四库标注之业/王世伟//中国典籍与文化. —2003, (3). —80—83

SK0054 传承民族文化的神圣使命《续修四库全书》受到各界认同/古言//文艺报. —2003, 3.8. —1

SK0055 我们需要民间的《四库全

书》/徐怀谦//人民日报. —2003,3. 12.
—8

SK0056 试论王重民先生的目录学
成就/王锦贵//新世纪图书馆. —2003,
(3). —27—30

SK0057 怎样识别伪书/何槐昌;李
芳//图书馆杂志. —2003,(3). —78—79

SK0058 常熟翁氏藏书的源流与文
化典籍的保藏/吴建华//苏州大学学报
（哲学社会科学版）. —2003,(3). —117
—121

SK0059 楚辞研究新思维概论/翟
振业//常熟高专学报. —2003,(3). —35
—41

SK0060 略评《四库全书总目》小序
的目录学和图书分类思想/杜鸿//德阳
教育学院学报. —2003,(3). —17—21

SK0061 熙丰时期宋夏横山之争的
三份重要文献/汤开建//宁夏社会科
学. —2003,(3). —73—81

SK0062《熙朝名臣实录》与《续藏
书》/杨艳秋//中国史研究. —2003,(3).
—173—176

SK0063 一部具有特色的《四库全
书》——文澜阁《四库全书》/何槐昌;郑
丽军//图书馆工作与研究. —2003,(4).
—30—31

SK0064《元丰类稿》版本考略/吴芹
芳//江西图书馆学刊. —2003,(4). —79
—81

SK0065 王重民与姚名达的目录学

思想比较研究/柯平//图书与情报. —
2003,(4). —40—45

SK0066 中国古代建筑文献浅论/
刘雨亭//华中建筑. —2003,(4)—92—
94,102

SK0067 从《四库全书总目提要》看
纪昀的小说观/吴丽珠//国文天地. —
2003,19(4). —67—72

SK0068 甘肃省图书馆要打两个硬
仗/梁朝阳//中国文化报. —2003,4. 11.
—1

SK0069 四库分类体系中的小说归
属刍议——从二十世纪编纂的几种古
籍书目谈起/杨健;吴英梅//图书馆工
作与研究. —2003,(4). —34—36

SK0070《四库全书》·镇江文宗阁/
裴伟//档案与建设. —2003,(4). —39—
40,49

SK0071《四库全书》收书究竟有多
少?/华强//章回小说. —2003,(4). —2

SK0072 四库馆臣对词之起源及其
"变"之认识/薛泉//烟台大学学报（哲
学社会科学版）. —2003,(4). — 415
—419

SK0073 四库馆臣补正《经义考》成
果考论/杨果霖//"国立中央图书馆"台
湾分馆馆刊. —2003,9(4). —99—122

SK0074《四库全书简明目录标
注》——中国重要的古籍版本目录/段
晶晶//图书馆理论与实践. —2003,(4).
—85—86

SK0075《四库全书总目提要》论清代散文/潘务正//古典文学知识. —2003,(4). —118—122

SK0076 四库提要条辨/杜泽逊//图书馆工作与研究. —2003,(4). —32—33

SK0077 试论《四库全书总目》的文学史研究/杨有山//信阳师范学院学报(哲学社会科学版). —2003,(4). —95—97

SK0078 试论《四库全书总目》的文学批评观念/杨有山//江汉论坛. —2003,(4). —107—109

SK0079 浅谈编撰《四库全书总目》的组织管理/王绪林/现代情报. —2003,(4). —109—110

SK0080 现存评点第一书——论《古文关键》的编选、评点及其影响/吴承学//文学遗产. —2003,(4). —72—84

SK0081《明文海》文渊阁本抽毁稿初探/刘阳//图书馆工作与研究. —2003,(4). —37—38

SK0082 重庆图书馆馆藏稿本述评/顾乐先//当代图书馆. —2003,(4). —27—28

SK0083 徐树兰与"古越藏书楼"/陈晓波//图书馆理论与实践. —2003,(4). —87—88

SK0084 简论余嘉锡的目录学思想/赵元章;申少春//商丘师范学院学报. —2003,(4). —135—136

SK0085 缪荃孙学术思想与学术实践活动探微/冯平//河南图书馆学刊. —2003,(4). —83—86

SK0086《七略》目录学整体观刍议/傅荣贤//图书馆理论与实践. —2003,(5). —46—48

SK0087 文汇阁/韦力//光明日报. —2003,5.7. —3

SK0088 文溯阁与《四库全书》分离始末/邓庆;王建芙//中国地名. —2003,(5). —27—30

SK0089 久佚海外的10余卷《永乐大典》首次刊印出版/余雯//图书馆杂志. —2003,(5). —91

SK0090 从中国古典目录辨析中国古典小说的渊源与分类/王霞//新世纪图书馆. —2003,(5). —77—80

SK0091《四库全书总目》诗类著录情况分析/岳书法//西华师范学院学报(社会科学版). —2003,(5). —122—126

SK0092《四库提要》易类订疑/杜泽逊//周易研究. —2003,(5). —72—75

SK0093《四库全书总目提要》经部"小学"类小序注析/刘海琴//古籍整理研究学刊. —2003,(5). —59—66

SK0094 当代社会需要的目录学/夏南强;张炯//大学图书馆学报. —2003,(5). —66—69

SK0095 浅谈《四库全书》及其主要相关图书/张彦洁//科技情报开发与经济. —2003,(5). —35—36

SK0096 试论《四库全书总目》子部区分著录与存目对分类的影响/雷坤//四川图书馆学报.—2003,(5)—55—58

SK0097《皇清职贡图》的编绘与刊刻/祁庆富//民族研究.—2003,(5).—69—75

SK0098 徽州刻书研究述略/郑玲//图书馆工作与研究.—2003,(5).—25—28

SK0099"上官体"诗学理论辑议/聂永华//郑州大学学报（哲学社会科学版）.—2003,(6).—11—15

SK0100 从册府元龟看宋真宗的图书编纂思想/李怡//图书馆理论与实践.—2003,(6).—91—92

SK0101《四库全书总目提要》订补/陆勇强//暨南学报（人文科学与社会科学版）.—2003,(6).—103—109

SK0102《四库全书》与中国传统的学科体系/李福敏//图书馆工作与研究.—2003,(6).—37—40

SK0103 对《四库全书》文渊阁本陆羽《茶经》校订的商榷/程启坤//中国茶叶.—2003,(6).—31

SK0104 杜泽逊心中的烛光/启发//中华读书报.—2003,6.18.—12

SK0105《泰山雅泳》:《永乐大典》中的泰山佚书/周郢//古籍整理研究学刊.—2003,(6).—52—57

SK0106 明清官府的藏书与利用/陈雪云//河南图书馆学刊.—2003,(6).—77—79

SK0107《翁方纲纂四库提要稿·经部·易类》考释（上）/赖贵三//中国学术年刊.—2003,(6).—77—106,383

SK0108 索引运动的发生/王余光//出版发行研究.—2003,(6).—74—76

SK0109 钱曾藏书思想简论/彭达池//图书与情报.—2003,(6).—76—78

SK0110 乾隆怎样编书/戴庆华//报林.—2003,(6).—45

SK0111 新编"儒藏"三疑/来新夏//北京日报.—2003,6.23.—16

SK0112 乾隆修"四库"/张永来//老人天地.—2003,(7).—38

SK0113 文宗阁/韦力//光明日报.—2003,7.2.—B3

SK0114 文津阁本四库全书即将影印出版/北茵//中国青年报.—2003,7.12.—3

SK0115 文津阁本四库全书即将影印出版/王坤宁//中国新闻出版报.—2003,7.14.—1

SK0116 文津阁本四库全书将影印出版/邢宇皓//光明日报.—2003,7.15.—A2

SK0117 文溯阁与《四库全书》/初国卿;王爽//南方周末.—2003,7.31

SK0118 文溯阁与《四库全书》/初国卿//新华文摘.—2003,(11).—212—220

SK0119《四库全书》中的宋代闽人著作考述/杨文新//福建教育学院学报.—2003,(7).—28—32

SK0120《四库全书》影印文津阁本/曲志红//新华每日电讯.—2003,7.13.—2

SK0121《四库全书》不再与世隔绝/路艳霞//北京日报.—2003,7.22.—11

SK0122 18万元《四库全书》订出百套/刘易//北京娱乐信息报.—2003,8.14

SK0123 大事因缘,百年遂愿/王齐;卢仁龙//中华读书报.—2003,8.13.—14

SK0124 文津阁《四库全书》的文献价值/傅璇琮//中华读书报.—2003,8.13.—14

SK0125 为《四库全书》正名/任继愈//中华读书报.—2003,8.13.—14

SK0126 商务印书馆与《四库全书》的影印传播/王齐;卢仁龙//中华读书报.—2003,8.13

SK0127 历史上的纪昀/李景屏//文史知识.—2003,(9).—10—14

SK0128 四库馆臣补正"经义考"成果考论/杨果霖//国立中央图书馆台湾分馆馆刊.—2003,9(4).—99—122

SK0129 四库禁毁书与清代思想文化/王钟翰//《清史十六讲》.—沈阳:辽宁大学出版社.—2003.9

SK0130 台湾学者"魏源研究"述评/杨晋龙//晚清湖湘学者研究"座谈会论文.—湖南大学岳麓书院文化研究所,2003.9

SK0131 百科式丛书《四库全书》将影印出版/邓树林//今日中国(中文版).—2003,(9).—41

SK0132 纪晓岚是个值得纪念和研究的历史人物/来新夏//文史知识.—2003,(9).—4—9

SK0133《攻媿集》宋本、文渊阁四库全书本、武英殿聚珍本之比较/张玉范//王重民先生百年诞辰纪念文集.—北京:北京图书馆出版社(今国家图书馆出版社).—2003.9.—332—339

SK0134 批判《四库全书》分类法//王重民先生百年诞辰纪念文集.—北京:北京图书馆出版社(今国家图书馆出版社).—2003.9.—483—492

SK0135《四库全书总目提要》"谱录类"/杨竹剑//读书.—2003,(10).—149—150

SK0136 北大实施《儒藏》编纂工程/樊晓哲//人民日报.—2003,10.29.—11

SK0137 阮元年谱/王章涛//黄山书社.—2003,10

SK0138 "四库全书总目学"构想——《四库全书总目》研究新论/陈晓华//图书情报工作.—2003,(11)—.120—123

SK0139《四部备要》与《武英殿聚珍

版丛书》之字体造形比较研究/曾启雄//科技学刊.－2003(11)

SK0140《攻媿集》宋本、文渊阁四库全书本、武英殿聚珍本之比较//国学研究辑刊.－2003,(11).－351－364

SK0141 国家图书奖应为古籍影印定位/东南一士//文汇报.－2003,11.16.－8

SK0142 "曹谨研" 析论/杨晋龙//2003年海峡两岸曹谨学术研讨会论文.－高雄国立中山大学清代学术中心,2003.11

SK0143 明清诗经学著作中的《文昌化书》/杨晋龙//第四届通俗文学与雅正文学研讨会论文集.－台北:新文丰出版公司(有审查),2003.12

SK0144《永乐大典》纂修六百周年祭/方健//文汇报.－2003,(13).－8

SK0145 钱谦益《初学集》女性传记写作及其《诗经》运用/杨晋龙//台北中央研究院中国文哲研究所 "钱谦益诗文研讨会" 论文.－2003.12

SK0146《文集篇目分类索引》利用三部曲之三——《四库全书文集篇目分类索引·学术文之部》/赖晓萱//东海大学图书馆馆讯.－2003,(17).－43－45

SK0147 清代丛书收书之原则与汉、宋学之转变//中国文化月刊.－2003,(274).－20

SK0148 如何使用中文电子数据库——中研院汉籍全文电子数据库、中华民国期刊论文索引影像全文系统、电子版文渊阁四库全书、中国期刊网、当代文学史料影像全文系统、当代艺术家系统、Google/赖晓萱//东海大学图书馆馆讯.－2003,(24).－40－46

SK0149 我的《四库全书》/渡也//文讯.－2003,(208).－78－79

SK0150 杭州文澜阁《四库全书》历险记/孙桂芝//明道文艺.－2003,(322).－161－165

SK0151《四库全书总目》编纂考/司马朝军//复旦大学中文博士学位论文.－2003

SK0152《四库全书总目》子部分类考/雷坤//北京大学中文硕士学位论文.－2003

SK0153《四库全书总目》与阁书提要比较研究——以史部为中心/黄煜//南京大学中文硕士学位论文.－2003

SK0154 四库存目标注/杜泽逊//山东大学中文博士学位论文.－2003

SK0155 四库全书收录台湾文史资料之研究/吴丽珠//台北东吴大学中国文学研究所中文硕士学位论文.－2003

SK0156 清代琉璃厂书业与文化交流/张本成//复旦大学中文硕士学位论文.－2003

SK0157 金简及其《武英殿聚珍版程式》——兼论古代活字印刷发展滞缓的原因/朱琴//苏州大学中文硕士学位

论文. —2003

SK0158 乾嘉"学者社会"研究/王明芳//山东大学中文博士学位论文. —2003

SK0159"四库学"研究讨论? ——学术研究问题探讨/杨晋龙//清代学术中心专题演讲. —高雄:"国立中山大学"中文研究所,2003.3

SK0160 从数字和出版看古籍资源的利用/翟淑华//我所向往的编辑——第三届"未来编辑杯"获奖文集. —2003

SK0161 如何利用改革开放后的影印古籍/侯蔼奇//图书馆改革与发展——陕西省社会科学信息学会第六次学术讨论会论文集. —2003

SK0162 论明代徽州刻书家程敏政/张健//安徽省徽学学会第二届理事会暨学术研讨会论文集. —2003

2004 年

SK0001 八年成旷典(上下)——《续修四库全书》编纂出版纪实/宋木文//中国出版. —2004,(1/2). —45—50. —25—29

SK0002 "三大四库文化工程"的学术价值与编纂出版中的若干问题/吴家驹//图书馆建设. —2004,(1). —110—112

SK0003 文臣之法 学者之眼 才子之心——纪昀小说观新探/苗怀明//江苏行政学院学报. —2004,(1). —121

—125

SK0004 文津阁《四库全书》排架考/李晓明//文献. —2004,(1). —31—35

SK0005 天一阁历史上的几起重要事件及相关人事的评述/陈宁雄/图书馆工作与研究. —2004,(1). —41—43

SK0006 从"引得"到"全文检索"——谈《文渊阁四库全书》(全文网络版)/刘蔷//中国索引. —2004,(1). —50

SK0007 书《四库提要·西野遗稿》后/杜泽逊//图书馆工作与研究. —2004,(1). —40

SK0008 玄笈秘囊 芸香馥郁——《古籍善本》自序/陈先行//图书馆杂志. —2004,(1). —68—71

SK0009《四库全书》的种数问题/易雪梅;吴明亮//文献. —2004,(1). —36—42

SK0010《四库全书总目》小说类探析/夏翠军//山东图书馆季刊. —2004,(1). —60—62

SK0011《四库全书总目》子部存目浅谈/郑颖//丽水师范专科学校学报. —2004,(1). —125—128

SK0012《四库全书总目·洪洲类稿》提要辨误/向燕南//北京师范大学学报(社会科学版). —2004,(1). —19

SK0013《四库提要》考订/杜泽逊//图书馆理论与实践. —2004,(1). —43

—44

SK0014《四库提要》著录明代江西方志补/易宁//江西图书馆学刊.—2004,(1).—68—70

SK0015《四库全书简明目录·集部》人名讹误举例/周录祥//文教资料（初中版）.—2004,Z1.—51—54

SK0016 古籍目录史上的丰碑——记《书目答问》其后的订补稿/刘采隼//图书馆.—2004,(1).—94—95

SK0017 由两岸文献学的现况论文献学的定位问题/周彦文//书目季刊（台北）.—2004,38(1).—1—17

SK0018 论《四库全书总目提要》的小说观/凌硕为//江淮论坛.—2004,(4).—114—117,68

SK0019 宋人史料笔记研究——从《四库全书总目》对宋代史料笔记的评价谈起/丁海燕//中州学刊.—2004,(1).—112—116

SK0020“诗文评”五种模式与诗话之关系浅说/白贵//内蒙古社会科学（汉文版）.—2004,(1).—89—91

SK0021 杨慎的“诗史”论/高小慧//北京大学学报（哲学社会科学版）.—2004,(1).—120—128

SK0022 明清时期古籍丛书浅探/胡春年//江西图书馆学刊.—2004,(1).—72—73

SK0023 明代戏剧家李开先在藏书史上的贡献/徐苗蓁//图书馆理论与实践.—2004,(1).—97—98

SK0024 哈同藏有《四库全书》全抄本吗？/张秀玲;孙金花;陈福季//河北科技图苑.—2004,(1).—7—8,55

SK0025 清代禁书及文字狱考略/王纯//图书馆理论与实践.—2004,(1).—95—96

SK0026 祭坛白烛千丛,万古荒唐一页——文字狱对中国档案事业的危害/张景全//山西档案.—2004,(1).—53—54

SK0027《隋书·经籍志》的作者争鸣以及四部分类沿革/侯延香//江西图书馆学刊.—2004,(1).—70—71

SK0028 谢榛研究三议/李庆立//文艺研究.—2004,(1).—155—157

SK0029 新中国古籍整理出版工作的回顾与展望/杨牧之//中国编辑研究.—2004,(2).—158—174

SK0030 辽宁甘肃争藏《四库全书》/郭宏颖;喻庆;陈东晨//北京青年报.—2004,2.12.—4

SK0031 辽宁甘肃争藏《四库全书》//文摘报.—2004,2.15.—1

SK0032 云烟过眼新录（14）/沈津//书目季刊.—2004,38(2).—115—126

SK0033《中国古籍善本书目》勘误三题/张升//图书馆理论与实践.—2004,(2).—59—60

SK0034 风雨沧桑话文澜——细说

文澜阁《四库全书》之一/顾志兴//古今谈.—2004,(2).—49—54

SK0035 古籍电子化与中国古代文史研究——以文渊阁《四库全书》电子版原文及全文检索版为中心/范子烨//东南大学学报(哲学社会科学版).—2004,(2).—111—114

SK0036 甘肃要建《四库全书》藏书楼/陈永君;苏雪苗//西部商报.—2004,2.9.—A3

SK0037 用武开基,右文致治/史馆文//中国档案报.—2004,2.6.—1

SK0038《四库全书》对传统文献的贡献/来新夏//光明日报.—2004,2.3.—B3

SK0039《四库全书》中的科技文献/何绍庚//光明日报.—2004,2.10.—B3

SK0040《四库全书》的编纂过程/罗炳良//光明日报.—2004,2.17.—B3

SK0041《四库全书》归属再起争议/郑凤鸣;李帆;林静//兰州晨报.—2004,2.12.—A3

SK0042 四库全书//中国民族报.—2004,2.27

SK0043《四库全书》两度离沈/许爱云;穆云平;何骞//中国民族报.—2004,2.27.—8

SK0044《四库全书》是"温柔乡"/傅杰//文汇报.—2004,2.14

SK0045《四库全书》编纂与中国古文献之劫难/郭向东//图书与情报.—2004,(2).—13—17

SK0046《四库全书》与区域文化研究/查昌国//光明日报.—2004,2.24.—B3

SK0047《四库全书总目提要》中的外国作者著述述评/汪琴//图书馆建设.—2004,(2).—80—83

SK0048 论四库馆臣对方志的认识——以都会郡县志为例/朱隽嘉//中国地方志.—2004,(2).—49—51

SK0049 论章学诚、姚鼐对考据学的态度/张维//广西社会科学.—2004,(2).—160—162

SK0050 关于《四库全书存目丛书》的论争回顾/曾昭聪//社会科学评论.—2004,(2).—58—59

SK0051 朱载堉《进历书奏疏》点注(上)——附四库全书之《提要》/唐继凯//交响·西安音乐学院学报.—2004,(2).—36—43

SK0052 我国现存古籍知多少//中国编辑.—2004,(2).—93

SK0053 陈垣在近代史学领域的开拓/许殿才//史学集刊.—2004,(2).—22—27

SK0054 典籍分类与晚清知识系统之演化/左玉河//天津社会科学.—2004,(2).—140—144

SK0055 持续近20年的国宝"争夺战"/邵文海;许爱云;穆云平;何骞;德伟//中国民族报.—2004,2.27.—8

SK0056 谁来保管《四库全书》——为争夺瑰宝，辽甘"打斗"20 年/顾磊；魏岚//西部时报.—2004,2.25.—13

SK0057 章学诚与清代史学新风/顾奎相；陈浼//中华文化论坛.—2004,(2).—71—75

SK0058 清诗话考索二题/蒋寅//南通纺织职业技术学院学报.—2004,(2).—1—7

SK0059《续修四库总目提要》弈人姓名辨正四则/梁进学//新乡教育学院学报.—2004,(2).—17—18

SK0060 小议古代典籍——《四库全书》/李南//内江科技.—2004,(3).—31

SK0061 辽甘两省"争夺"《四库全书》又有新说法/狄蕊//中华读书报.—2004,3.10

SK0062 五代十国在编辑出版事业上的突出贡献/胡予琪//开封教育学院学报.—2004,(3).—26—28

SK0063 四库全书/刘德田//丝绸之路.—2004,(3).—4—10

SK0064《四库全书》与中国传统政治文化/罗家祥//光明日报.—2004,3.2.—B3

SK0065《四库全书》花落谁家？/邵文海//中国旅游报.—2004,3.8.—9

SK0066《四库全书》争夺六上全国政协/陈念文//中国商报.—2004,3.11.—1

SK0067《四库全书》的编纂与中国传统文化/黄爱平//光明日报.—2004,3.16.—B3

SK0068《四库全书》何日踏上归阁路？/刁新建//辽宁日报.—2004,3.17.—12

SK0069《四库全书》的历史命运/李传印；朱昌流//光明日报 2004,3.30.—B3

SK0070《四库全书总目》正误五则/鞠明库//华侨大学学报（哲学社会科学版）.—2004,(3).—117—120

SK0071《四库全书总目》补正十则/董运来//图书馆杂志.—2004,(3).—68—70

SK0072《四库全书存目丛书》子目著录之随意性举证/潘荣生//图书馆建设.—2004,(3).—107—109

SK0073 纪昀与《四库全书》/雷家宏//光明日报.—2004,3.23.—B3

SK0074 关于"文章学"与"文学批评"的思考/汪春泓//湘南学院学报.—2004,(3).—31—36

SK0075 论《苕溪渔隐丛话》的宋诗史观/聂巧平//文学遗产.—2004,(3).—83—94

SK0076 时评：《四库全书》，财富还是包袱？/邵文海//西部商报.—2004.3.—8

SK0077 朱熹删改《参同契》经文考/钦伟刚//宗教学研究.—2004,(3).

－24－41

SK0078 祁刻本《说文系传》反切校勘记/张咏梅//湖北大学学报（哲学社会科学版）.－2004,（3）.－343－346

SK0079 论陈垣先生的历史文献学思想/肖雪//图书与情报.－2004,（3）.－84－87

SK0080 汲取知识精华 提高文化底蕴——谈《四库全书总目》的利用/张峻亭//图书馆理论与实践.－2004,（3）.－65－66

SK0081 试论《四库全书总目》的考据准则/司马朝军；王文晖//图书情报知识.－2004,（3）.－25－27,97

SK0082 承德人的骄傲——清代大学者纪昀笔下的避暑山庄/老钝//承德民族师专学报.－2004,（3）.－1－3

SK0083 浅谈《日本国见在书目录》/孙猛//中国索引,2004,（3）.－14－21

SK0084 河南省珍本古籍稿本及乡邦稀见书精粹录评/徐丽//河南图书馆学刊.－2004,（3）.－90－92

SK0085 浙江士人对《四库全书》的巨大贡献/顾志兴//古今谈.－2004,（3）.－43－50

SK0086 袁枚经学观及其疑经思想探析/黄爱平//清史研究.－2004,（3）.－78－87

SK0087 康乾盛世与《四库全书》之纂修/李修松//光明日报.－2004,3.9.

－C1

SK0088 清修《四库全书》对《明文海》之抽删探考/武玉梅//历史档案.－2004,（3）.－74－80

SK0089 清代学人论司空图的《诗品》/张少康//深圳大学学报（人文社会科学版）.－2004,（3）.－76－82

SK0090 提案不宜为地方争私利/叶边鱼//中国青年报.－2004,3.12.－8

SK0091 傅增湘日本访书考略/王玮//图书情报工作.－2004,（3）.－12－15

SK0092 缪荃孙与图书编撰学/王海刚//山东图书馆季刊.－2004,（3）.－27－30

SK0093 聚珍本//津图学刊.－2004,（3）.－58

SK0094 中文古籍数字化的成就与挑战/岳占伟//殷都学刊.－2004,（4）.－100－103

SK0095 从《四库全书总目提要》看纪晓岚的史学思想/张金龙//沧州师范专科学校学报.－2004,（4）.－4－8

SK0096 古籍整理也应遵守学术规范/蒋宗福//学术界.－2004,（4）.－117－129

SK0097 由《四库全书》子部《术数类》禁毁书论禁毁标准的发展与形成/许崇德//故宫学术季刊.－2004,21（4）.－111－147,215

SK0098 历代名家评《四库》/王世

华//光明日报.—2004,4.6.—3

SK0099 东溯阁在静静等待(1/2)/刁新建//辽宁日报.—2004,4.26.—11

SK0100《四库全书》与中华民族凝聚力/黄长义//光明日报.—2004,4.27.—B3

SK0101《四库全书》的查阅与文献检索/陆发春//光明日报.—2004,4.13.—B3

SK0102《四库全书》,你在甘肃还好吗? /刁新建//辽宁日报.—2004,4.26.—10

SK0103《四库全书》给谁看/彭兴庭//中国审计报.—2004,4.30.—7

SK0104 四库全书与藏书阁/张津育//科学大观园.—2004,(4).—70—71

SK0105 乾嘉时期的汉宋之"不争"与"相争"——以《四库全书总目》为观察中心/周积明//清史研究.—2004,(4).—1—18

SK0106《四库提要》"李诗钞述注"条辨析/胡振龙//中国典籍与文化.—2004,(4).—22—23,29

SK0107 论《四库全书总目提要》的小说观/凌硕为//江淮论坛.—2004,(4).—114—117,68

SK0108 论我国经学时代儒家的经世特征/杨亚利//理论学刊.—2004,(4).—53—58

SK0109 关于影印《四库全书》的延续问题/李祚唐//天府新论.—2004,

(4).—90—94

SK0110《永乐大典》遭劫难的真相/张升/河北学刊.—2004,(4).—201—205

SK0111 国家图书馆馆藏《四库全书》与台湾名家诗集特展简介/涂静慧//国家图书馆馆讯.—2004,93(4).—21—22

SK0112 明清官府书业述论/陈雪云//中州大学学报.—2004,(4).—6—8

SK0113 乾嘉学派与《四库全书》/李杰//图书情报工作.—2004,(4).—45—49,54

SK0114 乾嘉时期的汉宋之"不争"与"相争"——以《四库全书总目》为观察中心/周积明//清史研究.—2004,(4).—1—18

SK0115 20世纪清代学术史研究述略/雷平//湖北大学学报(哲学社会科学版).—2004,(5).—603—607

SK0116 甘肃省图书馆与《四库全书》的不解之缘/潘德利//图书与情报.—2004,(5).—86—88

SK0117 四库全书给谁看? /彭兴庭//四川日报.—2004,5.14.—D

SK0118 四库全书给谁看? /彭兴庭//中华读书报.—2004,5.26.—8

SK0119 民国时期图书馆刊刻古籍述略/全根先//新世纪图书馆.—2004,(5).—78—80

SK0120 论《新安文献志》的文献价

值/何庆善//安徽大学学报(哲学社会科学版).—2004,(5).—123—128

SK0121 江湖派研究中的疑误举例/费君清//绍兴文理学院学报(哲学社会科学版).—2004,(5).—51—58

SK0122 关于《四库全书总目》的定名及其最早的刻本/崔富章//复印报刊资料(明清史).—2004,(5).—64—75

SK0123 明清史料感知录(2)/王家范//历史教学问题.—2004,(5).—59—63

SK0124 钟情四库 共襄盛举——天津图书馆"四库文献中心"与首都师范大学"四库全书学术研究中心"同仁关于四库学问题的一次座谈会侧记/李国庆//图书馆工作与研究.—2004,(5).—53—54

SK0125 清廷毁书的罪证——论河南省图书馆馆藏四库全书《日知录》《明文海》抽毁本的价值/陈雪云//图书馆工作与研究.—2004,(5).—50—52

SK0126 清代诗经学研究综述/陈国安//苏州大学学报(哲学社会科学版).—2004,(5).—55—56,62

SK0127《崇文总目》繁本系统散佚探源/罗凌//图书与情报.—2004,(5).—48—50

SK0128 略论前代学者在元刻《史记》彭寅翁本著录中的得失/张兴吉//求是学刊.—2004,(5).—109—113

SK0139 文溯阁《四库全书》应归甘

肃保管/汪受宽;徐亮//凝聚.—2004,(6).—41

SK0130《四库全书》线装出版//京华时报.—2004,6.19

SK0131 天价图书有何益?/陈旭//人民日报.—2004,6.23.—9

SK0132《四库全书》载《图绘宝鉴》底本考原/何庆先//古籍整理研究学刊.—2004,(6).—81—85

SK0133《四库全书》网络版完美结合传统文化与现代科技/戴吾三;刘素宁//中华读书报.—2004,6.2.—9

SK0134《〈四库全书〉研究论文集》征稿通知//图书与情报.—2004,(6).—123

SK0135《四库全书存目丛书》的编纂及其文献价值/门庭//枣庄学院学报.—2004,(6)

SK0136《四库全书存目丛书》的编纂及其文献价值/门庭//枣庄师范专科学校学报.—2004,(6).—71—72

SK0137 论禁毁标准的发展与形成/许崇德//故宫学术季刊.—2004,(6).—111—147

SK0138《宋季三朝政要》版本略考/刘云军//巢湖学院学报.—2004,(6).—43—47

SK0139《国朝典汇》被贬原因之探析/原瑞琴//安阳师范学院学报.—2004,(6).—127—129

SK0140 线装《四库全书》出版/曲

志红;邱红杰//人民日报.—2004,6.19.
—2

SK0141 线装本《四库全书》问世/
续鸿明//中国文化报.—2004,6.21.—7

SK0142 线装本《四库全书》出版/
马国仓//中国新闻出版报.—2004,6.
22.—1

SK0143 39 万《四库全书》来港拍
卖/王珏//文汇报.—2004,6.21

SK0144 谁能买线装本《四库全
书》?/于静//北京青年报.—2004,6.19

SK0145 郭知达《杜工部诗集注》考
论/刘文刚//社会科学研究.—2004,
(6).—149—152

SK0146 晁补之研究述论/张剑//
西北师大学报(社会科学版).—2004,
(6).—71—75

SK0147 清风不识字 何必乱翻
书——徐述夔与《一炷楼诗》案/王芳//
江苏地方志.—2004,(6).—39—41

SK0148《禅月集》结集及其版本流
传考/田道英//四川师范大学学报(社
会科学版).—2004,(6).—84—88

SK0149 简评张舜徽的《中国文献
学》/胡军;曹慧//河南机电高等专科学
校学报.—2004,(6).—107—108

SK0150 管窥《四库全书总目》校勘
的内容、方法与特点——以史部提要为
中心/史丽君//四川图书馆学报.—
2004,(6).—66—70

SK0151 普通读者有望读到"皇家

典籍"/丁杨//中华读书报.—2004,6.
23.—1

SK0152 华夏国宝传世藏书/孔素
枫//中国档案报.—2004,7.12.—4

SK0153 延寿第一绅言/李舜臣//
养生月刊.—2004,(7).—621—628

SK0154 线装本《四库全书》出版/
晓雨//福建日报.—2004,7.12.—12

SK0155 线装本《四库全书》出版//
新华月报.—2004,(7).—132

SK0156 明刻百十五卷《东坡全集》
版本考/黄天禄//图书情报工作.—
2004,(7).—121—123,118

SK0157 思科"四库全书"解析下一
代网络//人民邮电.—2004,7.29

SK0158 清初四库馆臣对王安石变
法的评价/郑礼炬//江西社会科学.—
2004,(7).—219—225

SK0159 发布"四库全书"思科再推
下一代互联网/于洪涛//电脑商报.—
2004,8.2.—13

SK0160 文溯阁《四库全书》藏书楼
9 月底完工/司成宏//兰州晚报.—
2004,8.1.—11

SK0161《四库全书》藏书楼工程 9
月底完工/贾莹//兰州日报.—2004,8.
2.—1

SK0162 阮元评传/王章涛//扬州:
广陵书社.—2004.8

SK0163 思科:"四库全书"解析下
一代智能化信息网络//通讯世界.—

2004,(8). —56—57

SK0164 曹雪芹与文字狱/陈福顺；孙文采//行政与法. —2004,(8). —124—126

SK0165《永乐大典》副本流散史/张升//中国典籍与文化. —2004,(4). —92—95

SK0166 戴震对自然科学的研究/沈雨梧//绍兴文理学院学报（自然科学）. —2004,(8). —91—95

SK0167《四库全书》的坎坷命运/杨茜;章易//文史天地. —2004,(10). —46—48

SK0168 为《四库全书》钤印 动用乾隆原玺来源//大河报. —2004,10.23

SK0169《四库全书》三月后"乔迁"/庄坤;罗社宏//兰州晨报. —2004,10.29. —A11

SK0170 线装本《四库全书》钤印仪式在故宫举行//兰州日报. —2004,10.23. —B2

SK0171 线装本《四库全书》钤印仪式在故宫举行/李韵//光明日报. —2004,10.25. —1

SK0172 新版文渊阁本《四库全书》加盖乾隆原玺真印/曲志红;邱红杰//甘肃日报. —2004,10.24. —3

SK0173 新版《四库全书》加盖乾隆原玺真印/解放军报. —2004,10.24. —4

SK0174 东吴大学赠送山大《四库全书珍本》/王桂利;王原//大众日报. —2004,10.26. —2

SK0175 我国最大的线装本《四库全书》印造完毕（图）//中华读书报. —2004,10.27. —2

SK0176 纪昀和他的《阅微草堂笔记》/汪克谦//语文天地（高中版）. —2004,(10). —28

SK0177 应给"茶陵派"重新命名/郭瑞林//学术研究. —2004,(10). —136—137

SK0178 学问的渊薮——《四库全书》系列/徐小燕//东吴大学图书馆馆讯. —2004,19(10). —1—9

SK0179 顾廷龙先生与《四库存目》研究/杜泽逊//图书馆杂志. —2004,(10). —6—10

SK0180《永乐大典》:类书还是百科全书/黄顺荣//农业图书情报学刊. —2004,(12). —198—200

SK0181 文澜阁《四库全书》的抗战苦旅/樊洪业//中华读书报. —2004,11.3. —15

SK0182《四库全书》何时归家/张知匣//泉州晚报（海外版）. —2004,11.16. —3

SK0183《四库全书》起拍价二百六十万/柯静//香港文汇报. —2004,11.11

SK0184 古籍全文数据库建设的技术与实践/李璐//图书馆学研究. —2004,(11). —22—25

SK0185 建国以来第一次使用乾隆原玺 线装本《四库全书》文渊阁钤印/马国仓//中国新闻出版报.—2004,11.8.—1

SK0186 余志明为《四库全书》冒险/钱华//香港文汇报.—2004,11.24

SK0187 保管研究利用好四库全书 弘扬民族优秀传统文化/顾淑龙//甘肃日报.—2004,11.9.—1

SK0188 线装本《四库全书》亮相深圳/刘树德;甘险峰//深圳商报.—2004,11.20.—A7

SK0189 线装本《四库全书》首次公开展示//兰州日报.—2004,11.20.—B2

SK0190 线装本《四库全书》向公众展示/周玮//甘肃日报.—2004,11.20.—3

SK0191 线装《四库全书》首次亮相/李桂茹//中国青年报.—2004,11.21.—A4

SK0192 线装本《四库全书》首次公开展示/魏晓薇//中国新闻出版报.—2004,11.25.—2

SK0193 最大线装书《四库全书》亮相深圳/易运文//光明日报.—2004,11.23.—A2

SK0194 文宗阁藏书楼溯源/徐苏//天一阁文丛(第1辑) 天一阁博物馆编.—宁波:宁波出版社.—2004.12.—117—122

SK0195 天一阁进呈书籍之命运/徐建成//天一阁文丛(第1辑) 天一阁博物馆编.—宁波:宁波出版社.—2004.12

SK0196《古今图书集成》与天一阁——兼论清帝弘历对天一阁的特殊关注/袁慧//天一阁文丛(第一辑) 天一阁博物馆编.—宁波:宁波出版社.—2004.12.—87—98

SK0197《四库全书总目·经部·小学类》传统语言学思想初探/许巧云;许会荣//西南民族大学学报(人文社科版).—2004,(12).—419—423

SK0198《四库全书》的形成和主要内容及其历史地位/郭金树//社会科学论坛.—2004,(12).—42—46

SK0199 四库全书的欧西文明曙光/吴哲夫//淡江中文学报.—2004,(12).—35—46

SK0200《诗经》的形成与流传的研究计划/杨晋龙//台北市中央研究院历史语言研究所.—2004,(12)

SK0201《永乐大典》所收曾巩佚文考/方艳;李俊标//安庆师范学院学报(社会科学版).2004,(5).—101—102

SK0202 殷殷嘱托催奋进——省委书记苏荣调研《四库全书》藏书楼和省博物馆工程侧记/张倩//甘肃日报.—2004,12.12.—1

SK0203 淡泊明志 宁静致远——黄爱平教授访谈录/黄爱平;阚红柳//历

史教学. —2004,(12). —5—13

SK0204 浙江人对《四库全书》的贡献/顾志兴//今日浙江. —2004,(22). —44—45

SK0205 求实与尊古——晃说之学术思想及其意义/张剑//中国文化研究. —2004,(3). —96—105

SK0206 "翁方纲纂四库提要稿·经部·易类"考释(下)/赖贵三//中国学术年刊. —台北:国立台湾师范大学国文研究所. —2004,(25). —1—35,261

SK0207《儒藏》编纂之分类体系初探/舒大刚//国际儒学研究(13). —2004. —166—189

SK0208 文溯阁《四库全书》的成书与流传研究/郭向东//西北师范大学中文博士学位论文. —2004.2. —297

SK0209 从藏书楼到近代图书馆/苏薇//吉林大学中文硕士学位论文. —2004

SK0210《汉书·艺文志》体例研究/尹海江//广西师范大学中文硕士学位论文. —2004

SK0211《四库全书总目·经部·易类》研究/李威侃//中山大学中文硕士学位论文. —2004

SK0212《四库全书总目》与传统目录学之小说功能观/杨小亮//北京大学中文硕士学位论文. —2004

SK0213《四库全书总目》子部杂家类辨析/刘春华//北京大学中文硕士学

位论文. —2004

SK0214 纪昀与《四库全书总目》的文学批评/陈伟文//北京师范大学中文硕士学位论文. —2004

SK0215 阮元刻《毛诗注疏》零校/郑春汛//武汉大学中文硕士学位论文. —2004

SK0216 阮元碑学研究/林翠华//彰化师范大学国文学系中文硕士学位论文. —2004.(1)

SK0217 论古典文献数字化/陈诚//苏州大学中文硕士学位论文. —2004

SK0218 论纪昀文学创作中的亲民思想/曲金燕//内蒙古师范大学中文硕士学位论文. —2004

SK0219 论《四库全书总目》的考据——以史部提要为中心/史丽君//北京师范大学中文硕士学位论文. —2004

SK0220 论纪昀的诗学观与诗歌批评/邓艳林//湖南师范大学中文硕士学位论文. —2004

SK0221 宋代僧人与儒学研究/韩毅//河北大学中文博士学位论文. —2004

SK0222 郑樵与文献学浅探/张文明//湖南师范大学中文硕士学位论文. —2004

SK0223 明代丛书研究/郭雅雯//淡江大学中文硕士学位论文. —2004

SK0224 明清徽商家庭教育研究/

宗韵//安徽师范大学中文硕士学位论文.—2004

SK0225 邵晋涵的生平、著述及其史学成就/燕朝西//四川师范大学中文硕士学位论文.—2004

SK0226《阅微草堂笔记》创作动机研究/罗玲谊//郑州大学中文硕士学位论文.—2004

SK0227 黄仲则研究/许隽超//南京师范大学中文博士学位论文.—2004

SK0228 清修《四库全书》福建采进本与禁毁书研究/陈旭东//福建师范大学中文硕士学位论文.—2004.4

SK0229《续修四库全书总目提要》研究/王亮//复旦大学中文博士学位论文.—2004.4

SK0230 续修四库全书总目提要经部辨证/李士彪//复旦大学中文博士学位论文.—2004

SK0231 曹学佺及其著述论考/李伟//福建师范大学中文硕士学位论文.—2004

SK0232 雍正帝察吏之术与用人之道研究/孙兵//武汉大学中文硕士学位论文.—2004

SK0233 盛衰之际——乾隆后期士人思想动态研究/林香娥//浙江大学中文博士学位论文.—2004

SK0234 影印"四库"中的陕西地方志/侯蔼奇//向数字化转型的图书馆工作会议论文.—2004

SK0235 戴震的历史文献学成就初探/石开玉//安徽大学中文硕士学位论文.—2004.5

SK0236 戴震、卢文弨《方言》校勘比较研究/冯晓丽//吉林大学中文硕士学位论文.—2004

SK0237《麟台故事》研究/王海英//吉林大学中文硕士学位论文.—2004

SK0238 "四库总目学"史研究/陈晓华//北京师范大学中文博士学位论文.—2004

SK0239 清人《汉书·艺文志》研究初探/王志伟//河南师范大学中文硕士学位论文.—2004

SK0240 论杨万里的儒学思想——兼及诚斋与紫阳的关系/郑晓江//纪念孔子诞生 2555 周年国际学术研讨会论文集（2）.—2004

SK0241 1991—2001 年我国类书出版情况调研报告/周婧//出版业调查报告——第四届"未来编辑杯"获奖文集.—2004

SK0242 文献编目的历史进程及网络环境下文献编目的发展趋势/侯燕芳//向数字化转型的图书馆工作会议论文.—2004

SK0243《儒藏》"史部"编纂之基本构想/舒大刚//纪念孔子诞生 2555 周年国际学术研讨会论文集（卷二）.—2004

SK0244 皇家藏书楼——杭州文澜阁建筑特色浅析/陈慧珉//中国文物保

护技术协会第三次学术年会论文集.
—2004

SK0245 宋代世家大族的藏书及其
对成员的教育/王善军//中国古代社会
与思想文化研究论集.—2004

SK0246 儒家文化与古代科技并非
对立/乐爱国//纪念孔子诞生 2555 周年
国际学术研讨会论文集(卷三).—2004

SK0247 值得关注的国志写作盛
事/梁滨久//中国写作学会第六届(第
二次)理事会暨第十二次学术年会会议
交流论文集.—2004

SK0248 关于《四库禁毁书丛刊》/
王钟翰.—北京:中华书局,2004.11.—
1467—1472

SK0249《四库禁毁书丛刊》发布会
上的发言/王钟翰.—北京:中华书局,
2004.11.—1472—1473

SK0250 辨纪晓岚手书《四库简明
目录》/王钟翰.—北京:中华书局,
2004.11

SK0251 四库禁毁书与清代思想文
化/王钟翰.—北京:中华书局,2004.11.
—1452—1466

2005 年

SK0001 孔尚任遗著《节序同风录》
论考/陈修亮//民俗研究.—2005,(1).
—260—265

SK0002 与出版发行领域的奇葩刘
鹤然对话/王凯;于永明//人民政协报.

—2005,1.28.—C4

SK0003 文溯阁《四库全书》在甘
肃/杨志刚//陇右文博.—2005,(1).—
94—96

SK0004 走出半世纪尘封的珍
籍——《续修四库全书总目提要》原稿
本影印问世/王绍曾//目录版本校勘学
论集.—上海:上海古籍出版社.—
2005.1.—444—450

SK0005 编印《四库善本丛书》和续
修《四库全书》刍议/王绍曾//目录版本
校勘学论集.—上海:上海古籍出版社.
—2005.1.—991—995

SK0006 印行《四库全书存目丛书》
之我见/王绍曾//目录版本校勘学论
集.—上海:上海古籍出版社.—2005.
1.—1002—1005

SK0007 中国文化史上的又一座丰
碑——在《四库全书存目丛书》竣工庆
祝会上的发言/王绍曾//目录版本校勘
学论集.—上海:上海古籍出版社.—
2005.1.—1011—1017

SK0008 长塘鲍氏藏书世家/桑良
之//江淮文史.—2005,(1).—170—176

SK0009 从《四库全书》的庋藏看古
代藏书的防火意识/范开宏//图书情报
论坛.—2005,(2).—53—55

SK0010 从雅纳俗:"乐类"典籍在
中国古代目录分类上的流变分析/刘美
玲//台湾图书馆管理季刊.—2005,1
(1).—64—76

SK0011《书目答问》与《四库全书总目》别史类分类之比较/蔡天怡//大学图书馆.—2005,9(1).—143—156

SK0012《四库全书》研究的回顾与思考/汪受宽;刘凤强//史学史研究.—2005,(1).—62—66

SK0013《四库全书总目》订误二十五则/周录祥;胡露//图书馆理论与实践.—2005,(1).—48—51

SK0014《四库全书总目》补正十则/董运来//图书与情报.—2005,(1).—76—78

SK0015《四库全书总目》焦竑著述提要补正两则/展龙//大学图书情报学刊.—2005,(1).—89—90

SK0016《四库全书总目》与汉宋之学的关系/夏长朴//故宫学术季刊.—2005,23(2).—83—128,205

SK0017 朱彝尊《词综》与康乾时期官方词籍整理/于翠玲//海南大学学报(人文社会科学版).—2005,(1).—83—89

SK0018 红桥考证与四库馆臣的疏误/邓红梅//北京大学学报(哲学社会科学版).—2005,(1).—51—56

SK0019 评《四库大辞典》的优点和不足/杨琳//辞书研究.—2005,(1).—120—126

SK0020 试析《四库全书》对《契丹国志》的改编/尤李//中华文化论坛.—2005,(1).—44—48

SK0021 学术研究和古籍数据库/林夕//光明日报.—2005,1.18.—8

SK0022《神仙传》校读札记/凌云志//古籍整理研究学刊.—2005,(1).—57—59,91

SK0023 试析"武英殿聚珍版"/刘淑萍//文献信息论坛.—2005,(1).—60—62

SK0024 殿本《四库全书总目》与库本提要之比较/司马朝军//图书馆理论与实践.—2005,(2).—61—63

SK0025《洪武圣政记》考索/许振兴//东方文化.—2005,40(1/2).—28—38

SK0026 文渊阁《四库全书》本《艺文类聚》初探/孙麒//四川师范大学学报(社会科学版).—2005,(2).—66—72

SK0027 从《大义觉迷录》看清世宗之文化本位观——兼论有清一代之历史地位及士人之境遇/邸永君//满族研究.—2005,(2).—63—69

SK0028 中国最大的写本丛书——《四库全书》/李斌乐//中学历史教学.—2005,(Z2).—109—110

SK0029《四库全书》的另一面/张梦阳//人民日报.—2005,2.22.—15

SK0030 关于《永乐大典》所载易安词的真伪问题辨证/徐培均//文学遗产2005,(2).—142—144

SK0031《四库全书总目·类书》探析/孙津华//图书馆工作与研究.—

2005,(2).—48—51

SK0032《四库全书总目提要》误评张含诗辩/蓝华增//云南师范大学学报(哲学社会科学版).—2005,(2).—97—100

SK0033《四库全书简明目录》订误二十九则/周录祥;胡露//上海高校图书情报工作研究.—2005,(2).—52—56

SK0034《四库提要》(经史之部)订误/李裕民//陕西师范大学继续教育学报.—2005,(2).—33—38

SK0035 四库馆臣对文献取用原则的剖析/吴哲夫//书目季刊.—2005,39(2).—1—10

SK0036 伪皇宫藏书聚散考/王清原//文献.—2005,(2).—200—208

SK0037 朱辅非"南宋末年人"辨/陈茂昌//贵阳金筑大学学报.—2005,(2).—46—48

SK0038 全国第四届目录学学术研讨会会议综述/徐建华;阎慧//图书馆杂志.—2005,24(2).—14—15,86

SK0039 近十年来目录学历史人物研究分析/卢振波//图书与情报.—2005,(2).—29—32

SK0040 汪学群著《清初易学》出版/孔定芳//中国社会科学院研究生院学报.—2005,(2).—96

SK0041 浅析《四库全书总目》的考据——以史部提要为中心/史丽君//图书与情报.—2005,(2).—74—78

SK0042 周永年事迹补记/张雷;李艳秋//山东图书馆季刊.—2005,(2).—116—118

SK0043 明清文字狱——基于文化的修辞解读/王同伦;翟月霞//连云港师范高等专科学校学报.—2005,(2).—32—36

SK0044 孙洪基先生与《永乐大典》/王寿成//莱州文史.—2005,(2).—21—23

SK0045 省文化厅厅长杨建新视察浙江图书馆文澜阁《四库全书》拍摄现场//图书馆研究与工作.—2005,(2).—65

SK0046 梁份《怀葛堂集》版本考/秦良//江西教育学院学报(社会科学版).—2005,(2).—63

SK0047 浙江籍学者、藏书家对编纂《四库全书》所作出的贡献/顾志兴//天一阁文丛.—2005,(2).—29—37

SK0048 管窥《四库提要》的考证及史学评论——以《四库提要·正史类》为例/颜先辉//武汉大学研究生学报(人文社科版).—2005,21(2)

SK0049 新发现的《永乐大典》残卷初探/金程宇//文献.—2005,(2).—157—170

SK0050 经典注释文本与流行版本的异同——以《四库全书》本皇侃《论语义疏》为例/傅熊//世界汉学.—2005,(3).—198—209

SK0051"小说"的目录学定位——以《四库全书总目》的小说观为视点/翁筱曼//华南师范大学学报（社会科学版）.－2005,(3).－80－84,159

SK0052 文溯阁《四库全书》藏书馆在兰州建成//当代图书馆.－2005,(3).－75

SK0053 王拯卒年考/刘汉忠//广西文史.－2005,(3).－110－113

SK0054 不要盲目崇拜《四库全书》/王学泰//南方周末.－2005,3.10

SK0055《书目答问》与《四库全书总目》别史类分类之比较/蔡天怡//大学图书馆.－2005,(3).－143－156

SK0056 重大工程需要有规划/马国仓//中国新闻出版报.－2005,3.30.－5

SK0057 从《四库全书总目》看清初《诗经》研究之状况——兼谈《总目》治《诗》思想对清中后期《诗经》研究的影响/何海燕//湖北大学学报（哲学社会科学版）.－2005,(3).－342－345

SK0058《四库全书》与文渊阁/章宏伟//寻根.－2005,(3).－72－79

SK0059《四库全书》三种提要之比较/陈晓华//首都师范大学学报（社会科学版）.－2005,(3).－61－65

SK0060 四库本《文说》考辨/何丽敏;高洪岩//辽宁大学学报（哲学社会科学版）.－2005,(3).－159－160

SK0061《四库全书》利病录/文学军//湘潭师范学院学报（社会科学版）.－2005,(3).－163－164

SK0062《四库全书总目》对本朝诗歌的批评/孙纪文//宁夏社会科学.－2005,(3).－138－143

SK0063《四库全书简明目录》讹误举要/周录祥;胡露//江南大学学报（人文社会科学版）.－2005,(3).－66－69

SK0064 朱筠对《四库全书》的贡献/刘凤强//邢台学院学报.－2005,(3).－79－81

SK0065 论《四库全书总目提要》的文学批评学/郑明璋//唐都学刊.－2005,(3).－94－97

SK0066 孙洪基先生与《永乐大典》/王春丽;周文;李红梅//山东图书馆季刊.－2005,(3).－109－111

SK0067 论《四库全书总目》中的词学思想/刘贵华//洛阳师范学院学报.－2005,(3).－62－64

SK0068 论清代乾隆时期的辑佚书活动/高长青//甘肃高师学报.－2005,(3).－106－109

SK0069 张宗祥与文澜阁《四库全书》/刘亮//华夏文化.－2005,(3).－57－59

SK0070 试谈数字化古籍软件中的联机字典/侯体键//光明日报.－2005,3.29.－8

SK0071 周永年对《四库全书》的贡献/宁圣红//山东图书馆季刊.－2005,

(3).－115－117

SK0072 保护国宝文澜阁/陈穆商//人民日报.－2005,3.15.－11

SK0073 乾嘉学术与西学/刘墨//清史研究.－2005,(3).－53－62

SK0074《封氏闻见记校注》标点校勘拾遗/陶敏//书品.－2005,(3).－60

SK0075 宣南历史文化三议/孙冬虎//北京社会科学.－2005,(3).－90－96,116

SK0076 黄仲则佣书四库考略/许隽超//江海学刊.－2005,(3).－224

SK0077《韩诗外传》无关诗义辨正/罗立军//华南师范大学学报(社会科学版).－2005,(3).－74－79,159

SK0078 清代学术研究若干领域的新进展及其述评/周积明;雷平//清史研究.－2005,(3).－109－124

SK0079 清史研究与政治/冯尔康//史学月刊.－2005,(3).－5－11

SK0080 清乾隆《文源阁记》残碑/徐莉//中国档案报.－2005,3.18.－5

SK0081 新辑《永乐大典》所载《诗话总龟》佚文/郝艳华;洪涛//文献.－2005,(4).－280－283

SK0082 文溯阁《四库全书》在甘肃四十年/周永利//图书与情报.－2005,(4).－9－12

SK0083 文溯阁《四库全书》藏书馆竣工暨开馆系列活动综述/陈军;党燕妮//图书与情报.－2005,(4).－7－8

SK0084 从《四库全书》看超大型图书出版/李宾//编辑学刊.－2005,(4).－57－58

SK0085 从古籍记载考察古代农业文献散聚/袁红军//四川图书馆学报.－2005,(4).－47－48

SK0086 中国古代的官箴类文献/王化平//图书与情报.－2005,(4).－103－106

SK0087 文渊阁:皇家风流难再觅/徐瑾//中国艺术报.－2005,4.1.－3

SK0088《越绝书》作者考辨/张仲清//绍兴文理学院学报(社科版).－2005,(4).－5－14

SK0089 从《四库全书》内诗文评著作看唐五代女性诗歌创作/郭海文//东方人文学志.－2005,4(4).－217－228

SK0090 历史上的纪晓岚/吴兆路//天津日报.－2005,4.4.－10

SK0091 兰州中心文化圈初具雏形/马效军//甘肃日报.－2005,4.22.－1

SK0092《四库全书》的集合性价值及其借助现代技术的提升/李伟国//文汇报.－2005,4.3.－8

SK0093《四库全书》与《四部丛刊》版本优劣小议/李申//社会科学战线.－2005,(4).－156－160

SK0094《四库全书》甘肃籍作者著作辑录/徐亮;周晓聪//兰州教育学院学报.－2005,(4).－39－42

SK0095《四库全书》中所收录的甘肃人著作/徐亮//河西学院学报. —2005,(4). —74—77

SK0096《四库全书》总校官仓圣脉/祁小纳//大河报. —2006,4.12

SK0097《四库全书总目》补撰书目源流考/陈晓华//江淮论坛. —2005,(4). —151—156,99

SK0098《四库全书总目》案语初探/李仅//江淮论坛. —2005,(4). —157—160

SK0099《四库总目·卧游录提要》辨正/谭钟琪//图书与情报. —2005,(4). —107—108,114

SK0100《四部文明》与《四库全书》区别何在/文怀沙//中国艺术报. —2006,4.14. —3

SK0101 在甘肃省《四库全书》研究会成立大会上的致辞/马少青//图书与情报. —2005,(4). —4

SK0102 在全国《四库全书》学术研讨会上的总结发言/郭向东//图书与情报. —2005,(4). —5

SK0103 在"全国《四库全书》学术研讨会"上的致辞/李膺//图书与情报. —2005,(4). —3

SK0104 在文溯阁《四库全书》藏书馆竣工暨开馆典礼上的致辞/陆浩//图书与情报. —2005,(4). —2

SK0105《全宋诗》待考作者考/孙明材//南京师范大学文学院学报. —2005,(4). —79

SK0106 论文渊阁钞本《四库简目》的校勘价值——以集部为例/周录祥;胡露//图书馆杂志. —2005,(4). —68—72

SK0107 纪昀与《四库全书》/黄爱平//安徽史学. —2005,(4). —33—39

SK0108 纪昀和《四库全书总目》/苏嘉//出版史料. —2005,(4). —1

SK0109 张舜徽先生之"《史通》学"研究/许刚//长春师范学院学报（人文社科版）. —2005,24(4). —55—60

SK0110 我国古代兵家文献著录简述/赵艳娟//图书馆理论与实践. —2005,(4). —59—62

SK0111 国图细说四大镇馆之宝传承/侯健美;李洋//北京日报. —2005,4.20. —9

SK0112 章学诚目录学思想研究综述/陈正慧//湖北师范学院学报（哲学社会科学版）. —2005,(4). —136—140

SK0113 乾隆"圣谕"与《四库全书》纂修/门庭//滨州学院学报. —2005,(4). —94—96

SK0114 "第一版本"与一流精神/范树立//中国新闻出版报. —2005,4.21. —2

SK0115 编余手记//图书与情报. —2005,(4)

SK0116 从《廿二史考异》看钱大昕的校勘方法/夏文华//晋图学刊. —

2005,(4).—88—91

SK0117 39万元！天津书市最"金贵"的图书引争论/宗蕾//出版参考(业内资讯版)下旬刊.—2005,(5).—18

SK0118 十八世纪古籍的总汇——《四库采进书目》/何文秀//中国文物报.—2005,5.4.—7

SK0119 从《春秋会义》看《四库》大典本辑佚/张升//图书与情报.—2005,(5).—100—103

SK0120 扎堆出版有必要吗？/赵乾海//中国新闻出版报.—2005,5.26.—3

SK0121 戴震对考据学的继承与发展/吴学满//安徽工业大学学报(社会科学版).—2005,(6).—73—74

SK0122 简讯/崔萍//晋图学刊.—2005,(6).—34

SK0123 国学定义及《四库全书》//文化报.—2006,6.9

SK0124《四库全书》与四库七阁的坎坷命运/黄爱平//中国艺术报.—2005,5.6.—3

SK0125《四库全书》相关著作谈/薛泳//和田师范专科学校学报.—2005,(5).—209

SK0126《四库全书简明目录》浅论/胡露;周录祥//重庆社会科学.—2005,(5).—57—62

SK0127《四库全书总目》宗教典籍析论/陈占山//汕头大学学报(人文社会科学版).—2005,(5).—41—46,97

SK0128《四库全书总目·墨子提要》订误/武秀成//古籍整理研究学刊.—2005,(5).—74—76,23

SK0129《四库全书总目》在诗歌批评史上的价值/孙纪文//固原师专学报.—2005,(5).—6—11

SK0130《四库全书总目》对历代诗歌的批评/孙纪文//内蒙古社会科学(汉文版).—2005,(5).—81—86

SK0131 关于邵氏《四库全书提要分纂稿》/苏虹//图书馆学刊.—2005,(5).—136—137

SK0132 陈垣为《四库全书总目提要》子部释家类纠谬——读《中国佛教史籍概论》/贾慧如//江西教育学院学报.—2005,(5).—73—76

SK0133 浅析《四库全书总目》对典籍版本的考证——以史部提要为中心/史丽君//图书与情报.—2005,(5).—96—99,103

SK0134 浅探《四库全书》与《四库全书荟要》分类之差异/邓玲;李春//农业图书情报学刊.—2005,(5).—173—176

SK0135 谈《续修四库全书》本《国朝汉学师承记》的版本问题与文献价值/高明峰//图书馆理论与实践.—2005,(5).—56—58

SK0136《明史·艺文志》"史部"勘误一则/李小林//辽宁大学学报(哲学

社会科学版）.—2005,（5）.—117—118

SK0137 称《四库全书》为"功魁罪首"辩/傅梅岭//安徽教育学院学报.—2005,（5）.—98—100

SK0138 南北共建"四库全书研究院"/青青//中国图书商报.—2005,5.27.—21

SK0139 看机器怎样比人更有智能/王鸿良//北京日报.—2005,5.18.—14

SK0140 谁买得起"天价书"? /何龙//羊城晚报.—2005,5.21.—A2

SK0141 略论《四库全书》对部分书名著录存在的问题/黄天禄//重庆三峡学院学报.—2005,（5）.—116—118

SK0142《诗话总龟》辑补——《海外新发现〈永乐大典〉十七卷》辑佚之一/郝艳华;洪涛//图书馆研究与工作.—2005,（4）.—61—65,76

SK0143 一部久被忽略的文体学集大成之作/谷曙光//北京大学学报（哲学社会科学版）.—2005,（6）.—151—153

SK0144《日知录》文渊阁本抽毁稿解析/周新凤//图书馆工作与研究.—2005,（6）.—52—53

SK0145 北宋"三孔"籍贯新考/黄宏//东南大学学报（哲学社会科学版）.—2005,（6）.—64—66,135

SK0146《四库全书总目提要》著录"内府藏本"研究//醒吾学报.—2005,（6）

SK0147 四库馆臣对文献取用原则的剖析/吴哲夫//故宫学术季刊.—2005,（6）.—1—9

SK0148 论《四库全书总目》的"元祐"批评观/吕双伟//中国地质大学学报（社会科学版）.—2005,（6）.—87—91

SK0149 余萧客的生卒年（外一篇）——文选学著作考（二）/范志新//晋阳学刊.—2005,（6）.—115—116,120

SK0150 朴学思潮与清代学术/李海生//上海行政学院学报.—2005,6（6）.—88—97

SK0151《四库全书》的功过评说——兼与法国《百科全书》比较/李均惠//文史杂志.—2005,（6）.—31—34

SK0152 编纂《四库全书》始末/陈垣//四库全书研究文集（甘肃省图书馆编）.—兰州:敦煌文艺出版社,2005.6.—3—10

SK0153 为《四库全书》正名/任继愈//四库全书研究文集（甘肃省图书馆编）.—兰州:敦煌文艺出版社,2005.6.—11—12

SK0154"四库学":历史与思考/周积明//四库全书研究文集（甘肃省图书馆编）.—兰州:敦煌文艺出版社,2005.6.—13—27

SK0155"四库学"研究的反思/杨晋龙//四库全书研究文集（甘肃省图书馆编）.—兰州:敦煌文艺出版社,2005.6.

—28—51

SK0156 五十年来台湾"四库学"之研究/陈仕华//四库全书研究文集(甘肃省图书馆编).—兰州:敦煌文艺出版社,2005.6.—52—57

SK0157《四库全书》源流要略/童庆松//四库全书研究文集(甘肃省图书馆编).—兰州:敦煌文艺出版社,2005.6.—58—67

SK0158 七阁四库成书之次第及其异同/张鋆//四库全书研究文集(甘肃省图书馆编).—兰州:敦煌文艺出版社,2005.6.—69—75

SK0159《四库全书》七阁成书时间考/吕坚//四库全书研究文集(甘肃省图书馆编).—兰州:敦煌文艺出版社,2005.6.—76—79

SK0160《四库全书》首架乾隆御题解/李致忠//四库全书研究文集(甘肃省图书馆编).—兰州:敦煌文艺出版社,2005.6.—79—82

SK0161 论乾隆御制《四库全书》诗的史料价值/章采烈//四库全书研究文集(甘肃省图书馆编).—兰州:敦煌文艺出版社,2005.6.—82—88

SK0162 清高宗对于《四库全书》纂修之督课/伯昭//四库全书研究文集(甘肃省图书馆编).—兰州:敦煌文艺出版社,2005.6.—89—92

SK0163《四库全书》缺失考略/吴哲夫//四库全书研究文集(甘肃省图书馆编).—兰州:敦煌文艺出版社,2005.6.—93—101

SK0164《四库全书》与清代辑佚/王世学//四库全书研究文集(甘肃省图书馆编).—兰州:敦煌文艺出版社,2005.6.—102—105

SK0165 从学者作用上估计《四库全书》之价值/黄云眉//四库全书研究文集(甘肃省图书馆编).—兰州:敦煌文艺出版社,2005.6.—106—112

SK0166《四库全书》乾隆谕旨评议/戚福康//四库全书研究文集(甘肃省图书馆编).—兰州:敦煌文艺出版社,2005.6.—113—124

SK0167 四库采进本之存贮及命运考略/杜泽逊//四库全书研究文集(甘肃省图书馆编).—兰州:敦煌文艺出版社,2005.6.—125—128

SK0168 四库撤出书原委/陈垣//四库全书研究文集(甘肃省图书馆编).—兰州:敦煌文艺出版社,2005.6.—129—130

SK0169 书《于文襄论〈四库全书〉手札》后/陈垣//四库全书研究文集(甘肃省图书馆编).—兰州:敦煌文艺出版社,2005.6.—131—132

SK0170《四库全书》"空函书"补缮经过/吕坚//四库全书研究文集(甘肃省图书馆编).—兰州:敦煌文艺出版社,2005.6.—133—136

SK0171《四库全书》馆臣处理丛书

方法之研究/吴哲夫//四库全书研究文集（甘肃省图书馆编）.－兰州：敦煌文艺出版社,2005.6.－137－148

SK0172《四库全书》所表现的传统文化特色考探/吴哲夫//四库全书研究文集（甘肃省图书馆编）.－兰州：敦煌文艺出版社,2005.6.－149－159

SK0173《四库全书》与科举文献/张祝平//四库全书研究文集（甘肃省图书馆编）.－兰州：敦煌文艺出版社,2005.6.－160－165

SK0174《四库全书》收录西书之探析/计文德//四库全书研究文集（甘肃省图书馆编）.－兰州：敦煌文艺出版社,2005.6.－166－178

SK0175《四库全书》载录传教士撰译著作论述文献/陈占山//四库全书研究文集（甘肃省图书馆编）.－兰州：敦煌文艺出版社,2005.6.－179－185

SK0176《四库全书》的种数和卷数/刘炳延//四库全书研究文集（甘肃省图书馆编）.－兰州：敦煌文艺出版社,2005.6.－186－191

SK0177《四库全书》的种数问题/易雪梅;吴明亮//四库全书研究文集（甘肃省图书馆编）.－兰州：敦煌文艺出版社,2005.6.－192－195

SK0178《四库全书》与文字狱/张杰//四库全书研究文集（甘肃省图书馆编）.－兰州：敦煌文艺出版社,2005.6.－196－204

SK0179《四库全书》编纂与中国古文献之劫难/郭向东//四库全书研究文集（甘肃省图书馆编）.－兰州：敦煌文艺出版社,2005.6.－205－211

SK0180 修《四库全书》时用什么标准把书抑为存目书/黄永年//四库全书研究文集（甘肃省图书馆编）.－兰州：敦煌文艺出版社,2005.6.－212－214

SK0181《〈四库全书〉献书人丛考》前言/郑伟章//四库全书研究文集（甘肃省图书馆编）.－兰州：敦煌文艺出版社,2005.6.－215－219

SK0182 有关《四库全书》的参考资料/蔡世明//四库全书研究文集（甘肃省图书馆编）.－兰州：敦煌文艺出版社,2005.6.－219－232

SK0183《四库全书》遴选底本失误例/陈新//四库全书研究文集（甘肃省图书馆编）.－兰州：敦煌文艺出版社,2005.6.－233－235

SK0184《四库全书》卷首提要的原文和撤换/刘远游//四库全书研究文集（甘肃省图书馆编）.－兰州：敦煌文艺出版社,2005.6.－236－243

SK0185《四库全书》校勘刍议/李春光//四库全书研究文集（甘肃省图书馆编）.－兰州：敦煌文艺出版社,2005.6.－244－248

SK0186《四库全书》的校对/刘辰//四库全书研究文集（甘肃省图书馆编）.－兰州：敦煌文艺出版社,2005.6.－249

（甘肃省图书馆编）.—兰州：敦煌文艺出版社,2005.6.—460—465

SK0217《〈四库全书〉集部存目》研究/沈治宏//四库全书研究文集（甘肃省图书馆编）.—兰州：敦煌文艺出版社,2005.6.—466—473

SK0218 翁方纲与《〈四库全书〉总目提要》/沈津//四库全书研究文集（甘肃省图书馆编）.—兰州：敦煌文艺出版社,2005.6.—474—482

SK0219 影印文溯阁《四库全书》序/蒋复璁//四库全书研究文集（甘肃省图书馆编）.—兰州：敦煌文艺出版社,2005.6.—483—485

SK0220《四库全书》影印的经过/蒋复璁//四库全书研究文集（甘肃省图书馆编）.—兰州：敦煌文艺出版社,2005.6.—486—489

SK0221 影印《四库全书》往来笺/张元济；袁同礼//四库全书研究文集（甘肃省图书馆编）.—兰州：敦煌文艺出版社,2005.6.—490—491

SK0222 影印《四库全书》的意义/昌彼得//四库全书研究文集（甘肃省图书馆编）.—兰州：敦煌文艺出版社,2005.6.—492—499

SK0223《四库全书》影印本与库本的差异论析/李祚唐//四库全书研究文集（甘肃省图书馆编）.—兰州：敦煌文艺出版社,2005.6.—500—508

SK0224《〈四库全书〉总目》殿本与浙本之比较/司马朝军//四库全书研究文集（甘肃省图书馆编）.—兰州：敦煌文艺出版社,2005.6.—509—513

SK0225 周亮工著述抽毁考/朱天曙//书法报.—2005,6.27

SK0226《四库提要》（经史之部）订误/李裕民//陕西师范大学继续教育学院学报.—2005,(2).—33—38

SK0227 陆锡熊对四库学的贡献/司马朝军//图书情报知识.—2005,(6).—56—58

SK0228《清人诗文集总目提要》札记/杜泽逊//图书馆杂志.—2005,24(6).—70—72

SK0229 清代朴学研究的重要拓展——评《朴学与清代社会》/田汉云//社会科学战线.—2005,(6).—319—321

SK0230《永乐大典》述略/黄俊霞//农业图书情报学刊.—2005,(6).—35—37

SK0231 管窥《四库总目》对《汉书·艺文志》的研究/姜汉卿；傅荣贤//图书馆论坛.—2005,(6).—353—355,70

SK0232 有关《永乐大典》几个问题的辨证/虞万里//史林.—2005,(6).—21—36

SK0233《续修四库全书总目提要》订误/主父志波//图书馆杂志.—2005,(7).—80

SK0234 文溯阁《四库全书》藏书馆

开馆/张书勇//中国文化报.—2005,7.
12.—1

SK0235《四库全书》的守护者/梁发蒂//甘肃日报.—2005,7.7.—7

SK0236 孙觉《春秋经解》四库本讹误考析/葛焕礼//史学月刊.—2005,(7).—41—44

SK0237 加强文溯阁本《四库全书》的保管与研究/左玉丽//甘肃日报.—2005,7.29.—3

SK0238 汪来与《北地纪》/刘治立//陇东报.—2005,7.15.—3

SK0239 国家图书馆细说四大镇馆之宝传承/李洋//新智慧（财富版）.—2005,(7).

SK0240 穿越硝烟的大书传奇/劳国强;叶建英//今日早报.—2005,7.4

SK0241 纪晓岚的人才"三戒"/张伟丽//中国人才.—2005,Z12.—62—63

SK0242"镇省之宝"有了新家/翟正文//兰州日报.—2005,7.9.—1

SK0243 摛藻堂《钦定四库全书荟要》影印序/戴逸//光明日报.—2005,7.25.—6

SK0244 文溯阁《四库全书》藏书馆在兰州建成/陈宗立//中华读书报.—2005,7.20.—2

SK0245《四库全书》终归甘肃文溯阁/常剑虹;王岳//香港文汇报.—2005,7.9.—1

SK0246 关于加强《四库全书》保管与研究的提案有回音/王明录//民主协商报.—2005,8.5.—1

SK0247 拍卖得书琐谈（3）/韦力//收藏·拍卖.—2005,(8).—92—95

SK0248 一部大书的抗战苦旅/劳国强//光明日报.—2005,9.1.—9

SK0249 汇集世纪文化经典的《中国文库》/宋木文//中国出版.—2005,(9).—17—18

SK0250 陆心源及其《丽宋楼藏书志》史部宋刊本研究/林淑玲//台北:花木兰文化工作坊.—2005

SK0251"四部文明"之《隋唐文明》面世 对《四库全书》做系统清算/张振胜//中华读书报.—2005,9.14

SK0252 出版手记//知识通讯评论.—2005,(9).—39—41

SK0253 吉林出版集团博览会上推出《钦定四库全书荟要》/金铮//出版参考（业内资讯版）.—2005,Z9.—10

SK0254 劫后余生的《四库全书》/孔润常//山西老年.—2005,(9).—38—39

SK0255 实说六世祖纪晓岚/纪清远//海内与海外.—2005,(9).—43—47

SK0256 11 万件珍品流落"他乡"/秀莉//中国矿业报.—2005,10.11.—6

SK0257 文溯阁《四库全书》将出影印版/平丽艳//兰州晚报.—2005,10.28.—A31

SK0258《四库全书总目》总集类存目补正/徐大军//图书馆杂志.－2005,(10).－73－75,61

SK0259《四库全书简明目录·集部·别集类》订误/胡露;周录祥//图书馆杂志.－2005,(10).－70－72

SK0260 四库禁毁书目中的三部清初陕西诗文集——《涘堂集》、《槲叶集》和《弱水集》/郎菁//图书馆杂志.－2005,(10).－64－69,36

SK0261《四库全书》分类与藏馆简介/谢军//课外语文(初中).－2005,(11).－65－66

SK0262 民间文化遗产"戴着面具起舞"/桂杰//中国青年报.－2005,11.21.－12

SK0263 拯救文化瑰宝工程/叶抒;叶光森//中华读书报.－2005,11.2.－5

SK0264 略谈大型文献丛书出版/高克勤//人民日报海外版.－2005,11.4.－7

SK0265 普通百姓走进"国学"课堂/雒焕素//兰州日报.－2005,11.30.－B2

SK0266 十年成就《四库禁毁书丛刊》四百零一册/扶璐;晨维//台声.－2005,(12).－88－89

SK0267 为把国宝《四库全书》留在甘肃/王聪//民主协商报.－2005,12.16.－1

SK0268 酝酿近百年的国家重大出版工程——文津阁本《四库全书》影印出版/施芳//人民日报.－2005,12.23.－11

SK0269《四库全书》的功与过/曹世瑞//百科知识.－2005,(10下半月).－46－48

SK0270 初编总目:《四库全书总目》之文学批评研究/龚诗尧著;潘美月主编//古典文学研究集刊(1).－台北:花木兰文化工作坊,2005.(12)

SK0271 坚持走品牌经营路子/徐冠一//吉林日报.－2005,12.3.－1

SK0272《钦定四库全书荟要》出版座谈会在长举行/康磊//长春日报.－2005,12.4

SK0273 欲重铸经典文学的尊严/徐冠一//吉林日报.－2005,12.9.－9

SK0274 商务印书馆影印文津阁本《四库全书》出版/杨文//科学时报.－2005,12.29.－B1

SK0275 商务印书馆影印文津阁《四库全书》面世/冯威//中国新闻出版报.－2005,12.23.－1

SK0276 影印文津阁《四库全书》出版/庄建//中华读书报.－2005,12.28.－1

SK0277 文津阁《四库全书》后继有"版"/曲志红//人民日报 2005,12.16.－11

SK0278 四库全书之纂修与清初崇实思潮之关系研究——以经史二部为

主的观察/曾纪刚//台北：花木兰文化出版社.—2005

SK0279 四库全书医家类提要分析/林君谕//书府.—2005,（25/26）.—66—81

SK0280 大陆首次印行乾隆御览《四库全书》//知识通讯评论.—2005,（26）.—42

SK0281《四库全书总目提要》著录"内府藏本"研究//醒吾学报.—2005,（29）.—73—90

SK0282 八年成旷典——《续修四库全书》编纂出版纪实/宋木文//中国编辑研究.—2005.7

SK0283 翁方纲纂四库提要稿考究（上）/吴格//澳门杂志.—2005,（48）.—84—94

SK0284 明清古诗选本个案研究/景献力//福建师范大学中文博士学位论文.—2005

SK0285 数字化中医古籍的理想模式及其相关问题研究/罗忠毅//成都中医药大学中文硕士学位论文.—2005

SK0286 20 世纪中国书学疑古考辨之研究/徐清//浙江大学中文博士学位论文.—2005

SK0287 二程语录考证及思想异同研究/金洪水//南开大学中文博士学位论文.—2005

SK0288《于文襄手札》考释——并论于敏中与《四库全书》纂修/徐庆丰//

北京师范大学中文博士学位论文.—2005.—33

SK0289 中文古籍数字化成果与展望/王冠中//东北师范大学中文硕士学位论文.—2005

SK0290 中国汉语古籍著录研究/孙学雷//武汉大学中文硕士学位论文.—2005

SK0291 从历代目录著录之稷下先生著述看稷下学学术地位/李宗全//华东师范大学中文硕士学位论文.—2005

SK0292《四库全书简明目录》订误/周录祥//南京师范大学中文硕士学位论文.—2005

SK0293《四库全书》设计系统之研究/翟爱玲//中央美术学院中文硕士学位论文.—2005.—78

SK0294 排律文献学研究/沈文凡//陕西师范大学中文博士学位论文.—2005

SK0295 四部分类法简论/何发苏//南昌大学中文硕士学位论文.—2005

SK0296 叶德辉及其历史文献学研究/朱新民//湖南师范大学中文硕士学位论文.—2005

SK0297 清代图书典藏制度研究/马德鸿//中山大学中文硕士学位论文2005.—61

SK0298《厄林》研究/李禧俊//苏州大学中文博士学位论文.—2005.—465

SK0299 宋代类书研究/王利伟//四川大学中文硕士学位论文. —2005

SK0300 宋代书院记研究/熊艳娥//南京师范大学中文硕士学位论文. —2005

SK0301 清代的奖赏制度研究/王彦章//浙江大学中文博士学位论文. —2005

SK0302 学术·体制·人/胡文生//中国人民大学中文硕士学位论文. —2005

SK0303 明末清初松江士人与地方社会/冯玉荣//复旦大学中文博士学位论文. —2005

SK0304《四库全书总目》经部易类研究/李威侃/国立中山大学中文硕士学位论文. —2005

SK0305 北京古旧书业前景初探/马建农//"中国书业体制改革"论文集. —2005

SK0306 国家图书馆所藏《四库全书总目》稿本述略/王菡//中国历史文献研究会第26届年会论文集. —2005

SK0307 评四库全书总目正史类提要对于历史考据学的贡献/沈振辉//中国历史文献研究会第26届年会论文集. —2005.10

SK0308 关于《四库全书总目》之提要与书前提要的差异问题/熊伟华;张其凡//中国历史文献研究会第26届年会论文集. —2005.10

SK0309 乾嘉时期的学术变化特点刍议/吴兆路//上海复旦大学第二届中国文论国际研讨会. —2005. —8

SK0310 利用《四库全书》治学时应注意的问题/陈恒嵩//昌彼得教授八秩晋五寿庆论文集. —2005.2. —105—116

SK0311 文渊阁与《四库全书》/黄爱平//故宫博物院八十华诞暨国际清史学术研讨会. —北京.2005

SK0312 谈《四库全书》/陈祖武//王俊义主编. —炎黄文化研究(2). —郑州:大象出版社,2005. —94—99

2006 年

SK0001 文津阁本《四库全书》完美亮相//中华新闻报. —2006,1.4

SK0002《文渊阁四库全书补遗——集部·明代卷》//文献. —2006,(1). —138

SK0003 文澜阁《四库全书》整理编纂学术研讨会在杭州召开/叶辉//光明日报. —2006,1.8. —2

SK0004 文澜阁《四库全书》整理编纂学术研讨会在杭州召开/贾晓东//图书馆研究与工作. —2006,(1). —47

SK0005 从古代目录学看中国文言小说观念的演变/刘湘兰//江淮论坛. —2006,(1). —136—142

SK0006 从《汉志》《隋志》《四库全书》看经史子集学术源流/洪树华;方丽萍//求索. —2006,(1). —171—174

SK0007 从吴乔《正钱录》看明清之际文坛的攻讦之风/王人恩//西北师大学报（社会科学版）.—2006,(1).—32—36

SK0008 今春,文澜阁《四库全书》靓丽出"阁"/刘一丁//浙江日报.—2006,1.1.—5

SK0009 杭州将推出文澜阁《四库全书》影印版/姚文//中国青年报.—2006,1.5.—4

SK0010《永乐大典》说收元厉震廷唐宋百衲诗考释/彭万隆//文学遗产.—2006,(4).—108—113.—160

SK0011《永乐大典》与《四库全书》编纂的比较/周晓聪//天水师范学院学报.—2006,(1).—90—93

SK0012 让文澜珍藏发扬光大——《四库全书》整理编纂学术研讨会昨举行/王夏斐//杭州日报.—2006,1.8.—1—2

SK0013 古文批评的"神"论——茅坤《史记钞》初探/邓国光//首都师范大学学报（社会科学版）.—2006,(1).—83—88

SK0014 世界藏书史上的奇迹/叶辉//光明日报.—2006,1.8.—2

SK0015《四库全书大辞典》阙补/毛冬青//图书馆研究与工作.—2006,(1).—60—62

SK0016《四库全书总目》武英殿本刊竣年月考实——"浙本翻刻殿本"论批判/崔富章//浙江大学学报（人文社会科学版）.—2006,(1).—104—109

SK0017《四库全书总目》所收胡缵宗著述提要考释/高明//陇右文博.—2006,(1).—68—70

SK0018《四库全书总目》所收卒年最晚作者考/江庆柏//图书情报知识.—2006,(1).—48—49

SK0019 四库馆辑本《直斋书录解题》"文史类"校议/杜泽逊//图书馆工作与研究.—2006,(1).—56—59

SK0020 对辽、甘二省争藏文溯阁《四库全书》的一些思考/张宁//东海大学图书馆馆讯.—2006,(6)1.—34—38

SK0021 论唐甄的"启蒙思想"/姜丽丽//前沿.—2006,(1).—193—195

SK0022 刘安及宾客著述考略/漆子扬//古籍整理研究学刊.—2006,(1).—38—41

SK0023 传承学术巨著 再造中华善本/潘衍习//人民日报海外版.—2006,1.12.—5

SK0024 邵晋涵四库史部提要的目录学价值研究/张永红//浙江工业大学学报（社科版）.—2006,5(1).—106—109

SK0025 邵晋涵所撰《四库史部提要》的目录学价值/张永红//山东图书馆季刊.—2006,(1).—107—109

SK0026 浅论《四库全书总目》之学术批评特色/沈曙东//当代经理人（中

旬刊).－2006,(1).－208－209

SK0027《郑堂读书记》与《四库全书总目》经部小类顺序比较/王彩霞//平原大学学报.－2006,(1).－61－63

SK0028 明清时期山水志书的学术价值研究/石光明//农业考古.－2006,(1).－223－225,249

SK0029 周永年对《四库全书》的贡献/张学军//聊城大学学报(社会科学版).－2006,(1).－102－104,111

SK0030 科学著作 不可缺席/乐爱国//科学时报.－2006,1.26.－B2

SK0031 章学诚与《四库全书》/陈晓华//史学史研究.－2006,(1).－44－51

SK0032 钱载与戴震交恶之缘起/蔡锦芳//上海大学学报(社会科学版).－2006,(1).－92－99

SK0033《惜抱轩书录》与《四库全书总目》之比较/徐雁平//文献.－2006,(1).－131－138

SK0034《续资治通鉴长编》校补两则/王彦霞//晋阳学刊.－2006,(1).－123

SK0035 增补《金石录校证》(3)/裴樟松//东方博物.－2006,(1).－120－124

SK0036"翰林院印"与四库进呈本真伪之判定/刘蔷//图书馆工作与研究.－2006,(1).－60－62

SK0037 20世纪上半叶"四库学"研究综述/陈东辉//汉学研究通讯.－2006,25(2).－30－39

SK0038 文化瑰宝重放异彩/贾晓东;陈益;苏丹//中国文化报.－2006,2.9.－5

SK0039 文渊阁《四库全书》所收清代档案的现代化利用/曹新宇//清史研究.－2006,(2).－123－124

SK0040 文澜阁与藏书/童正伦//图书馆研究与工作.－2006,(2).－74－76

SK0041 文澜阁《四库全书》隆重开印//图书馆理论与实践.－2006,(2).－121

SK0042"历史"释义/李开元//史学理论研究.－2006,(2).－130－138,160

SK0043 天一生水——天一阁及其藏书的历史贡献/朱赛虹//紫禁城.－2006,Z2.－36－39

SK0044 日本国会图书馆藏《四库全书》零本(1)//中国典籍与文化.－2006,(2).－324

SK0045 日本国会图书馆藏《四库全书》零本(2)//中国典籍与文化.－2006,(2).－324

SK0046 从《四库全书》到《儒藏》/彭林//北京大学学报(哲学社会科学版).－2006,(2).－11－14

SK0047《永乐大典》和《四库全书》/王万里//咬文嚼字.－2006,(2).－20

SK0048《四库全书》出版 商务印书

馆影印文津阁//语文建设.—2006,(2).—4

SK0049《四库全书》飘零何方//泉州晚报海外版.—2006,2.28.—3

SK0050《四库全书总目》"洪武圣政记"条考误/许振兴/古籍整理研究学刊.—2006,(2).—38—39

SK0051《四库总目·离骚中正》书后/程远芬//中国典籍与文化.—2006,(2).—62—64

SK0052 四库学根基的夯实之作/王承略//文汇读书周报.—2006,2.24.—9

SK0053 传入朝鲜的清代禁毁书籍/杨雨蕾//文献.—2006,(2).—183—191

SK0054 关于张祜诗歌注释、辨伪、辑佚的几个问题/张福清//中国韵文学刊.—2006,(2).—73—76

SK0055 汲古阁一卷本《宋遗民录》伪书考/潘承玉；吴艳玲//古籍整理研究学刊.—2006,(2).—82—84

SK0056 宋史研究之延伸——喜读《四库提要订误（增订本）》/王菡//书品.—2006,(2).—37—40

SK0057 试论《四库全书总目》子部杂家类分类与著录的不完善/刘春华//中国典籍与文化.—2006,(2).—19—23

SK0058 杨家骆先生及其文献学成就/李歆//图书情报工作.—2006,50(2).—17—20

SK0059 构建中国大型古籍书库——论四库类丛书的互补性/邹爱芳//图书与情报.—2006,(2).—116

SK0060 国家图书馆所藏《四库全书总目》稿本述略/王菡//文学遗产.—2006,(2).—121—128,160

SK0061《国语》名称演变探源/邱锋//管子学刊.—2006,(2).—118—121,117

SK0062 岭南明遗民僧函可"私携逆书"案述析/杨权//学术研究（广州）.—2006,(2).—117—121

SK0063 封存《四库全书》原本背后/金天//财经时报.—2006,2.27

SK0064 顺、康、雍、乾时期封建文化建设初探/张运明；王瑞//金陵科技学院学报（社科版）.—2006,20(2).—34—37

SK0065 海南人写的杜诗评论——略谈钟芳《重刻杜诗序》/周济夫//杜甫研究学刊.—2006,(2).—71—73

SK0066 读书偶得（6）/李书敏//出版视野.—2006,(2).—37

SK0067 读《李氏藏书目录序》——孝感李君考/刘烈学//图书情报论坛.—2006,(2).—75

SK0068 清初著名的文字狱：庄廷龙史案/崔文印//书品.—2006,(2).—95—96

SK0069 清修《四库全书》过程中福建采进本与禁毁书概述/陈旭东//福建

师范大学学报(哲学社会科学版).—2006,(2).—162—166

SK0070 温州人订购 50 套《四库全书》/郑海华//温州日报.—2006,2.24.—1

SK0071《续修四库全书》的文献学价值初探/谢鸣敏//新世纪图书馆.—2006,(2).—33—34

SK0072《四库全书存目丛书》收录《卧游录》问题商榷/杜海军//书目季刊.—2006,40(2).—31—33

SK0073 我省今年将出版《四库全书》影印本/贾莹//兰州日报.—2006,2.14.—1

SK0074 遥祭文汇阁/韦明铧//扬州日报.—2006,2.20.—3

SK0075 文澜阁《四库全书》开印//钱江晚报.—2006,2.23.—6

SK0076 影印本文澜阁《四库全书》开印/刘慧//浙江日报.—2006,2.23.—6

SK0077 杭州重印文澜阁《四库全书》/余靖静//人民日报.—2006,2.23.—11

SK0078 傅维鳞《明书》的编纂与流传/武玉梅//史学史研究.—2006,(2).—58

SK0079《四库全书》与文汇阁/韦明铧//扬州日报.—2006,3.24.—3

SK0080《四库全书》与"扬州二马"/张树忠//扬州日报.—2006,3.24.—3

SK0081 让《四库全书》留在扬州!/孟瑶//扬州日报.—2006,3.24.—3

SK0082 002 号线装本《四库全书》的前世今生/李文峰;郭义富;何瑞琳;何勇//扬州日报.—2006,3.24.—B1

SK0083《云斋广录》版本源流考/冯一//苏州大学学报(哲学社会科学版).—2006,(3).—75—78

SK0084 从何园出书到《四库》展出/陈跃//扬州日报.—2006,3.27.—1

SK0085 允执其中——从《四库全书总目提要》看纪晓岚对唐诗的评价之一/孙云英;王建珍//沧州师范专科学校学报.—2006,(3).—9—10

SK0086《四库全书总目》订误六例/鞠明库//大学图书情报学刊.—2006,(3).—102—103

SK0087《四库全书总目》纠误两则/吴德义//史学集刊.—2006,(3).—76

SK0088《四库全书总目·子部》存目补正/胡露;周录祥//重庆社会科学.—2006,(3).—52—54

SK0089《四库全书总目·子部·杂家类》存目补正/周录祥;胡露//阿坝师范高等专科学校学报.—2006,(3).—25—27

SK0090《四库全书总目》宋集提要辨误二则/祝尚书//文献.—2006,(3).—176

SK0091《四库全书总目》五种清诗

总集提要补正/朱则杰//深圳大学学报（人文社会科学版）. —2006,（3）. —91—94

SK0092 文溯阁《四库全书》也曾险遭黑手/左漫莹//兰州日报. —2006,3.29. —B3

SK0093《四库总目》对中国传统星占学的否定/陈占山//河北师范大学学报（哲学社会科学版）. —2006,（3）. —121—127

SK0094《四库提要》续正/杜泽逊//中国典籍与文化. —2006,（3）. —58—60

SK0095 四库底本新发现/李晓明//文献. —2006,（3）. —145—150

SK0096《四库》馆签佚书单考/张升//中国典籍与文化. —2006,（3）. —61—66

SK0097 卢襄诗误作韦骧诗/陈恒舒//中国典籍与文化. —2006,（3）. —66

SK0098 论《四库全书总目》的词体美学观/冯淑然；艾洪涛//河北大学学报（哲学社会科学版）. —2006,（3）. —118—123

SK0099 论《新安志》刻本的系统和价值/肖建新//华中科技大学学报（社会科学版）. —2006,（3）. —93—97

SK0100 有关《续修四库全书总目提要》的通信/萨仁高娃（整理）//文献. —2006,（3）. —167—175

SK0101《全宋诗》中作者"待考"二则/孙明材//文献. —2006,（3）. —66

SK0102《全清词·顺康卷》曹贞吉词补遗/胡晓蓓//江海学刊. —2006,（3）. —170

SK0103 传承历史文化 酝酿数码商机——看数字化技术在古书画市场的应用/徐敏//数码印刷. —2006,（3）. —46

SK0104 沈德潜《国朝诗别裁集》案略论/刘靖渊//山东师范大学学报（人文社科版）. —2006,51（3）. —32—37

SK0105 省图书馆收齐《四库全书》系列/郁鑫鹏//江西日报. —2006,3.21. —B3

SK0106 封存《四库全书》原本背后//作家文摘报. —2006,3.14

SK0107 高启之死与元明之际文学思潮的转折/左东岭//文学评论. —2006,（3）. —101—109

SK0108 钱大昕佚序两篇略述/侯富芳//中国典籍与文化. —2006,（3）. —76—78

SK0109 读《宋元检验三录》/方龄贵//云南师范大学学报（哲学社会科学版）. —2006,（3）. —169—173,225

SK0110 唐律"一准乎礼"辨正/苏亦工//政法论坛. —2006,（3）. —116—141

SK0111 读《翁方纲与〈四库全书〉》续稿/李孟晋//书目季刊. —2006,40（3）. —35—38

SK0112《〈续修四库全书〉数术类丛

书》序言/刘大钧//周易研究. —2006, (3). —3—4

SK0113 置生死于度外保护文澜阁《四库全书》的人/方//出版史料. —2006, (3). —81

SK0114 略评续四库全书本《瀛涯胜览》(1/2)/苏月秋//郑和研究. —2006, (3/4). —45—48/49—51, 58

SK0115 新发现的《四库全书》提要稿/张升//文献. —2006, (3). —151—157

SK0116 新版线装本《四库全书》在扬面世/义富; 瑞琳; 何勇//扬州日报. —2006, 3.24. —1

SK0117《蒙求》作者究竟是哪个李瀚——《四库全书总目提要》疏漏一例/周腊生//宁波职业技术学院学报. —2006, (3). —66—67, 81

SK0118《文渊阁四库全书补遗——集部·宋元卷》(全四册)//文献. —2006, (4). —150

SK0119 大众讲坛第二讲: 乾隆皇帝与《四库全书》/杨晓珍//齐鲁晚报. —2006, 4.7. —A23

SK0120 天一阁对藏书文化的贡献/陈宁雄//天一阁文丛. —2006, (4). —26—31

SK0121 日藏《四库全书》散本杂考/刘玉才//文献. —2006, (4). —169—175

SK0122 今古《孝经》说/刘建兵//

和田师范专科学校学报. —2006, (4). —197

SK0123《四库全书》底本问题两例/冯金牛//历史文献(第10辑), 上海图书馆历史文献研究所编. —2006.4. —277—293

SK0124《四库全书》到底全不全/杨泽本//成都文物. —2006, (4). —73—74

SK0125 "四库总目学" 研究述略/陈晓华//西南师范大学学报(人文社会科学版). —2006, (4). —138—144

SK0126《四库全书总目》道家类补正/胡露; 周录祥//图书馆研究与工作. —2006, (4). —68—70

SK0127《四库全书总目·子部杂家类》存目讹误例举/周录祥; 胡露//古籍整理研究学刊. —2006, (4). —21—24, 49

SK0128《四库提要》所见盛清学术偏见一例/朱鸿林//中山大学学报(社会科学版). —2006, (4). —48—53, 124—125

SK0129《四部文明》与《四库全书》区别何在/文怀沙//中国艺术报. —2006, 4.14. —3

SK0130 论我国古代官修目录的发展及其影响/段力雄; 别敏鸽//玉溪师范学院学报. —2006, (4). —21—23

SK0131 论《汉书·艺文志》的图书分类/尹海江//中南大学学报(社会科学版). —2006, (4). —506—511

SK0132 关于张祜诗歌注释、辨伪、辑佚的几个问题/张福清//江南大学学报（人文社会科学版）．—2006，（4）．—74—77

SK0133 时人评元好问之钩沉/狄宝心//民族文学研究．—2006，（4）．—150—154

SK0134 陈垣的避讳学研究——论《史讳举例》的历史文献学价值/周少川//淮北煤炭师范学院学报（哲社版）．—2006，27（4）．—16—20

SK0135 扬城能否重建文汇阁？/义富；瑞琳//扬州日报．—2006，4.8．—3

SK0136 旷代国宝出深宫 绝世巨制献世界/张稷；常绍民；任龙//中国新闻出版报．—2006，4.27．—3

SK0137 学术渊薮 文化巨制/商务印书馆编辑部//光明日报．—2006，4.26．—9

SK0138 浅谈古籍的分类与利用/李春燕//内蒙古图书馆工作．—2006，（4）．—98—99

SK0139 浅析《四库全书总目》类目界限不清/王展妮//哈尔滨学院学报．—2006，（4）．—129—132

SK0140 明代闽人著作 12 种提要/陈旭东//古籍整理研究学刊．—2006，（4）．—11—15，28

SK0141 封存《四库全书》原本背后/金天//新华月报．—2006，（4）．—74

SK0142《直斋书录解题》断句错误一则/朱湘铭//图书馆杂志．—2006，（4）．—79

SK0143 独步清词——曹贞吉《珂雪词》评析/孙彦杰//德州学院学报．—2006，（4）．—19—24

SK0144《难经集注》的国内外研究概况/刘姝//中医文献杂志．—2006，（4）．—54—56

SK0145 翁方纲纂《提要稿》与《四库提要》之比较研究/乐怡//图书馆杂志．—2006，（4）．—74—77，28

SK0146 编修《四库全书》奖惩办法管窥/陈清慧；董馥荣//文献．—2006，（4）．—159—168

SK0147《墨经》的作者问题及诸本之比勘/周小兵//古籍整理研究学刊．—2006，（4）．—38—42，67

SK0148 戴良与少数民族文人交游考论/洪琴仙//民族文学研究．—2006，（4）．—155—160

SK0149 218 件古籍特藏珍品可免费看/路艳霞//北京日报．—2006，5.23．—13

SK0150 文澜阁《四库全书》整理研究综述/李芳；刘瑛//图书馆工作与研究．—2006，（5）．—81—82

SK0151 历史的细节真相/董明庆//中华读书报．—2006，5.24．—15

SK0152 在甘肃省图书馆建馆九十周年暨文溯阁《四库全书》入甘四十周年庆祝大会上的致辞/郝远//图书与情

报.—2006,(5).—1,3—4

SK0153 在甘肃省图书馆建馆九十周年暨文溯阁《四库全书》入甘四十周年庆祝大会上的致辞/马少青//图书与情报.—2006,(5).—2

SK0154 存继典籍 传承文明——甘肃省图书馆建馆九十周年暨文溯阁《四库全书》入甘四十周年纪念活动侧记/陈军//图书与情报.—2006,(5).—10,16

SK0155 甘肃省图书馆建馆90周年暨文溯阁四库全书入甘40周年纪念//图书与情报.—2006,(5)

SK0156 四库七阁:皇家藏书的典范/饶国庆//中国文化遗产.—2006,(5).—42—47

SK0157 四库全书馆人员的遴选及其特点/刘凤强;李军//图书与情报.—2006,(5).—124—128

SK0158《四库全书·皮子文薮》提要指误/李福标//图书馆工作与研究.—2006,(5).—78—80

SK0159《四库全书》到底全不全?/阮帆//北京科技报.—2006,5.24.—31

SK0160《四库全书总目》中的诗僧别集批评/李舜臣;欧阳江琳//武汉大学学报(人文科学版.—2006,(5).—571—575

SK0161《四库全书总目·儒家类》编著者生平补正/胡露;周录祥//图书馆学刊.—2006,(5).—122—124

SK0162《四库全书总目·子部·杂家类·杂纂之属》存目补正/胡露;周录祥//嘉兴学院学报.—2006,(5).—58—63

SK0163 论姚鼐与四库馆内汉宋之争/王达敏//北京大学学报(哲学社会科学版).—2006,(5).—86—95

SK0164 论北宋文人对《文选》的评价与接受/汪超;俞学华//上饶师范学院学报.—2006,(5).—51—54

SK0165 出版馆首日交易超一千五百万/张贺敏;王净//深圳商报.—2006,5.19

SK0166 网络平台责任引起争议/聂国春//中国消费者报.—2006,5.22.—C1

SK0167 诗人戴复古与镇江/徐苏//镇江社会科学.—2006,(5).—52—53

SK0168 明代成化至弘治中期郎署文学的初步振兴/刘化兵//西华师范大学学报(哲学社会科学版).—2006,(5).—32—36

SK0169 图书情报单位代表在甘肃省图书馆建馆90周年庆典大会上的贺词/张志强//图书与情报.—2006,(5).—3,16

SK0170 国宝级古籍今起亮相/施芳//人民日报.—2006,5.26.—11

SK0171 四库七阁:皇家藏书的典范/袁慧//中国文化遗产.—2006,(5).

—42—47

SK0172 董康与《续修四库全书总目提要》/张升//新世纪图书馆. —2006,(5). —68—69,72

SK0173 寓禁于"征"与寓禁于"修"/崔文印//书品. —2006,(5). —94—96

SK0174 读《四库提要》札记——《六一词》版本比较所得/解旬灵//涪陵师范学院学报. —2006,(5). —95—97,150

SK0175 文津阁本《四库全书》出版价值刍议/张帆;汪龙麟//社会科学战线. —2006,(6). —317—319

SK0176 历史的细节真相/董明庆//中华读书报. —2006,5.24. —15

SK0177 元末江南文人避世风尚论略/彭茵//江海学刊. —2006,(6). —149—153

SK0178 历史编纂学:过程与形态/朱维铮//复旦学报（社会科学版）. —2006,(6). —1—13

SK0179 中国式生命/夏江为;王博//中学生读写（高中）. —2006,(6). —62—63

SK0180 石林词与东坡乐府/潘殊闲//西华大学学报（哲学社会科学版）. —2006,(6). —8—11

SK0181《四库全书》的 B 面/周英杰//四川文学. —2006,(6). —61—63

SK0182《四库全书总目》中的词籍批评/孙纪文//内蒙古社会科学（汉文版）. —2006,(6). —161—164

SK0183《四库全书总目》诗学批评与纪昀诗学/张传峰//北方论丛. —2006,(6). —17—20

SK0184《四库全书总目》总集类存目讹误考校8则/徐大军//图书馆杂志. —2006,(6). —73—74,51

SK0185《四库全书总目》与阁书提要差异情形及其原因之考察/黄煜//《古典文献研究》(9)南京大学古典文献研究所编. —南京:凤凰出版传媒集团、凤凰出版社,2006.6. —199—212

SK0186"四库"馆臣论明代笔记史料/展龙//图书情报工作. —2006,(6). —144—147

SK0187《四库辑本别集拾遗》辨误一则/岳振国//陕西师范大学学报（哲学社会科学版）. —2006,(6). —60

SK0188 余嘉锡的目录学成就/张绪峰;王会杰//山东教育学院学报. —2006,(6). —94—98

SK0189 试论清代古籍版本学的成就/曹之//图书馆论坛. —2006,26(6). —341—346

SK0190 杨家骆和他的《四库全书大辞典》/吴玲//阜阳师范学院学报（社科版）. —2006,(6). —136—137

SK0191 杨时《中庸》学思想及其对荆公新学的批判/王晓薇//北方论丛. —2006,(6). —78—81

SK0192 封存《四库全书》原本背后/金天文//社区. —2006,(6)Z. —48—49

SK0193 从新发现《永乐大典》本看《诗话总龟》的版本及增补问题/张健//北京大学学报(哲学社会科学版). —2006,(5).—96—103

SK0194 商务印书馆隆重推出影印文津阁四库全书/社会科学战线. —2006,(6).—1

SK0195 商务印书馆与铁琴铜剑楼/郭亮//收藏. —2006,(6).—88—90

SK0196 综论天一阁的历史地位/来新夏//学术界. —2006,(6).—228—233

SK0197 唐佚名《古今乐纂》辑考/岳珍//华中科技大学学报(社会科学版).—2006,(6).—84—87

SK0198 一个城市出版社的崛起/崔利静//中华读书报.—2006,7.26.—6

SK0199 七部"四库":差异背后有故事/王菡//光明日报. —2006,7.31.—2

SK0200《四库全书总目》之提要与书前提要的差异/熊伟华;张其凡//学术研究.—2006,(7).—134—138

SK0201《四库全书》与法国《大百科全书》的编纂出版之比较/肖东发;周悦//学术交流.—2006,(7).—183—188

SK0202 论《四库全书总目》对南宋散文的批评/曹丽萍//南阳师范学院学报.—2006,(7).—79—83

SK0203 谈《四库全书》不同历史时期版本的流传/杜欣明//兰台世界. —2006,(7).—64—66

SK0204 铁齿铜牙 VS 乾隆皇帝/韩海涛//阅读与写作.—2006,(7).—46

SK0205 影印文津阁《四库全书》亮相//收藏.—2006,(7).—85

SK0206《四库提要》校正/杜泽逊//四库全书研究文集(2005 年四库全书研讨会文选).—兰州:敦煌文艺出版社,2006.8.—3—6

SK0207《四库全书总目》史部提要的理论价值/罗炳良//四库全书研究文集(2005 年四库全书研讨会文选).—兰州:敦煌文艺出版社,2006.8.—7—17

SK0208《翁方纲纂四库提要稿》之流传与整理/吴格//四库全书研究文集(2005 年四库全书研讨会文选).—兰州:敦煌文艺出版社,2006.8.—18—24

SK0209 纪晓岚笔削《四库提要》佚文七篇/李国庆//四库全书研究文集(2005 年四库全书研讨会文选).—兰州:敦煌文艺出版社,2006.8.—25—28

SK0210《四库总目》著录校勘记简介/何槐昌//四库全书研究文集(2005 年四库全书研讨会文选).—兰州:敦煌文艺出版社,2006.8.—29—34

SK0211《四库全书总目》方志提要述评/吴平//四库全书研究文集(2005 年四库全书研讨会文选).—兰州:敦煌

文艺出版社,2006.8.—33—39

SK0212 关于《四库全书总目》定名及其最早刻本/崔章富//四库全书研究文集（2005 年四库全书研讨会文选）.—兰州：敦煌文艺出版社,2006.8.—40—47

SK0213《阁书提要》与《总目提要》不同/韩锡铎//四库全书研究文集（2005 年四库全书研讨会文选）.—兰州：敦煌文艺出版社,2006.8.—48—51

SK0214 国家图书馆藏《四库全书总目》各种版本叙录/王菡//四库全书研究文集（2005 年四库全书研讨会文选）.—兰州：敦煌文艺出版社,2006.8.—52—55

SK0215 "总目学"史研究论纲/陈晓华//四库全书研究文集（2005 年四库全书研讨会文选）.—兰州：敦煌文艺出版社,2006.8.—56—59

SK0216《四库总目》宗教典籍析论/陈占山//四库全书研究文集（2005 年四库全书研讨会文选）.—兰州：敦煌文艺出版社,2006.8.—60—68

SK0217 翻书偶得——《四库总目》与文渊阁书载录错讹一例/胡大浚//四库全书研究文集（2005 年四库全书研讨会文选）.—兰州：敦煌文艺出版社,2006.8.—69—72

SK0218《四库全书总目》释家类典籍著录探析/党燕妮；杜斗城//四库全书研究文集（2005 年四库全书研讨会文

选）.—兰州：敦煌文艺出版社,2006.8.—73—78

SK0219 管窥《四库总目》对《汉书·艺文志》的研究/傅荣贤；姜汉卿//四库全书研究文集（2005 年四库全书研讨会文选）.—兰州：敦煌文艺出版社,2006.8.—79—84

SK0220 提要有其"体制"——《惜抱轩书录》与《四库全书总目》之比较/徐雁平//四库全书研究文集（2005 年四库全书研讨会文选）.—兰州：敦煌文艺出版社,2006.8.—85—93

SK0221 辽宁省图书馆藏《四库全书提要》残页考/刘冰//四库全书研究文集（2005 年四库全书研讨会文选）.—兰州：敦煌文艺出版社,2006.8.—94—109

SK0222 从《四库提要辨证》看余嘉锡的文献学贡献/陈军//四库全书研究文集（2005 年四库全书研讨会文选）.—兰州：敦煌文艺出版社,2006.8.—110—112

SK0223《医籍考》辨正《四库全书总目》医家类提要考/郭秀梅//四库全书研究文集（2005 年四库全书研讨会文选）.—兰州：敦煌文艺出版社,2006.8.—113—120

SK0224《续修四库全书总目提要》小说家类初探/丁肇琴//四库全书研究文集（2005 年四库全书研讨会文选）.—兰州：敦煌文艺出版社,2006.8.—121

全书研讨会文选）. —兰州:敦煌文艺出版社,2006.8. —215—220

SK0239 四库文化的网络表现研究/刘延华//四库全书研究文集（2005年四库全书研讨会文选）. —兰州:敦煌文艺出版社,2006.8. —221—225

SK0240 乾隆帝编纂《四库全书》刍议/陈淑霞//四库全书研究文集（2005年四库全书研讨会文选）. —兰州:敦煌文艺出版社,2006.8. —226—229

SK0241 浅谈《四库全书》成因/曾雪梅//四库全书研究文集（2005年四库全书研讨会文选）. —兰州:敦煌文艺出版社,2006.8. —230—234

SK0242 试论和坤在编纂《四库全书》中的作用/徐双定//四库全书研究文集（2005年四库全书研讨会文选）. —兰州:敦煌文艺出版社,2006.8. —235—240

SK0243 四库馆初写本《大清一统志》残卷考释/白莉蓉//四库全书研究文集（2005年四库全书研讨会文选）. —兰州:敦煌文艺出版社,2006.8. —241—246

SK0244《日知录》文渊阁本抽毁稿解析/周新凤//四库全书研究文集（2005年四库全书研讨会文选）. —兰州:敦煌文艺出版社,2006.8. —247—249

SK0245《东坡志林》《仇池笔记》异同考/修世平//四库全书研究文集

（2005年四库全书研讨会文选）. —兰州:敦煌文艺出版社,2006.8. —250—253

SK0246《四库全书》著录姓氏类文献探析/丁原基//四库全书研究文集（2005年四库全书研讨会文选）. —兰州:敦煌文艺出版社,2006.8. —254—264

SK0247《四库全书》编纂之浙江采进书目与采用书目/冯春生//四库全书研究文集（2005年四库全书研讨会文选）. —兰州:敦煌文艺出版社,2006.8. —265—267

SK0248 四库全书文津阁本文渊阁本史部录异/李晓明//四库全书研究文集（2005年四库全书研讨会文选）. —兰州:敦煌文艺出版社,2006.8. —268—290

SK0249 清华大学图书馆藏四库采进本考略/刘蔷//四库全书研究文集（2005年四库全书研讨会文选）. —兰州:敦煌文艺出版社,2006.8. —291—296

SK0250《四库全书存目丛书》所收明人文集与《增订日本现存明人文集目录》/丁晓山//四库全书研究文集（2005年四库全书研讨会文选）. —兰州:敦煌文艺出版社,2006.8. —297—299

SK0251 清人张履程《钦定四库全书简明目录序》读后/张廷银//四库全书研究文集（2005年四库全书研讨会文

选). －兰州:敦煌文艺出版社,2006.8. －300－310

SK0252《四库全书》对春秋类的删改概述/童正论//四库全书研究文集(2005 年四库全书研讨会文选). －兰州:敦煌文艺出版社,2006.8. －311－320

SK0253 从《春秋会义》看《四库》大典本辑佚/张升//四库全书研究文集(2005 年四库全书研讨会文选). －兰州:敦煌文艺出版社,2006.8. －321－325

SK0254 私人藏书与《四库全书》/王作华//四库全书研究文集(2005 年四库全书研讨会文选). －兰州:敦煌文艺出版社,2006.8. －326－330

SK0255《四库全书》成书各省人士功勋论/徐亮//四库全书研究文集(2005 年四库全书研讨会文选). －兰州:敦煌文艺出版社,2006.8. －331－339

SK0256《永乐大典》与《四库全书》编纂比较/周晓聪//四库全书研究文集(2005 年四库全书研讨会文选). －兰州:敦煌文艺出版社,2006.8. －340－346

SK0257 兰州文溯阁《四库全书》藏书馆记/赵逵夫//四库全书研究文集(2005 年四库全书研讨会文选). －兰州:敦煌文艺出版社,2006.8. －347

SK0258 文溯阁《四库全书》的庋藏与流传/郭向东//四库全书研究文集(2005 年四库全书研讨会文选). －兰州:敦煌文艺出版社,2006.8. －348－354

SK0259 文溯阁《四库全书》在甘肃四十年/周永利//四库全书研究文集(2005 年四库全书研讨会文选). －兰州:敦煌文艺出版社,2006.8. －355－360

SK0260 文溯阁《四库全书》迁兰亲历记/余贤杰//四库全书研究文集(2005 年四库全书研讨会文选). －兰州:敦煌文艺出版社,2006.8. －361－362

SK0261 甘肃文溯阁《四库全书》楼建设文化依据试析/刘瑛//四库全书研究文集(2005 年四库全书研讨会文选). －兰州:敦煌文艺出版社,2006.8. －363－370

SK0262 甘藏《四库全书》溯源/张其遵//四库全书研究文集(2005 年四库全书研讨会文选). －兰州敦:煌文艺出版社,2006.8. －371－373

SK0263《四库全书》大事年表/易雪梅;刘瑛//四库全书研究文集(2005 年四库全书研讨会文选). －兰州:敦煌文艺出版社,2006.8. －374－378

SK0264《四库全书研究论文索引》/易雪梅;郭彩萍//四库全书研究文集(2005 年四库全书研讨会文选). －兰州:敦煌文艺出版社,2006.8. － 379

—410

SK0265 文溯阁四库全书馆竣工志禧二首/赵逵夫//四库全书研究文集（2005 年四库全书研讨会文选）. —兰州:敦煌文艺出版社,2006.8. —411

SK0266 九州台绝顶/赵逵夫//四库全书研究文集（2005 年四库全书研讨会文选）. —兰州:敦煌文艺出版社,2006.8. —412

SK0267 抓住机遇继续发展甘肃文化事业/李峰//甘肃日报. —2006,8.26

SK0268 析论纪昀对王士祯之诗学与结纳标榜的批评/陈美朱//东华人文学报. —2006,(8). —123—147

SK0269《颅囟经》及其《四库全书提要》/高晓山//中国中医基础医学杂志. —2006,(8). —608—609,613

SK0270 戴震与《四库全书总目》/司马朝军//图书馆杂志. —2006,(8). —68—71

SK0271 古籍毁损淆乱原因浅析/赵有福//现代语文（文学研究版. —）2006,(8). —12—14

SK0272 文津阁《四库全书》简介/刘千惠//国文天地. —2006,21(9). —104—107

SK0273 内廷四阁与《四库全书》/于多珠;张文军//北京档案. —2006,(9). —48—49,51

SK0274 辗转来甘 40 载《四库全书》陇上扎根/魏娟//兰州晨报. —2006,9.

15. —18

SK0275《四库全书》入甘四十年庆典举行/景艳丽//西部商报. —2006,9.16. —A15

SK0276 21 日,去看文溯阁《四库全书》/张女燕//兰州日报. —2006,9.16. —18

SK0277《四库全书总目》史部提要的理论价值/罗炳良//史学月刊. —2006,(9). —12—20

SK0278 甘肃省图书馆喜庆建馆九十载暨文溯阁《四库全书》入甘四十年/谢志娟;李峰//甘肃日报. —2006,9.21. —1

SK0279 省图 90 周年暨《四库全书》入甘 40 周年大庆/何燕//兰州晚报. —2006,9.21. —1

SK0280 读完《四库全书》需要 70 年/景艳丽//西部商报. —2006,9.21. —B12

SK0281 史书是怎样记述纪晓岚的/黄爱平//武汉文史资料. —2006,(9). —54—58

SK0282《四库提要》斠正/杜泽逊//图书馆杂志. —2006,(10). —72—74

SK0283《四库全书》到甘肃 40 年/刘德田//兰州日报. —2006,10.25. —B3

SK0284《四库全书总目·经部》礼类、春秋类存目补正/胡露;周录祥//图书馆杂志. —2006,(10). —78—80,63

SK0285 关于《四库全书》/钟叔河//文汇读书周报.－2006,10.20

SK0286 纪晓岚与《四库全书》/王雁来//社区.－2006,10Z.－12－14

SK0287《永乐大典》——我国古代类书编纂的典范/许婉璞//出版发行研究 2006,(10).－70－72

SK0288 中国古代的文化传统与图书编纂/黄爱平//理论学刊.－2006,(10).－91－94

SK0289《续修四库全书总目提要》举正/王爱亭//图书馆杂志.－2006,(11).－79－80,66

SK0290《四库全书》任事诸臣职名录补考/江庆柏//《天一阁文丛》中外藏书文化国际学术研讨会专辑(第4辑)天一阁博物馆编.－宁波:宁波出版社,2006.11.－301－305

SK0291《四库全书总目》思想基点与同时期西方哲理观念的融合及对立/王辉//图书情报工作.－2006,(11).－145－147,109

SK0292《四库全书总目提要》中闽人著作纠错/林祖泉//中国地方志.－2006,(11).－57－61

SK0293 劫后重生 嘉惠士林——文澜阁《四库全书》即将影印出版/刘千惠//国文天地.－2006,21(11).－103－106

SK0294 胡缵宗的生平与著述/高明//图书馆杂志.－2006,(11).－67－70,75

SK0295《永乐大典》征引方志考述天一阁对中国藏书文化的贡献/陈宁雄《天一阁文丛》中外藏书文化国际学术研讨会专辑(第四辑).－宁波:宁波出版社.天一阁博物馆编 2006.11.－26－31

SK0296 文溯阁《四库全书》迁甘亲历记//兰州日报.－2006,12.27.－11

SK0297 天一阁:走过古今的文化革新/严红枫//光明日报.－2006,12.16.－5

SK0298 天一阁与《四库全书》——论天一阁进呈本之文献价值/崔富章;虞浩旭主编《天一阁文丛》,天一阁博物馆编(第5辑).－宁波:宁波出版社.2006,－97－107

SK0299《四库全书》背后的故事/吴兆路//党政干部文摘.－2006,(12).－40

SK0300《四库全书》的痴心守护者/李慧玲//党的建设.－2006,(12).－57

SK0301《唐音》:唐诗的经典选本/杨金花//中华读书报.－2006,12.27.－19

SK0302 抢救《四库全书》的陈布雷之弟——陈训慈/童然星//档案春秋.－2006,(12).－14－15

SK0303 谈纸书文献资产的保存——以四库全书为例/吴哲夫//淡江中文学报.－2006,(14).－219－234

SK0304 翁方纲与《四库全书》/何广棪//新亚学报. —2006,（24）. —357—373

SK0305《续修四库全书总目提要·经部》"尚书类"断句谬误举例/郑裕基//中华技术学院学报. —2006,（35）. —23—51

SK0306 从文渊阁四库全书本《明诗综》看四库馆臣之删改典籍/陈惠美//东海大学图书馆馆讯. —2006,（52）. —35—44

SK0307 目录学视野下的《四库全书总目·小说家》/翁筱曼//中山大学中文博士学位论文. —2006

SK0308《文献通考·经籍考》的文献价值和学术价值/钟向群//安徽大学中文硕士学位论文. —2006

SK0309 天一阁藏书研究/王敏//郑州大学中文硕士学位论文. —2006

SK0310《太平广记》仙类小说类目及其编纂研究/盛莉//华中师范大学中文博士学位论文. —2006

SK0311《四库全书总目》文学鉴赏研究/薛建发//台北市立教育大学应用语言文学研究所中文硕士学位论文. —2006

SK0312 中文古籍数字化研究/王立清//北京大学中文博士学位论文. —2006

SK0313《书史会要》两宋部分校正/胡道安//吉林大学中文硕士学位论文. —2006

SK0314 北宋馆阁与文学研究/成明明//四川大学中文博士学位论文. —2006

SK0315《四库全书》西北文献研究/徐亮//兰州大学中文硕士学位论文. —2006

SK0316《四库全书》著录清代御制文献研究/周宏仁//淡江大学文学院中文硕士学位论文. —2006

SK0317 四库全书馆研究/刘凤强//兰州大学中文硕士学位论文. —2006

SK0318《四库全书总目》凡例序案研究/李维虎//山东师范大学中文硕士学位论文. —2006

SK0319《四库全书总目》结构论说/柯亚莉//湖北大学中文硕士学位论文. —2006. —42

SK0320《四库全书总目》与考据学/周晓聪//兰州大学中文硕士学位论文. —2006

SK0321《四库全书总目》史部研究/郭合芹//兰州大学中文硕士学位论文. —2006

SK0322《四库全书总目》集部存目提要辨证/徐大军//南京师范大学中文硕士学位论文. —2006

SK0323《永乐大典》辑佚研究/史广超///复旦大学中文博士学位论文. —2006

SK0324 论《阅微草堂笔记》中狐世界的构建/易琼//首都师范大学中文硕士学位论文. —2006

SK0325 论《四库全书总目》对明代史部书的评价/祁朝丽//北京师范大学中文硕士学位论文. —2006

SK0326 论许瀚的校勘学/闫晓萍//北京师范大学中文硕士学位论文. —2006

SK0327 孙楷第目录学研究/柳霞//北京大学中文硕士学位论文. —2006. —64

SK0328 宋代南丰曾氏与文学/包忠荣//南昌大学中文硕士学位论文. —2006

SK0329 宋代私人藏书楼初探/代芯//四川大学中文硕士学位论文. —2006

SK0330 宋代目录学研究/段莹//郑州大学中文硕士学位论文. —2006

SK0331《郑堂读书记》与《四库全书总目》比较研究/王彩霞//河南师范大学中文硕士学位论文. —2006. —64

SK0332 晚清藏书家耿文光研究/李琦//苏州大学中文硕士学位论文. —2006

SK0333 莫友芝与《邵亭知见传本书目》/陈海花//山东大学中文硕士学位论文. —2006

SK0334 乾隆皇帝与《四库全书》的纂修/王作华//兰州大学中文硕士位论文. —2006

SK0335 基于《文渊阁〈四库全书〉电子版》分析的我国古籍数字化问题与对策研究/刘博//郑州大学中文硕士学位论文. —2006. —44

SK0336《蒙古源流》蒙古文满文汉文宫廷本研究/高娃//中央民族大学中文博士学位论文. —2006

SK0337 雍正朝观风整俗使研究/钟百红//东北师范大学中文硕士学位论文. —2006

SK0338 谈纸书文献资产的保存——以《四库全书》为例/吴哲夫//2006年海峡两岸古典文献学国际学术会议中文会议论文. —西安,2006

SK0339《四库全书总目》与阁书提要差异情形及其原因之考察/黄煜//《古典文献研究》(9)南京大学古典文献研究所编. —南京:凤凰出版传媒集团、凤凰出版社. —2006.6. —199—212

SK0340《四库全书总目》武英殿本刊竣年月考实——"浙本翻刻殿本"论批判/崔富章//2006年海峡两岸古典文献学国际学术会议中文会议论文. —西安. —2006

SK0341 论《四库提要》如何评论南宋文学/野村鲇子//第四届宋代文学国际研讨会中文会议论文. —杭州,2006

SK0342 论清代名人存世书目收集整理及其数据库的构建/曾庆森;张庆余//福建省图书馆学会2006年学术年

会论文集.－2006

SK0343 典藏藉数字化嘉惠学林 汉字又在手机展现异彩//北京书同文数字化技术有限公司——中文会议论文 中国中文信息学会二十五周年学术会议.－北京,2006.8

2007 年

SK0001 文溯阁《四库全书》保存甘肃的理由初探/刘梅兰//新西部（下半月）.－2007,（1）.－193

SK0002 历史上的北京大学藏有《四库全书》？/陈福季//河北科技图苑.－2007,（1）.－77,12

SK0003《四库全书》与评点之学/吴承学//文学评论.－2007,（1）.－5－12

SK0004 四库全书私人呈送本中的家族本/江庆柏//图书馆杂志.－2007,26（1）.－57－62

SK0005《四库全书总目》十种清诗总集提要补正/朱则杰;夏勇//浙江大学学报（人文社会科学版）.－2007,（1）.－72－78

SK0006《四库全书总目》的小说观及其原因探析/韩春平//贵州文史丛刊.－2007,（1）.－83－87

SK0007《四库全书总目》的小说研究/孙纪文;郭丹//宁夏大学学报（人文社会科学版）.－2007,（1）.－79－84

SK0008《四库全书总目》误引《经义考》订正/张宗友//中国典籍与文化.－2007,（1）.－26－32

SK0009《四库全书总目》释家类、道家类补正/周录祥;胡露//宗教学研究.－2007,（1）.－57－60

SK0010《四库全书总目提要·经部小学类》校文津阁本记/龚鹏程//书目季刊.－2007,41（1）.－49－69

SK0011《四库提要》分纂稿之整理与研究/吴格//书目季刊.－2007,41（1）.－31－48

SK0012《四库全书提要·吴越春秋》解题/贺忠//贵阳学院学报（社科版）.－2007,2（1）.－95－97

SK0013 对《四库全书》处理"违碍"字问题的讨论/韩成武;周金标//图书馆工作与研究.－2007,（1）.－66－67

SK0014 论"四库"明人文集中女性碑传文的特征及其史料价值/陈超//史学集刊.－2007,（1）.－77－82

SK0015 四库馆臣对明版图书的评论/杨果霖//台湾图书馆管理季刊,2007,3（1）.－109－129

SK0016 买手:大海捞针,不放过一本/章红雨//中国新闻出版报.－2007,1.11

SK0017 我国最早的丛书//百科知识.－2007,（01Z）.－56

SK0018 和珅与《四库全书》/唐文基//三明学院学报.－2007,（1）.－1－7

SK0019 赵鼎臣仕履通考——兼纠《四库全书总目提要》及《宋诗纪事》中

赵鼎臣镇邓时间之误/岳振国//图书馆工作与研究.－2007,(1).－68－70

SK0020 乾隆严督《四库全书》的校勘/金梅//文学自由谈.－2007,(1).－88－93

SK0021《续修四库全书总目提要》订误三则/续晓琼//陕西师范大学学报(哲学社会科学版).－2007,(1).－26

SK0022 朝鲜文献与四库学研究/张升//社会科学研究.－2007,(1).－182－189

SK0023 略评续四库全书本《瀛涯胜览》(3)/苏月秋//郑和研究.－2007,(1).－40－43

SK0024 殿本、浙本《四库全书总目》著录图书进献者主名异同考/江庆柏//文史杂志.－2007,(1).－235－251

SK0025 戴震《方言疏证》的校勘成就/邓跃敏//求索.－2007,(1).－183－185

SK0026 天津图书馆影印古籍"四库全书系列"书目数据库的特点/王阁//深图通讯.－2007,(2).－34－35,42

SK0027 从《钦定四库全书总目》看清代中叶的骈文文体观念/莫山洪//东方丛刊.－2007,(2).－125－137

SK0028 书目著作的历史沿革与当前应变/吴永贵//中华读书报.－2007,2.28

SK0029 "正史"及其读法研究/布仁图//内蒙古师范大学学报(哲学社会科学版).－2007,(2).－126－129

SK0030《四库全书总目》书目提要对机读目录的启示/李书玮//河南图书馆学刊.－2007,27(2).－100－101

SK0031《四库全书总目》诗学批评与王渔洋诗学/张传峰//苏州大学学报(哲社版).－2007,28(2).－49－53

SK0032 关于《四库采进书目》中"总裁李"的主名问题/江庆柏//图书馆理论与实践.－2007,(2).－77－78

SK0033 论北宋的文字狱/景新强//陕西师范大学学报(哲社版).－2007,36(2).－51－56

SK0034 论清代中晚期私家书目与《四库全书总目》之关系——以《楹书隅录》为例/丁延峰//书目季刊.－2007,41(2).－89－105

SK0035 纪晓岚与"牙签"/章仲锷//咬文嚼字.－2007,(2).－20

SK0036 纪昀与《四库全书总目》/司马朝军//图书馆杂志.－2007,26(2).－69－75

SK0037 沈叔埏与《四库全书》提要稿——兼与司马朝军先生商榷/张升//图书馆研究与工作.－2007,(2).－75－77

SK0038《译语》作者思想初探/宁侠//内蒙古社会科学.－2007,28(2).－52－55

SK0039 杨廉夫名"桢""祯"二字

考/李倩//西南科技大学学报（哲社版）.—2007,24(2).—49—52

SK0040 荟萃华夏群籍　承钵炎黄流觞——甘肃省图书馆古籍工作掠影/曾雪梅//图书与情报.—2007,(2).—101—102

SK0041 复述与新塑——《四库全书总目》"总集类"清帝御定书《提要》的文学思想/曾守正//书目季刊.—2007,41(2).—67—88

SK0042 清浚"疆图"今安在? /陈佳荣//海交史研究.—2007,(2).—49—64

SK0043《续修四库全书总目提要》订误七则/杜季芳//图书馆杂志.—2007,26(2).—80,96

SK0044 戴震——中国文化现代转型的先行者/欧阳祯人//光明日报.—2007,2.16.—9

SK0045 七部《四库全书》今安在//番禺日报.—2007,3.11.—2

SK0046 文津阁《四库全书》运抵我校//高等教育研究（成都）.—2007,(3).—62

SK0047 古今图书馆与名人治学/廖娟娟//陕西青年管理干部学院学报.—2007,20(3).—46—48

SK0048《四库全书·子部·杂家类·杂纂之属》与《四库全书·子部·类书类》之比较/刘春华//淮北煤炭师范学院学报（哲学社会科学版）.—2007,

(3).—14—18

SK0049《四库全书》与法国《大百科全书》编纂出版及其社会影响/萧东发;周悦//出版与管理研究.—2007,(3).—105—122

SK0050《四库全书》馆的机构与运作——以《四库全书》职名表为中心的考察/张升//北京师范大学学报（社科版）.—2007,(3).—87—92

SK0051《四库全书总目·子部·杂家类杂考、杂编之属》存目补正/周录祥;胡露//图书馆研究与工作.—2007,(3).—65—66,79

SK0052《四库全书总目》中的楚辞批评/郭丹//漳州师范学院学报（哲学社会科学版）.—2007,(3).—62—67

SK0053《四库全书总目·韩魏公别录提要》补正/崔富章;郭丽//文献.—2007,(3).—59—62

SK0054《四库全书总目》诗学批评与王渔洋诗学/张传峰//高等学校文科学术文摘.—2007,(3).—191—195

SK0055《四库全书存目丛书》收录《卧游录》问题商榷/杜海军//广西师范大学学报（哲社版）.—2007,43(3).—74—75

SK0056 四部分类法之解体探因/何发甦//北京化工大学学报（社科版）.—2007,(3).—48—50,47

SK0057 庄氏史狱与清初私家修史——从史学史的角度分析庄氏史狱

对清初文化的影响/阚红柳//辽宁大学学报(哲社版).—2007,35(3).—74—78

SK0058 论鲁迅对近现代图书馆事业的贡献/张雅红//图书馆学刊.—2007,29(3).—38—40

SK0059 论政治与经学流向对《四库全书总目》评骘标准的影响/许崇德//故宫学术季刊.—2007,24(3).—95—140

SK0060《忠贞录》的内容及其产生的时代背景——兼论《四库全书总目》所撰《忠贞录》提要之一误/侯咏梅//图书馆工作与研究.—2007,(3).—59—60

SK0061 张元济先生与古籍版本学/杨安利;黄显堂//图书馆理论与实践.—2007,(3).—104—106

SK0062《闽中十子诗》版本述要/苗健青//闽江学院学报.—2007,(3).—21—25

SK0063 续《四库全书总目》之《郑堂读书记》/陈晓华//首都师范大学学报(社会科学版).—2007,(3).—36—40

SK0064《续修四库全书总目提要》明代楚辞学著作提要补考/陈炜舜//书目季刊.—2007,41(3).—41—52

SK0065 常州人与《四库全书》/臧秀娟//江苏地方志.—2007,(3).—35—36

SK0066《纂修四库全书档案》与四库类文献的校勘/江庆柏//历史档案.—2007,(3).—132—134,封三

SK0067 七部《四库全书》如今飘零何方//泉州晚报(海外版).—2007,4.3.—3

SK0068《文渊阁四库全书电子版》述评/孙秀玲//国文天地.—2007,23(4).—33—39

SK0069《文溯阁四库全书提要》补正《四库全书总目》举隅——以集部别集类为例/罗瑛;袁芸//图书与情报.—2007,(4).—124—125,130

SK0070 文澜阁相关史实考证/梅丛笑//东方博物.—2007,(4).—87—92

SK0071 王重民先生《论〈四库全书总目〉》商榷/蒋雪艳;付成波//烟台职业学院学报.—2007,(4).—64—66

SK0072 风雅为宗——从《四库全书总目提要》看纪晓岚评价唐诗的艺术标准/孙云英//沧州师范专科学校学报.—2007,(4).—11—13

SK0073 今传本《春秋繁露》真伪考/苏安国//山东图书馆季刊.—2007,(4).—99—101

SK0074《四库全书》西迁贵阳记/王云生//文史天地.—2007,(4).—31—34

SK0075《四库全书总目》中的骈文史论/于景祥//文学遗产.—2007,(4).—127—133

SK0076《四库全书总目》总集类存目订补/徐大军//图书馆理论与实践.—2007,(4).—67—69

SK0077《四库全书总目》的纂修缘

起与分类体例/门庭//滨州学院学报.
—2007,(4).—53—55

SK0078《四库全书总目·小学类·尔雅》三题/柯亚莉;杨薇//书目季刊.
—2007,40(4).—1—5

SK0079 论《四库全书总目》的文体学思想/吴承学;何诗海//北京大学学报(哲社版).—2007,44(4).—85—93

SK0080 论《四库全书总目》的唐诗史观/张传峰//浙江社会科学.—2007,(4).—190—195

SK0081 论清代中晚期私家书目与《四库全书总目》之关系——以《楹书隅录》为例/丁延峰//中国典籍与文化.—2007,(4).—62—70,61

SK0082 任昉《文章缘起》考论/吴承学;李晓红//文学遗产.—2007,(4).—14—25

SK0083"状元"一词早期使用情况辨考/周腊生//江汉大学学报(人文科学版).—2007,26(4).—96—102

SK0084 陈继儒山人身份考辨/赵献海;赵楠//史学月刊.—2007,(4).—22—28

SK0085 陈垣与故宫博物院文献馆/庾向芳//档案学研究.—2007,(4).—6—9

SK0086 含英咀华 古为今用——就编纂《四库全书存目丛书》答记者问/季羡林//季羡林说国学.(季羡林研究所编).—北京:中国书店出版社.—2007.

4.—163—165

SK0087《武备志》四种清版述略/王丽华//图书馆理论与实践.—2007,(4).—72—73

SK0088《苕溪渔隐丛话》《四库》底本考/王雨霖//历史文献学(第11辑)上海图书馆历史文献研究所编.—上海:上海古籍出版社.—2007.4.—254—258

SK0089 晁迥——清言小品创作的先驱/张传锋//西南民族大学学报(人文社科版).—2007,(4).—83—86

SK0090 清代政书所见洋琴资料丛考/张翠兰//中国音乐.—2007,(4).—133—138

SK0091 影印《四库全书》系列书目数据库的规范控制/王阁//图书馆论坛.—2007,27(4).—8—10

SK0092 云南各民族"四库全书"编撰成册/王德华//云南政协报.—2007,5.30

SK0093 从《四库全书总目》看清初的《左传》研究/张玉春;史素昭//古籍整理研究学刊.—2007,(5).—35—38

SK0094 从《四库全书总目》提要中看其对今古本汉书争议问题之讨论/林麟瑝//新北大史学.—2007,(5).—117—123

SK0095 今传本《春秋繁露》真伪考/苏安国//河南教育学院学报(哲社版).—2007,26(5).—98—100

SK0096《四库全书》与评点之学/吴

承学//复印报刊资料(中国古代、近代文学研究).—2007,(5).—171—179

SK0097《四库总目·黄御史集》提要辨正/李最欣//古籍整理研究学刊.—2007,(5).—39—42

SK0098《四库提要》续订/杜泽逊//图书馆理论与实践.—2007,(5).—45—46,54

SK0099《全元文》中宋禧漏收文拾辑及生平著作考/王树林//南通大学学报(哲社版).—2007,23(5).—78—82

SK0100《孙氏祠堂书目》分类方法解析/陈宁//图书情报工作.—2007,51(5).—134—137

SK0101 析出文献著录在影印古籍著录中的应用/王阁//图书馆工作与研究.—2007,(5).—26—28

SK0102 浅析《诗经》重言词在汉语发展中的弱化现象/张俊宾//重庆科技学院学报(社科版).—2007,(5).—120—121,123

SK0103 帛书《周易》以史解经刍议/郭彧//周易研究.—2007,(5).—53—58

SK0104《金毓黻手定本文溯阁四库全书提要·别集类》补正《四库全书总目》举例/罗瑛;袁芸//图书馆学刊.—2007,29(5).—128—129

SK0105《春秋谷梁传注疏》例法研究/文廷海;周国林//古籍整理研究学刊.—2007,(5).—12—17

SK0106《海外新发现〈永乐大典〉十七卷》校补《四库全书》本之价值/郝艳华//图书馆杂志.—2007,(5).—71—75

SK0107 清代武英殿修书处成立及刊印图书研究/朱景晖;高莹//时代文学(双月版).—2007,(5).—65—66

SK0108《惜抱轩书录》与姚鼐的学术倾向/熊伟华;张其凡//史学月刊.—2007,(5).—98—102

SK0109 乾嘉考据学热潮成因新探/林香娥//江西社会科学.—2007,(5).—188—191

SK0110 鲁迅与校勘学/王继武//河南图书馆学刊.—2007,27(5).—132—133

SK0111 潜心修学 文思浩瀚——近访国家《续修四库全书》经部特约编委、福建师大易学研究所所长张善文教授//福州晚报.—2007,5.23.—51

SK0112 戴钦生平及著作考/石勇//广西社会科学.—2007,(5).—100—103

SK0113 文溯阁《四库全书》迁往甘肃始末/姜洪源//中国档案.—2007,(6).—42—43

SK0114 从《四库全书总目·子部·医家类》看清代学者的治学态度/曹瑛//江西中医学院学报.—2007,(6).—16—17

SK0115《四库全书》本雍正通志《选举志》进士题名讹误举隅/江庆柏//中

国地方志. —2007,(6). —26—29

SK0116《四库全书总目》"史部"中的《史通》/代继华//华南师范大学学报（社科版）. —2007,(6). —71—76,90

SK0117《四库全书总目》的诗史精神/张传峰//社会科学战线. —2007,(6). —113—115

SK0118《四库全书总目》补正六则/丁延峰；林丽//图书馆理论与实践. —2007,(6). —63—65

SK0119 四库提要总集类辨正/杜泽逊//图书馆工作与研究. —2007,(6). —59—63

SK0120《网山集》文澜阁四库本、文渊阁四库本异文掇拾/高明//图书馆工作与研究. —2007,(6). —64—65

SK0121 乾隆与四部分类法——四部分类法本质特征简论/门庭//图书馆工作与研究. —2007,(6). —66—68

SK0122《隋书经籍志·子部·小说》著录考/蒲华军//康定民族师范高等专科学校学报. —2007,16(6). —70—75

SK0123 影印文澜阁《四库全书》——"毁、剜、删、改"之处悉数还原/贾作林//中国图书商报. —2007,6.12. —8

SK0124《四库全书》共有多少页//作家文摘（典藏）. —2007,(7). —68—69

SK0125《四库全书总目》文学批评的话语分析/孙纪文//江西社会科学.

—2007,(7). —235—243

SK0126 四库全书地方采进本的地域性问题/江庆柏//图书馆杂志. —2007,26(8). —63—68

SK0127《四库全书总目提要》子部存目研究/李娟//现代语文（语言研究）. —2007,(8). —127—128

SK0128《四库全书总目》存目补正十二则/胡露；周录祥//图书馆杂志. —2007,26(8). —69—71

SK0129《四库全书总目》的史学方法论/张鸿恺//兴国学报. —2007,(8). —229—241

SK0130《四库全书》让人惊叹/路远//兰州晚报. —2007,8.25. —10

SK0131 四库全书让外地行家"开眼"/王文元；甘霖；徐晶晶//兰州晚报. —2007,8.6. —A7

SK0132《四库提要》小学类序考辨/陈清慧//图书馆杂志. —2007,26(9). —64—70

SK0133《续修四库全书》国学研究论稿（菲）/陈永栽；黄炳辉著. —上海：上海古籍出版社. —2007.9. —298—302

SK0134 纪晓岚与《四库全书》/林骅//怀化学院学报. —2007,(10). —53—55

SK0135 影印《四库全书》与数字出版//光明日报. —2007,10.23. —9

SK0136 从史源学的角度看《四库全书总目》对明代史学的评价/祁朝

丽//文教资料. — 2007,（11）. — 101 — 102

SK0137 朱筠与《四库全书》//皖江晚报. — 2007,11.12. — A13

SK0138 天一阁与《四库全书》——论天一阁进呈本之文献价值/崔富章//天一阁文丛（第 5 辑）. — 宁波:宁波出版社,2007.12. — 97 — 107

SK0139 试论阮元对藏书事业的贡献/徐苏//天一阁文丛（第 5 辑）. — 宁波:宁波出版社,2007.12. — 117 — 121

SK0140《四库全书总目》传播史上的一段公案——从傅以礼的《跋》谈起/崔富章//文史知识. — 2007,（12）. — 44 — 49

SK0141《四部文明》要勘正修补《四库全书》? 纪连海文怀沙为纪晓岚"开战"//北京晨报. — 2007,12.17. — 4

SK0142 比肩《四库全书》总计 1.4 亿余字 国学巨编四部文明全球首发//侨报. — 2007,12.17

SK0143 纪连海:随同圆明园消逝的《四库全书》//华夏时报. — 2007,12.10

SK0144 影印文津阁《四库全书》——大型出版工程运作的探索与启示/卢仁龙//中国图书商报. — 2007,12.28. — 9

SK0145 四库全书的风波/费企和//中外文摘. — 2007,（16）. — 45

SK0146 在"抒情传统"之外——官方文学论述研究的省思/曾守正//淡江中文学报. — 2007,（17）. — 325 — 350

SK0147 四库全书的风波/费企和//半月选读. — 2007,（19）. — 56

SK0148《四库全书总目·诗文评类》的文学思想——考察"公论"下的宋前、宋代文学批评史图像/曾守正//辅仁国文学报. — 2007,（23）. — 73 — 101

SK0149 商务印书馆按需印刷《四库全书》//印刷技术. — 2007,（25）. — 2

SK0150《四库全书》赓续诸编所收女性著述/卢嘉琪//成大历史学报. — 2007,（32）. — 35 — 79

SK0151 中国史学理论的总结——《四库全书总目·史部》的史学方法析论/张鸿恺//中国文化月刊. — 2007,（317）. — 48 — 70

SK0152 马文升西北边防文献的整理和研究/崔存岭//江西师范大学中文硕士学位论文. — 2007

SK0153《文溯阁四库全书提要》别集类辨证/袁芸//南京师范大学中文硕士学位论文. — 2007.6

SK0154《中原文献钩沉》（经部礼类)/张君蕊//河南师范大学中文硕士学位论文. — 2007

SK0155《四库全书总目》子部存目补正/胡露//南京师范大学中文硕士学位论文. — 2007

SK0156《四库全书总目·医家类》研究/王仁伟//东北师范大学中文硕士

学位论文. －2007. －32

SK0157《四库全书总目·诗文评类》与文学"批评之批评"/张立//湖北大学中文硕士学位论文. －2007. －54

SK0158《四库全书总目》与选本批评/黎恩//中山大学中文硕士学位论文. －2007

SK0159《四库全书总目·史部》的史学批评/方鹏//湖北大学中文硕士学位论文. －2007. －54

SK0160《四库全书总目提要》学术思想与方法论研究/赵涛//西北大学中文博士学位论文. －2007

SK0161《四库全书总目提要》明代女性碑传文与品官命妇研究/陈超//东北师范大学中文博士学位论文. －2007

SK0162《四库全书存目丛书》宋代杂史研究——兼论史部杂史类目的演变/景新强//陕西师范大学中文博士学位论文. －2007. －121

SK0163 清代词籍目录研究/刘晓光//苏州大学中文硕士学位论文. －2007. －77

SK0164 试论《纪文达公遗集》的文献学价值/主父志波//山东大学中文硕士学位论文. －2007. －79

SK0165 试论清代"三礼"学研究/冯素梅//山西大学中文硕士学位论文. －2007. －39

SK0166《武英殿聚珍版书》书前提要研究/刘祥元//北京师范大学中文硕

士学位论文. －2007

SK0167 经籍会通研究/郑艳宏//河北师范大学中文硕士学位论文. －2007

SK0168 鲁迅古籍整理思想研究/智延娜//河北大学中文硕士学位论文. －2007

SK0169《秘书省续编到四库阙书目》校证/李秋实//吉林大学中文硕士学位论文. －2007

SK0170 清修《四库全书》与山东古代著述/高晓燕//兰州大学中文硕士学位论文. －2007

SK0171 清修《四库全书》河南采进本与禁毁书研究/高远//兰州大学中文硕士学位论文. －2007.9

SK0172 翁方纲四库提要稿与《四库全书总目》集部提要较论/曾纪刚//2007 年全国博士生学术论坛——中国语言文学论文集:北京. －2007

SK0173 四库馆臣辑《永乐大典》佚书考/史广超//第二届传统中国研究国际学术讨论会论文集(一). －2007

SK0174 四库全书总目提要中的楚辞批评/郭丹//2007 年楚辞学国际学术会议. －2007.8

SK0175 从《四库全书总目·子部·医家类》看清代学者的治学态度/曹瑛//首届国学国医岳麓论坛暨第九届全国易学与科学学会研讨会、第十届全国中医药文化学会研讨会. －长沙.

－2007.7

SK0176《文溯阁四库全书》全部影印之期盼/李祚唐//上海市社会科学界第五届学术年会会议论文.－2007

SK0177 文溯阁《四库全书》藏书楼工程深层预浸水法地基处理的应用/张森安;张恩祥;刘若琪//2007 第五届全国黄土地区工程建设学术交流会论文集.－2007

SK0178《四库全书》的编纂与图书馆数字化建设比较/白福春;魏治国//科技情报开发与经济.－2007,17(9).－27－29

2008 年

SK0001 天一阁与《四库全书》——论天一阁进呈本之文献价值/崔富章//浙江大学学报(人文社科版).－2008,38(1).－148－155

SK0002 从"现代经济理论"论《四库全书总目》——经济学及其相关概念与传统中华文化研究/杨晋龙//故宫学术季刊.－2008,26(1).－133－169

SK0003《四库全书》与金圣叹关系考论/朱光立//古典文献研究－2008,(第11辑).－237－246

SK0004《四库全书》医者称"师"考论/张秀峰;连登岗//青海师专学报.－2008,(1).－9－15

SK0005《四库全书总目》存目补正十二则/胡露;周录祥//图书馆理论与

实践.－2008,(1).－60－62

SK0006《四库全书总目·小学类·尔雅》三题/柯亚莉;杨薇//三峡大学学报(人文社会科学版).－2008,(1).－65－68

SK0007 杨万里佚诗考辨/李小龙//中国典籍与文化.－2008,(2).－24－27

SK0008 许景衡的文集及佚作/陈光熙//古籍整理研究学刊.－2008,(1).－32－35

SK0009 论《四库全书总目》解题的体例、考证与评论——以史部编年类解题为例/林璜//淮北煤炭师范学院学报(哲学社会科学版).－2008,(1).－14－18

SK0010 关于丁氏兄弟抢救文澜阁四库全书过程的补充/刘方//杭州日报.－2008,1.22.－22

SK0011 旷世典籍,当代伟业——文溯阁《四库全书》在甘肃四十年述要/周永利//图书与情报.－2008,(1).－119－122

SK0012 余嘉锡《四库提要辨证》的考据学贡献/陈晓华//文献.－2008,(1).－157－164

SK0013 试析《四库全书总目》小说类的分类问题——以《博物志》、《山海经》为例/贺珍//呼伦贝尔学院学报.－2008,(1).－37－39,99

SK0014 试论《四库全书总目》《中

国古籍善本书目》的分类得失/杨梅;孙玉钊;王瑛//云南档案. —2008,(1). —56—59

SK0015 赵谦《声音文字通》卷数及性质考辨/丁治民//浙江大学学报（人文社科版）. —2008,38(1). —167—172

SK0016 姚名达先生《四部分类源流一览表》订正/邢丽冰//四川图书馆学报. —2008,(1). —62—64

SK0017《续修四库全书总目提要》举正/王晓兵//山东图书馆季刊. —2008,(1). —101—102,108

SK0018《续修四库全书总目提要》辨正十六则/赵嫄//上海高校图书情报工作研究. —2008,(1). —58—60

SK0019 乾隆皇帝与四库全书来源//青岛早报. —2008,1.19

SK0020 溯源内廷四阁《四库全书》/刘清//福建图书馆理论与实践 —2008,(1). —49—53

SK0021 2383 部传世古籍纳入"特别保护"/董少东//北京日报. —2008,2.4. —9

SK0022《土官底薄》所载明代云南回回土官释析/马建春//民族研究. —2008,(2). —80—83

SK0023 文渊阁《四库全书》赵用贤本《管子》考略/郭丽//图书馆学刊. —2008,30(2). —125—127

SK0024 文溯阁《四库全书》流传述略/王智汪//历史档案. —2008,(2). —130—133

SK0025 王慎中生平及著作研究中若干问题辨误/王文荣//山西师大学报（社科版）. —2008,35(2). —53—57

SK0026 专访当代文献学家——杜泽逊教授/何淑苹;郑谊慧//书目季刊. —2008,42(2). —123—149

SK0027 内廷四阁《四库全书》的庋藏/刘清//农业图书情报学刊. —2008,20(2). —81—84

SK0028 从《四库全书总目》看清人对唐代文献价值的认识/王雪玲//唐史论丛（第 10 辑）. —2008.2. —329—339

SK0029 永觉元贤《鼓山志》及其文献价值/纪华传//世界宗教研究. —2008,(2). —29—36

SK0030 文怀沙:以半世纪心血铸新《四库全书》/樊克宁;邓琼//羊城晚报. —2008,2.20. —B4

SK0031 在一个简单的主题下对中国古代典籍的"原生态"保存——《四库提要著录丛书》编纂札记之一/罗琳//书目季刊. —2008,42(2). —1—6

SK0032《四库全书》脱简一则（1/2）/姜勇//中国典籍与文化 —2008,(2/3). —117—118/117—118

SK0033《四库全书》本胡曾《咏史诗》的文献价值/赵望秦//古籍整理研究学刊. —2008,(2). —3—6

SK0034《四库全书》与杨门轶事//毕节日报. —2008,2.27. —8

SK0035《四库全书总目·小亨集提要》辨正/巩曰国//图书馆工作与研究.—2008,(2).—63—66

SK0036《四库全书总目》著录思想管窥——以经部诗类、春秋类提要为中心/张玉春;江君//中国典籍与文化.—2008,(2).—42—46

SK0037《四库全书总目》别集类十八《须溪集》//古典文学知识.—2008,(2).—62

SK0038《四库总目提要》辨证一则/张旭东//中国典籍与文化.—2008,(2).—115—116

SK0039《四库全书总目》基本体例之简述/赵玲霞;华章//教学探索.—2008,(2).—1

SK0040 四部分类法中别集与总集关系考论/杨晓斌//中国社会科学院研究生院学报.—2008,(2).—108—112

SK0041 叶德辉《郋园读书志》补正《四库全书总目提要》/罗瑛//中国典籍与文化.—2008,(2).—47—51

SK0042 古代书学著作著录述论/王宏生//古籍整理研究学刊.—2008,(2).—18—21

SK0043 西台恸哭　实恸故宋——《西台恸哭记》的思想内涵探微/张宝//昆明理工大学学报(社科版).—2008,8(2).—87—90

SK0044 论《四库全书总目》小说家类的著录标准及著录特点/程国赋;蔡

亚平//明清小说研究.—2008,(2).—41—50

SK0045 论刘咸炘对《四库全书总目》图书分类体系之辨正/曾纪刚//书目季刊.—2008,42(2).—7—30

SK0046《随隐漫录》《四库全书》文渊阁本与文津阁本异文及其研究价值/孔凡礼//南京师范大学文学院学报.—2008,(2).—1—5

SK0047 从重印《文渊阁四库全书》谈起(1/2/3)/王书辉//历史月刊.—2008,(246/247/248).—135—137

SK0048 陈垣的国学研究及其借鉴价值/黄勇//兰台世界(上半月).—2008,(2).—58—60

SK0049 现代文献编制的思想流变——从《四库全书总目》的精神品质谈起/陈立华//图书馆工作与研究.—2008,(2).—60—62

SK0050 皇家藏书楼文澜阁"挖"出新线索//国学杂志.—2008,(2).—4

SK0051 清代中前期的民间刻书及其文化贡献/潘文年//安徽大学学报(哲社版).—2008,32(2).—142—148

SK0052 新时期四库学的力作:读《四库存目标注》/王锷//图书馆工作与研究.—2008,(3).—106—109

SK0053 山东省图书馆藏《四库全书》进呈本考略/唐桂艳//文献.—2008,(3).—138—143

SK0054《文章辨体汇选》"四库提

要"辨误——兼论"施伯雨"撰《水浒传自序》的来源/陆林//文学遗产. —2008,(3). —91—100

SK0055 文渊阁//中文信息（行游数码）. —2008,(3). —31

SK0056 历史上的今天——《四库全书》编成//侨报. —2008,3.12

SK0057 中国最早的圣谕公共图书馆——江南三阁《四库全书》的续藏与管理/刘清//农业图书情报学刊. —2008,20(3). —141—143

SK0058《四库全书总目》订正三则/颜庆余//图书馆杂志. —2008,27(3). —封三,22

SK0059《四库全书总目》质疑一则——由《汉魏六朝百三家集》编纂体例看张溥的文学思想/刘政//平原大学学报. —2008,(3). —159—160

SK0060 世纪之初《书目答问》研究的最新力作——评《〈书目答问〉校补》/许刚//大学图书馆学报. —2008,(3). —101—105

SK0061 在词卑体轻和宽厚兼美之间——品《四库全书总目提要·集部·词曲类》/黄蓓//安徽文学（下半月）. —2008,(3). —14

SK0062 论《四库全书总目·史部》的史学批评价值/方鹏//安徽文学（下半月）. —2008,(3). —205—206

SK0063《论语笔解》提要补正/李最欣//古籍整理研究学刊. —2008,(3). —41—43

SK0064 论古典目录学的"小说"概念的非文体性质——兼论古今两种"小说"概念的本质区别/邵毅平;周峨//复旦学报（社科版）. —2008,(3). —10—19

SK0065 回回民族的"四库全书"——祝贺《回族典藏全书》的出版发行/马明达//回族研究. —2008,(3). —39—40

SK0066 纪晓岚润饰《四库全书总目提要》举例/李国庆//山东图书馆季刊. —2008,(3). —75—77

SK0067 近三十年来《四库全书》研究现状与思考/高远;汪受宽//图书与情报. —2008,(3). —119—125

SK0068《丽情集》考论/凌郁之//苏州科技学院学报（社科版）. —2008,25(3). —49—55

SK0069《周易》断占辞思维方式的原创性——兼谈早期儒、道思想的一个重要来源/韩高年//甘肃理论学刊. —2008,(3). —34—37

SK0070 金毓黻三次域外访书述评/梁启政//社会科学战线. —2008,(5). —104—106

SK0071 郭璞注《水经》考释/张莉//晋阳学刊. —2008,(3). —35—38

SK0072 清修《四库全书》河南采进本研究/高远;孙玉荣//古籍整理研究学刊. —2008,(3). —52—57

SK0073《续修四库全书总目提要》

举正/程远芬//图书馆理论与实践. —2008,(3). —76—77

SK0074 魏晋南北朝诗赋的骈偶化进程及其理论意义/韩高年//辽东学院学报(社科版). —2008,10(3). —110—114,封三

SK0075 曹雪芹手稿毁于《四库全书》//时代信报. —2008,4.21

SK0076 "小说"与"杂史"、"传记"——以《四库全书总目》为例/杜慧敏;王庆华//南京社会科学. —2008,(4). —73—79

SK0077 也谈周永年对《四库全书》的贡献/史广超//聊城大学学报(社科版). —2008,(4). —70—72

SK0078 从三部传统目录学著作看古代《庄子》的传播与接受/刘红红//图书馆论坛. —2008,28(4). —175—178

SK0079 中国首套"回族四库全书"7月面世/皮彦虎;马骁//人民政协报. —2008,4.19. —A3

SK0080《四库全书》共有多少页//新知讯报. —2008,4.17

SK0081 王安石《太玄》注佚文疏证/问永宁//兰台世界. —2008,(4). —57

SK0082《四库全书总目》"使西域记提要"辨证/王继光//西域研究. —2008,(4). —23—29

SK0083《四库全书总目》"诗文评类存目"考辨/王承斌//图书馆工作与研究. —2008,(4). —63—64

SK0084《四库存目标注》编著之意义/李祚唐//书目季刊. —2008,41(4). —1—13

SK0085 "传奇"与《四库全书总目》小说分类/王颖//中国社会科学院研究生院学报. —2008,(4). —98—102

SK0086 余嘉锡史学述论/郝刚//西藏民族学院学报(哲社版). —2008,29(4). —114—117

SK0087《诗文轨范》成书年代考辨/徐文新//中国典籍与文化. —2008,(4). —28—30

SK0088 李诩表字沿误考/杨洪升//中国典籍与文化. —2008,(4). —31—33

SK0089 试论陈廷敬的台阁体诗/李正民//山西大学学报(哲社版). —2008,31(4). —136—139

SK0090 论《续修四库全书提要》的史学价值/陈晓华//史学史研究. —2008,(4). —111—116

SK0091 评《四库全书荟要》的文献特色/陈得媛//图书馆工作与研究. —2008,(4). —65—67

SK0092 到底算不算文物?古籍期待落实待遇/蒋芳//新华每日电讯. —2008,4.5. —2

SK0093 变卦解《易》思想源流考论/翟奎凤//中国哲学史. —2008,(4). —31—37

SK0094 清代金坛于敏中氏族的文化贡献/杨慧慧//十堰职业技术学院学报.—2008,(4).—59—61

SK0095 清代校勘学研究综述/胡喜云//新世纪图书馆.—2008,(4).—58—62

SK0096《续修四库全书》影印本《敕修两浙海塘通志》错简纠正/张雷宇;沈松勤//中国出版.—2008,(4).—51—52

SK0097 读《四库全书》本《明诗综》札记几则/陶晓燕//吉林省教育学院学报.—2008,(4).—85—87

SK0098 戴良别集版本源流考辨/魏青//山东师范大学学报（人文社科版）.—2008,53(5).—122—126

SK0099 一部集大成的方志辑佚著作——论《永乐大典方志辑佚》的特点和价值/蒲霞// 中国地方志.—2008,(5).—42—43

SK0100 中国古代图书分类的历史过程与指导思想/郁世杰//中南民族大学学报（人文社科版）.—2008,28(5).—156—159

SK0101《四库全书》底本续考/杨洪升//聊城大学学报（社科版）.—2008,(5).—65—69

SK0102《四库全书总目》关于"史识"之批评/方鹏//湖北大学成人教育学院学报.—2008,(5).—51—53

SK0103《四库全书总目》及子部儒家类细读/王少娟//语文学刊.—2008,(5).—172—173

SK0104《四库提要订误》（续）/李裕民//庆祝何炳棣先生九十华诞论文集.—西安：三秦出版社,—2008.5

SK0105《四库全书研究资源数据库》建设的若干问题述要/陈淑霞//图书与情报.—2008,(5).—117—120

SK0106"四部文明"缘起/文怀沙//徐州师范大学学报（哲社版）.—2008,34(5).—69—72

SK0107 叶矫然《易史参录》述要/黄忠天//周易研究.—2008,(5).—21—30,43

SK0108《青溪寇轨》作者平质/凌郁之//古籍整理研究学刊.—2008,(5).—20—23,75

SK0109 邵雍的"皇极经世"学及其历史影响/詹石窗;冯静武//文史哲.—2008,(5).—72—78

SK0110 金毓黻三次域外访书述评/梁启政//社会科学战线.—2008,(5).—104—106

SK0111《素书》非张商英伪撰考述/罗凌//图书馆理论与实践.—2008,(5).—70—72

SK0112 谈毛晋《宋六十名家词》的文献编纂——读《四库全书总目·词曲类》/于东新//内蒙古民族大学学报（社科版）.—2008,34(5).—55—59

SK0113 海源阁杨氏版本学研究述论/丁延峰//聊城大学学报（社科版）.

—2008,(5).—58—64

SK0114 唐律"得古今之平"补辨——兼评《四库提要》之价值观/苏亦工//政法论坛.—2008,26(5).—116—135

SK0115《秘书省续编到四库阙书目》补校刍议/张固也;李秋实//图书馆学刊.—2008,(5).—121—124

SK0116《续修四库全书总目提要》条辨/程远芬/图书馆工作与研究.—2008,(5).—64—65,78

SK0117 略谈《建炎以来系年要录》的版本问题/沈如泉//西南交通大学学报(社科版).—2008,9(5).—88—91

SK0118 清代乾隆时期广西的"文字狱"/吕立忠//广西社会科学.—2008,(5).—24—28

SK0119 最新发现的张羲年纂四库提要稿/司马朝军/图书与情报.—2008,(5).—124—127

SK0120 影印古籍析出文献著录/李璞//四川图书馆学报.—2008,(6).—49—52

SK0121 从子部分类、收录看《四库全书总目》的实用原则/成雪//时代文学(双月上半月).—2008,(6).—39—40

SK0122 从经学复兴到乾嘉考据学派的形成/雷平//湖北大学学报(哲社版).—2008,35(6).—106—110

SK0123《四库全书总目》史部文献学价值/杨海廷/华北水利水电学院学报(社科版).—2008,24(6).—78—80

SK0124 四库全书私人呈送本中的郑大节家藏本/江庆柏//图书馆工作与研究.—2008,(6).—56—58

SK0125 论纪昀及四库馆臣的音乐思想/欧兰香//艺术百家.—2008,24(6).—207—210

SK0126 论孙星衍的辑佚学思想、方法及成就/焦桂美//图书馆理论与实践.—2008,(6).—64—67

SK0127 刘敏中《中庵集》考论/邓瑞全;谢辉//古籍整理研究学刊.—2008,(6).—11—16

SK0128 纪昀和《四库全书》的编撰/周佳林//科教文汇(中旬刊).—2008,(6).—163

SK0129《都城纪胜》书名考略/王云路;吴欣//西南交通大学学报(社科版).—2008,9(6).—24—26,48

SK0130 晚明时期我国历史旅游客流空间集聚与扩散研究/魏向东;朱梅//人文地理.—2008,23(6).—118—123

SK0131 清代文字狱的整体状况与清人的载述/张兵;张毓洲//西北师大学报(社科版).—2008,45(6).—62—70

SK0132 龚自珍的六经正名/李知恕//天府新论.—2008,(6).—33—37

SK0133 稀见南京文献《金陵世纪》述论/成林//古籍整理研究学刊.—2008,(6).—21—24

SK0134 文怀沙：叫板《四库全书》/曹雪萍//株洲日报.—2008,7.1

SK0135 从《孝经》看《四库提要》之优劣/渠延梅//安徽文学（下半月）.—2008,（7）.—150,153

SK0136 许心如先生作品欣赏/苏平//收藏.—2008,（7）.—182

SK0137《续修四库全书总目提要》条辨/焦桂美//图书馆杂志.—2008,27（7）.—78—79

SK0138 乡贤毕至 共襄盛举——青年才俊召集民间力量十年撰修台州《四库全书》//台州商报.—2008,7.8.—2

SK0139 张元济与中国近代图书馆/樊清文//图书馆工作与研究.—2008,（8）.—31—32

SK0140 文津阁《四库全书》影印本使用中的问题及对策研究/段永辉；李晓泽；李冠楠//图书馆建设.—2008,（8）.—111—112

SK0141《文渊阁四库全书》数据库的检索技巧/杨志芹//内蒙古科技与经济.—2008,（8）

SK0142 文溯阁《四库全书》的几度流传/彦生//发展.—2008,（8）.—158

SK0143《四库全书》编了多少年/冉至//咬文嚼字.—2008,（8）.—10—11

SK0144《四库全书》中的甘肃学人/王文元//兰州晨报.—2008,8.28.—A6

SK0145《四库全书总目》缺陷的分类考察/吴善英//科学新闻.—2008,（8）.—33

SK0146《四库全书总目》著录《二程粹言》考/赵振//兰台世界（下半月）.—2008,（8）.—47

SK0147《四库全书总目》残稿及其文献价值/丁芬；李国庆//图书馆工作与研究.—2008,（8）.—54—55

SK0148《四库全书简明目录》研究/康东升//商业文化（学术版）.—2008,（8）.—204

SK0149 我国传统目录学理论发展的两大里程碑及其关系/王震//图书馆建设.—2008,（8）.—107—110

SK0150 国宝《永乐大典》扑朔迷离的身世/谷岳飞//法制博览.—2008,（9）.—16

SK0151 第三届"余志明《文渊阁四库全书电子版》学术成果奖"揭晓//新华书目报·科技.—2008,（9）

SK0152 中国唯一入选《四库全书》的村志——《杏花村志》/刘俊//中国地方志.—2008,（9）.—53—58

SK0153《四库全书》的历史变迁/黄爱平//清史镜鉴——部级领导干部清史读本（第1辑）/国家清史纂修领导小组、国家清史编纂委员会办公室编.—北京：国家图书馆出版社,2008.9.—159—163

SK0154 朱筠与四库修书/陈晓华//历史文献研究（第27辑）中国历史文献研究会编.—上海：华东师范大学

出版社.－2008.9.－241－246

SK0155 护卫国宝 青史永记——文澜阁《四库全书》抗战时初迁富阳渔山记述/赵春华//浙江档案.－2008,(9).－57－58

SK0156 郑孝胥与《四库全书》的影印/李大鸣//紫禁城.－2008,(9).－214－224

SK0157 论《四库全书总目》小说家类的著录标准及著录特点/程国赋;蔡亚平//复印报刊资料(中国古代、近代文学研究).－2008,(10).－27－31

SK0158 从《四库全书总目》看儒佛思想的冲突/成雪//东京文学.－2008,(10)

SK0159《四库全书》中的甘肃学人/王文元//党的建设.－2008,(10).－40－41

SK0160《四库全书总目》及子部儒家类细读/王少娟//语文学刊.－2008,(10).－172－173

SK0161《乐庵语录》真伪考/司马朝军//图书馆杂志.－2008,27(10).－69－74

SK0162 论《四库全书》收录的明代《四书》著作/闫春//兰州学刊.－2008,(10).－187－190

SK0163 浅谈入选《续修四库全书》的台州文献巨著《台学统》/王恒正//台浙天地.－2008,(11).－73

SK0164《四库全书》的底本与稿本/张升//图书情报工作.－2008,52(11).－143－146

SK0165 业界动向//出版参考(业内资讯版).－2008,(11)

SK0166 抄《四库全书》一个月等于农民一年的收入//老年日报.－2008,11.1

SK0167 乾隆编《四库全书》意在"引蛇出洞"//桂林日报.－2008,11.15.－3

SK0168 清代乾嘉二帝褒奖的藏书家鲍廷博/张力//图书馆杂志.－2008,27(12).－76－78

SK0169 称人之善,唯恐不及:朱筠学术交游与清代乾嘉朴学风气的形成/刘仲华/唐都学刊.－2008,(5).－92－96

SK0170《四库全书》的书籍装帧设计考证/翟爱玲//大众文艺(理论).－2008,(12).－92

SK0171 论乾隆朝四库修书的失载/陈晓华//史学月刊.－2008,(12).－97－104

SK0172 周永年与《四库全书》的撰修/卢芳玉//人民日报海外版.－2008,12.2.－8

SK0173 略谈《文溯阁提要》之误——以集部别集类为例/罗瑛;袁芸//图书馆工作与研究.－2008,(12).－64－66

SK0174 清末藏书家陆心源史事校

勘三则/甘桂荣//黑龙江史志. －2008，(13). －21－22

SK0175 周永年的"儒藏说"与《四库全书》/张学军//兰台世界. －2008，(13). －47－48

SK0176 周永年辑佚和校勘《永乐大典》/张学军//兰台世界. －2008，(15). －64

SK0177《四库全书总目》著录《二程粹言》考/赵振//兰台世界. －2008，(16). －47－48

SK0178 乾嘉学派对《四库全书总目》考据观的影响和实证/王辉//兰台世界. －2008，(17). －75－76

SK0179 国家图书馆二期新馆开馆《四库全书》首次展出//出版参考(业内资讯版). －2008，(18)

SK0180 同声与异响——翁方纲四库提要稿与《四库全书总目》集部提要较论/曾纪刚//辅大中研所学刊. －2008，(19). －1－28

SK0181《四库全书总目提要》的分类问题研究/宋迪//文教资料. －2008，(20). －70－71

SK0182"戊申，卫州吁弑其君完"考辨——以《四库全书·春秋类》为范围/余蕙静//高雄海洋科大学报. －2008，(22). －145－167

SK0183 木增非外国人——《四库全书总目》凡例订误一则/姜雨婷//文教资料. －2008，(28). －132－134

SK0184《四库全书总目》引《千顷堂书目》考校/孙瑾//文教资料. －2008，(28). －130－132

SK0185 风雨文澜/王丽利//社区. －2008，(29). －11

SK0186《四库全书提要·易类序》之探究/陈兰行//侨光学报. －2008，(30). －1－7

SK0187 史部史钞类的发展与标准——以《四库全书总目》为核心/刘德明//兴大人文学报. －2008，(41). －1－21

SK0188 余嘉锡《四库提要辨证》义例/郑国瑞//东海大学图书馆馆讯. －2008，(77). －42－66

SK0189 如何使用《文渊阁四库全书》电子版兼论其校对上的问题—以经部诗类提要为例/陈惠美；谢莺兴//东海大学图书馆馆讯. －2008，(78). －18－31

SK0190 盛世下的文化视野——图书/吴璧雍//故宫文物月刊. －2008，(299). －88－90

SK0191 张元济的版本目录学研究/江曦//山东大学中文硕士学位论文. －2008

SK0192 纂修《四库全书》对《阅微草堂笔记》创作的影响/周广玲//南京师范大学中文硕士学位论文. －2008

SK0193 清代训诂与儒学互促发展研究/邵长娟//曲阜师范大学中文学位

论文. —2008

SK0194 二十世纪上半叶日本的"对支文化事业"研究——基于"东方文化事业总委员会"与"日华学会"的考察/孙颖///东北师范大学中文博士学位论文. —2008

SK0195《四库全书》纂修对清代藏书的影响/汤宪振//东北师范大学中文硕士学位论文. —2008

SK0196《四库全书总目》集部研究/柳燕//华中师范大学中文博士学位论文. —2008

SK0197《四库全书总目》著录"西书"的特点及其所受"朴学"之影响/徐思源//北京大学中文硕士学位论文. —2008

SK0198《四库全书总目》词曲观研究/卢盈君//台湾政治大学中文硕士学位论文. —2008

SK0199《四库提要》竟陵派条目辨证/王昕//黑龙江大学中文硕士学位论文. —2008

SK0200 四库分纂稿、阁书提要和《总目》提要之内容比较分析——以集部为例/段又瑄//台湾大学中文硕士学位论文. —2008

SK0201《四库全书》的《诗经》学观点研究/林怡芬//云林科技大学汉学资料整理研究所中文硕士学位论文. —2008

SK0202 江西与《四库全书》关系之考述/张志宏//南昌大学中文硕士学位论文. —2008

SK0203《四库全书总目》中的李杜著录研究/倪培翔//中国唐代文学学会第十四届年会暨唐代文学国际学术讨论会论文集(第13辑). —2008

SK0204 论史源学与古代目录研究——以《四库全书总目》研究为例/史丽君//2008 中国图书馆学会学术年会议论文集. —2008

SK0205 文溯阁与天一阁/崔志金//天一阁文丛(第6辑)(天一阁博物馆编). —宁波:宁波出版社,2008.12. —251—254

SK0206 大型古籍《四库全书》识别系统/马少平;姜哲//中国科协首届学术年会论文集. —2008

SK0207 从《四库全书总目》到《续修四库全书总目提要》——钟惺对《诗经》评点的评价/侯文冉//诗经研究丛刊(第17辑)——第八届《诗经》国际学术研讨会论文选刊二. —2008

2009 年

SK0001 文溯阁——《四库全书》的珍藏之所//时代商报. —2009,1.21

SK0002《四库全书》和《四库全书荟要》所收《六臣注〈文选〉》版本考/李佳//中国典籍与文化,—2009,(1). —75—79

SK0003"四库总目学"的大胆提出

与深层诠释——读《"四库总目学"史研究》/展龙//中国出版.—2009,(1).—67

SK0004《四库全书荟要》研究综述/曹鑫//文教资料.—2009,(1).—4—5

SK0005 史部类目的变与不变——从《隋书·经籍志》到《四库全书总目》/何发甦//延安大学学报（社科版）.—2009,31(1).—105—107

SK0006《洪氏读书录》与《四库全书简明目录》小学部分目录的比较/朴贞宣//图书馆学刊.—2009,31(1).—92—93

SK0007《通志·校雠略》与《四库全书总目·凡例》目录学思想之比较/王震//国家图书馆学刊.—2009,(1).—84—87

SK0008《续修四库全书总目提要》订误十二则（1）/路子强//山东图书馆学刊.—2009,(1).—95—96

SK0009 编"四库全书"乾隆包罗祸心 引蛇出洞烧异说//香港商报.—2009,1.31

SK0010《四库全书》在澳门/邓骏捷//徐州师范大学学报（哲学社会科学版）.—2009,(1).—20—22

SK0011《永乐大典》辑存江苏古方志考录（上）/黄静//江苏地方志.—2009,(1).—24—25

SK0012《永乐大典》纂修人研究/张金梁//文献.—2009,(1).—128—13

SK0013 从陈世崇《随隐漫录》的校

勘谈到乾隆皇帝修《四库全书》/孔凡礼//黄冈职业技术学院学报.—2009,(1).—1—6

SK0014 翁方纲纂四库提要稿的构成与写作/张升//文献.—2009,(1).—160—170

SK0015 从《四库全书总目·诗类序》看治《诗》之流变/吴莉莉//河西学院学报.—2009,(2).—25

SK0016《四库全书》视域下音乐文献考略/陈艳//交响—西安音乐学院学报.—2009,28(2).—44—46

SK0017"四库"订误十五则/马刘凤//图书馆理论与实践.—2009,(2).—62—64

SK0018《四库全书总目》分类体例浅谈/门庭//河南图书馆学刊.—2009,(2).—121

SK0019 传世珍籍《四库全书》//今晚报.—2009,2.27

SK0020 金嵌玉镶秀伤寒——序《四库全书系列伤寒类医著集成》/温长路//江西中医药.—2009,(2).—67—69

SK0021 赵执信《四库全书·因园集》删去《饴山诗集》哪些篇目/刘聿鑫//山东图书馆学刊.—2009,(2).—93—96

SK0022《续修四库全书总目提要》订误/王爱亭;崔晓新//图书馆学刊.—2009,(2).—86—88

SK0023《续修四库全书总目提要》

订误/张丽华//山东图书馆学刊. —2009,(2). —97—98

SK0024《四库全书总目》辨误（1/2)/霍丽丽//中华文史论丛. —2009,(2). —308/344

SK0025 文渊阁四库全书《明文海》、《日知录》抽毁本论述/王瑞//兰台世界. —2009,(3). —67—68

SK0026 文渊阁《四库全书》本《管子补注》考略/郭丽//历史档案. —2009,(3). —128—131

SK0027 仓圣脉《四库全书》的总校对/祁小纳//大河报. —2009,3.25

SK0028《四库全书荟要》辽金元三史提要校议/江庆柏//南京师范大学文学院学报. —2009,(2). —154—158

SK0029《四库全书总目提要》与朱熹《诗集传》叙录中的态度笔法平议/张静//河北大学成人教育学院学报. —2009,(2). —96—98

SK0030 文澜阁与《四库全书》/项真//文史知识. —2009,(3). —138—141

SK0031《四库全书》视域下音乐文献考略/朱黎光//船山学刊. —2009,(3). —153—155

SK0032《四库全书》如何评价岳飞/张培锋//天津日报. —2009,3.8. —7

SK0033《四库全书总目·石湖志略文略》辨证/崔广社//图书馆工作与研究. —2009,(3). —61—62

SK0034《四库全书总目》考辨一则/赵振//图书馆工作与研究. —2009,(3). —63—66

SK0035《四库全书总目》辨误一则/马新广//中国典籍与文化. —2009,(3). —103

SK0036《永乐大典》本《应天府志》及其佚文考/崔伟//中国地方志. —2009,(3). —33—36

SK0037《永乐大典》本宋《吏部条法》考述/戴建国//中华文史论丛. —200,(3). —231—252,402—403

SK0038 论《四库全书总目》的骈文批评观/吕双伟//湖南师范大学学报（社会科学学报）. —2009,(3). —25

SK0039 补文渊阁四库全书之元人别集（下）/袁冀//中原文献. —2009,41(3). —40—47

SK0040 杨冠卿生平及其《客亭类稿》考/辛更儒//中国典籍与文化. —2009,(3). —75—82

SK0041 浅析"三礼馆"诏开之意义/林存阳;杨朝亮//聊城大学学报（社科版）. —2009,(3). —76—80

SK0042《四库全书总目》正误二则/韩立平//中国典籍与文化. —2009,(3). —82

SK0043《四库全书总目》正误/韩立平//中国典籍与文化. —2009,(4). —50

SK0044 清高宗四库全书谕旨内史学与正统观研究/党为//史学月刊. —2009,(3). —75—84

SK0045《（康熙）杏花村志》的社会影响与价值/张敏慧//安徽师范大学学报（人文社科版）. —2009,37（3）. —350—353

SK0046 清修《四库全书》时河南禁毁书查缴研究/高远//平顶山学院学报. —2009,（3）. —39—41

SK0047 略论《明书》的史学价值/武玉梅//故宫博物院院刊. —2009,（3）. —131—143,163

SK0048 乾隆编《四库全书》的背后//新知讯报. —2009,3.19

SK0049《四库全书》贬低岳飞了吗？//安徽日报（农村版）. —2009,4.10

SK0050"《四库全书》对岳飞事迹只字不提"吗/萧民//北京日报. —2009,4. 6. —11

SK0051《四库全书荟要总目》文献价值初探/江庆柏//南京师大学报（社会科学版）. —2009,（4）. —122—126

SK0052《四库全书总目》中《诗》学著目的纂修思想/宁夏江//图书馆工作与研究. —2009,（4）. —45—47

SK0053《四库全书总目》与王渔洋诗学——兼论四库馆臣诗学观/门庭//图书馆学刊. —2009,31（4）. —88—90

SK0054《四库全书总目》词集提要的目录学价值/茅海行//赤峰学院学报（汉文哲学社会科学版）. —2009,（4）. —2130—132

SK0055《四库总目提要·东轩笔录》条辨补/张旭东//书目季刊. —2009,42（4）. —85—88

SK0056《四库全书总目》提要辨误——以《续宋编年资治通鉴》、《钱塘遗事》、《五代史阙文》为例/黄雁鸿//书目季刊. —2009,42（4）. —73—83

SK0057 四库群臣校勘学思想探赜——以《四库总目》词籍提要为例/孙计康//图书馆工作与研究. —2009,（4）. —48—50

SK0058 四库馆《永乐大典》缺卷考/史广超//图书馆理论与实践. —2009,（4）. —38—40

SK0059 论《四库全书总目》的类书思想/颜文武//图书馆学刊. —2009,（4）. —85—87

SK0060 朱鹤龄《愚庵小集》考述/周金标//淮阴师范学院学报（哲社版）. —2009,31（4）. —523—527

SK0061 我与山东省图书馆/杜泽逊//山东图书馆季刊. —2009,（4）. —45—46

SK0062 四库馆《永乐大典》缺卷考/史广超//图书馆理论与实践. —2009,（4）. —38—40

SK0063 搬出《四库全书》还是"查无此人"/徐洁//钱江晚报. —2009,4. 15. —D2

SK0064 论张元济的四库学贡献/江曦//图书馆研究与工作. —2009（4）. —63—65

SK0065《续修四库全书总目提要》举正/焦桂美//图书馆理论与实践.—2009,(5).—57—60

SK0066 长沙叶启勋抄《自堂存稿》的价值/何振作//图书馆.—2009,(5).—136—137

SK0067《四库全书总目》与评点学关系新论/王书才//宁夏社会科学.—2009,(5).—146—149

SK0068 黄庭坚补遗诗数种误录辨正/何泽棠//古籍整理研究学刊.—2009,(5).—62—65,16

SK0069 试论《四库全书总目》对明诗的批评与朱彝尊诗学的关系/刘飞//安徽文学(下半月).—2009,(5).—201—202

SK0070 试论陈垣对历史文献学的建基性贡献/崔文媛//河南师范大学学报(哲社版).—2009,36(5).—148—150

SK0071 古籍辑佚学在数码时代的发展机缘:史广超《〈永乐大典〉辑佚述稿》序/陈尚君//古籍整理研究学刊.—2009,(6).—56—58

SK0072 从《四库全书》看个我自强的人格特征/赵彩花;黄希庭//西南大学学报(社科版).—2009,35(6).—11—14

SK0073 清初古文三大家理论探析/张修龄//文学评论.—2009,(6).—59—63

SK0074 陈训慈与文澜阁《四库全书》/吴忠良//兰台世界.—2009,(6).—43

SK0075《四库全书》底本考/杨洪升//图书馆杂志.—2009,28(6).—71—75

SK0076《四库全书》与文化安徽/周生杰//淮北煤炭师范学院学报(哲学社会科学版).—2009,(6).—13—16

SK0077 论江西对《四库全书》纂修之功/罗春兰;张志宏//南昌大学学报(人文社科版).—2009,40(6).—108—113

SK0078《四库全书总目》著录江西人著作考辨七则/何振作//南昌大学学报(人文社科版).—2009,40(6).—104—107

SK0079《四库全书总目》对六朝骈文的公正态度/于景祥//社会科学辑刊.—2009,(6).—200—206

SK0080《四库全书总目》对总集编纂之批评/吴斌//大学图书情报学刊.—2009,(6).—90—92

SK0081 民国时期的两部总帐式金石学著作——《国史金石志稿》暨《续修四库全书总目提要金石类分纂稿》/王亮//山东图书馆学刊.—2009,(6).—97—100

SK0082 "四库总目学"研究的承前启后之作——评陈晓华《"四库总目学"史研究》/牛宣岩//淮北职业技术学院学报.—2009,(6).—135—136

SK0083 纪昀文献学思想探析/李云霞//云南档案.—2009,(7).—61—62

SK0084 宗师生焉,大藏大典四库有传人/石剑峰//东方早报.—2009,7.14

SK0085《续修四库全书总目提要》正误/李淑燕//图书馆学刊.—2009,(7)

SK0086 简论《四库全书总目提要》中的《诗经》研究/王峥;刘海燕//安徽文学(下半月).—2009,(7).—24

SK0087《四库全书》视域下的音乐文献考略/王新红//兰台世界.—2009,(7).—58—59

SK0088 大象有形/卢仁龙//中国新闻出版报.—2009,7.27.—6

SK0089 陈垣:十载寒暑读《四库》/夏和顺//深圳商报.—2009,7.3.—C5

SK0090《四库全书》错误多——拍乾隆马屁后遗症//广州日报.—2009,7.11.—24

SK0091 读书的门径和钥匙/蓝波//学习时报.—2009,7.13.—6

SK0092 入选《四库全书》《雪鸿堂集》重刊面世/马麟雏//四川巴中日报.—2009,8.4

SK0093 顾廷龙与《四库全书》/黄嬿婉//图书馆工作与研究.—2009,(8).—49—52

SK0094 乾隆御制文津阁《四库全书》诗文概说/王颖//承德民族师专学报.—2009,(8).—1—3

SK0095 日本刻本《独庵外集续稿》的价值/康尔琴//图书馆学刊.—2009,31(8)

SK0096《四库全书》与泰山文献//泰山晨刊.—2009,8.21

SK0097 经学传统的价值重估/平飞//兰州学刊.—2009,(8).—33—35

SK0098 正说乾隆(2)/李月辉//乡音.—2009,(9).—44—45

SK0099《永乐大典》之谜:中国书籍史上的最大疑案 大江周刊·焦点.—2009,(9).—52—55

SK0100《《永乐大典》辑佚述稿》/史广超 著.—郑州:中州古籍出版社,2009.9.—408

SK0101《永乐大典》的成书、散佚及整理/李赛楠;刘景荣//文艺生活·文艺理论.—2009,(9)

SK0102 小记文澜阁四库全书典藏史上的一件事/李海默;肖澜//上海高校图书情报工作研究.—2009,(9).—45—47

SK0103 从乾隆到——《文溯阁四库全书》全部影印之期盼/李祚唐//天府新论.—2009,(9).—122—125

SK0104《四库全书》开馆前的清代辑佚/喻春龙//社会科学战线.—2009,(9).—132—136

SK0105 鲁迅与近代图书馆事业/李云霞//黑龙江史志.—2009,(9).—110—111

SK0106"四库馆"与明清四书学转型/周国林;涂耀威//古籍整理研究学刊.—2009,(5).—35—39

SK0107 传奇《永乐大典》和《四库全书》//合肥晚报.—2009,9.1.—B3

SK0108 一个想独自续修"四库"的人/夏和顺//深圳商报.—2009,9.2.—C4

SK0109 传承文明服务社会/张彩娥;麻晓东//科学时报.—2009,9.4.—A2

SK0110 七阁《四库全书》的不同命运/黄爱平//中国文化报.—2009,9.6.—3

SK0111《台州四库荟要》即将问世/陈红松//台州晚报.—2009,9.21.—16

SK0112 以史为鉴 不辱使命/刘娜;蒋云建//云南政协报.—2009,9.25

SK011380 后博士修撰《台州四库》/陈红松//台州晚报.—2009,9.26.—7

SK0114《永乐大典》收录的《茅山续志》及其佚文考/崔伟//学理论·中.—2009,(10).—68—69

SK0115《续修四库全书总目提要》辨证十六则/李淑燕//版本目录学研究(第1辑).—北京:国家图书馆出版社,2009.10.—365—368

SK0116《永乐大典》中《新安续志》编修时间考辨/蒲霞//安庆师范学院学报(社会科学版).—2009,(10).—57—59

SK0117"津人之善医者蒋仪"真伪考——兼《四库全书总目提要·子部·医家类存目》析疑一则/谢敬;刘毅//南京中医药大学学报(社科版).—2009,10(4).—206—208

SK0118"四部"确立——目录学上的一个里程碑/石象婷//安庆师范学院学报(社科版).—2009,28(10).—54—56

SK0119 关于文献、逻辑推理以及指导思想诸问题的商榷——评李定信《四库全书堪舆类典籍研究》/范春义//文艺研究.—2009,(10).—151—158

SK0120 从《愚庵小集》看《四库全书》对清初别集的著录标准/周金标//图书馆工作与研究.—2009,(10).—44—47

SK0121《四库全书》私人呈送本中的宋瑞金家藏本/江庆柏//图书馆理论与实践.—2009,(10).—49—51

SK0122 近年来台湾硕士生研究《四库全书》之成果/高远//兰台世界.—2009,(10).—52—53

SK0123《四库全书总目》"著录""永乐大典本"考——《四库提要著录丛书》编纂札记之二/罗琳//版本目录学研究(第1辑).—北京:国家图书馆出版社,2009.10.—278—286

SK0124《四库全书总目提要》中的宋代《春秋》学/谢德胜;鹿苗苗//湖南

科技学院学报. —2009,(10). —33—36

SK0125《四库提要》札记/杜泽逊//版本目录学研究（第1辑）. —北京:国家图书馆出版社,2009.10. —360—364

SK0126《续修四库全书提要》编纂加速//光明日报. —2009,10.26. —1

SK0127 四库全书系列伤寒类医著集成·序//中华读书报. —2009,11.18

SK0128《四库全书》抄录费几何？//南方农村报. —2009,11.12

SK0129 四库全书系列伤寒类医著集成·序/许嘉璐//中华读书报. —2009,11.18. —12

SK0130 73种泉州先贤著作收录于《四库全书》/张素萍;杨文东//泉州晚报海外版. —2009,11.28. —1

SK0131《四库全书》//长春日报. —2009,11.28

SK0132《四库全书总目》考辨札记六则/何振作//图书馆工作与研究. —2009,(11)

SK0133 对中国古代小说实证研究范式的反思——以《四库全书总目》为例/王舒寅//知识经济. —2009,(11). —155

SK0134《四库全书》的成书与时空环境/吴哲夫//故宫文物月刊（台北）. —2009,(20). —62—70

SK0135《永乐大典本水经注》/桑钦. —万卷出版公司.2009.16. —531

SK0136《四库全书总目》目录学思想初探——以子部小说类为例/韩峰//黑龙江史志. —2009,(19). —48,58

SK0137 实证·辨伪·经世的汉学精神——论《四库全书总目·史部总叙》/何柳//青年文学家. —2009,(24). —21

SK0138 被隐藏的联系性——《四库全书总目》唐代别集提要的文学史叙述/曾守正//淡江中文学报. —2009,(21). —119—152

SK0139 纪昀撰《四库全书总目》说之论析/王鹏凯//东海大学图书馆馆讯. —2009,(97). —46—77

SK0140 李正奋《永乐大典考》手稿考略/赵娜;程洪滨;李冠楠//科技情报开发与经济. —2009,(23). —74—76

SK0141《四库全书总目》子部分类研究/成雪//山东师范大学中文硕士学位论文. —2009,4

SK0142《千顷堂书目》考校/孙瑾//南京师范大学中文硕士学位论文. —2009

SK0143 中国古籍分类的历史及未来发展趋势研究/郑明//北京师范大学中文硕士学位论文. —2009

SK0144 四库本《曝书亭集》校议/杨丽霞//南京师范大学中文硕士学位论文. —2009

SK0145 四库全书史部政书类通制及仪制二属各书著录及版本之研究/潘欣怡//台北大学中文硕士学位论文.

－2009

SK0146《四库全书总目》子部分类研究/成雪//山东师范大学中文硕士学位论文.－2009

SK0147《四库全书总目》史部"正史类"目录研究/杨海廷//郑州大学中文硕士学位论文.－2009

SK0148《四库全书总目·经部》对明代作者及其著作之评价研究/董家兴//高雄师范大学经学研究所中文硕士学位论文.－2009

SK0149 金坛于敏中家族的文化贡献和文学成就/杨慧慧//苏州大学中文硕士学位论文.－2009

SK0150 唐宋诗词意象与《四库》谱录之学——以花、鸟为中心/王莹//中国社会科学院中文博士学位论文.－2009

SK0151 清典籍遭厄述略/李宁//曲阜师范大学中文硕士学位论文.－2009

SK0152 元初月泉吟社诗集版本考略——兼驳四库提要"节录之本"说/方勇//古籍整理研究与中国古典文献学学科建设国际学术研讨会论文集.－2009

SK0153《四库全书》纂修官考/张升//中国古代文明及其衍化学术研讨会论文集.－2009

SK0154《四库全书总目》对《郡斋读书志》的批评与接受/郝润华//古籍整理研究与中国古典文献学学科建设国际学术研讨会论文集.－2009

SK0155 关于《四库全书》提要稿的删改问题——以与周亮工有关提要的修改为例/江庆柏//目录学与《续修四库全书提要》编纂学术研讨会会议论文集(清华大学中国古典文献研究中心).－上海:上海古籍出版社,2009.10.－1－11

SK0156 古籍辑佚学在数码时代的发展机缘/陈尚君//目录学与《续修四库全书提要》编纂学术研讨会会议论文集(清华大学中国古典文献研究中心).－上海:上海古籍出版社,2009.10.－12－16

SK0157 从民国年间所编《续修四库全书》谈当今的提要编纂/周少川//目录学与《续修四库全书提要》编纂学术研讨会会议论文集(清华大学中国古典文献研究中心).－上海:上海古籍出版社,2009.10.－17－18

SK0158《续修四库全书》诗文评编目疏误析例/刘德重;魏宏远//目录学与《续修四库全书提要》编纂学术研讨会会议论文集(清华大学中国古典文献研究中心).－上海:上海古籍出版社,2009.10.－19－24

SK0159 重编续修四库全书集部总集漫议/孙少华;刘跃进//目录学与《续修四库全书提要》编纂学术研讨会会议论文集(清华大学中国古典文献研究中心).－上海:上海古籍出版社,2009.10.

—25—36

SK0160 论《书林清话》的学术价值/王友胜；彭文静//目录学与《续修四库全书提要》编纂学术研讨会会议论文集（清华大学中国古典文献研究中心）.—上海：上海古籍出版社，2009.10.—37—44

SK0161 略论明清时期诗文别集/马亚中//目录学与《续修四库全书提要》编纂学术研讨会会议论文集（清华大学中国古典文献研究中心）.—上海：上海古籍出版社，2009.10.—45—49

SK0162《续四库全书提要》史部样稿/华中师范大学历史文献研究所//目录学与《续修四库全书提要》编纂学术研讨会会议论文集（清华大学中国古典文献研究中心）.—上海：上海古籍出版社，2009.10.—53—88

SK0163《续修四库全书总目提要》勘误/主父志波//大众文艺（理论）.—2009,（20）.—156

2010 年

SK0001 文津阁《四库全书》本《樊川集》版本优劣谈——以《四部丛刊·樊川文集》等版本为参照/吴在庆；高玮//福建师范大学学报（哲社版）.—2010,（1）.—105—110

SK0002 文献整理与清史编纂/陈桦//清史研究.—2010,（1）.—151—156

SK0003 从《长安图志》的校勘看文

溯阁四库全书的文献版本价值/汪受宽//文献研究（第1辑）高国祥主编.—北京：学苑出版社.—2010.1.—40—59

SK0004 从《四库全书》看小我自强的人格特征/赵彩花；黄希庭；岳彩镇//西南大学学报（社科版）.—2010,36（1）.—6—10

SK0005 石庞及其《悟语》、《观物篇》——兼评《四库全书总目提要》存目《天外谈》条/孔凡礼//安庆师范学院学报（社科版）.—2010,29（1）.—1—5

SK0006《四库全书》"摩顶至踵"通考——兼论对某些成语的系统研究/连登岗//青海民族大学学报（教育科学版）.—2010,（1）.—28—32

SK0007 四库全书/李惠聪//安家.—2010,（1）.—77—86

SK0008《四库全书总目·子部杂家类》姓名之误例举/胡露//邢台学院学报.—2010,（1）.—54—56

SK0009《四库全书总目》之史部提要案语考论/罗昌繁//华中师范大学研究生学报.—2010,（1）.—102—107

SK0010《四库全书总目》明代史评提要述论/李程//华中师范大学研究生学报.—2010,（1）.—97—101

SK0011《四库全书总目》视域下古代体育文献聚散/王裕林//档案.—2010,（1）.—24

SK0012《四库全书总目提要》订误十则/杨大忠//图书馆工作与研究.—

2010,(2).—74—76

SK0013《四库湖北先正遗书提要》的编纂及其学术价值/李立民//武汉科技大学学报(社科版).—2010,12(1).—87—90

SK0014 四库提要厘定/杜泽逊//图书馆工作与研究.—2010,(1).—67

SK0015 论《四库全书总目》补撰书目的史学价值/陈晓华//史学理论研究.—2010,(1).—93—99

SK0016 刘乃和先生的历史文献学研究/郭芳//阴山学刊(社科版).—2010,23(1).—93—97

SK0017 补文渊阁四库全书元人别集(中)/袁冀//中原文献.—2010,42(1).—79—95

SK0018《陈竹山文集》的史料价值与版本/王继光//西域研究.—2010,(1).—17—20

SK0019 纪昀目录学思想考略/李凌杰//船山学刊.—2010,(1).—173—175

SK0020《钦定四库全书总目》对金元诗歌的批评/崔海军//沧州师范专科学校学报.—2010,(1).—26—38

SK0021 读《四库总目》小札/张春健//书目季刊.—2010,44(1).—73—80

SK0022《秘书省续编到四库阙书目》版本源流考/张固也;王新华//新世纪图书馆.—2010,(1).—73—76

SK0023 清代藏书家及其书目/李

万健//图书馆工作与研究.—2010,(1).—10—14

SK0024 编写植物"四库全书"花了半个世纪//南京日报.—2010,1.19.—8

SK0025 管窥四库群臣的版本校勘学思想——以《四库全书总目》词籍提要为例/孙计康//新世纪图书馆.—2010,(1).—77—79

SK0026 警惕《四库全书》(文渊阁本)的文字抄写之误/韩成武;张岚//图书馆工作与研究.—2010,(1).—71—72

SK0027《钦定四库全书总目》对金元诗歌的批评/崔海军//沧州师范专科学校学报.—2010,(1).—26—27

SK0028 从《四库全书》看明代《乐记》研究/郑更妙//青年文学家.—2010,(1).—5

SK0029 从经部目录的流变看经学思想的演变——以《汉志》《隋志》《总目》为例/雷斌慧//甘肃联合大学学报(社科版).—2010,26(2).—65—69

SK0030 从集部目录的流变看古代文学观念的演变——以《汉志》《隋志》《总目》为例/雷斌慧//西华师范大学学报(哲社版).—2010,(2).—14—18

SK0031《四库全书总目》对贾谊《新书》的评述/工藤卓司//师大学报(语言与文学类).—2010,55(2).—77—100

SK0032《四库全书总目》子部杂家类杂品之属存目补正/胡露//韩山师范学院学报.—2010,(2).—36—39

SK0033《四库全书总目》职官之误举例/胡露//上海高校图书情报工作研究.—2010,(2).—47—53

SK0034 论四库馆臣的理性意识与经世思想/刘凤强//西藏民族学院学报（哲社版）.—2010,31(2).—78—83

SK0035 全祖望辑《永乐大典》佚书考/史广超//图书馆理论与实践.—2010,(2).—62—64

SK0036《陕西行都司志》存佚考/吴浩军；张力仁//中国历史地理论丛.—2010,25(2).—93—98

SK0037 参与编校《四库全书》的徽州人/张恺琴//江淮时报.—2010,2.2.—4

SK0038 辩《四库全书总目·书传会衷》提要/苟烨//内蒙古农业大学学报（社会科学版）.—2010,(2).—14

SK0039 略论清代诗文集的整理编纂及其价值意义/黄爱平//清史研究.—2010,(2).—131—136

SK0040《续修四库全书》本《改并五音类聚四声篇海》版本纠谬/韦乐//前沿.—2010,(2).—111—113

SK0041《续修四库全书总目提要》订误/张炎//晋图学刊.—2010,(2).—70—72

SK0042《续修四库全书总目提要》订误/程远芬//澳门文献信息学刊.—2010,(2).—43—46

SK0043《续修四库全书总目提要》

"诗文评"类辨正十则/王承斌//衡阳师范学院学报.—2010,(2).—91—93

SK0044《永乐大典》所引孙愐《唐韵》辑考：兼论《大宋重修广韵》所据孙愐《唐韵》的写本/丁治民//语言研究.—2010,(2).—33—37

SK0045 钱大昕的目录学思想及成就/郑春颖；杨萍//长春师范学院学报（人文社科版）.—2010,29(3).—28—32

SK0046 上海古籍版《四库全书简明目录·集部》标点献疑/周录祥//重庆文理学院学报（社会科学版）.—2010,(3).—37—40

SK0047 文溯阁《四库全书》迁兰记/郑志成；何志华//兰州晨报.—2010,3.25.—A6

SK0048 文澜阁写本《四库全书》残本七种/杨洪升//文献.—2010,(3).—69—78

SK0049 历史上的 3 月 12 日——《四库全书》编纂完毕//临汾日报（晚报版）.—2010,3.12

SK0050 中国古代选本中"古"义的内涵、特性及其所衍生的批评效用——以《四库全书》"总集类"为研究范围/郑柏彦//嘉大中文学报.—2010,(3).—245—271

SK0051《四库全书》本《崇文总目》底本质疑/赵庶洋//中国典籍与文化.—2010,(3).—62—65

SK0052《四库全书总目》的文学史

观和文体观——以集部大小序为中心/伏俊琏//阅江学刊.—2010,(3).—128—133

SK0053《四库全书总目》"词曲类存目"辨误/王承斌//中北大学学报(社会科学版).—2010,(3).—63—65

SK0054《四库全书总目》元人别集提要与元代诗文批评/李小燕//安阳师范学院学报.—2010,(3).—71—74

SK0055《四库全书荟要提要》校议/江庆柏//中国典籍与文化.—2010,(3).—76—82

SK0056 陈永栽捐《四库全书》//晋江经济报.—2010,3.2.—1

SK0057 青年戴震——十八世纪中国士人社会的"局外人"与儒学的新动向/胡明辉;董建中//清史研究.—2010,(3).—34—50

SK0058 旅菲侨领向石狮捐赠《四库全书》//泉州晚报(海外版).—2010,3.4.—1

SK0059 重编《续修四库全书提要·集部·总集》漫议/孙少华//东方论坛.—2010,(3).—38—43

SK0060 重新认识《四库全书荟要》//图书馆报.—2010,3.26.—C2

SK0061 释《四库全书》"长脚"/连登岗//青海民族大学学报(教育科学版).—2010,(3).—53—58

SK0062 略述明清时代文献对《朝野类要》的征引/王瑞来//中国典籍与文化.—2010,(3).—66—75

SK0063 辑佚与清代图书编纂/郭国庆//江西图书馆学刊.—2010,40(3).—118—121

SK0064 稀见词谱十三种解题/江合友//图书馆理论与实践.—2010,(3).—53—56

SK0065 戴震学术地位的确立与"西学中源"论/徐道彬//清史研究.—2010,(3).—51—65

SK0066 七阁《四库全书》的不同命运/黄爱平//西部时报.—2010,4.20.—11

SK0067《子藏》编纂启动 收书总量超《四库全书》//兰州晨报.—2010,4.15

SK0068 文溯阁《四库全书》西迁兰州记/郑志成//西部时报.—2010,4.20.—11

SK0069 文溯阁《四库全书》保护与研究的必然选择(1/2/3)//兰州晚报.—2010,4.25.—13

SK0070 宋振庭《抢运〈四库全书〉》是虚构的/陈福季//河北科技图苑.—2010,(4).—63—64

SK0071《子藏》编纂收书总量超《四库全书》//新民晚报.—2010,4.13.—11

SK0072 文澜阁《四库全书》的三次补抄/顾志兴//世纪.—2010,(4).—46—50

SK0073 文献渊薮学术津梁/崔建利;杨雅君//兰台世界·上半月.—

2010,(4).—72

SK0074 王渔洋对《四库全书总目》的诗学批评理念/门庭//船山学刊.—2010,(4).—159—162

SK0075 专访台湾文献学家——吴哲夫教授/何淑苹;郑谊慧//书目季刊.—2010,43(4).—79—97

SK0076 以国学教育凝就大学精神气质/宋婕;吴春燕//教育与职业.—2010,(4).—69

SK0077 四库本《青山续集》前两卷作品归属考辨/罗凌//三峡大学学报（人文社科版）.—2010,32(4).—43—46

SK0078《四库全书总目》编纂的学理基础/郭眉扬//河南社会科学.—2010,18(4).—161—162

SK0079 四库辑本姚燧《牧庵集》漏收误收考/查洪德//晋阳学刊.—2010,(4).—107—113

SK0080 西学东渐四百年祭/杨义//光明日报.—2010,5.20.—10—11

SK0081 光绪朝"续修《四库全书》"述评/刘祥元//图书馆理论与实践.—2010,(4).—93—95

SK0082 郭伯恭的文献学贡献/范凡//山东图书馆学刊.—2010,(4).—38—57

SK0083 乾嘉汉学的殿军——阮元/姜广辉//文史哲.—2010,(4).—60—67

SK0084 清代的文禁/肖燕//文史杂志.—2010,(4).—61—64

SK0085 论四库馆臣的庄学观/李见勇//时代文学（上）.—2010,(4).—194—195

SK0086 文溯阁《四库全书》与甘草店战备书库/裴绍宏//兰州日报.—2010,5.5.—11

SK0087 以史为镜　鉴往昭来——我国史上几次重要的古籍整理工程概述/岳延春;林凤//图书馆学刊.—2010,(5).—101—103

SK0088 晋京著书烙丹青　涵学浸诗流千古——余姚籍史学巨擘、一代学界宗师邵晋涵/方其军;张展//宁波通讯.—2010,(5).—44—45

SK0089《四库提要》指瑕/主父志波//山东图书馆学刊.—2010,(5).—109—112

SK0090 陆贾《新语》错简现象探微/毕宝魁//文学遗产.—2010,(5).—148—149

SK0091 毕沅主导纂修的《西安府志》/李金华//史学月刊.—2010,(5).—128—132

SK0092 柴窑"古文记载"正解/赵敬平//文物鉴定与鉴赏.—2010,(5).—74—77

SK0093 简释《四库全书》//语文天地·初中版.—2010,(5)

SK0094《四库全书》春节揭面纱//新民晚报.—2010,6.25.—5

SK0095 中国精品档案解析之二十

五:《永乐大典》:旷世珍品的旷世磨难/赵午鸿//山西档案.—2010,(5).—3—10,13

SK0096《四库全书简明目录·集部》标点举正/周录祥//重庆文理学院学报(社会科学版).—2010,(6).—152—154

SK0097 四库禁毁唐集考述/刘玉珺//井冈山大学学报(社会科学版).—2010,(6).—90—97,107

SK0098 纪晓岚删改作者爵里举例——以天津图书馆珍藏纪晓岚删定《四库全书总目》残存稿本为例/李国庆//山东图书馆学刊.—2010,(6).—103—105,109

SK0099 汲古阁毛氏影宋抄本《鲍氏集》及其价值/丁延峰//图书馆理论与实践.—2010,(6).—43—46

SK0100 浅论《四库全书总目》学术正统观与传统正统论关系——以史部提要为例/于俊龙//现代语文·上旬刊(文学研究).—2010,(6).—59—60

SK0101 1.5亿影印出版文渊阁《四库全书》//汕头特区晚报.—2010,7.27.—6

SK0102 文渊阁《四库全书》将影印出版//西安晚报.—2010,7.27.—3

SK0103 文渊阁《四库全书》有望"回家"了//深圳晚报.—2010,7.28.—B7

SK0104 文渊阁《四库全书》有望"回家"/朱玲//新华日报.—2010,7.28.—3

SK0105《全蜀艺文志》编者考论/旷天全//绵阳师范学院学报.—2010,(7).—45—50

SK0106 论四库全书馆总裁的作用/刘凤强;米婷//兰台世界.—2010,(7).—69—70

SK0107 清代图书出版及管理研究/谢蓉//编辑之友.—2010,(7).—102—104

SK0108 什么是正史 霸史 别史和杂史/柏峰//国学.—2010,(8).—25

SK0109《四库全书》与十八世纪中国知识分子/李立民//读书.—2010,(8).—108—111

SK0110《四库全书总目》对《郡斋读书志》的接受与批评/郝润华;丁俊丽//图书馆杂志.—2010,29(8).—72—77

SK0111《四库全书总目》词曲观念述要/徐朋云//安徽文学(下半月).—2010,(8).—78

SK0112 四库学区域研究述要/罗春兰//图书馆工作与研究.—2010,(8).—73—82

SK0113 对《四库全书总目》中关于赵鼎臣评价的考辨/岳振国//图书馆理论与实践.—2010,(8).—49—52

SK0114 论孙星衍的校勘学思想、方法及成就/焦桂美//图书馆理论与实践.—2010,(8)

SK0115 文溯阁200年前只藏两本书/白水//东北之窗.—2010,(7).—62

—63

SK0116 十全老人：弘历小传/陈时龙//紫禁城//．—2010,(9).—32—33

SK0117《四库全书》回家//浙江日报．—2010,9.13.—6

SK0118《四库全书总目》条辨/江曦//图书馆工作与研究.—2010,(9).—69—71

SK0119《四库全书总目》中的明代文学思想辨析——以明代文学复古问题为例/何宗美；刘敬//江西社会科学.—2010,(9).—102—111

SK0120 论《四库全书总目》对柳永词的评价//文艺生活·文艺理论.—2010,(8).—9

SK0121 论排印本《四库全书简明目录》/周录祥//图书馆理论与实践.—2010,(9).—56—60

SK0122 纪晓岚后代：多是文化人/朱珠；何杨琼//纪实.—2010,(9).—15—18

SK0123 胡安国佚信《答罗仲素书》考说/黄觉弘//理论月刊（武汉）.—2010,(9).—57—59

SK0124 浙江文澜阁大修迎《四库全书》回家//中国新闻出版报.—2010,9.15.—2

SK0125 清代没有"乾嘉学派"/魏海泉//咬文嚼字.—2010,(9).—51

SK0126 紫禁城文渊阁——一座皇家藏书楼/李乾朗//紫禁城.—2010,

(9).—8—11

SK0127 传统命题的创新阐释——《〈四库全书〉与十八世纪的中国知识分子》读后/谢辉//出版发行研究.—2010,(10).—57—58

SK0128 兰州消防盐场中队四库全书馆进行消防演练//兰州日报.—2010,10.18.—3

SK0129《永乐大典》的流散与回归历程/周春玲；张洪钢//图书馆学刊.—2010,(10).—92—94

SK0130《四库全书总目》论书法/陈晓华；李彬//美术观察.—2010,(10).—110

SK0131 论《四库全书总目提要》透射出的小说理念/李飞//北方文学·下半月.—2010,(10).—88—89

SK0132 皇帝写诗 臣子接龙/柳新//文史博览.—2010,(11).—67—68

SK0133 陈舜俞《庐山记》版本述略/李勤合//图书馆杂志.—2010,29(10).—74—77

SK0134《永乐大典》所引字书钩沉——《字溁博义》/翁敏修//汉学研究集刊.—2010,(11).—129—158

SK0135 圆明园罹劫《四库全书》被焚//北京档案.—2010,(10).—48—49

SK0136 "铁帽子"戴错了/张诗婧//咬文嚼字.—2010,(10).—10—51

SK0137 文溯阁四库全书沧桑记/喻丽清（美国）//澳门日报.—2010,11.

29.—F10

SK0138 四库全书中的长乐人//福州晚报.—2010,11.23.—B1

SK0139《四库全书》风雨二百年/李仲英//老人世界.—2010,(11).—36—37

SK0140《四库全书总目》"别史类"比较分析/季秋华//图书馆理论与实践.—2010,(11).—72—75

SK0141《四库全书总目提要》与《人间词话》分析研究/郭尚文//新西部(下半月).—2010,(11).—113,105

SK0142 民间版"四库全书"百年后首次面世/谭华//光明日报.—2010,11.20.—6

SK0143《海外新发现〈永乐大典〉十七卷》之《法运通塞志》残卷考释/范俊红//图书馆学刊.—2010,(12).—101—102,107

SK0144 口头文学有了"四库全书"/李韵//光明日报.—2010,12.31.—4

SK0145《四库全书》与十八世纪中国知识分子的新探究/刘重来//中华读书报.—2010,12.22.—10

SK0146《四库全书》和4个爱书的浙江人//杭州日报.—2010,12.25.—8

SK0147《四库全书》与扬州的前世今缘/袁宝勇//扬州日报.—2010,12.2.—1

SK0148 民间版"四库全书"百年后首次面世《千年藏书大典》刊行部分善本国内珍稀//海南日报.—2010,12.6.—A10

SK0149 民间版"四库全书"百年后首次面世//湖州日报.—2010,12.10.—10

SK0150 她收藏了四库全书全套线装本 详情请点击杭州日报网区县市频道和民间晒宝专题(www.hzrb.cn)//杭州日报.—2010,12.10.—A11

SK0151 康熙帝的文治特色与策略——以《四库全书》收录文献为例/周宏仁//语文学刊(高等教育版).—2010,(12).—72—84

SK0152《永乐大典》现存多少卷/陈福季//咬文嚼字.—2010,(12).—47

SK0153 辨析《四库全书总目提要》之误//出版参考(业内资讯版).—2010,(14).—25—26

SK0154 辨析《四库全书总目提要》之误/段真子//出版参考.—2010,(21).—25—26

SK0155《四库全书》与四库七阁的坎坷命运/黄爱平//传承.—2010,(16).—36—37

SK0156 从《汉书·艺文志》到《四库全书总目提要》看纬书的发展流变/徐中慧//商情.—2010,(16)

SK0157《明史·职官志》勘正一则/梁尔铭//兰台世界上半月.—2010,(19).—77

SK0158 真实的纪晓岚——只是给

皇帝解闷 一生未得到重用//甘肃教育.
—2010,(22).—33

SK0159 故宫房间知多少/单士元//
半月选读.—2010,(23).—39

SK0160《四库全书》乾隆谕旨中的
"不收、改、删、销毁"等问题评议/张小
芹//经济研究导刊.—2010,(24).—206
—207,222

SK0161 鲁迅对文津阁《四库全书》
的保护和认识/陈得媛//教育教学论
坛.—2010,(35).—233—235

SK0162 阮刻本《周礼注疏》校读札
记/常相波//南京师范大学中文硕士学
位论文.—2010

SK0163 个体性与公共性之间——
《四库全书总目》阐释思想之精神/郭胜
男//湖南大学中文硕士学位论文.
—2010

SK0164《中国善本书提要》研究/许
葆华//河北大学中文硕士学位论文.
—2010

SK0165《四库全书》的满族史学研
究/刘喜强//兰州大学中文硕士学位论
文.—2010

SK0166《四库全书总目》唐诗批评

研究/刘树晓//汕头大学中文硕士学位
论文.—2010

SK0167《四库全书总目提要》唐诗
批评渊源考述/刘志勇//广西师范大学
中文硕士学位论文.—2010

SK0168《四库全书总目》音韵史观
研究/李天赐//"国立台北大学"古典文
献学研究所中文硕士学位论文.—2010

SK0169《四库全书》著录谱录类图
书之研究/廖冠琪//淡江大学中国文学
中文硕士学位论文.—2010

SK0170 清代湖南经学初探——以
光绪《湖南通志》和《续修四库提要》为
中心/刘焱//湖南大学中文硕士学位论
文.—2010

SK0171 试论《四库全书总目》的
"盐"话语/李树民//盐文化研究论丛
（第5辑）.—2010

SK0172 明代寓言散文研究——以
《四库全书》为范围/方学文//国立台湾
师范大学中文硕士学位论文.—2010.
—193

SK0173 许瀚学术研究/范晓娟//
扬州大学中文硕士学位论文.—2010

引用报刊文献一览表

A

阿坝师范高等专科学校学报

安徽大学月刊

安徽大学学报（哲学社会科学版）

安徽教育学院学报

安徽师范大学学报（人文社会科学版）

安徽史学

安徽文学

安徽日报（农村版）

安雅月刊

安阳师范学院学报

B

百科知识

版本目录学研究

半月选读

保山师专学报

报刊资料选汇（图书馆学、情报学、资料工作）

报林

北辰杂志

北大国学周刊

北大图书部月刊

北方工业大学学报

北方论丛

北方文学·下半月

北京大学学报（哲学社会科学版）

北京大学月刊

北京大学日刊

北京档案

北京高校图书馆

北京高校图书馆学刊

北京经济瞭望

北京近代科学图书馆馆刊

北京联合大学学报

北京青年报

北京日报

北京社会科学

北京师范大学学报（亚文社会科学版）

北京图书馆馆刊

北京娱乐信报

北京科技报

北平晨报艺圃

北平北海图书馆月刊

北平图书馆馆刊

北平图书馆月刊

毕节日报

编辑学刊

编辑之友

滨州学院学报

渤海学刊

C

财政日刊

沧州师范专科学校学报

茶业通报

长春日报

长春师范学院学报

长沙霹雳号

长沙电力学院学报（社会科学版）

常熟高专学报

畅流

巢湖学院学报

晨报

晨报副刊

成大历史学报（中国台湾）

成都大学学报（社会科学版）

成都中医药大学学报

承德民族师专学报

赤峰学院学报

重庆科技学院学报

重庆三峡学院学报

重庆社会科学

重庆师院学报（哲学社会科学版）

重庆师专学报

重庆邮电学院学报（社会科学版）

重庆文理学院学报（社会科学版）

出版参考

出版发行研究

出版工作

出版广角

出版界特刊

出版界

出版史料

传统文化与现代化

传承

船山学刊

春秋

慈溪修志通讯

辞书研究

词学季刊

D

大安（中国台湾）

大成

大东文化大学汉学会志（中国台湾）

大东图书公司（中国香港）

大道半月刊

大华晚报（中国台湾）

大理师专学报

大陆杂志（中国台湾）

大公报（天津）图书副刊

大公报史地周刊

大庆高等专科学校学报

大学图书馆

大学图书馆通讯

大学图书馆学报

大学图书情报学刊

大众科技报

大河报

大公报

淡江大学中文学报(中国台湾)

当代经理人

当代图书馆

当代文坛

党的建设

党政干部文摘

党政论坛

档案春秋

档案天地

档案与建设

道协会刊

地理杂志

德阳教育学院学报

德州学院学报

电报

电脑商报

电子出版

东北师范大学学报(哲社版)

东北文化月报

东北文献丛谭

东北丛刊

东方博物

东方人文学志(中国台湾)

东方文化

东方杂志

东方杂志(复刊)

东方早报

东方论坛

东海大学图书馆馆讯(中国台湾)

东海学报(中国台湾)

东南大学学报(哲学社会科学版)

东南亚纵横

东南风

东南日报

东吴大学图书馆馆讯(中国台湾)

东吴大学中国文学系系刊(中国台湾)

东吴中文学报(中国台湾)

东洋

读书

读书杂志

读书通讯

独立评论

杜甫研究学刊

F

法律评论

法制与社会发展

番禺日报

方志月刊

涪陵师范学院学报

福建文化

福建教育学院学报

福建日报

福建省图书馆学会通讯

福建师范大学学报

福建史志

福建图书馆学刊

抚州师专学报

辅仁学报

辅仁学志

辅大中研所学刊（中国台湾）

阜阳师范学院学报（社科版）

复旦大学学报（社科版）

复印报刊资料（出版工作、图书评介）

复印报刊资料（历史学）

复印报刊资料（明清史）

复印报刊资料（图书馆学、情报学、资料工作）

复印报刊资料（中国古代史）

G

甘肃高师学报

甘肃经济日报

甘肃农业

甘肃日报

甘肃社会科学

甘肃行政学院学报

高等教育研究

高等学校文科学术文摘

高松工业高等专门学校研究纪要

高校图书馆工作

高校图书情报学刊

高校文献信息学刊

古典文学研究集刊

古典文学知识

古汉语研究

古今典籍聚散考

古籍丛书述论

古籍目录与中国古代学术研究

古籍整理出版情况简报

古籍整理研究学刊

古籍整理与研究

古籍整理与研究专辑

古建园林技术

古今

古今论衡

古今农业

古今谈

古今艺文

古今月刊

古文献论丛

古文献研究

固原师专学报

故宫博物院院刊

故宫季刊（中国台湾）

故宫文物月刊（中国台湾）

故宫文献

故宫学术季刊（中国台湾）

孤军

公教学志

观察与思考

管子学刊

光明日报

光华半月刊

光华大学半月刊

广东民族学院学报（社会科学版）

广东社会科学

广东史志

广东史志·视窗

广东图书馆学刊

广西大学学报（哲学社会科学版）

广西民族研究

广西社会科学

广西师范大学学报（哲学社会科学版）

广西文史

广州日报

广州师院学报（社会科学版）

广州大学图书馆季刊

桂林日报

贵图学刊

贵阳金筑大学学报

贵阳师专学报（社会科学版）

贵州大学学报（社会科学版）

贵州档案史料

贵州方志

贵州民族学院学报（社会科学版）

贵州社会科学

贵州图书馆

贵州文史丛刊

国风报

国魂

国际人才交流

国际儒学研究

国家图书馆馆刊

国家图书馆馆讯（中国台湾）

“国立编译馆”馆刊（中国台湾）

国立北平图书馆馆刊

国立北平图书馆读书月刊

“国立历史博物馆”学报（中国台湾）

“国立武汉大学”文哲季刊

“国立台湾大学”文史丛刊（中国台湾）

国立沈阳博物馆筹备委员会汇刊

“国立彰化师范大学”国文系集刊（中国台湾）

“国立中央大学”中国文学研究所集刊创刊号（中国台湾）

“国立中央大学”人文学报（中国台湾）

“国立中央研究院”历史语言研究所集刊

“国立中央图书馆”馆刊（中国台湾）

“国立中央图书馆”台湾分馆馆刊（中国台湾）

“国立中央大学”语言历史学研究所周刊

国史旧闻

国文天地（中国台湾）

国学研究辑刊

国学荟编

国学丛编

国学季刊

国学月刊

国学论衡

国讯

国医论坛

国语日报

国闻周报

H

哈尔滨师专学报（社会科学版）

海外月刊

海交史研究

海燕

海内与海外

海南大学学报（人文社会科学版）

海南日报

函授教育（继续教育研究）

汉学研究（中国台湾）

汉学研究通讯（中国台湾）

合肥晚报

杭州大学学报（哲学社会科学版）

杭州师范学院学报（社会科学版）

杭州师范学院学报（自然科学版）

杭州日报

合作月刊

和田师范专科学校学报

河北大学成人教育学院学报

河北大学学报（哲社版）

河北大学学报（哲学社会科学版）

河北图苑

河北日报

河北师范大学学报（哲社版）

河北图苑

河北学刊

河南大学学报（社会科学版）

河南高校图书馆工作

河南教育学院学报

河南教育月刊

河南师范大学学报（哲学社会科学版）

河南图书馆季刊

河南图书馆学刊

河南图书馆馆刊

河西学院学报

黑龙江民族丛刊

黑龙江日报

黑龙江史志

黑龙江图书馆

弘光医专学报（中国台湾）

沪江大学月刊

呼伦贝尔学院学报

湖北大学学报（哲社版）

湖北方志

湖北高校图书馆

湖南教育学院学报

湖南教育学院学报（哲学社会科学版）

湖南师范大学教育科学学报

湖南师范大学社会科学学报

湖州师范学院学报

湖州师专学报

湖州日报

华北日报中国文化

华东师范大学学报（哲学社会科学版）

华南师范大学学报（社会科学版）

华侨大学学报（哲学社会科学版）

华夏文化

华学月刊

华西医药杂志

华中通讯

华中师范大学学报（哲学社会科学

版）

怀化学院学报

淮北煤炭师范学院学报（哲学社会科学版）

淮阴师范学院学报（哲社版）

图书与情报

黄河科技大学学报

黄淮学刊（哲社版）

黄山高等专科学校学报

黄山学院学报

黄钟

徽州社会科学

徽州师专学报（哲社版）

回族研究

J

吉普

吉林大学社会科学学报

吉林高校图书馆

吉林日报

吉林省高校图书馆通讯

吉林省图书馆学会会刊

吉林中医药

汲古

纪实

集美大学学报（哲社版）

济南大学学报（社会科学版）

济南教育学院学报

暨南学报（哲学社会科学版）

嘉应大学学报

嘉大中文学报（中国台湾）

价格与市场

建设

江海学刊

江汉大学学报（人文科学版）

江汉论坛

江淮文史

江南大学学报（人文社会科学版）

江苏地方志

江苏省高等学校图书馆学报

江苏省立苏州图书馆年刊

江苏省立国学图书馆年刊

江苏图书馆学报

江苏文献

江苏行政学院学报

江苏研究

江西大学学报（哲社版）

江西地方教育

江西教育

江西教育学院学报

江西教育旬刊

江西社会科学

江西师范大学学报（哲学社会科学版）

江西图书馆通讯

江西文物

江西中医药

交响－西安音乐学院学报

教师博览

教育通讯

教育杂志

教育与文化

教育周报

教育学报

教育教学论坛

解放日报

今日世界

今日早报

今日浙江

今日中国

今昔谈

金石论丛

金陵学报

津图学刊

晋图学刊

晋阳学刊

经世日报

经世日报读书周刊

经学研究论丛

经济研究导刊

井冈山师范学院学报

井冈山大学学报（社会科学版）

九江师专学报

决策探索（下半月）

俱乐部

K

凯旋

开封教育学院学报

康定民族师范高等专科学校学报

考试（高考语文版）

科技潮

科技情报开发与经济

科技文萃

科技学刊

科教文汇

科学时报

科学

课外学习

课外语文（初中）

孔孟学报（中国台湾）

孔孟月刊（中国台湾）

孔学月刊

L

来复报

兰台世界

兰州大学学报（社会科学版）

兰州教育学院学报

兰州日报

兰州晨报

兰州晚报

老年日报

老同志之友

老人世界

理论学刊

理论与实践

理论月刊

力学与实践

历史大观园

历史教学

历史教学问题

历史学习

历史研究

历史月刊

历史知识.

丽水师范专科学校学报

连云港师范高等专科学校学报

联合报

联合月刊

辽海文物学刊

辽宁大学学报(哲学社会科学版)

辽宁日报

辽宁师范大学学报(社会科学报)

聊城师范学院学报(哲学社会科学版)

瞭望

陇东报

陇右文博

鲁迅研究月刊

沪江大学月刊

洛阳师范学院学报

M

满蒙

满族文学

满族研究

毛泽东思想研究

美术观察

民大校刊

民生报

民俗研究

民俗研究

民意

民主宪政

民主协商报

民族文学研究

民族学研究

民族研究

民众文学

民众教育月刊

民智月报

民治月刊

明报

明报月刊

明道文艺

明清史论著集刊

明清史论著集刊续编

明清小说研究

目录学

N

南昌大学学报(人文社会科学版)

南都学坛

南方建筑

南方周末

南方农村报

南京大学学报(哲人社版)

南京广播电视大学学报

南京日报

南京师范大学学报(社会科学版)

南京师范大学文学院学报

南京艺术学院学报

南开史学

南开学报

南宋史研究

南通大学学报

南通纺织职业技术学院学报

南阳师范学院学报

南阳师专学报

南洋大学学报

南洋友声

南洋季刊

内江科技

内江师范学院学报

内蒙古民族师院学报（社科版）

内蒙古社会科学（汉文版）

内蒙古社会科学（文史哲版）

内蒙古师范大学学报（哲学社会科学
版）

内蒙古图书工作

宁波师院学报（社会科学版）

宁德师专学报（哲学社会科学版）

宁夏大学学报（社会科学版）

宁夏社会科学

宁夏图书馆通讯

农业图书情报学刊

女师学院期刊

P

平原大学学报

平顶山学院学报

Q

齐鲁书社

齐鲁学刊

钱江晚报

前沿

泉州晚报海外版

秦汉文献研究

勤益学报

青鹤

青岛早报

青海档案

青海民族学院学报（社会科学版）

青海师范大学学报（哲学社会科学
版）

青海图书馆

青年进步

青年日报

青年战士报

青年问题

清朝官方史学研究

清代学术研究通讯

清华学报

清华周刊

清史研究

清史研究通讯

清史杂考

情报资料工作

磐石杂志

丘海季刊

求是学刊

求索

泉州晚报海外版

群言

R

人才资源开发

人间世

人民日报

人民日报海外版

人民文学

人民邮电

人民政协报

人文杂志

人文

人文月刊

儒效月刊

S

塞魂

三联通讯

三明学院学报

三峡大学学报（人文社科版）

山东大学学报（哲学社会科学版）

山东交通学院学报

山东图书馆季刊

山东中医药大学学报

山西大学师范学院学报（哲学社会科学版）

山西大学学报（哲学社会科学版）

山西档案

山西地方志通讯

山西老年

山西师范大学学报（社会科学版）

山西图书馆学报

山西民众教育

陕西师范大学继续教育学报

陕西师范大学学报（哲学社会科学

版）

陕西图书馆

陕西青年管理干部学院学报

汕头大学学报

汕头特区晚报

说文月刊

商丘师范学院学报

商务印书馆通信录

商业月报

商情

上海档案

上海佛教

上海高校图书情报工作研究

上海高校图书情报学刊

上海师范大学学报（哲学社会科学版）

上海市政府公报

上海市教育局教育周报

上海中医药大学学报

上饶师范学院学报

上智编译馆馆刊

绍兴文理学院学报

绍兴医药学报

社会科学

社会科学辑刊

社会科学论坛

社会科学研究

社会科学战线

社区

生活半月刊

申报月刊

申报每周增刊

深图通讯

深圳大学学报（人文社会科学版）

深圳商报

深圳晚报

神州国医学报

诗经研究

师大国学丛刊

师大学报（中国台湾）

时事新报

时事月报

时事旬报

时代文学

时代公论

时兆月报

实学文化与当代思潮

史林

史学丛考

史学理论研究

史学年报

史学史研究

史学月刊

史料旬刊

史原

史志林

史志文萃

世界半月刊

世界月刊

世界汉学

世界经济文汇

世界宗教文化

世界宗教研究

世界学典通讯

收藏·拍卖

收书日报

首都师范大学学报（社会科学版）

书林

书林半月刊

书法报

书府

书和人

书刊资源利用

书论

书目季刊（中国台湾）

书目类编

书农

书品

书评（南京）

书香

数码印刷

斯文

丝绸之路

四川巴中日报

四川大学学报（哲学社会科学版）

四川党史

四川日报

四川师范大学学报（哲学社会科学版）

四川图书馆

四川图书馆学报

四川文献

松辽学刊（社会科学版）

宋史丛论

苏州大学学报

绥化师专学报

T

台北市立图书馆馆讯(中国台湾)

台大中文学报(中国台湾)

台肥月刊

台声

台湾教育(中国台湾)

台湾日报(中国台湾)

台湾师大历史学报(中国台湾)

台湾新生报(中国台湾)

台湾学生书局(中国台湾)

台湾中华书局(中国台湾)

台中商专学报(中国台湾)

台州师专学报(中国台湾)

台北花木兰文化工作坊(中国台湾)

台湾花木兰文化出版社(中国台湾)

台州晚报

泰山晨刊

太原师范学院学报(社会科学版)

泰安教育学院学报岱宗学刊

泰安师专学报

谈书集

唐都学刊

唐宋词论丛

天府新论

天津日报

天津社会科学

天水师范学院学报

天一阁文丛

天中学刊

同行月刊

同声月刊

同舟

通识教育年刊(中国医药学院)

通讯世界

图书季刊

图书季刊(中国台湾)

图书评论

图书评介

图书展望

图书资讯学刊(中国台湾)

图书馆

图书馆(北京)

图书馆工作

图书馆工作(安徽)

图书馆工作(北京)

图书馆工作与研究

图书馆古籍编目

图书馆建设

图书馆界

图书馆理论与实践

图书馆论坛

图书馆学报

图书馆学报(台湾东海大学)

图书馆学刊(台湾大学)

图书馆学刊(台湾辅仁大学)

图书馆学通讯

图书馆学研究

图书馆学季刊.

图书馆研究与工作

图书馆员

图书馆园地

图书馆杂志

图书情报工作

图书情报论坛

图书情报知识

图书信息学刊

图书学

图书与图书馆

图书与信息学刊

图书与资讯学刊(中国台湾)

W

皖江晚报

万能学报

文化春秋

文化娱乐

文华

文华图书馆专科学校季刊

文汇报

文汇读书周报

文教资料

文教资料(初中版)

文教资料简报

文科学报文摘

文澜学报

文史天地

文史知识

文史博览

文物

文物天地

文物周刊

文物鉴定与鉴赏

文献.

文献丛编

文献情报学刊

文献特刊论丛专刊合集

文献学论著辑要

文学集刊

文学评论

文学遗产

文学遗产增刊

文学知识

文讯

文艺研究

文艺杂志(扫叶山房)

文字同盟

武钢职工大学学报

武汉大学学报(哲学社会科学版)

武师孝感分院学报

物理学史

X

西安电子科技大学学报(社科版)

西北师大学报(社会科学版)

西部时报

西部商报

西华师范大学学报(哲学社会科学版)

西湖博物馆馆刊

西南科技大学学报

西南民族大学学报

西南师范大学学报(人文社会科学版)

厦门大学学报(哲学社会科学版)

厦大周刊

现代新闻

现代家教

现代情报

现代图书情报技术

现代语文上旬刊(文学研究)

现世报

协大学报

香港大公报

香港图书馆协会会报

香港新民晚报

香港商报

香港中文大学中国文化研究所学报

湘潭大学学报(社会科学版)

湘潭师范学院学报(社会科学版)

小说月报

小说评论

小说海

新北大·史学

新村

新铎声

新华每日电讯

新华文摘

新华月报

新华日报

新建设

新建筑

新疆大学学报(哲学社会科学版)

新民报晚刊

新民晚报

新时期

新世纪图书馆

新书月刊

新天地

新闻出版导刊

新闻出版交流

新闻记者

新乡教育学院学报

新西部(下半月)

新亚生活月刊(中国香港)

新亚学报(中国香港)

新智慧(财富版)

新知讯报

新中国

新中华

星期日报

信阳师范学院学报(哲学社会科学版)

兴大人文学报(中国台湾)

行政与法

行健月刊

邢台学院学报

醒吾学报(中国台湾)

岫芦论学(初版)

岫芦论学(增订版 第 2 版)

秀州钟

徐霞客研究(第 1 辑)

徐州师范大学学报(哲学社会科学

版）

　学风半月刊

　学文

　学粹

　学林漫录

　学术界

　学术集刊

　学术论丛

　学术研究

　学术月刊

　学生世界

　学习时报

　学习与思考

　学习与探索

　寻根

　学习时报

Y

亚洲学术杂志

烟台大学学报（哲学社会科学版）

烟台师范学院学报（哲学社会科学版）

延安大学学报（哲学社会科学版）

炎黄春秋

盐城师范学院学报（人文社科版）

雁北师范学院学报

燕山大学学报（哲学社会科学版）

燕大月刊

燕京图书馆报

燕京学刊

燕京学报

扬善半月刊.

扬州日报

扬州大学学报（人文社会科学版）

扬州广陵书社

杭州日报

扬州师院学报（社会科学版）

羊城晚报

养生月刊

咬文嚼字

医古文知识

逸经

逸经文史半月刊

艺文志

艺圃

亦报

益阳师专学报

益世报

益世主日报

阴山学刊

英文杂志

英语周刊

殷都学刊

印刷技术

印刷杂志

幼狮月刊

渝州大学学报（社会科学版）

榆下杂说

语文导报

语文函授

语文建设

语文教学与研究

语文天地(高中版)

语文天地(初中版)

语文学习与研究

语文园地

语文知识

语文学刊

圆明园

阅江学刊

阅读与写作

阅读与写作

云南教育周刊

云南旅平学会季刊

云南民族学院学报

云南日报

云南师范大学学报(对外汉语教学与研究版)

云南史志

云南图书馆季刊

云南文史丛刊

云南政协报

云南教育行政周刊

运城高等专科学校学报

运城高专学报(社科版)

运城学院学报

永生

越风

远东

Z

再建旬刊

湛江师范学院学报(社会科学版)

章回小说

掌故丛编

昭乌达蒙族师专学报(汉文哲社版)

浙江大学学报(人文社会科学版)

浙江高校图书情报工作

浙江工业大学学报

浙江画报

浙江民政日刊

浙江日报

浙江教育

浙江教育行政月刊

浙江省通志馆馆刊

浙江省教育会月刊

浙江图书馆馆刊

浙江省立图书馆月刊

浙江社会科学

浙江文史集粹(文化艺术卷)

浙江学刊

浙江学报

浙江月刊

浙江图书馆报

浙江图书馆学报

浙江战时教育文化

徵信新闻报(中国时报)

正论周刊

郑和研究

郑州大学学报(哲学社会科学版)

政大史粹(中国台湾)

政治月刊

振华季刊

真光杂志

真理杂志

知识

知识窗

知堂书话

知识经济

制言

中北大学学报

中古文学文献学

中国边疆史地研究

中国编辑研究

中国出版

中国出版月刊

中国出版年鉴(1990－1991)

中国档案

中国档案报

中国道教

中国地方志

中国地名

中国地质大学学报(社会科学版)

中国典籍与文化

中国典籍史

中国典籍与文化

中国电子出版

中国古代藏书与近代图书馆史料

中国古典文学论丛

中国公论

中国国学

中国国民党指导下之政治成绩统计

中国计算机报

中国禁书简史

中国科技史料

中国矿业报

中国历代典籍考

中国历史博物馆馆刊

中国历史文献研究

中国历史文献研究集刊

中国历史学会史学集刊

中国旅游报

中国民族

中国民族报

中国目录学研究

中国农史

中国气功科学

中国青年

中国青年报

中国人才

中国人民大学学报

中国商报

中国社会科学研究生院学报

中国审计报

中国时报

中国史研究

中国书目季刊

中国书目季刊(中国台湾)

中国书史

中国书院论坛

中国思想文化典籍导引

中国图书(月刊)

中国图书馆学报

中国图书馆学会会报

中国图书评论

中国图书商报

中国图书史资料集

中国图书文化导论

中国文化

中国文化报

中国文物报

中国文选

中国文学

中国文学会集刊

中国文学研究

中国文哲研究集

中国文哲研究集刊

中国文哲研究通讯

中国现代学术经典

中国消费者报

中国新书月报

中国新闻

中国新闻出版报

中国学报

中国学术年刊

中国学术思想史论丛（八）《钱宾四先生全集》第 22 册

中国学术思想史随笔

中国一周

中国艺术报

中国音乐

中国音乐学

中国韵文学刊

中国哲学史

中国哲学史研究

中国文化报

中国艺术报

中国医药月刊

中国杂志

中华基督教教育季刊

中华教育界

中华读书报

中华新闻报

中华公教青年会季刊

中华读书报

中华日报

中华文化复兴月刊

中华文史论丛

中华医史杂志

中华图书馆协会会报

中华小说界

中华学艺社报

中和月刊

中南大学学报(社会科学版)

中南民族学院学报(哲学社会科学版)

中外文摘

中日文化交流史论

中日文化与交流.

中山人文学报

中文信息学报

中文自学指导

中学生

中学历史

中学历史教学

中学历史教学参考

中学生读写(高中)

中苏文化杂志

中央日报

中央图书馆台湾分馆馆刊（中国台湾）

中央研究院历史语言研究所集刊（中国台湾）

中央月刊（中国台湾）

中医药图书情报

中医杂志

中原文献

中州学刊

周易研究

珠海教育学院学报

主宪政

驻马店师专学报（社会科学版）

株洲日报

传记文

庄谐杂志附刊

资料卡片杂志

紫禁城

自求

自立晚报（中国台湾）

自然辩证法通讯

自然科学史研究

自由报

自由论坛晚报

宗教学研究

宗圣学报

作家文摘

著 者 索 引

BernhardFuchrer(2005)SK0072

Kent Gay(1981)SK0037

A

阿部隆一(1985)SK0008

艾 文(1986)SK0015

艾洪涛(2006)SK0098

爱新觉罗·弘历(2005)SK0189

B

巴兆祥(1990)SK0091

白福春(2007)SK0178

白广琴(1995)SK0106

白 贵(2004)SK0020

白国应(1999)SK0028

　　　(2000)SK0060

　　　(2001)SK0030

白化文(1996)SK0077

　　　(2002)SK0177

白 蕉(1934)SK0009

白君礼(2003)SK0010

白莉蓉(1998)SK0077

　　　(2006)SK0243

白 水(2010)SK0115

白新良(1986)SK0011

　　　(1991)SK0045 SK0063 SK0075

柏 峰(2010)SK0116

包根弟(1993)SK0055

　　　(1994)SK0133

包忠荣(2006)SK0328

鲍思陶(1997)SK0052 SK0075 SK0124

鲍廷博(2008)SK0174

北平故宫博物院图书馆(1933)SK0140

北 茵(2003)SK0114

毕宝魁(2010)SK0090

酈 海(1917)SK0001

边 鸿(1988)SK0001

编订四库全书未刊珍本目录委员会

　　　(1933)SK0046

编辑部(1932)SK0014

　　　(1987)SK0051

　　　(1989)SK0054

　　　(1991)SK0084

编委会(1996)SK0032

卞孝萱(1983)SK0072

卞宗孟(1934)SK0003

别立谦(1998)SK0066

别敏鸽(2006)SK0130

丙　丁(1931)SK0019

冰　森(1933)SK0087

伯　昭(1935)SK0019 SK0020

　　　(2005)SK0162

卜　束(1990)SK0121

布仁图(2007)SK0029

C

蔡秉颀(1995)SK0111

蔡斐雯(1994)SK0137

蔡锦芳(1999)SK0020

　　　(2006)SK0032

蔡美娟(1996)SK0024

　　　(1990)SK0086

蔡世明(1984)SK0043

　　　(2005)SK0182

蔡淑闵(2003)SK0021

蔡天怡(2005)SK0011 SK0055

蔡　襄(1934)SK0049

蔡晓初(1990)SK0005 SK0006

蔡亚平(2008)SK0044 SK0157

蔡艺洪(2002)SK0161

蔡镇楚(1999)SK0050

操时杰(1995)SK0081

曹　　(1983)SK0037

曹红军(1997)SK0039

曹　虹(1997)SK0146

曹　慧(2004)SK0149

曹聚仁(1935)SK0013

曹继春(1996)SK0030

曹丽萍(2006)SK0202

曹培根(1996)SK0074

曹世瑞(2005)SK0269

曹书杰(1985)SK0029

　　　(1986)SK0002 SK0021

　　　(1988)SK0038 SK0072

　　　(1989)SK0004

曹淑文(1983)SK0043

　　　(1984)SK0046

　　　(1988)SK0043

曹淑珍(1996)SK0049

曹新宇(2006)SK0039

曹　鑫(2009)SK0004

曹雪萍(2008)SK0134

曹　瑛(2007)SK0114 SK0175

曹永年(1994)SK0104

曹月堂(1995)SK0069

曹正元(1990)SK0084 SK0085

曹　之(1986)SK0016

　　　(1987)SK0021

　　　(1989)SK0013

　　　(1990)SK0003

　　　(1991)SK0051

　　　(1994)SK0050

　　　(1998)SK0076

　　　(1999)SK0031 SK0042

　　　(2000)SK0015 SK0073

　　　(2002)SK0008

　　　(2006)SK0189

藏园老人(1941)SK0012

岑仲勉(1947)SK0005

　　　(1981)SK0035

（1936）SK0021

（1937）SK0020

（1963）SK0020

（1966）SK0010

（1980）SK0040 SK0041 SK0042

（1981）SK0023 SK0024

（1982）SK0005 SK0009 SK0013
　　　　SK0017 SK0018 SK0019
　　　　SK0020 SK0021 SK0034

（1990）SK0135 SK0136 SK0138

（1993）SK0056

（1995）SK0110 SK0126

（1999）SK0113

（2005）SK0152 SK0168 SK0169

陈　跃（2006）SK0084

陈　造（1934）SK0097 SK0098 SK0099
　　　　SK0100 SK0101 SK0102

陈占山（1996）SK0106

（1998）SK0007

（2005）SK0127 SK0175

（2006）SK0093 SK0216

陈正慧（2005）SK0112

陈志明（1994）SK0124

陈智超（1987）SK0035

（1988）SK0031

（1999）SK0053

陈仲益（1925）SK0004 SK0005 SK0006

（1933）SK0100

陈宗立（2002）SK0009

（2005）SK0244

陈祖武（1990）SK0104

（1992）SK0050

（1994）SK0085

（1997）SK0156

（2005）SK0312

晨　维（2005）SK0266

晨　星（1990）SK0141

谌　强（2002）SK0135

成　林（1998）SK0022 SK0080

（2008）SK0133

成明明（2006）SK0314

成　雪（2008）SK0121

（2009）SK0051 SK0141

程　刚（1995）SK0029

程公许（1934）SK0152 SK0153

程国赋（2008）SK0044 SK0157

程焕文（1995）SK0120

程会昌（1935）SK0024

（1939）SK0001

（1940）SK0002

程洪滨（2009）SK0140

程　磊（1989）SK0041

（1991）SK0007

程启坤（2003）SK0103

程千帆（1984）SK0040

（1997）SK0091

程榕宁（1985）SK0054

程天祜（1990）SK0116

程喜霖（1994）SK0059 SK0108

程小澜（2002）SK0022

程筱苏（1934）SK0163

程许公（1934）SK0154

代　芯(2006)SK0329

戴　诚(1997)SK0061

戴建国(2009)SK0037

戴庆华(2003)SK0110

戴文葆(1990)SK0054 SK0055 SK0056
　　　　　SK0057 SK0058

戴吾三(2004)SK0133

戴　逸(1989)SK0019

　　(1992)SK0072

　　(1993)SK0064

　　(1997)SK0043 SK0044 SK0045
　　　　　SK0046 SK0072

　　(2002)SK0111

　　(2003)SK0037

　　(2005)SK0243

淡江大学中国文学系(1998)SK0105

党　为(2009)SK0044

党燕妮(2002)SK0003

　　(2005)SK0083

　　(2006)SK0218

德　伟(2004)SK0055

登　山(1990)SK0068

邓德生(1994)SK0054

　　(1995)SK0025

邓　方(1992)SK0043

邓傅锵(1999)SK0058

邓广铭(1986)SK0009

　　(1994)SK0073 SK0131

　　(1996)SK0017

邓国光(2006)SK0013

邓红梅(2005)SK0018

邓宏艺(1997)SK0007

邓骏捷(2009)SK0010

邓　玲(2005)SK0134

邓　庆(2003)SK0088

邓　琼(2008)SK0030

邓瑞全(2008)SK0127

邓树林(2003)SK0131

邓雪峰(2002)SK0030

邓衍林(1931)SK0013

邓艳林(2004)SK0220

邓跃敏(2007)SK0025

邓筑芬(1996)SK0048

狄宝心(2006)SK0133

狄　蕊(2004)SK0061

邸永君(2002)SK0004 SK0060

　　(2005)SK0027

刁抱石(1983)SK0041

刁新建(2004)SK0068 SK0099 SK0102

丁春凌(2002)SK0124

丁　鼎(1997)SK0021

丁　放(2001)SK0057

丁　芬(2008)SK0147

丁海燕(2004)SK0019

丁　亥(1996)SK0040

丁　红(2002)SK0022

丁宏宣(1989)SK0053

　　(1993)SK0043

　　(2002)SK0056

丁俊丽(2010)SK0110

丁慰长(1958)SK0004

丁晓山(2006)SK0250

方学文(2010)SK0172

方　英(1995)SK0128

方　艳(2004)SK0201

方　勇(1996)SK0021

　　　(2009)SK0152

方祖猷(1990)SK0077

房　锐(2002)SK0145

菲　楠(1993)SK0018

费海玑(1964)SK0007

　　　(1982)SK0050

费君清(1988)SK0009 SK0049

　　　(1989)SK0049

　　　(1990)SK0018

　　　(2004)SK0121

费企和(2007)SK0145 SK0147

费思堂(1990)SK0125

费自圻(1934)SK0022

奋　　(1926)SK0001

奋·纯(1926)SK0002

封思毅(1978)SK0012 SK0013

　　　(1979)SK0017 SK0018

冯炽隆(1998)SK0050

冯春生(1995)SK0043 SK0079

　　　(1996)SK0006

　　　(2002)SK0026

　　　(2003)SK0050

　　　(2006)SK0247

冯尔康(2005)SK0079

冯惠民(1987)SK0022 SK0031

　　　(1993)SK0037

冯金牛(2006)SK0123

冯静武(2008)SK0109

冯　平(2003)SK0085

冯时行(1934)SK0084

冯淑然(2006)SK0098

冯素梅(2007)SK0165

冯天瑜(1994)SK0093

冯　威(2005)SK0275

冯文龙(2001)SK0033

冯晓丽(2004)SK0236

冯　一(2006)SK0083

冯　怡(1996)SK0094

冯英子(1987)SK0032

冯瑛冰(1993)SK0051

　　　(1994)SK0062

冯玉荣(2005)SK0303

逢　春(1980)SK0013

奉天图书馆(1934)SK0168

　　　　(1938)SK0007

伏俊琏(2010)SK0052

扶　璐(2005)SK0266

福地征太郎(1966)SK0005 SK0006

　　　　(1967)SK0001

付成波(2007)SK0071

傅登舟(1992)SK0013

傅　刚(2000)SK0002 SK0032

傅广荣(1996)SK0024

傅　剑(1996)SK0030

傅鉴明(1989)SK0032 SK0033

傅　杰(2004)SK0044

傅景华(1986)SK0067

　　　(1988)SK0023

胡　军（2004）SK0149

胡　露（2005）SK0013 SK0033 SK0063
　　　　SK0106 SK0126 SK0259
　　（2006）SK0088 SK0089 SK0126
　　　　SK0127 SK0161 SK0162
　　　　SK0284
　　（2007）SK0009 SK0051 SK0128
　　　　SK0155
　　（2008）SK0005
　　（2010）SK0008 SK0032 SK0033

胡明辉（2010）SK0057

胡鸣盛（1933）SK0089 SK0143

胡　虔（1978）SK0007

胡清海（1997）SK0133

胡　绳（1997）SK0101

胡　适（1920）SK0007

胡思敬（1989）SK0068

胡维革（1997）SK0098

胡文生（2005）SK0302

胡喜云（2008）SK0095

胡晓蓓（2006）SK0102

胡雪冈（1988）SK0011
　　（1990）SK0028

胡养儒（1993）SK0022

胡一贯（1990）SK0038

胡宜柔（1981）SK0010
　　（1982）SK0014 SK0048

胡　寅（1934）SK0083

胡予琪（2004）SK0062

胡玉缙（1933）SK0108
　　（1964）SK0001

　　（1981）SK0030
　　（1998）SK0011

胡元玲（2001）SK0011

胡振龙（2004）SK0106

胡仲弓（1934）SK0157

胡祖荣（1994）SK0029

胡竹安（1983）SK0045

瓠　庐（1933）SK0031

华　风（1987）SK0029

华　君（1933）SK0158

华　强（2003）SK0071

华世铣（1994）SK0102

华世锐（1995）SK0021

华　章（2008）SK0039

华中师范大学历史文献研究所
　　（2009）SK0153

黄爱平（1987）SK0069
　　（1988）SK0042 SK0081
　　（1990）SK0139
　　（1991）SK0005
　　（1992）SK0004 SK0034 SK0084
　　（1993）SK0058
　　（1994）SK0055 SK0088
　　（1995）SK0122
　　（1998）SK0109
　　（1999）SK0007 SK0032
　　（2002）SK0063
　　（2003）SK0032 SK0033 SK0039
　　（2004）SK0067 SK0086 SK0203
　　（2005）SK0311 SK0107 SK0124
　　　　SK0209

雷梦水（1985）SK0001

雷梦辰（1989）SK0052

雷　平（2004）SK0115

　　　（2005）SK0078

　　　（2008）SK0122

雷小平（2003）SK0034

冷庐主人（1933）SK0145

冷　衷（1933）SK0127

冷　　（1931）SK0029

　　　（1934）SK0160

黎　恩（2007）SK0158

李　泉（1994）SK0118

李　鹰（1934）SK0133 SK0134 SK0135

　　　SK0136

李拔可（1934）SK0163

李　宾（2005）SK0084

李　彬（2010）SK0130

李斌乐（2005）SK0028

李步嘉（1991）SK0014

李　程（2010）SK0010

李传印（2004）SK0069

李　春（2005）SK0134

李春光（1989）SK0055

　　　（1990）SK0008

　　　（1991）SK0050 SK0070 SK0071

　　　　SK0072 SK0073

　　　（1997）SK0096

　　　（2002）SK0081

　　　（2005）SK0185

李春林（1994）SK0070

李春燕（2006）SK0138

李慈铭（1915）SK0003

李大鸣（2008）SK0156

李　丹（1984）SK0007

李东平（1997）SK0078

李冬红（1997）SK0033

李尔钢（1994）SK0109

李　帆（2004）SK0041

李　芳（2003）SK0057

　　　（2006）SK0150

李　飞（2010）SK0131

李芬林（2002）SK0065

李正奋（1926）SK0027

李　峰（2000）SK0023

　　　（2003）SK0039

　　　（2006）SK0267 SK0278

李符桐（1953）SK0002

李福标（2006）SK0158 SK0226

李福敏（2003）SK0102

　　　（2006）SK0233

李共前（2001）SK0070

李冠楠（2008）SK0140

　　　（2009）SK0140

李桂茹（2004）SK0191

李国庆（1989）SK0046

　　　（1992）SK0028

　　　（2000）SK0078

　　　（2001）SK0015

　　　（2002）SK0037 SK0175

　　　（2004）SK0124

　　　（2005）SK0208

　　　（2006）SK0209

李勤合(2010)SK0133

李　晴(1995)SK0088

　　　(1997)SK0113

李庆立(2004)SK0028

李秋实(2007)SK0169

　　　(2008)SK0115

李绮生(1940)SK0005

李　仁(2001)SK0020

李日法(1996)SK0046

李荣慧(1996)SK0075

李瑞环(2002)SK0123

李瑞良(1993)SK0050

李　申(2005)SK0093

李升宝(2003)SK0017

李盛福(1987)SK0038

李　诗(1963)SK0005

李　时(1933)SK0001

李士彪(2004)SK0230

李世泽(2000)SK0013

李书敏(2006)SK0066

李书玮(2007)SK0030

李树民(2010)SK0171

李淑燕(2009)SK0085 SK0115

李舜臣(2004)SK0153

　　　(2006)SK0160

李赛楠(2009)SK0101

李天翔(1999)SK0080

李天赐(2010)SK0168

李万健(2010)SK0023

李威侃(2005)SK0304

李　为(1995)SK0084

李维虎(2006)SK0318

李　伟(2004)SK0231

李伟国(2005)SK0092

李文峰(2006)SK0082

李文衡(1990)SK0094

　　　(1995)SK0034

李文祹(1941)SK0010

李西宁(1999)SK0081

李希泌(1981)SK0029

李锡初(1984)SK0021

　　　(1985)SK0015

李禧俊(2005)SK0298

李相玉(1973)SK0013

李向群(1988)SK0060

李小林(1988)SK0005

　　　(2005)SK0136

李小燕(2010)SK0054

李小龙(2009)SK0007

李晓红(2007)SK0082

李晓林(1999)SK0063

李晓明(1992)SK0001

　　　(1993)SK0014

　　　(1994)SK0048

　　　(1995)SK0014 SK0065

　　　(1996)SK0010 SK0011 SK0051

　　　(1997)SK0004 SK0050

　　　(2001)SK0022

　　　(2004)SK0004

　　　(2005)SK0190 SK0200

　　　(2006)SK0095 SK0248

李晓霞(1997)SK0087

刘春华插图（1979）SK0003

刘春英（2001）SK0066

刘　纯（1926）SK0011

刘大钧（2006）SK0112

刘德明（2008）SK0187

刘德权（1997）SK0114

刘德田（1983）SK0030

　　　　（2004）SK0063

　　　　（2006）SK0283

刘德重（2009）SK0158

刘　方（2008）SK0010

刘　飞（2009）SK0069

刘凤强（2005）SK0012　SK0064

　　　　（2006）SK0157　SK0232　SK0317

　　　　（2010）SK0034　SK0106

刘奉文（1991）SK0032

　　　　（1995）SK0058

刘更生（2001）SK0071

刘贵华（2005）SK0067

刘桂芳（2003）SK0009

刘桂秋（1983）SK0057

刘桂腾（2001）SK0053

刘国恩（1990）SK0137

刘国钧（1925）SK0002

　　　　（1926）SK0009

　　　　（1927）SK0010　SK0011

　　　　（1983）SK0011

刘国荣（1998）SK0070

刘海琴（2003）SK0093

刘海燕（2009）SK0086

刘汉屏（1979）SK0013

　　　　（1988）SK0082

刘汉强（2002）SK0029

刘汉忠（2005）SK0053

刘红红（2008）SK0078

刘化兵（2002）SK0002

　　　　（2006）SK0168

刘　慧（2006）SK0076

刘蕙孙（1990）SK0143

刘家驹（1986）SK0004　SK0028　SK0040

　　　　（1987）SK0026　SK0027

刘建兵（2006）SK0122

刘　节（1933）SK0091

刘景毛（1997）SK0116

刘景荣（2009）SK0101

刘　敬（2010）SK0119

刘靖渊（2006）SK0104

刘　静（1998）SK0042

　　　　（2000）SK0051

刘　俊（2008）SK0152

刘俊文（1997）SK0080　SK0097

刘凯鸣（1990）SK0023

刘孔伏（1988）SK0008

　　　　（1993）SK0024

　　　　（1994）SK0135

刘黎卿（1995）SK0131

刘　亮（2005）SK0069

刘烈学（1999）SK0080

　　　　（2006）SK0067

刘隆有（1985）SK0007

刘梅兰（2007）SK0001

刘美玲（2003）SK0025

聂国春（2006）SK0166

聂巧平（2004）SK0075

聂永华（2003）SK0099

聂光甫（1936）SK0010

宁大年（1991）SK0002

宁圣红（2005）SK0071

宁　文（1987）SK0015

　　　（1989）SK0059

宁　侠（2007）SK0038

宁夏江（2009）SK0052

宁稼雨（1985）SK0056

牛春生（1994）SK0122

牛汝辰（1999）SK0011

牛润珍（2001）SK0069

牛陶兰（2002）SK0049

牛宣岩（2009）SK0082

O

欧安年（1992）SK0081

欧兰香（2008）SK0125

欧阳光（1989）SK0051

欧阳江琳（2006）SK0160

欧阳勋（1985）SK0020

欧阳祯人（2007）SK0044

P

潘承玉（2006）SK0055

潘德利（2002）SK0115

　　　（2004）SK0117

潘公展（1934）SK0031

潘季野（1933）SK0003

　　　（1934）SK0010

潘继安（1982）SK0018

　　　（1983）SK0009

潘良炽（1994）SK0135

潘美月（2005）SK0270

潘荣生（2004）SK0072

潘殊闲（2006）SK0180

潘树广（2001）SK0017　SK0035

潘文年（2008）SK0051

潘务正（2003）SK0075

潘秀芹（1994）SK0030　SK0031

潘旭澜（1996）SK0072

潘欣怡（2009）SK0145

潘衍习（2006）SK0023

潘耀昆（1987）SK0058

庞天佑（1991）SK0029

裴　陆（1996）SK0099

裴　芹（1990）SK0004

裴绍宏（2010）SK0086

裴　伟（2001）SK0060

　　　（2003）SK0070

彭　池（1992）SK0051

彭达池（2003）SK0109

彭斐章（1986）SK0065

彭　飞（1987）SK0018

彭　歌（1966）SK0008

　　　（1972）SK0005

彭国栋（1974）SK0001

彭国忠（1998）SK0012

彭国翔（1999）SK0044

彭建中(1990)SK0099

彭俊波(1992)SK0020

彭　林(2006)SK0046

彭明哲(1994)SK0026

彭清深(1995)SK0018

彭适凡(1992)SK0066

彭卫国(1991)SK0062

彭文静(2009)SK0160

彭万隆(2006)SK0010

彭兴庭(2004)SK0103 SK0117 SK0118

彭　茵(2006)SK0177

彭元华(1983)SK0028

　　　(1985)SK0019

彭忠德(1998)SK0063

皮彦虎(2008)SK0079

平　飞(2009)SK0097

平丽艳(2005)SK0257

蒲华军(2007)SK0122

朴景爱(1994)SK0039

朴贞宣(2009)SK0006

普　文(1992)SK0076

蒲　霞(2008)SK0099

　　　(2009)SK0116

骋　陆(1925)SK0003

Q

戚福康(2001)SK0083

　　　(2002)SK0031

　　　(2005)SK0166

戚培根(1992)SK0012

戚志芬(1994)SK0080

漆子扬(2006)SK0022

齐秀梅(1997)SK0128

齐念衡(1926)SK0020

祁朝丽(2006)SK0325

　　　(2007)SK0136

祁庆富(2003)SK0097

祁小春(1996)SK0065

祁小纳(2005)SK0096

　　　(2009)SK0027

启　发(2003)SK0104

启　功(2002)SK0083

钱　华(2004)SK0186

钱基博(1933)SK0013 SK0014

　　　　　SK0015 SK0016

钱　穆(1935)SK0026

　　　(1998)SK0073

钱亚新(1983)SK0013

　　　(1984)SK0025

钱宗武(1990)SK0029

强　至(1934)SK0125

乔　松(1992)SK0061

乔好勤(1987)SK0010

　　　(1988)SK0040

　　　(1992)SK0048

　　　(2002)SK0027

乔衍馆(1963)SK0013

乔衍琯(1988)SK0016

乔治忠(1990)SK0010 SK0011

　　　(1992)SK0003 SK0036

　　　(1994)SK0035

　　　(1999)SK0046

钦伟刚（2004）SK0077

秦国经（2000）SK0105

秦　良（2005）SK0046

秦孝义（1983）SK0058

秦孝仪（1986）SK0066

　　　　（1988）SK0024

秦效成（2002）SK0080

青　青（2005）SK0138

卿三祥（1988）SK0004

清高宗（1982）SK0006　SK0007　SK0008

　　　　（1988）SK0012　SK0013

　　　　（1989）SK0066　SK0067　SK0076

清　茅（1933）SK0055

丘东江（1987）SK0053

　　　　（1998）SK0101

邱　锋（2006）SK0061

邱红杰（2004）SK0140　SK0172

邱　实（1981）SK0011

邱晓刚（2002）SK0020

邱　钰（1998）SK0058

秋　涛（1990）SK0048　SK0101

裘开明（1969）SK0001

　　　　（1974）SK0003

裘樟松（2000）SK0003

　　　　（2002）SK0130

　　　　（2006）SK0035

屈　光（2003）SK0011

屈礼萍（1995）SK0034

渠延梅（2008）SK0135

瞿兑之（1936）SK0040　SK0041

瞿冕良（1984）SK0002

曲金燕（2004）SK0218

曲　正（1938）SK0006

曲志红（1994）SK0072

　　　　（2002）SK0097

　　　　（2003）SK0120

　　　　（2004）SK0140　SK0172

　　　　（2005）SK0277

全根先（2004）SK0119

阙　铎（1927）SK0007

R

冉　至（2008）SK0143

饶国庆（2006）SK0156

仁　敏（1980）SK0006

任崇岳（1990）SK0002

任道斌（1999）SK0086

任继愈（1997）SK0080　SK0097

　　　　（2002）SK0111

　　　　（2003）SK0125

　　　　（2005）SK0153

任　鲸（1979）SK0005

任丽洁（1996）SK0062

任　龙（2006）SK0136

任清文（2002）SK0139

任瑞娟（1999）SK0108

　　　　（2000）SK0026

任松如（1925）SK0001

　　　　（1928）SK0004

任应秋（1947）SK0003

任增霞（2000）SK0059

任长正（1953）SK0003

容　嫒(1939)SK0003
　　　(1940)SK0006
容肇祖(1936)SK0011
孺　子(2000)SK0038
汝企和(1994)SK0057
阮　帆(2006)SK0159
阮廷焯(1985)SK0016 SK0017 SK0044
阮　阳(1997)SK0151
阮　元(1933)SK0149
　　　(1942)SK0001
芮　谦(1996)SK0111
瑞　琳(2006)SK0116 SK0135

S

萨仁高娃(2006)SK0100
桑良之(2005)SK0008
桑　钦(2009)SK0135
沙　先(2002)SK0054
厦大周(1929)SK0004
山　金(1932)SK0005
山井涌(1973)SK0001
山井湧(1966)SK0009
山　石(2001)SK0074
单不庵(1923)SK0002
单士元(1979)SK0002
　　　(1991)SK0001
商务印书馆(1933)SK0072
商务印书馆编辑部(2006)SK0137
上海古籍出版社(1995)SK0083
尚崇明(1997)SK0032
尚古轩(1996)SK0102

邵　鸿(2001)SK0041
邵晋涵(1978)SK0006
　　　(1989)SK0065
邵文海(2004)SK0055 SK0065 SK0076
邵毅平(1990)SK0070 SK0071
　　　(1999)SK0123
　　　(2005)SK0211
　　　(2008)SK0064
邵懿辰(2000)SK0012
邵　章(2000)SK0012
邵长娟(2008)SK0193
申　畅(1984)SK0024
申少春(2003)SK0084
沈茶英(1994)SK0077
沈光海(1990)SK0074 SK0075
沈继成(1990)SK0062
沈剑文(1997)SK0061
沈　津(1982)SK0002 SK0047
　　　(1991)SK0079
　　　(1992)SK0080
　　　(1993)SK0054
　　　(1996)SK0043
　　　(2004)SK0032
　　　(2005)SK0218
沈俊平(2001)SK0029
沈如泉(2008)SK0117
沈曙东(2006)SK0026
沈松勤(2008)SK0096
沈文凡(2005)SK0294
沈文倬(1985)SK0011
沈香阁(1985)SK0041

沈　焱（1995）SK0039

沈仪淋（1990）SK0117

沈雨梧（2004）SK0166

申远初（1990）SK0046

沈振辉（2005）SK0307

沈治宏（1990）SK0080　SK0081　SK0098

　　　　（1991）SK0004　SK0030

　　　　（1992）SK0014　SK0026

　　　　（1997）SK0093

　　　　（2005）SK0217

盛　莉（2006）SK0310

士　心（1960）SK0006

师曾志（1990）SK0145

　　　　（1991）SK0088

　　　　（1993）SK0015　SK0017　SK0039

　　　　　　SK0040

师　岳（1982）SK0033

施　芳（2005）SK0268

　　　　（2006）SK0170

施　乐（1990）SK0051　SK0097

施　枢（1934）SK0120　SK0121　SK0122

　　　　　　SK0123

施延镛（1926）SK0008

石春耘（2002）SK0039

石光明（2006）SK0028

石洪远（1986）SK0005

石惠美（1997）SK0152

　　　　（1998）SK0083

石剑峰（2009）SK0084

石开玉（2004）SK0235

石尚彬（1990）SK0042

石　涛（2002）SK0021

石象婷（2009）SK0118

石　勇（2007）SK0112

石　玉（1992）SK0078

史革新（2002）SK0048

史馆文（2004）SK0037

史广超（2006）SK0323

　　　　（2007）SK0173

　　　　（2008）SK0077

　　　　（2009）SK0058　SK0100

　　　　（2010）SK0035

史丽君（2004）SK0150　SK0219

　　　　（2005）SK0041　SK0133

　　　　（2008）SK0204

史良辰（1983）SK0014

史　量（1991）SK0010

史梅岑（1988）SK0083　SK0084

史素昭（2007）SK0093

史秀莲（1998）SK0027

世界书局编辑部（1988）SK0021　SK0022

释灵石（1937）SK0006

书　林（1987）SK0058

书　生（1957）SK0006

舒大刚（2004）SK0207　SK0242

舒纪维（1931）SK0013

舒　以（1990）SK0101

水赉佑（2002）SK0096

思　（1935）SK0027

司成宏（2004）SK0160

司马朝军（1999）SK0042

　　　　（2000）SK0074

童庆松（1999）SK0021
　　　　（2005）SK0157
童然星（2006）SK0302
童正伦（1997）SK0056
　　　　（2000）SK0039
　　　　（2006）SK0040
童正论（2006）SK0252
图　知（1981）SK0014
涂静慧（2004）SK0111
涂谢权（2002）SK0052　SK0144
涂谢全（2002）SK0072
涂耀威（2009）SK0106
土曜谈话会四库全书总目叙编集委员
会（1972）SK0007　SK0008
蜕　园（1962）SK0001

W

万　晶（1993）SK0063
万　群（2006）SK0236
汪　超（2006）SK0164
汪春泓（2001）SK0075
　　　　（2004）SK0074
汪国垣（1915）SK0001
汪惠敏（1988）SK0032
汪慧兰（2001）SK0036
汪家熔（1980）SK0023
　　　　（1984）SK0045
　　　　（1987）SK0066
汪康年（1914）SK0002
汪克谦（2004）SK0176
汪龙麟（2000）SK0001

　　　　（2006）SK0175
汪　琴（2004）SK0047
汪受宽（2004）SK0129
　　　　（2005）SK0012
　　　　（2006）SK0232
　　　　（2008）SK0067
　　　　（2010）SK0003
汪应文（1989）SK0022
汪　藻（1934）SK0138
汪宗衍（1929）SK0013
王爱亭（2006）SK0289
　　　　（2009）SK0022
王安彬（1975）SK0004
王安礼（1934）SK0129　SK0130　SK0131
　　　　SK0132
王　彬（1992）SK0074
　　　　（1999）SK0014
王斌来（1998）SK0062　SK0130
王伯祥（1925）SK0011
王　博（2006）SK0179
王宝库（1991）SK0020
王彩霞（2006）SK0027　SK0331
王承斌（2008）SK0083
　　　　（2010）SK0043　SK0053
王承略（1989）SK0021
　　　　（2006）SK0052
王传明（2000）SK0056
王　纯（2000）SK0086
　　　　（2001）SK0038
　　　　（2002）SK0006
　　　　（2004）SK0025

（1999）SK0039

王　竞（2001）SK0014

王　珏（2004）SK0143

王俊明（1998）SK0034

王俊义（1988）SK0045

　　　（1989）SK0003

　　　（1994）SK0055

　　　（2001）SK0037

王　凯（2005）SK0002

王坤宁（2003）SK0115

王澧华（1996）SK0001

王立诚（1985）SK0045

王立清（2006）SK0312

王丽华（2007）SK0087

王丽利（2008）SK0185

王利伟（2005）SK0299

王利器（1989）SK0029

　　　（1992）SK0024

王　亮（2004）SK0229

　　　（2009）SK0081

王　敏（2006）SK0309

王明录（2005）SK0246

王铭珍（1983）SK0034

王明芳（2003）SK0158

王慕东（2001）SK0034

王鹏凯（1991）SK0025

　　　（2009）SK0139

王　萍（1995）SK0090

王　齐（2003）SK0123 SK0126

王琦珍（2003）SK0016

王青坨（1935）SK0002

王清原（2000）SK0011

　　　（2001）SK0080

　　　（2002）SK0043 SK0165

　　　（2005）SK0036

王清源（2005）SK0191

王庆华（2008）SK0076

王人恩（2006）SK0007

王仁伟（2007）SK0156

王任光（1948）SK0001

王　瑞（1995）SK0047

　　　（2006）SK0064

　　　（2009）SK0025

王瑞来（1994）SK0018

　　　（2010）SK0062

王瑞明（1990）SK0122

　　　（1992）SK0055

王瑞祥（2000）SK0021

王蓉贵（1999）SK0033

王　若（2002）SK0113

王善军（2004）SK0245

王少娟（2008）SK0103 SK0160

王绍曾（1992）SK0083 SK0088

　　　（1993）SK0011

　　　（1994）SK0138

　　　（1997）SK0100 SK0137

　　　（1998）SK0123

　　　（2005）SK0004 SK0005 SK0006

　　　　　　SK0007

王慎荣（1990）SK0027

王　晟（1983）SK0015

王十朋（1934）SK0085 SK0086 SK0087

王新华(2010)SK0022

王新田(2002)SK0076

王兴康(2002)SK0096 SK0128

王兴亚(2000)SK0004

王杏允(2002)SK0071

王秀梅(1994)SK0037

王旭东(2003)SK0045

王绪林(1995)SK0029

　　　　(2003)SK0079

王学泰(2005)SK0054

王雪玲(2008)SK0028

王彦霞(2006)SK0034

王彦章(2005)SK0301

王雁来(2006)SK0286

王　焱(1991)SK0040

王燕均(1996)SK0063

王　瑶(1960)SK0005

王义耀(1982)SK0031 SK0040

　　　　(1983)SK0033

　　　　(1984)SK0032

　　　　(1991)SK0008

王逸樵(1937)SK0007

王懿之(1994)SK0089

王　瑛(2008)SK0014

王　颖(2003)SK0043

　　　　(2008)SK0085

　　　　(2009)SK0094

王　莹(2009)SK0150

王　庸(1933)SK0094

王永华(2002)SK0013

王永胜(1984)SK0015

王永湘(1982)SK0053

王友胜(2009)SK0160

王有朋(1997)SK0022

王酉梅(1992)SK0057

　　　　(1994)SK0100

　　　　(1996)SK0002

王余光(1994)SK0019

　　　　(2002)SK0133

　　　　(2003)SK0108

王雨霖(2007)SK0088

王玉德(2002)SK0073

王玉良(2002)SK0169

王郁风(2003)SK0004 SK0005

王裕林(2010)SK0011

王　原(2004)SK0174

王　岳(2005)SK0245

王　云(1990)SK0097

王云路(2008)SK0129

王云生(2007)SK0074

王云五(1965)SK0001

　　　　(1966)SK0002

　　　　(1970)SK0005

　　　　(1971)SK0002 SK0009 SK0011

　　　　(1972)SK0002

　　　　(1973)SK0011

　　　　(1974)SK0005 SK0006 SK0007

　　　　　　　SK0008

　　　　(1975)SK0002

　　　　(1976)SK0007 SK0008

　　　　(1977)SK0007 SK0008

　　　　(1978)SK0005

吴哲夫(1968)SK0003

　　(1970)SK0002 SK0004

　　(1971)SK0008

　　(1976)SK0012

　　(1977)SK0006 SK0009

　　(1978)SK0003

　　(1983)SK0005 SK0020 SK0054

　　　　SK0062

　　(1984)SK0023 SK0035

　　(1985)SK0055

　　(1986)SK0008 SK0024 SK0061

　　(1987)SK0020 SK0064 SK0065

　　(1988)SK0015 SK0017 SK0025

　　　　SK0067 SK0068

　　(1989)SK0012 SK0048 SK0056

　　　　SK0057 SK0064

　　(1990)SK0025 SK0063 SK0119

　　(1991)SK0086

　　(1992)SK0027 SK0085

　　(1993)SK0060

　　(1994)SK0134

　　(1995)SK0013

　　(1996)SK0055

　　(1998)SK0013 SK0118

　　(1999)SK0005 SK0019

　　(2004)SK0199

　　(2005)SK0035 SK0147 SK0163

　　　　SK0171 SK0172

　　(2006)SK0303 SK0338

　　(2009)SK0134

吴政上(2002)SK0166

吴忠良(2009)SK0074

伍和先(1991)SK0039

伍立杨(1998)SK0075

武　　(1936)SK0039

武德运(1979)SK0019

武凤洲(1997)SK0084

武晓峰(1997)SK0109

武秀成(2005)SK0128

武玉梅(2004)SK0088

　　(2006)SK0078

　　(2009)SK0047

X

西　嵋(1996)SK0115

西口智也(1992)SK0082

　　　(1993)SK0061

　　　(1996)SK0101

熙　　(1958)SK0001 SK0002

曦　钟(1991)SK0085

夏承焘(1933)SK0002

　　(1956)SK0001

　　(1962)SK0005

　　(2005)SK0201

夏翠军(2004)SK0010

夏定域(1981)SK0003

　　(1985)SK0042

夏和顺(2009)SK0089 SK0108

夏江为(2006)SK0179

映　庵(1943)SK0001

夏立新(2001)SK0101

夏南强(2000)SK0062

许婉璞(2006)SK0287

许兆恺(2002)SK0161

许振兴(2005)SK0025

　　　　(2006)SK0050

鸿　明(2004)SK0141

续晓琼(2007)SK0021

续修四库全书(第1册)编纂委员会

　　　　(1995)SK0075

续修四库全书编纂委员会(1995)SK074

薛定夫(1935)SK0028

薛建发(2006)SK0311

薛　泉(2003)SK0072

薛新力(2002)SK0078

薛雅文(2002)SK0152

薛　泳(2005)SK0125

Y

雅克·达斯(法)(1996)SK0089

闫邦勋(1995)SK0009

闫　春(2008)SK0162

闫晓萍(2006)SK0326

严代荃(1990)SK0030

严敦杰(1987)SK0045

严红枫(2006)SK0297

严　杰(1990)SK0096

言　逊(1991)SK0036

阎奉璋(1988)SK0011

阎　慧(2005)SK0038

阎学仁(1986)SK0023

　　　　(1987)SK0061

阎晓宏(1991)SK0052

颜庆余(2008)SK0058

颜世贵(1994)SK0042

颜文武(2009)SK0059

颜先辉(2005)SK0048

颜作辉(2003)SK0051

彦　生(2008)SK0142

燕朝西(2004)SK0225

燕永成(1994)SK0061

　　　　(1998)SK0072

央　卒(1983)SK0039

仰　弥(1941)SK0004

　　　　(1999)SK0110

羊汝德(1963)SK0012

阳海清(1999)SK0080

杨安利(2007)SK0061

杨宝霖(1987)SK0025

杨朝亮(2009)SK0041

杨朝霞(2000)SK0046

杨大忠(2010)SK0012

杨道明(1996)SK0107

杨德盛(1985)SK0047

杨殿珣(1986)SK0034

杨东甫(1995)SK0092

杨敦礼(1988)SK0037

杨福程(1991)SK0060

杨光辉(2001)SK0032

杨果霖(1991)SK0037

　　　　(2003)SK0073　SK0128

　　　　(2007)SK0015

杨海廷(2008)SK0123

　　　　(2009)SK0147

SK0007 SK0008

永　石(1987)SK0007

尤德艳(2001)SK0028

尤　李(2005)SK0020

于翠玲(2005)SK0017

于大成(1967)SK0004

于东新(2008)SK0112

于多珠(2006)SK0273

于洪涛(2004)SK0159

于景祥(2007)SK0075

　　　(2009)SK0079

于　静(2004)SK0144

于俊龙(2010)SK0100

于洛谷(1994)SK0075

于敏中(1933)SK016 2SK0163

于永明(2005)SK0002

毓　　(1939)SK0006

余传诗(1994)SK0070

　　　(1999)SK0068

余　东(1986)SK0030

余蕙静(2008)SK0182

余嘉锡(1928)SK0002

　　　(1929)SK0005

　　　(1930)SK0025

　　　(1931)SK0001 SK0002 SK0013

　　　(1933)SK0008

　　　(1935)SK0026

　　　(1936)SK0035 SK0036 SK00327

　　　　　SK0038

　　　(1937)SK0013 SK0014 SK0015

　　　(1947)SK0007

　　　(1958)SK0006

　　　(1963)SK0004

　　　(1964)SK0002

　　　(1967)SK0006

　　　(1976)SK0005

　　　(1980)SK0035

　　　(1985)SK0053 SK0063

　　　(1990)SK0130

　　　(1996)SK0091

　　　(1997)SK0099 SK0106

　　　(2005)SK0202

余靖静(2006)SK0077

余淑宜(1983)SK0027

　　　(1996)SK0014 SK0105

　　　(1997)SK0107

余贤杰(2006)SK0260

余新华(1998)SK0051

　　　(2000)SK0007

余　生(1915)SK0002

余　雯(2003)SK0089

俞君立(2001)SK0081 SK0092

　　　(2002)SK0025 SK0126

俞松年(1984)SK0041

俞信芳(1993)SK0010

俞学华(2006)SK0164

虞浩旭(2006)SK0298

虞万里(2005)SK0232

雨　弟(1972)SK0003

语　阙(1985)SK0024

庚　持(1942)SK0002 SK0003

　　　(1983)SK0012

张春健(2010)SK0021

张翠兰(2007)SK0090

张　昌(1999)SK0008

张大可(1994)SK0107

张　荻(1989)SK0031

张东生(1990)SK0007

张动燎(1990)SK0142

张恩祥(2007)SK0177

张富祥(1987)SK0046

张　帆(2006)SK0175

张　凡(1983)SK0040

张　丰(1932)SK0002

张福清(2006)SK0054 SK0132

张　釜(1932)SK0004 SK0009

　　　(1933)SK0011 SK0017 SK0018

　　　　　SK0020 SK0021 SK0074

　　　(1934)SK0007

张固也(2008)SK0115

　　　(2010)SK0022

张桂岩(1998)SK0006

张国风(1995)SK0055

张国娟(2001)SK0021

张国朝(1983)SK0009

张贺敏(2006)SK0165

张　弘(2000)SK0091

张　红(2001)SK0023

张宏生(1985)SK0050

　　　(1989)SK0058

　　　(1999)SK0124

张鸿恺(2007)SK0129 SK0151

张鸿才(1986)SK0039

张厚生(1980)SK0010

　　　(1983)SK0008

张洪钢(2010)SK0129

张火庆(1982)SK0043

张纪天(1986)SK0037

张　稷(2006)SK0136

张家振(1994)SK0007

张建辉(1998)SK0112

张建利(1995)SK0125

张　剑(2004)SK0146 SK0205

张　健(2001)SK0036

　　　(2003)SK0162

张　鉴(1995)SK0122

张鉴民(1990)SK0039

张　杰(1935)SK0005

　　　(1997)SK0003

　　　(2005)SK0178

张捷夫(1999)SK0088

张金鉴(1978)SK0010 SK0011

　　　(1979)SK0035

张金梁(2003)SK0046

　　　(2009)SK0012

张金龙(2004)SK0095

张津育(2004)SK0104

张　锦(2000)SK0022

张景全(2004)SK0026

张　静(2009)SK0029

张静山(2003)SK0038

张　炯(2003)SK0094

张　军(1986)SK0046 SK0047

　　　(1990)SK0034

张君蕊(2007)SK0154

张俊宾(2007)SK0102

张俊燕(2002)SK0050

张峻亭(2004)SK0080

张恺琴(2010)SK0037

张　扩(1934)SK0139 SK0140

张兰俊(1993)SK0009 SK0027

　　　　(1994)SK0004

　　　　(1995)SK0041 SK0061

张兰英(1993)SK0026

　　　　(1994)SK0008

　　　　(1995)SK0042

　　　　(1996)SK0029

张　岚(2010)SK0026

张　雷(2005)SK0042

张雷宇(2008)SK0096

张　黎(1990)SK0079

张　力(2008)SK0168

张力仁(2010)SK0036

张历凭(1994)SK0033

　　　　(1995)SK0056

张　立(2007)SK0157

张丽华(2009)SK0023

张丽珠(2002)SK0015

张　莉(2008)SK0071

张连生(1986)SK0025 SK0053

　　　　(1992)SK0073

张凌霄(1999)SK0010

张林祥(1994)SK0045

张梅秀(1988)SK0035

　　　　(1995)SK0016

张梦阳(2005)SK0029

张　敏(2002)SK0159

张敏慧(1991)SK0028

　　　　(2009)SK0045

张明海(1989)SK0045

　　　　(1992)SK0007

张明华(1992)SK0086

张慕骞(1945)SK0003

张梦阳(2005)SK0052

张乃格(1993)SK0006

张　宁(2006)SK0020

张女燕(2006)SK0276

张培锋(2009)SK0032

张平一(1979)SK0014

张　屏(1998)SK0057

张其凡(2005)SK0308

　　　　(2006)SK0200

　　　　(2007)SK0108

张其购(1964)SK0005

张其遵(2006)SK0262

张　倩(2004)SK0202

张清泉(1996)SK0012

张庆余(2006)SK0342

张　群(2001)SK0068

张瑞君(1990)SK0017

张瑞强(1996)SK0031

张瑞山(1992)SK0079

张如安(1994)SK0035

张森安(2007)SK0177

张少康(2004)SK0089

张　升(2001)SK0064 SK0088

　　　　（1934）SK0037

　　　　（1935）SK0015

　　　　（1936）SK0009

　　　　（2005）SK0158 SK0199

张永红（2006）SK0024 SK0025

张永瑾（2001）SK0003

张永来（2003）SK0112

张咏梅（2004）SK0078

张佑铭（1998）SK0008

张玉春（2007）SK0093

　　　　（2008）SK0036

张玉范（2003）SK0133

张玉兴（1999）SK0090 SK0095

张毓洲（2008）SK0131

张　元（1995）SK0127

张元济（1933）SK0005 SK0106

　　　　（2005）SK0221

张跃进（1996）SK0067

张跃铭（1979）SK0012

张运明（2006）SK0064

张占生（1981）SK0009

张哲民（1959）SK0003

张振胜（2005）SK0251

张政烺（1983）SK0007

　　　　（1984）SK0004

张忱石（1982）SK0046

　　　　（1984）SK0021

　　　　（1986）SK0012 SK0067

　　　　（1988）SK0057

　　　　（2002）SK0172

张之洞（1998）SK0092

张知匦（2004）SK0182

张志宏（2008）SK0202

　　　　（2009）SK0077

张志强（1996）SK0112

　　　　（2000）SK0061

　　　　（2006）SK0169

张志茹（1994）SK0064

张志哲（1988）SK0056

张志萍（1983）SK0053

张智富（1981）SK0027 SK0034

张仲清（2005）SK0088

张轴材（1998）SK0137

　　　　（1999）SK0036

张祝平（1994）SK0005 SK0049

　　　　（1995）SK0060

　　　　（1999）SK0026

　　　　（2005）SK0173

张　展（2009）SK0088

张　镃（1934）SK0143 SK0144 SK0145

　　　　　　　SK0146 SK0147 SK0148

　　　　　　　SK0149

张子开（1997）SK0026

张宗祥（1927）SK0009

　　　　（1933）SK0125

　　　　（1961）SK0006

　　　　（1978）SK0015

　　　　（1996）SK0084

　　　　（2005）SK0194

张宗友（2007）SK0008

章采烈（1990）SK0001 SK0049

　　　　（1991）SK0055

（2009）SK0034

赵振祥（1999）SK0003

赵振兴（1987）SK0049

赵正群（1990）SK0082

赵志毅（1997）SK0071

浙江省立图书馆月刊（1932）SK0008 SK0012

　　　　（1933）SK0019 SK0025

浙江图书馆（1961）SK0004

征　存（1932）SK0021

真德秀（1934）SK0108

甄小泉（1988）SK0007 SK0020 SK0062

　　　　（1989）SK0022

　　　　（1990）SK0037

郑　麦（1994）SK0092

郑柏彦（2010）SK0050

郑秉珊（1943）SK0002

郑春汛（2004）SK0215

郑春颖（2010）SK0045

郑东鸿（2000）SK0080

郑福田（1998）SK0052

郑凤鸣（2004）SK0041

郑更妙（2010）SK0028

郑贵宇（2000）SK0068

郑国瑞（2008）SK0188

郑海华（2006）SK0070

郑鹤声（1932）SK0016

　　　　（1933）SK0029 SK0041 SK0042

　　　　（1934）SK0004 SK0012 SK0013

郑家福（1992）SK0006

郑　骊（2000）SK0027

郑礼炬（2004）SK0158

郑丽军（2003）SK0063

郑　玲（2003）SK0098

郑　明（2009）SK0143

郑明璋（2005）SK0065

郑　麦（1982）SK0016

郑　秦（1990）SK0114

　　　　（1991）SK0049

郑清之（1934）SK0111

郑天一（2002）SK0044

郑伟章（1990）SK0035 SK0043

　　　　（1996）SK0052

　　　　（1998）SK0010

　　　　（2005）SK0181

郑晓江（2004）SK0240

郑锡煌（1989）SK0034

郑　獬（1934）SK0126

郑艳宏（2007）SK0167

郑谊慧（2008）SK0026

　　　　（2010）SK0075

郑　颖（2004）SK0011

郑裕基（2006）SK0305

郑在瀛（1982）SK0023

郑振铎（1925）SK0007

　　　　（1951）SK0003 SK0004

郑之洪（1994）SK0025

郑志成（2010）SK0047 SK0068

郑贞文（1931）SK0025

芷　清（1979）SK0003

致　之（1994）SK0076

智延娜（2007）SK0168

中国第一历史档案馆（1996）SK0098

周骏富(1957)SK0004

　　(1979)SK0016

周　克(1996)SK0087

周腊生(2006)SK0117

　　(2007)SK0083

周录祥(2004)SK0015

　　(2005)SK0013 SK0033 SK0063

　　　　SK0106 SK0126 SK0259

　　　　SK0292

　　(2006)SK0088 SK0089 SK0126

　　　　SK0127 SK0161 SK0162

　　　　SK0284

　　(2007)SK0009 SK0051 SK0128

　　(2008)SK0005

　　(2010)SK0046 SK0096 SK0121

周明初(1990)SK0014

　　(1995)SK0044 SK0066

周鹏程(2001)SK0008

周期政(1993)SK0004

周　庆(1994)SK0072

　　(1995)SK0114 SK0124

　　(1997)SK0139

周　愨(1931)SK0014

周　蓉(1998)SK0035

周汝英(1999)SK0024

周少川(1985)SK0003 SK0004 SK0005

　　(1996)SK0003

　　(2003)SK0041

　　(2006)SK0134

　　(2009)SK0157

周少雄(1991)SK0046

周生春(1994)SK0116

　　(1995)SK0045

　　(1996)SK0022 SK0039 SK0081

　　(1997)SK0010

　　(2000)SK0005

　　(2005)SK0215 SK0216

周生杰(2009)SK0076

周伟民(1994)SK0083

周　玮(2004)SK0190

周　文(2005)SK0066

周文璞(1934)SK0109 SK0110

周锡侯(1984)SK0038

　　(1985)SK0006

周小兵(2006)SK0147

周晓聪(2005)SK0094

　　(2006)SK0011 SK0256 SK0320

周晓曲(1998)SK0054

周燮藩(1998)SK0024

周心慧(1984)SK0013

　　(1988)SK0053 SK0058 SK0059

　　(2002)SK0163

周新凤(2005)SK0144

　　(2006)SK0244

周　迅(1985)SK0018

周彦文(1994)SK0042

　　(1999)SK0009

　　(2004)SK0017

周燕茹(1984)SK0036

周一良(1997)SK0101

周寅宾(1984)SK0005

周英杰(2006)SK0181

朱　珠(2010)SK0122

诸焕灿(1999)SK0013

　　　　(1934)SK0002

竺静华(1999)SK0103

主父志波(2005)SK0233

　　　　(2007)SK0164

　　　　(2009)SK0163

　　　　(2010)SK0089

祝　民(1963)SK0003

　　　　(1974)SK0002

祝尚书(1998)SK0023 SK0039

　　　　(2006)SK0090

祝文白(1944)SK0001

　　　　(1953)SK0006

祝秀侠(1955)SK0002

庄吉发(1973)SK0007 SK0008

庄嘉廷(1988)SK0072

　　　　(1999)SK0073

庄　建(2002)SK0086

　　　　(2005)SK0276

庄　剑(1990)SK0102 SK0113

　　　　(1992)SK0017

庄　坤(2004)SK0169

庄清辉(1988)SK0065

庄　葳(1983)SK0044 SK0055

宗　蕾(2005)SK0117

宗　孟(1933)SK0040

宗　韵(2004)SK0224

宗弼时(1959)SK0009

邹爱芳(2006)SK0059

邹身城(1985)SK0002

祖西春(1983)SK0051

左　斌(1992)SK0039

左步青(1980)SK0003 SK0004 SK0005

　　　　(1983)SK0050

左东岭(2006)SK0107

左漫莹(2006)SK0092

左玉河(2004)SK0054

左玉丽(2005)SK0237

作　喆(1990)SK0106

后　记

李芬林

　　1982年的夏天,我大学毕业来到甘肃省图书馆,分配到历史文献部,在周丕显[①]先生手下开始了我的图书馆职业生涯。刚开始工作,先生就让我熟悉书架上那些油印的各类书目索引,先生说凡是在图书馆工作的人,首先要学会编目录索引。在历史文献部工作的二十年里,我们先后编辑了几十种有关西北地方文献的书目索引,为地方学研究人员提供了极大的方便,但是手工卡片式的编辑工作让我感到搜集资料之繁琐、编辑目录之艰辛。

　　2002年我进入信息咨询部,开始接触网络数据库工作,各类数据库信息量之大、检索传递文献速度之快为我们编制目录索引带来了极大的方便,《四库全书研究论文篇目索引》就是在网络便捷的条件下诞生的。

　　任何一门学术,首先要掌握学术资料,资料的丰富程度影响着学术的进步。任何一门学术研究,都离不开研究资料的目录,它是研究者的工具。

　　《四库全书》是由乾隆皇帝亲自组织编写的中国最大的一部丛书。它由当时的著名学者纪昀等主持,动员了全国三百多名优秀学者,用了十余年的时间,耗费了巨大的财力编纂抄写而成。《四库全书》共缮写了七部,分别藏在北京皇宫内的文渊阁、京郊圆明园的文源阁、承德避暑山庄的文津阁、沈阳故宫的文溯阁,被称为内廷四阁;为了文人学子读书的方便,又分别在江浙新建三座藏书楼,即镇江金山寺的文宗阁、扬州大观堂的文汇阁、杭州西湖圣因寺的文澜阁,也称南三阁。它不仅是我国历史上卷帙最多的一部文化丛书,也是十八世纪中叶世界上规模巨大

---

　　①周丕显(1934—1997),江苏宜兴人。1952年考入南京大学历史系,师从柳诒徵、贺昌群、韩儒林诸大学者,后转入东北大学图书馆学系,受业于敦煌学大师王重民、向达先生。1958年毕业后到甘肃省图书馆工作。任甘肃省图书馆历史文献部主任、研究馆员、政协甘肃省常委、甘肃敦煌学学会副会长,以及兰州大学、西北师范大学特聘教授等职。

的鸿篇巨制,具有极高的历史、文物和学术研究价值,在世界文化宝库中也占有非常重要的地位。

随着清王朝由盛转衰,《四库全书》也遭遇了战乱、兵火、散失的厄运,七部藏书现在仅存三部半。原藏于沈阳故宫文溯阁的《四库全书》,命运曲折,几次转运于沈阳、北京之间,1966年10月经国家指令,文溯阁《四库全书》移藏甘肃。自此,甘肃省图书馆与文溯阁《四库全书》便开始结缘。

《四库全书》不是一本孤立的书,由于它收录文献繁多,修纂过程又极其复杂,有关《四库全书》编纂之缘起与动因、编纂人员、场地、贮存地点、提要撰写、检索方式、编纂得失、文化传播、《四库全书》与文字狱等等问题深受学术界关注。二百多年来,有关《四库全书》的研究始终没有间断过,所著的文献内容丰富,成绩斐然,已成为专门的学科"四库学"。《四库全书》研究已经成了经久不衰的热门课题,涌现出了一大批研究学者,出版了大量的学术成果,近三十年又产生了大量影印本、选印本、集印本、电子出版物等,这些成果为后世《四库全书》的研究奠定了基础,它们各自从不同的角度以特有的内容补充和完善了中华博大精深的古代文化典籍系统,不但极大地便利了学人对"四库学"的研究,同时也为学者们构建了一个巨大的研究空间和平台,提供了丰富的研究论题。

随着"四库学"研究的深入,近二十年来,国内还成立了一批《四库全书》专门的研究机构,如1993年12月海南大学成立"《四库全书》研究中心",1999年天津图书馆成立"四库文献中心",2003年9月首都师范大学成立"《四库全书》学术研究中心",2005年"甘肃省四库全书研究会"成立,同年武汉大学"四库学研究所"成立。这些机构开展了一系列学术研讨活动:1993年海南大学举办"中国首届《四库全书》学术研讨会",1998年台湾淡江大学与故宫博物院联合举办了"两岸四库学第一届中国文献学术研讨会",1999年《图书馆工作与研究》开辟"四库学研究"专栏,甘肃省四库研究会出版了两部《四库全书研究文集》。它们大多侧重于对《四库全书》及相关图书的研究和相关文献信息资料的搜集工作。

文溯阁《四库全书》在甘肃的四十多年间,甘肃省历届领导为这部典籍的存藏和保护给予了各方面的支持,甘肃省图书馆负责管理的几代职工耗费了全部的心血,使得《四库全书》在甘肃受到了良好保护。为了更好地保存这部文化典籍,2001年甘肃省委、省政府把新建文溯阁《四库全书》藏书馆列入甘肃省"十五"规划,2005年7月8日,全新的文溯阁藏书馆在兰州白塔山九州台正式落成,来自全国各地的专家学者和甘肃省图书馆同仁共同见证了这一神圣的历史时刻,文溯阁

《四库全书》搬进了新家,甘肃省图书馆为之欣慰,也为之自豪,更感到自己肩上这份责任的重大。这是国内第一个《四库全书》保护管理专业机构,它的建立为文溯阁《四库全书》收藏保护、科学管理及合理利用奠定了基础,推动了甘肃学术界对《四库全书》及相关领域进行的探索和研究。

2007 年 8 月 14 日,时任中宣部部长刘云山参观了甘肃省图书馆文溯阁《四库全书》藏书馆,指示说:“《四库全书》是国宝,甘肃为《四库全书》的保护做了很多工作,值得肯定。今后要在《四库全书》的研究方面多做工作,开展专题研究,通过《四库全书》研究中国文化史、版本学史、文献校勘史;要把‘四库学’和‘敦煌学’研究作为甘肃的重点研究学科来建设,要培养自己的专家;要进一步做好《四库全书》保护和开发利用工作……”

受到刘部长讲话的启示,2007 年 11 月,我馆开始建立“四库全书研究资源数据库”,数据库将采用清华同方 TPI 加工制作软件,集论文、专著、工具词条、图片、相关研究人员传记、报道综述等文献于一体,全面搜集《四库全书》及相关图书的研究资源,加工整理并以数据库形式发布出来。这项工作在西北乃至全国尚属首次,填补了四库研究型数据库建设的一项空白,并将成为教学、科研人员获取《四库全书》研究资源的最全面、最快捷、最方便、信息量最大的电子版的学术工具,同时也为学者提供具有较高学术水平的《四库全书》及相关图书研究交流的平台。

建数据库,首先要从搜集目录开始,在查阅有关《四库全书》的文献资料目录时,我们发现,《四库全书》编纂完成的二百多年里,产生了大量的研究成果,有专著、论文、报道、论文集、工具书等,但由于这些论著分散在各个不同的文献里,查询资料很不便,如何科学地把这些研究成果分类整理提供给研究人员做参考,这正是我们图书馆工作者要做的事情,于是产生了一个想法,在建数据库的同时,编一部《四库全书》研究目录。

近十来年,有一些专家学者先后搜集整理过一些有关《四库全书》方面的目录,如台湾学者林庆彰著有《乾嘉学术研究论著目录(1900－1993)》,司马朝军著的《台湾四库学论著目录》等,这些著作给研究人员带来了便利,但是这些著作还不能全面系统反映《四库全书》研究成果。基于这种考虑,我们开始按照文献的出版方式、出版时间搜集有关《四库全书》研究方面的文献资料目录,我们检索了中国知网等国内多个大型数据库,参考了台湾学者林庆彰的《乾嘉学术研究论著目录(1900－1993)》、司马朝军的《台湾四库学论著目录》等现有的目录,查阅了大量研究学者专著后面的参考文献,搜索了两岸三地的古籍文献网站、学者的个人网页、图书馆馆藏书目。为了便于学者全面了解《四库全书》研究的脉络、学术出版动态，我们还收集了一些发表在报纸上的通讯报道，在搜集的近两万条书目中进行核查、校对，按照文献出版的方式、时间顺序编排整理。

2009年12月，我们有幸申报了国家社科基金项目"四库全书研究资源数据库建设"，这给我们编辑目录索引带来了契机，在课题组去天津图书馆查阅资料时，与天津图书馆古籍部主任李国庆聊起我们正在编辑的《四库全书研究论著目录》，他告诉我们他们之前也在搜集这方面的目录，愿意和我们一起完成这项工作。出于对《四库全书》研究的热爱和图书馆工作者的责任感，我们走到了一起。此次合作意向给了我们很大的支持和鼓励。从天津回来后，国庆主任便把他们以前搜集的目录发给我们，我们从2009年开始编辑整理核对文献目录。因为图书馆具备了比其他行业查阅资料便利的条件，所以我们能够查阅大量的文献资料，有些文章从题目上看起来与《四库全书》无关，而文章内容涉及了《四库全书》的内容，我们都予以收录。三年中，我们倾注了大量的心血和精力，我馆编辑这项工作的工作人员大多数没有文史学科背景，在搜集、核对、编辑工作中，每个人都下了一番苦心，在边干边学中提高，眼睛视力不断下降，颈椎、腰椎都有了不同程度的疾病，但是大家一直在坚持。由于工作需要，有的人先后调整到其他部门，为了不影响此项工作，利用业余时间坚持把它整理出来，大家深有感触地说：编一部索引比写一部专著辛苦多了。两馆编辑人员为编辑此书付出了巨大的艰辛和努力，我本人为了审核这些目录也是不分白天黑夜，真有"为伊消得人憔悴"的感觉，有时为一条书目的题名或著者或发表时间的不确定要花费好几天的时间，通过不同方式和渠道查找，有的时候查到的文献内容与搜集到的书目风马牛不相及，有的文章的内容也有一定的错误，如把文溯阁《四库全书》的存藏地点写成在宁夏等。通过核对，纠正了一些错误的目录。鉴于《四库全书》涵盖的内容非常丰富，研究《四库全书》的学者研究范围也较广泛，出版形式也各不相同，为了便于编排，我们把文献编排划分为论文篇和著作篇，目前整理出1908—2010年发表在国内外的期刊、报纸、论文集、个人专集、不定期出版物、学位论文中的论文五千余篇，按照文章发表的时间顺序编辑，定名为《四库全书研究论文篇目索引》，续编《四库全书研究论著提要目录》将后续编辑完成。索引中的大部分文章我们都已经找到了原文，还有一少部分没有找到原文，但是我们在一些学者的著述中看到该文章的部分内容被引用的章节，所以我们还是保留了索引。目前的索引还不是尽善尽美，还有许多的不足和纰漏，希望得到更多专家学者的批评指正，以便于我们著作篇的编写。

中国人民大学黄爱平老师在百忙中对我们的工作给予了细致的指导,并为此书写了序言;山东大学杜泽逊老师也为我们写了序,两位老师对我们的工作给予了很高的评价。两馆领导郭向东、李培给予了多方面的关心,郭向东馆长并为本书封面题字。国家图书馆出版社为本书的出版鼎立相助。在编辑核查目录和搜集原文过程中得到了国家图书馆、台湾汉学研究中心、上海图书馆、天津图书馆、浙江省图书馆等各个兄弟图书馆的鼎立支持,同方知网北京技术有限公司、慧科讯业(北京)网络科技有限公司、人大数媒科技(北京)有限公司也给予我们大力支持和帮助,兰州大学历史文化学院的汪受宽老师在我们的编辑工作中也多次指导,在此一并感谢。

图书馆工作者,无论是使用传统服务方式借还图书还是使用网络服务方式提供数据资源、编制目录索引,所做的工作就是为人作嫁。文溯阁《四库全书》在甘肃省图书馆保存了四十多年,作为一个图书馆工作者,《四库全书研究论文篇目索引(1908—2010)》的出版能够为我们国家的文化事业作贡献,能够为《四库全书》研究提供一部学术工具书,这便是我们给予社会最好的回馈了。

2012 年 2 月 25 日